U0681435

"十三五"国家重点图书出版规划项目

《中国经济地理》丛书

孙久文　总主编

四川经济地理

郑长德　钟海燕　曹正忠◎著

图书在版编目（CIP）数据

四川经济地理/郑长德，钟海燕，曹正忠著. —北京：经济管理出版社，2016.12
ISBN 978-7-5096-4794-3

Ⅰ. ①四…　Ⅱ. ①郑…　②钟…　③曹…　Ⅲ. ①经济地理—四川　Ⅳ. ①F129.971

中国版本图书馆 CIP 数据核字（2016）第 312513 号

组稿编辑：申桂萍
责任编辑：申桂萍　赵亚荣
责任印制：黄章平
责任校对：雨　千

出版发行：经济管理出版社
（北京市海淀区北蜂窝 8 号中雅大厦 A 座 11 层　100038）
网　　址：www. E-mp. com. cn
电　　话：(010) 51915602
印　　刷：玉田县昊达印刷有限公司
经　　销：新华书店
开　　本：720mm × 1000mm/16
印　　张：24.5
字　　数：445
版　　次：2018 年 1 月第 1 版　　　2018 年 1 月第 1 次印刷
书　　号：ISBN 978-7-5096-4794-3
定　　价：88.00 元

《中国经济地理》丛书

总　序

今天，我们正处在一个继往开来的伟大时代。受现代科技飞速发展的影响，人们的时空观念已经发生了巨大的变化：从深邃的远古到缥缈的未来，从极地的冰寒到赤道的骄阳，从地心游记到外太空的探索，人类正疾步从必然王国向自由王国迈进。

世界在变，人类在变，但我们脚下的土地没有变，土地是留在心里不变的根。我们是这块土地的子孙，我们祖祖辈辈生活在这里。我们的国土有960万平方公里之大，有种类繁多的地貌类型，地上和地下蕴藏了丰富多样的自然资源，14亿中国人民有五千年延绵不绝的文明历史，经过近40年的改革开放，中国经济实现了腾飞，中国社会发展日新月异。

早在抗日战争时期，毛泽东主席就明确指出："中国革命斗争的胜利，要靠中国同志了解中国的国情。"又说："认清中国的国情，乃是认清一切革命问题的基本根据。"习近平总书记在给地理测绘队员的信中指出："测绘队员不畏困苦、不怕牺牲，用汗水乃至生命默默丈量着祖国的壮美山河，为祖国发展、人民幸福作出了突出贡献。"李克强总理更具体地提出："地理国情是重要的基本国情，要围绕服务国计民生，推出更好的地理信息产品和服务。"

我们认识中国基本国情，离不开认识中国的经济地理。中国经济地理的基本条件，为国家发展开辟了广阔的前景，是经济腾飞的本底要素。当前，中国经济地理大势的变化呈现出区别于以往的新特点。第一，中国东部地区面向太平洋和西部地区深入欧亚大陆内陆深处的陆海分布的自然地理空间格局，迎合东亚区域发展和国际产业大尺度空间转移的趋势，使我们面向沿海、融入国际的改革开放战略得以顺利实施。第二，我国各区域自然资源丰裕程度和区域经济发达程度的相向分布，使经济地理主要标识的区内同一性和区际差异性异常突出，为发挥区域优势、实施开发战略、促进协调发展奠定了客观基础。第三，以经济地理格局为依据调整生产力布局，以改革开放促进区域经济发展，以经济发达程度和市场发育程度为导向制定区域经济政策和区域规划，使区域经济发展战略上升为国家重大战略。

因此，中国经济地理在我国人民的生产和生活中具有坚实的存在感，日益发挥出重要的基石性作用。正因为这样，编撰一套真实反映当前中国经济地理现实情况的丛书，就比以往任何时候都更加迫切。

在西方，自从亚历山大·洪堡和李特尔之后，编撰经济地理书籍的努力就一直没有停止过。在中国，《淮南子》可能是最早的经济地理书籍。近代以来，西方思潮激荡下的地理学，成为中国人“睁开眼睛看世界”所看到的最初的东西。然而对中国经济地理的研究却鲜有鸿篇巨制。中华人民共和国成立特别是改革开放之后，中国经济地理的书籍进入大爆发时期，各种力作如雨后春笋。1982 年，在中国现代经济地理学的奠基人孙敬之教授和著名区域经济学家刘再兴教授的带领和推动下，全国经济地理研究会启动编撰《中国经济地理》丛书。然而，人事有代谢，往来成古今。自两位教授谢世之后，编撰工作也就停了下来。

《中国经济地理》丛书再次启动编撰工作是在 2013 年。全国经济地理研究会经过常务理事会的讨论，决定成立《中国经济地理》丛书编委会，重新开始编撰新时期的《中国经济地理》丛书。在全体同人的努力和经济管理出版社的大力协助下，一套全新的《中国经济地理》丛书计划在 2018 年全部完成。

《中国经济地理》丛书是一套大型系列丛书。该丛书共计 39 册：概论 1 册，“四大板块”共 4 册，34 个省市自治区及特别行政区共 34 册。我们编撰这套丛书的目的，是为读者全面呈现中国分省区的经济地理和产业布局的状况。当前，中国经济发展伴随着人口资源环境的一系列重大问题，复杂而严峻。资源开发问题、国土整治问题、城镇化问题、产业转移问题等，无一不是与中国经济地理密切相连的；京津冀协同发展、长江经济带战略和“一带一路”倡议，都是以中国经济地理为基础依据而展开的。我们相信,《中国经济地理》丛书可以为一般读者了解中国各地区的情况提供手札，为从事经济工作和规划工作的读者提供参考资料。

我们深感丛书的编撰困难巨大，任重道远。正如宋朝张载所言“为往圣继绝学，为万世开太平”，我想这代表了全体编撰者的心声。

我们组织编撰这套丛书，提出一句口号：让读者认识中国，了解中国，从中国经济地理开始。

让我们共同努力奋斗。

孙久文

全国经济地理研究会会长

中国人民大学教授

2016 年 12 月 1 日于北京

目 录

第一篇 禀赋与发展

第二篇 增长与结构

第三篇　产业发展与布局

第四篇　能源与交通

第五篇　区域、城市与可持续发展

第六篇　收入分配、减贫与发展

第七篇　区域发展战略

第一篇　禀赋与发展

第一章　自然禀赋

位于中国大陆西南腹地的四川省，简称“川”、“蜀”，是一片美丽、富饶而又古老、神奇的沃土。全省面积48.6万平方千米，居全国第五位；人口8140.2万人（2014年底常住人口），居全国第三位。四川省地域辽阔、资源丰富、人口众多、历史悠久，自古就享有“天府之国”之美誉，是中国西部的门户、大熊猫的故乡，是我国的资源大省、人口大省、经济大省。四川省自然条件优良，自然资源丰富，为自身经济发展提供了良好的资源基础。

一、地理区位

一个国家或地区的自然资源禀赋主要包括区位条件、自然环境和自然资源。

地理区位是指一个地区与周围诸社会经济事物关系的总和，包括位置关系、地域分工关系、地缘政治关系、地缘经济关系以及交通、信息关系等。地理区位对一个地区经济发展的影响主要是通过地理位置、交通、信息等相互作用、密切联系而发挥作用的，它们共同决定着一个地区的可接近性。区位条件的优劣，主要取决于位置、交通、信息条件的优劣，而这三者又是密切相关的。如果一个地区地理位置优越，就意味着交通发达、信息丰富且传递迅速；相反，如果一个地区远离经济中心，则意味着交通落后、信息闭塞。

四川地处中国西部、长江上游，东连重庆，南邻贵州、云南，西接西藏，北接青海、甘肃和陕西三省（见图1-1）；面积48.6万平方千米，占全国陆地面积的5.05%，次于新疆、西藏、内蒙古和青海，居全国第五位；辖21个市（州）、183个县（市、区）（见表1-1、图1-2）。

从天文区位关系看，四川省介于东经92°21′~108°12′和北纬26°03′~34°19′之间，东西长1075千米，南北宽921千米，地处北半球中低纬度的亚热带湿润地区，水热资源丰裕。

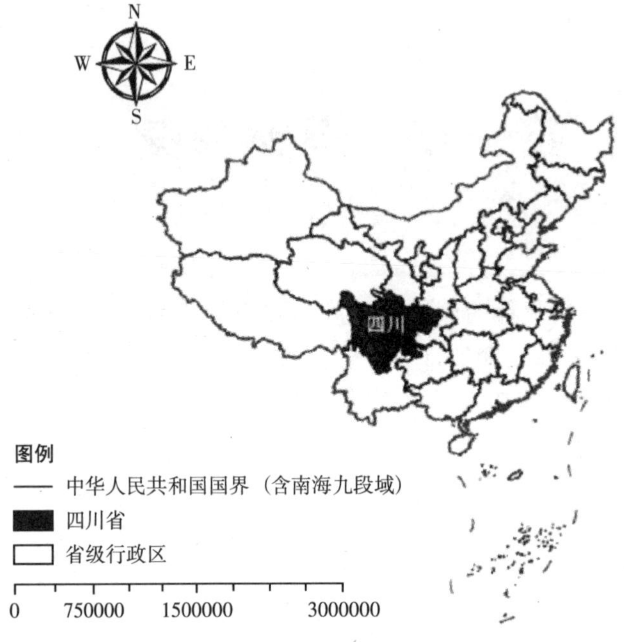

图 1-1　四川省在全国的位置

资料来源：四川省地图集［M］. 成都：成都地图出版社，2013.

表 1-1　2014 年底四川省行政区划及辖区面积

市（州）	县（市、区）（个）					乡、镇、街道办事处（个）					辖区面积（平方千米）
	合计	市辖区	县级市	县	自治县	合计	乡	民族乡	镇	街道办事处	
全省	183	49	14	116	4	4648	2382	98	1937	329	486052
成都市	19	9	4	6	—	317	25	—	181	111	12119
自贡市	6	4	—	2	—	108	21	—	75	12	4381
攀枝花市	5	3	—	2	—	60	23	13	21	16	7401
泸州市	7	3	—	4	—	144	31	8	94	19	12236
德阳市	6	1	3	2	—	129	20	—	99	10	5910
绵阳市	9	2	1	5	1	295	127	15	150	18	20248
广元市	7	3	—	4	—	239	136	2	94	9	16311
遂宁市	5	2	—	3	—	130	39	—	73	18	5323
内江市	5	2	—	3	—	121	16	—	92	13	5385
乐山市	11	4	1	4	2	218	112	2	99	7	12723
南充市	9	3	1	5	—	424	216	1	177	31	12477
眉山市	6	2	—	4	—	131	51	—	77	3	7140
宜宾市	10	2	—	8	—	185	59	13	113	13	13266

续表

市（州）	县（市、区）（个）					乡、镇、街道办事处（个）					辖区面积（平方千米）
	合计	市辖区	县级市	县	自治县	合计	乡	民族乡	镇	街道办事处	
广安市	6	2	1	3	—	181	85	—	87	9	6341
达州市	7	2	1	4	—	315	201	4	106	8	16582
雅安市	8	2	—	6	—	143	93	18	45	5	15046
巴中市	5	2	—	3	—	198	115	—	72	11	12293
资阳市	4	1	1	2	—	178	87	—	83	8	7960
阿坝藏族羌族自治州	13	—	—	13	—	220	174	2	46	—	83016
甘孜藏族自治州	18	—	—	18	—	325	273	7	52	—	149599
凉山彝族自治州	17	—	1	15	1	587	478	13	101	8	60294

资料来源：《四川统计年鉴》(2015)。

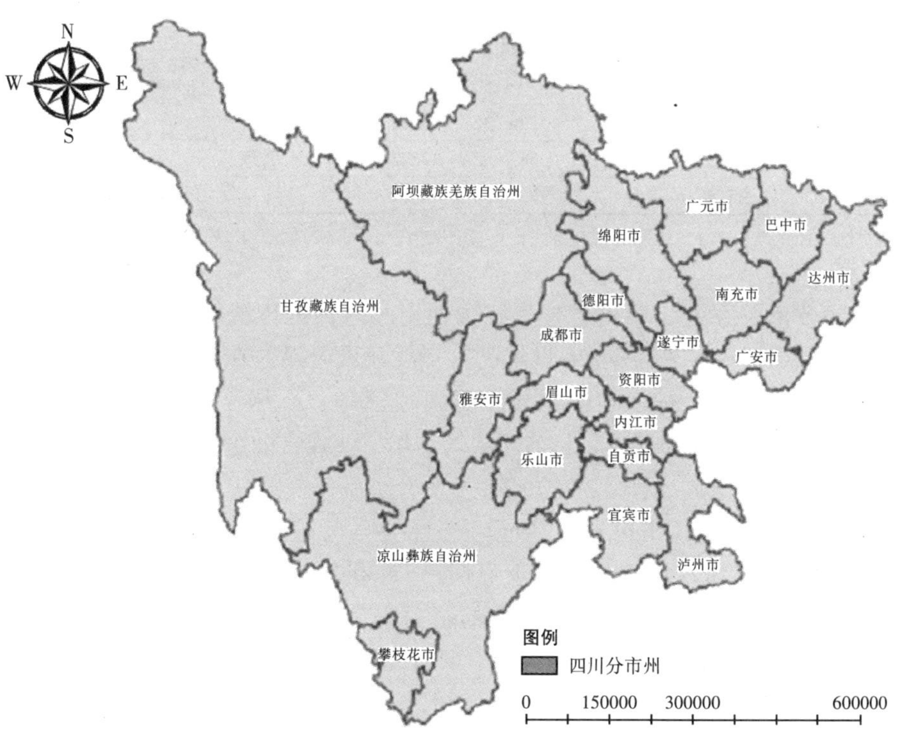

图 1-2 四川省行政区划

资料来源：四川省地图集［M］. 成都：成都地图出版社，2013.

从地文区位关系看，四川省位于我国西部、长江上游，地跨青藏高原、横断山脉、云贵高原、秦巴山地、四川盆地几大地貌单元，地势西高东低，由西北向东南倾斜。

从经济区位关系看，四川省是西南、西北和中部地区的重要结合部，是承接华南华中、连接西南西北、沟通中亚南亚东南亚的重要交汇点和交通走廊。2014 年四川省实现地区生产总值 28536.66 亿元，占全国国内生产总值的 4.05%，从总量上看，居西部第一位，全国第八位；人均地区生产总值 35128 元，居全国第 23 位。与周边相邻省市区相比，四川的经济总量居第一位，但人均生产总值不高（见表 1–2）。

表 1–2　2014 年四川及周边省市区经济发展

地区	面积（平方千米）	人口		地区生产总值			人均地区生产总值年均增长率（2010~2014 年）（%）
		万人	人/平方千米	亿元	人均（元）	万元/平方千米	
四川	485000	8140	168	28536.66	35128	588.38	12.3
重庆	82403	2991	363	14262.6	47850	1730.84	13
贵州	176171	3508	199	9266.39	26437	525.99	13.3
云南	394000	4714	120	12814.59	27264	325.24	11.2
西藏	1202369	318	3	920.83	29252	7.66	10.4
青海	717481	583	8	2303.32	39671	32.10	11.2
甘肃	454000	2591	57	6836.82	26433	150.59	11
陕西	205624	3775	184	17689.94	46929	860.31	12.2

资料来源：面积数来自于《中国区域经济统计年鉴》（2012），其余数据来自《中国统计年鉴》（2015）。

从地缘政治关系看，四川省位居我国西南腹地，是传统的大后方所在。在过去几十年的建设中，特别是 20 世纪的大三线建设时期，在四川布局了大量的国防工业和军事工业，成为我国重要的国防工业基地。改革开放以后，四川的国防工业经过搬迁、改造和发展，目前已成为四川工业强省的重要战略支柱。

从生态区位关系看，作为中华民族两大母亲河——长江、黄河上游重要的水源涵养地和补给区，四川省的陆地生态系统（包括森林、湿地、草原、荒漠、农田等）被誉为“重要的绿色生态屏障”，既是“中国半壁江山的水塔”、“生物多样性的宝库”、“未来气候变化的晴雨表”和“典型的生态与环境脆弱带”，也是长江流域产业带发展的保障。四川独特的生态区位特点决定了其在整个中国生态安全格局中的重要地位。

二、自然条件与自然资源

四川省地处长江上游青藏高原与东部季风区的结合部，地形地貌悬殊，气候特征差异大，雨量丰沛，江河纵横，自然条件较好，资源总量较大。其中，森林、水力资源和河川径流量位居西部乃至全国前列。

（一）自然地理概貌

四川位于中国大陆地势三大阶梯中的第一级和第二级之间，其西边是第一级的青藏高原，东边是第三级的长江中下游平原，地势西高东低，海拔高差悬殊，地貌东西差异大，地形复杂多样。西部为高原、山地，海拔多在 4000 米以上；东部为盆地、丘陵，海拔多在 1000~3000 米。全省可分为四川盆地、川西北高原和川西南山地三大部分（见图 1-3）。

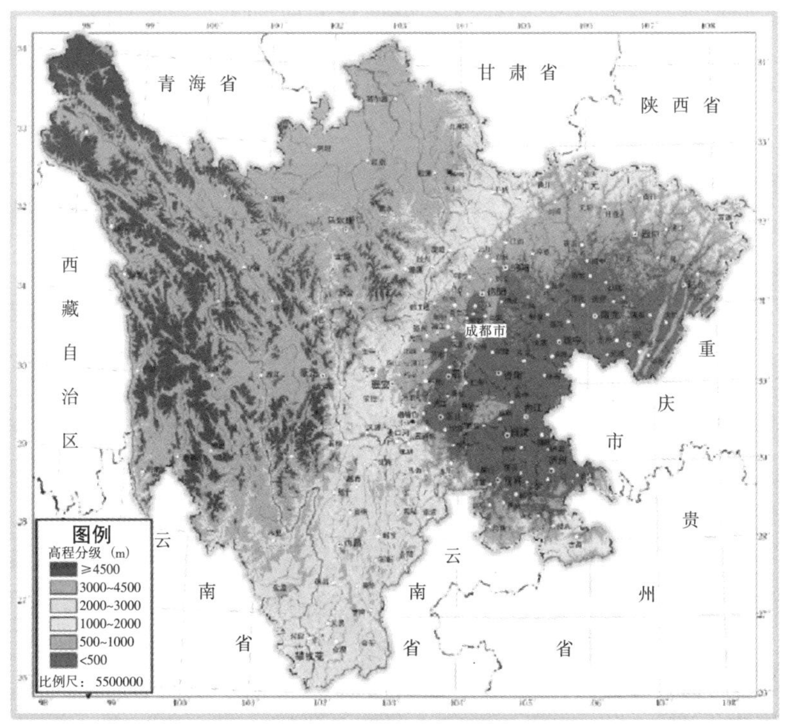

图 1-3 四川省地形与海拔高度图

资料来源：《四川省主体功能区规划》，川府发［2013］16 号。

东部四川盆地是中国四大盆地之一，面积16.5万平方千米。盆地北部为秦岭，东部为米仓山、大巴山，南部为大娄山，西北部被龙门山、邛崃山等山地环绕。该区气候温暖湿润，冬暖夏热，大部分地区年降水量900~1200毫米，属亚热带湿润季风气候，植被为亚热带常绿阔叶林，农业利用方式为一年两熟制。盆地西部为川西平原，土地肥沃，为都江堰自流灌溉区，土地生产能力高；盆地中部为紫色丘陵区，海拔400~800米，地势微向南倾斜，岷江、沱江、涪江、嘉陵江从北部山地向南流入长江；盆地东部为川东平行岭谷区，分别为华蓥山、铜锣山、明月山。

西北部为川西北高原，属于青藏高原东南一隅，平均海拔3000~5000米，高寒气候，高山草甸植被。

西南部为横断山脉北段，山高谷深，山河相间，山河呈南北走向，自东向西依次为岷山、岷江、邛崃山、大渡河、大雪山、雅砻江、沙鲁里山和金沙江。气候植物呈垂直分布，主要分布为寒带针叶林、温带针阔混交林、北亚热带常绿和落叶混交林、中亚热带常绿阔叶林。

（二）土地资源

四川地貌复杂多样，有山地、丘陵、平原和高原4种地貌类型，分别占全省总面积的77.1%、12.9%、5.3%和4.7%。土壤类型丰富，第二次土壤普查数据显示，共有25个土类、66个亚类、137个土属、380个土种，土类和亚类数分别占全国总数的43.48%和32.60%。

辽阔的地域，复杂多样的地貌和土壤类型，悠久的开发历史决定了四川省土地资源总量较大，利用类型齐全。全省的土地利用类型共分8个一级利用类型、45个二级利用类型和62个三级利用类型。除橡胶园以外，其他省的一、二级土地利用类型四川都有，在全国极富代表性。土地利用以林牧业为主，林牧地集中分布于盆周山地和西部高山高原，占总土地面积的68%以上；耕地则集中分布于东部盆地和低山丘陵区，占全省耕地的85%以上；园地集中分布于盆地丘陵和西南山地，占全省园地的70%以上；交通用地和建设用地集中分布在经济较发达的平原区和丘陵区（见表1-3）。

表 1.3　四川省土地资源利用现状结构

土地资源利用类型	辖区	农用地						建设用地				未利用土地
		小计	耕地	园地	林地	牧草地	其他农用地	小计	城镇村及工矿用地	交通用地	水利设施用地	
面积（万公顷）	4860.52	4220.16	673.42	73.48	2216.22	1095.94	161.10	178.61	152.46	14.42	11.73	461.74
比例（%）	100	86.83	13.85	1.51	45.60	22.55	3.31	3.67	3.14	0.30	0.24	9.50

资料来源：根据《中国国土资源统计年鉴》(2015) 和《四川省统计年鉴》(2015) 数据计算。

四川省国土面积较大，土地资源区域分异明显。根据石承苍、雍国玮和任国业的研究，四川全省可分为 5 个大区，各大区的土地结构见表 1–4，由此可见四川省国土资源的地区差异①。

表 1–4　四川省各大区土地地貌结构

	土地面积（平方千米）	平原		丘陵		山地		高原	
		面积（平方千米）	百分比（%）	面积（平方千米）	百分比（%）	面积（平方千米）	百分比（%）	面积（平方千米）	百分比（%）
成都平原区	26606.2	12509.6	47.0	5660.8	21.3	8435.8	31.7	0	0
盆地丘陵区	77333.0	20626.9	26.7	38868.7	50.3	17837.4	23.0	0	0
盆周山地区	77538.9	3096.3	4.0	3396.1	4.4	71046.5	91.6	0	0
川西南山地区	59757.1	2972.6	5.0	1522.3	2.5	54507.5	91.2	754.7	1.3
川西北高山高原区	247648.8	131.6	0.0	277.9	0.1	211256.8	86.2	36634.7	14.8
全省	488884.0	39337.0	8.0	49725.8	10.2	363084.0	74.3	37389.4	7.6

资料来源：石承苍，雍国玮，任国业. 四川省土地资源农业综合利用分区 [C]. 四川省国土经济学研究会 2005 年学术研讨会.

① 这里的加总数据与统计局公布的数据有差异。

（三）气候资源

四川省气候复杂多样，且地带性和垂直变化十分明显，总体特点是：季风气候明显，雨热同季；区域间差异显著，东部冬暖、春早、夏热、秋雨、多云雾、少日照、生长季长，西部则寒冷、冬长、基本无夏、日照充足、降水集中、干雨季分明；气候垂直变化大，气候类型多；气象灾害种类多，发生频率高且范围大，主要是干旱，其次是暴雨、洪涝和低温等。根据水热条件和光照条件的差异，全省分为三大气候区（见图 1–4）。

图 1–4 四川省气候区划

资料来源：四川省地图集［M］. 成都：成都地图出版社，2013.

四川盆地中亚热带湿润气候区。该区热量条件好，全年温暖湿润，年均温 16℃~18℃，积温 4000℃~6000℃，气温日差较小，年差较大，冬暖夏热，无霜期 230~340 天。盆地云量多，晴天少，全年日照时间较短，年日照仅 1000 ~ 1400 小时，比同纬度的长江流域下游地区少 600~800 小时。雨量充沛，年降雨量 1000~1200 毫米，50%以上集中在夏季，多夜雨。

川西南山地亚热带半湿润气候区。该区全年气温较高，年均温 12℃~20℃，

日差较大，年差较小，早寒午暖，四季不明显。云量少，晴天多，日照时间长，年日照时间为2000~2600小时。降水量较少，干湿季分明，全年有7个月为旱季，年降水量900~1200毫米，90%集中在5~10月。河谷地区受焚风影响形成典型的干热河谷气候，山地形成显著的立体气候。

川西北高山高原高寒气候区。该区海拔高差大，气候立体变化明显，从河谷到山脊依次出现亚热带、暖温带、中温带、寒温带、亚寒带、寒带和永冻带。总体上以寒温带气候为主，河谷干暖，山地冷湿，冬寒夏凉，水热不足，年均温4℃~12℃，年降水量500~900毫米。天气晴朗、日照充足，年日照1600~2600小时。

（四）生物资源

四川省生物资源十分丰富，保存有许多珍稀、古老的动植物种类，是中国乃至世界的珍贵物种基因库之一。

植被类型多样，植物种类非常丰富。全省有高等植物近万种，约占全国总数的1/3，仅次于云南，居全国第二位。其中：苔藓植物500余种，维管束植物230余科、1620余属，蕨类植物708种，裸子植物100余种（含变种），被子植物8500余种，松、杉、柏类植物87种，居全国之首。列入国家珍稀濒危保护植物的有84种，占全国的21.6%。有各类野生经济植物5500余种，其中：药用植物4600多种，全省所产中药材占全国药材总产量的1/3，是全国最大的中药材基地；芳香及芳香类植物300余种，是全国最大的芳香油产地；野生果类植物达100多种，以猕猴桃资源最为丰富，居全国之首，并在国际上享有一定声誉；菌类资源十分丰富，野生菌类资源1291种，占全国的95%。2013年末森林覆盖率35.5%，比2012年提高0.2个百分点。

动物资源丰富，有脊椎动物1246种，占全国总数的45%以上，兽类和鸟类约占全国的53%。其中：兽类217种，鸟类625种，爬行类84种，两栖类90种，鱼类230种。属国家重点保护野生动物144种，占全国的39.6%，居全国之冠。四川野生大熊猫数量1206只，占全国总数的76%，其种群数量居全国第一位。动物中可供经济利用的种类占50%，其中，毛皮、革、羽用动物200余种，药用动物340余种。四川雉类资源极为丰富，雉科鸟类20种，占全国雉科总数的40%，其中有许多珍稀濒危雉类，如国家一类保护动物雉鹑、四川山鹧鸪和绿尾虹雉等。

四川省属全国第二大林区，森林资源富集。全省林地面积2402.4万公顷，占全省面积的49.43%，居全国第三位，森林面积1725.7万公顷，居全国第四位，其中有林地1534.2万公顷、疏林地21.3万公顷、灌木林地764.8万公顷、未成林地 17.6 万公顷、苗圃地 0.2 万公顷、宜林地 64.3 万公顷。现有活立木蓄积 17.9 亿立方米，居全国第三位，森林覆盖率 35.5%。全省森林资源分布不均，资源富集量按川西高山高原区、盆周山区、川西南山区、盆中丘陵区依次递减。全省天然林面积 1627.4 万公顷，人工林面积 710.6 万公顷。全省公益林（地）资源总面积 1759.8 万公顷，占林地总量的 73.25%。全省商品林（地）资源总面积 642.6 万公顷，占林地总量的 26.75%；商品林总蓄积 4.28 亿立方米，占全省活立木总蓄积的 23.91%[①]。

四川省湿地资源丰富，类型多样，包括沼泽、湖泊、河流、库塘等多种类型，湿地总面积 174 万公顷，占全省面积的 3.6%。其中河流湿地面积约 45.23 万公顷，主要包括金沙江、雅砻江、大渡河、岷江等长江上游重要的干流和支流；湖泊湿地 3.73 万公顷，包括泸沽湖、邛海、马湖等川西南山地上的明珠；沼泽湿地 117.6 万公顷，主要分布在阿坝州和甘孜州高寒地区，其中若尔盖沼泽泥炭湿地生态意义显著，九寨沟、黄龙钙化湿地独具特色。

四川省天然草地分布广阔，形成了四川重要的畜牧业基地。草原能载畜 4439 万羊单位，居全国第一（其次为内蒙古 4420 万羊单位，新疆 3225 万羊单位）。四川省复杂的地形条件带来了草地类型的复杂性、多样性。天然草地形成为高寒草甸、高寒沼泽、高寒灌丛草甸、亚高山疏林草甸、山地草甸、山地疏林草丛、山地灌木草甸、山地草丛、干旱河谷灌木草丛、干热稀树草丛、农隙地草地 11 大类，此为四川草地资源特点之一。同时草地资源生产潜力大，据调查，四川省天然草原面积达 2038.2 万公顷，占四川国土面积的 42%，其中可利用（有效）面积 1770.5 万公顷，占国土面积的 36.5%。饲用植物种类多，草质良好，也是四川草地的突出特点之一。

四川省天然草地的主要问题：一是草地资源开发利用不合理，超载过牧、毁草开荒等导致草地退化严重，退化面积几乎达到可利用草地面积的 50%；二是鼠虫害泛滥，破坏面积大约占可利用草地面积的 20%；三是沙化、毒害草蔓延，对草地危害严重；四是草地建设资金严重不足，治理乏力。

（五）水资源

四川省水资源丰富，居全国前列。全省多年平均降水量约为 4889.75 亿立方米。水资源以河川径流最为丰富，境内共有大小河流近 1400 条，号称“千河之省”。2014 年四川省水资源总量约为 2557.7 亿立方米，占全国的 9.38%，

① 四川省林业厅网站，http：//www.scly.gov.cn/scly/zhuzhan/linyekaikuang/20140821/12352329.html。

其中地表水资源量2556.5亿立方米，占全国的9.73%；地下水资源量606.2亿立方米，占全国的7.83%；人均水资源量3138.5立方米，占全国的157.53%。境内遍布湖泊冰川，有湖泊1000多个、冰川200余条和一定面积的沼泽，多分布于川西北和川西南，湖泊总蓄水量约15亿立方米，加上沼泽蓄水量，共计约35亿立方米。如表1-5所示。

表1-5　四川省行政分区水资源量表

行政分区	年均降水量（毫米）	地表水资源量（亿立方米）	地下水资源量（亿立方米）	重复计算量（亿立方米）	水资源量（亿立方米）	人均水资源量（立方米）
成都市	130.79	75.91	38.58	36.60	77.89	764
自贡市	49.59	16.39	1.98	1.98	16.39	520
攀枝花市	119.50	58.56	16.29	16.29	58.56	5636
泸州市	112.30	55.06	18.02	18.02	55.06	1186
德阳市	62.30	30.24	16.48	15.59	31.12	821
绵阳市	192.44	114.93	22.68	22.60	115.01	2211
广元市	156.82	62.75	10.01	10.01	62.75	2069
遂宁市	42.47	12.59	1.97	1.97	12.59	338
内江市	52.50	16.18	2.31	2.31	16.18	385
乐山市	213.36	144.28	28.80	28.80	144.28	4164
南充市	97.86	31.28	5.87	5.87	31.28	441
宜宾市	149.99	78.06	15.53	15.53	78.06	1531
广安市	56.04	19.91	3.26	3.26	19.91	451
达州市	147.81	62.29	15.91	15.91	62.29	1000
雅安市	245.99	178.66	39.37	39.37	178.66	11824
阿坝州	666.34	361.62	88.33	88.33	361.62	43308
甘孜州	1128.95	640.35	191.94	191.94	640.35	71627
凉山市	736.67	478.20	115.86	115.86	478.20	11781
巴中市	97.91	34.27	6.01	6.01	34.27	978
眉山市	108.69	52.14	11.76	11.76	52.14	1533
资阳市	66.06	23.57	4.15	4.15	23.57	483
全省	4636.39	2547.20	655.11	652.16	2550.15	3023

资料来源：刘晓鹰. 基于科学发展观的中国西部省区国土资源及其承载能力研究［C］. 中国少数民族经济研究会2005年年会论文.

四川水资源总的特点是：总量丰富，人均水资源量高于全国，但时空分布不均，形成区域性缺水和季节性缺水；水资源以河川径流最为丰富，但径流量的季节分布不均，大多集中在6~10月，洪旱灾害时有发生；河道迂回曲折，利于农业灌溉；天然水质良好，但部分地区也有污染。

（六）能源资源

四川省能源资源丰富，主要以水能、煤炭和天然气为主，煤炭资源约占23.5%，天然气及石油资源约占1.5%，水能资源约占75%。

全省水能资源理论蕴藏量达1.43亿千瓦，占全国的21.2%，仅次于西藏。其中，技术可开发量1.03亿千瓦，占全国的27.2%，经济可开发量7611.2万千瓦，占全国的31.9%，均居全国首位，是中国最大的水电开发和西电东送基地。水能资源集中分布于川西南山地的大渡河、金沙江、雅砻江三大水系，约占全省水能资源蕴藏量的2/3，也是全国最大的水电“富矿区”，其技术开发量占理论蕴藏量的79.2%，占全省技术开发量的80%。雅砻江上的二滩水电站总装机容量达330万千瓦。

保有煤炭资源量122.7亿吨，主要分布在川南，种类比较齐全，有无烟煤、贫煤、瘦煤、烟煤、褐煤、泥炭。油、气资源以天然气为主。石油资源储量很小，盆地累计探明新增地质储量6796万吨。天然气资源十分丰富，是国内主要的含油气盆地之一，已发现天然气资源储量达7万多亿立方米，约占全国天然气资源总量的19%。生物能源也比较丰富，每年有可开发利用的人畜粪便3148.53万吨、薪柴1189.03万吨、秸秆4212.24万吨、沼气约10亿立方米。

（七）矿产资源

四川省地质构造复杂，成矿条件有利，矿产资源丰富且种类齐全。查明资源储量的矿种有100余种、矿区1906处，其中有43种矿产的保有资源储量位居全国前五位（见表1-6、图1-5），煤、铁、锰、钛、钒、铜、铅、锌、轻稀土、磷、水泥用灰岩等重要矿产资源储量有所增加。全省矿产资源供应能力较强，是西部乃至全国的矿物原材料生产和加工大省。

表1-6　四川省主要矿产基础储量及占全国的比重

项目	单位	基础储量	占全国比重（%）	项目	单位	基础储量	占全国比重（%）
石油	万吨	661.8	0.19	铅矿	铅，万吨	99.28	5.77
天然气	亿立方米	11708.56	23.68	锌矿	锌，万吨	231.42	5.74
煤炭	亿吨	54.1	2.25	铝土矿	矿石，万吨	51.6	0.05
铁矿	矿石，亿吨	25.92	12.55	菱镁矿	矿石，万吨	186.49	0.17
锰矿	矿石，万吨	100.04	0.47	硫铁矿	矿石，万吨	37956.92	28.36
钒矿	万吨	567.27	63.02	磷矿	矿石，亿吨	4.7	15.29
原生钛铁矿	万吨	19438.13	89.94	高岭土	矿石，万吨	56.1	0.1
铜矿	铜，万吨	67.77	2.39				

资料来源：根据《中国统计年鉴》（2015）相关数据计算得到。

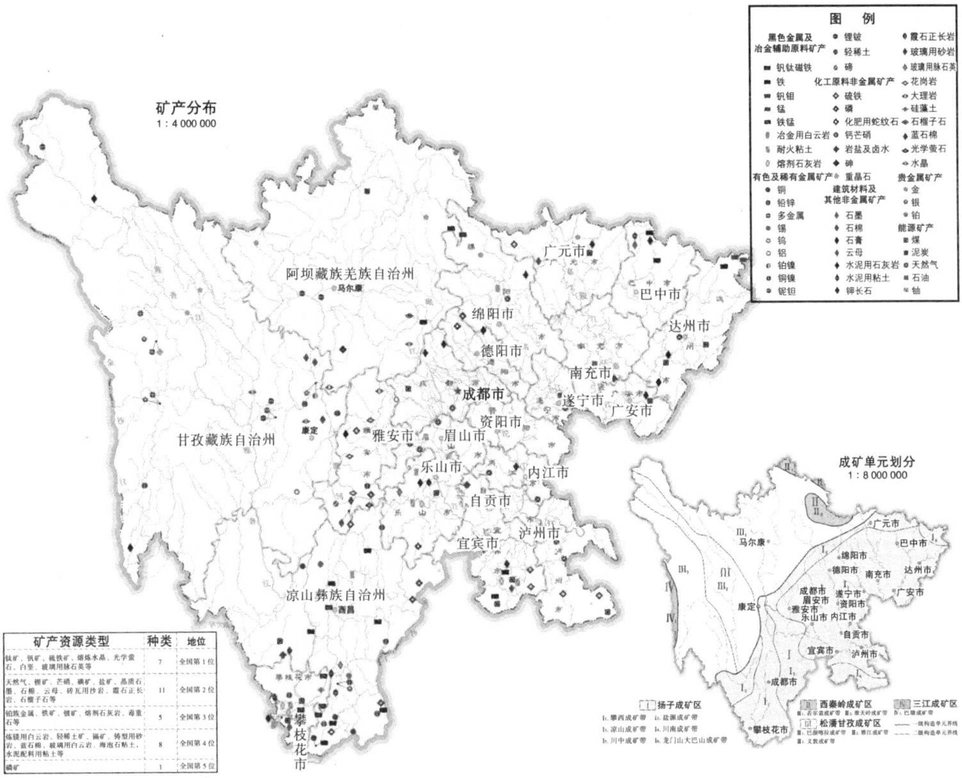

矿产分布
1 : 4 000 000
图 例
阿坝藏族羌族自治州
马尔康
甘孜藏族自治州
康定
凉山彝族自治州
西昌
攀枝花市
广元市
巴中市
绵阳市
达州市
德阳市
南充市
成都市
遂宁市
广安市
资阳市
雅安市
眉山市
乐山市
内江市
自贡市
泸州市
宜宾市
成矿单元划分
1 : 8 000 000
扬子成矿区
西秦岭成矿区
三江成矿区
松潘甘孜成矿区
矿产资源类型 | 种类 | 地位
钛矿、钒矿、硫铁矿、熔炼水晶、光学萤石、白垩、玻璃用脉石英等 | 7 | 全国第1位
天然气、锂矿、芒硝、碘矿、盐矿、晶质石墨、石棉、云母、砖瓦用沙岩、霞石正长岩、石榴子石等 | 11 | 全国第2位
铂族金属、铁矿、镀矿、熔剂石灰岩、毒重石等 | 5 | 全国第3位
炼镁用白云岩、轻稀土矿、镉矿、铸型用砂岩、蓝石棉、玻璃用白云岩、海泡石粘土、水泥配料用粘土等 | 8 | 全国第4位
磷矿 | 1 | 全国第5位

图 1-5 四川省矿产资源分布图

资料来源：四川省地图集［M］. 成都：成都地图出版社，2013.

四川省地处三大地质构造域的结合部，地跨中国西部四大矿产资源富集区，是我国矿产资源储量比较丰富和资源潜力较大的省区之一。

一是资源总量丰富，但人均占有量低于全国水平；资源种类齐全，但多数矿种储量不足。除钒钛磁铁矿、岩盐、芒硝、铅锌、硫、铁矿、石棉、云母、金、磷、水泥灰岩等储量可满足开发需要外，多数矿产资源都存在资源数量不足、质量差、探明矿山不足的问题。

二是大型或特大型矿床分布集中，区域特色明显，有利于形成综合性的矿物原料基地。矿产集中分布在川西南（攀西）、川南、川西北三个区，并各具特色：川西南以黑色、有色金属和稀土资源为优势，其他矿产也很丰富且组合配套好，是全国的冶金基地之一；川南以煤、硫、磷、岩盐、天然气为主的非金属矿产种类多，蕴藏量大，是全国化工工业基地之一；川西北稀贵金属（锂、铍、金、银）和能源矿产（铀、泥炭）资源丰富，是潜在的尖端技术产品的原料供应地。

三是部分重要矿产以贫矿和低品质矿为主，富矿不足。除铅、锌、镉、银、岩盐、钙芒硝等品位稍高外，其他矿产多为中、贫矿。

四是矿床的共生、伴生矿多，具有重要的综合利用价值，但增加了采矿和选冶工艺难度。如攀西的钒钛磁铁矿为铁、钒、钛共生，川南的煤矿为煤、硫共生，川西北的锂矿为锂、铍共生。

（八）旅游资源

四川省是著名的旅游资源大省，旅游资源极其丰富，拥有美丽的自然风景、悠久的历史文化和独特的民族风情，具有数量多、类型全、分布广、品位高等特点，其资源数量和品位均在全国名列前茅。

全省有世界遗产 5 处，其中，自然遗产 3 处（九寨沟、黄龙、四川大熊猫栖息地）、自然和文化双重遗产 1 处（峨眉山—乐山大佛）、文化遗产 1 处（青城山—都江堰）。加入世界人与生物圈保护网络的保护区有 4 处（九寨、卧龙、黄龙、稻城亚丁）。拥有国家级重点风景名胜区 14 处，省级风景名胜 80 处。有九大 5A 级旅游景区，在全国排第三名；有中国优秀旅游城市 21 座。截至 2014 年末，全省自然保护区 168 个，面积 829.8 万公顷，占全省土地面积的 17.3%，其中国家级自然保护区 30 个。湿地公园 27 个，其中国家级湿地公园 14 个。共建森林公园 121 处，其中国家级有 33 处、省级 55 处。四川地质构造复杂、地质地貌景观丰富、地质遗迹类型多样，已发现地质遗迹 220 余处，有兴文和自贡两处世界级地质公园，国家级地质公园 16 处，数量居全国前列。有国家级历史文化名城 8 座。四川省也是一个文物大省，有博物馆 153 个，全国重点文物保护单位 230 处，省级文物保护单位 1062 处。国家级非物质文化遗产名录 120 项，省级非物质文化遗产名录 460 项①。

---

① 四川年鉴社. 四川年鉴社［M］. 成都：四川年鉴社，2014.

第二章　人文禀赋

一、改革开放以来人口的增长

人口作为经济活动和社会活动的主体，一方面对资源环境和社会经济发展产生举足轻重的影响，另一方面又受到资源环境和社会经济发展的制约。21世纪以来，资源环境的变化和社会经济发展，使四川的人口规模、分布、结构以及人口素质和劳动力利用方面都呈现出一些新的特征。

（一）人口总量保持低速增长

四川省是我国的人口大省，据统计，2014 年四川省有常住人口 8140 万人，占全国总人口的 5.95%，居全国第四位。如按户籍人口计算，2014 年四川省户籍人口总数为 9159 万人，占全国人口总数的 6.70%，与 1978 年的 7.35%比较下降了 0.65 个百分点（见图 2-1）。四川省户籍人口与常住人口相差 1019 万人，主要原因是四川省是劳务输出大省，有 1000 多万人口虽然户籍在四川，但常年在四川省外工作。

从增长率看，1978~2014 年四川省户籍人口年均增长率为 7.2‰，低于同期全国 9.8‰的增速。从每年增加的人口数和年增长率看（见图 2-2），四川省人口在改革开放以后的变化大体上可分为三个阶段：1978~1984 年四川省人口的增长率在波动中下降，人口年均增长率在 1%以下；1986~1990 年是四川省人口在改革开放以后增长最高的几年，年均增长率在 1.2%以上；自 20 世纪 90 年代以来，四川人口总量增速减缓。1990~2000 年全省总人口年平均增长率为 0.89%，比同期全国平均水平低 0.18 个百分点。2000~2014 年四川常住人口增长率为负（-0.82‰），户籍人口年均增长率为 6.13‰，同期全国总人口年均增长率为 5.46‰。

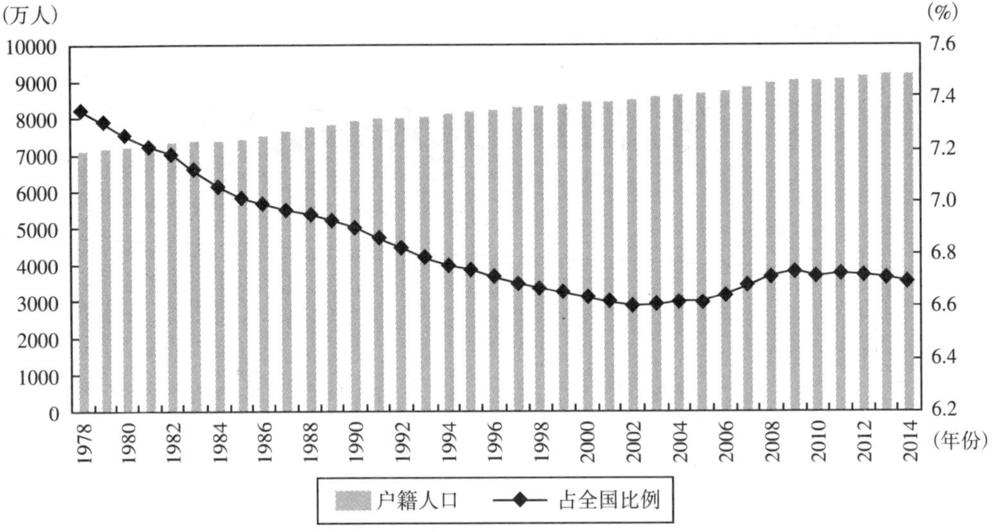

图 2-1 四川省户籍人口的变化

资料来源：《四川统计年鉴》(2015)。

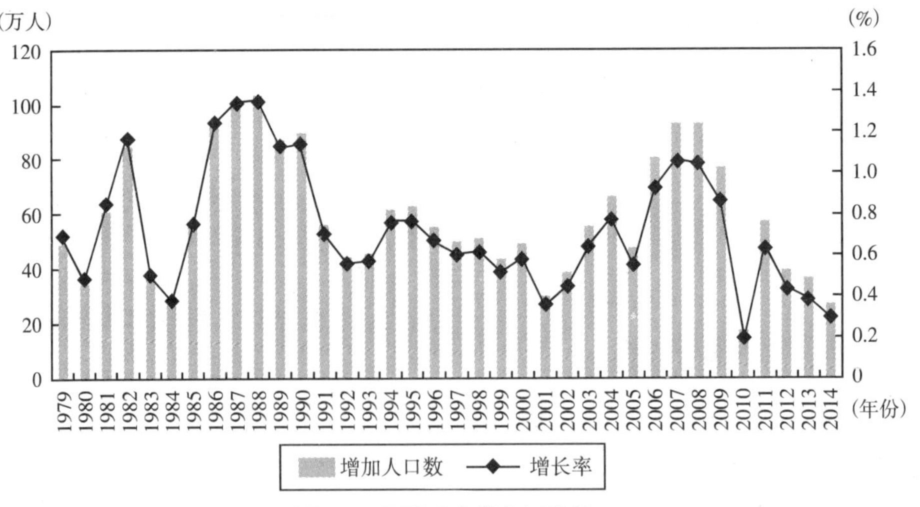

图 2-2 四川省户籍人口增长

资料来源：《四川统计年鉴》(2015)。

(二) 人口的自然变动

图 2-3 显示四川省改革开放以来人口的自然变动情况。可以看出，四川省人口的出生率总体上处于持续下降的态势，死亡率基本稳定在 7‰左右。人口自然增长率随着出生率的下降而下降。

从全省看，大体上从 1999 年开始，人口自然增长率持续稳定低于死亡率。进入 21 世纪以来，四川省人口出生率、死亡率和自然增长率基本保持稳定，人口再生产类型属于“低出生、低死亡、低增长”的现代型，人口处于低速自然增长阶段。

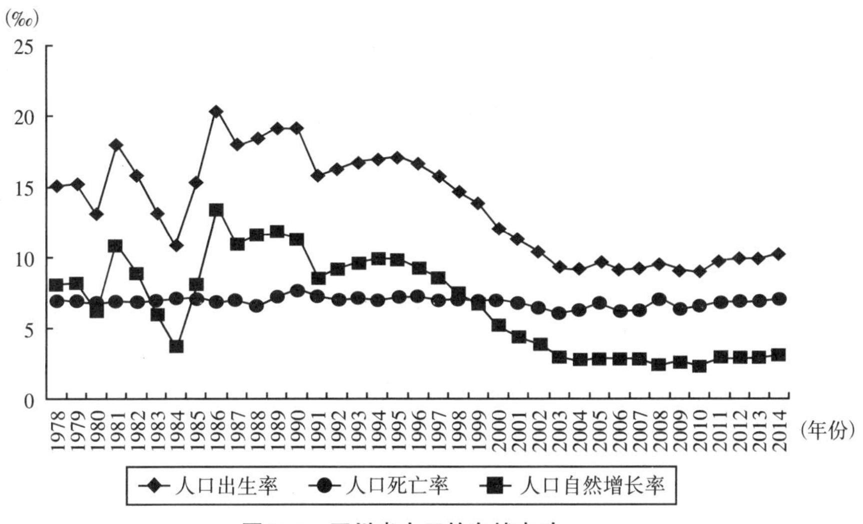

图 2-3 四川省人口的自然变动

资料来源：《四川统计年鉴》(2015)。

二、人口结构与人口转变

(一) 人口年龄结构

2000 年第五次人口普查显示，四川省 0~14 岁人口占比 22.59%，15~64 岁人口占比 69.85%，65 岁及以上人口占比 7.56%；到 2010 年第六次人口普查时，四川省人口中，少年儿童人口、成年人口和老年人口占比分别为 16.97%、66.73%和 16.30%（见表 2-1）。2014 年全国人口变动情况抽样调查数据显示，四川省 65 岁及以上老龄人口占年末总人口比重为 13.99%。图 2-4 所示是四川省第五次和第六次人口普查时的人口年龄金字塔。可以看出，进入 21 世纪，四川省人口年龄结构已经步入老年型，而且人口老龄化进程在加快。在经济欠发达的条件下出现的人口老龄化必将对四川的经济发展造成极大的压力，妥善解决老年人口的社会保障和健康服务，任务相当艰巨。

表 2-1　四川省人口的年龄结构和抚养比

年份	0~14 岁（%）	15~64 岁（%）	65 岁及以上（%）	抚养比（%）		
				总抚养比	少儿抚养比	老年抚养比
2000	22.59	69.85	7.56	43.17	32.34	10.83
2005	21.85	67.23	10.92	48.74	32.5	16.24
2010	16.97	66.73	16.30	49.86	25.43	24.43
2014	16.21	69.8	13.99	43.28	23.23	20.04

资料来源：根据《中国 2010 年人口普查资料》、《中国 2000 年人口普查资料》相关数据计算得到。

（岁）100 95~99 90~94 85~89 80~84 75~79 70~74 65~69 60~64 55~59 50~54 45~49 40~44 35~39 30~34 25~29 20~24 15~19 10~14 5~9 1~4
女　男
6000000 4000000 2000000 0 2000000 4000000 6000000（人） 2000 年

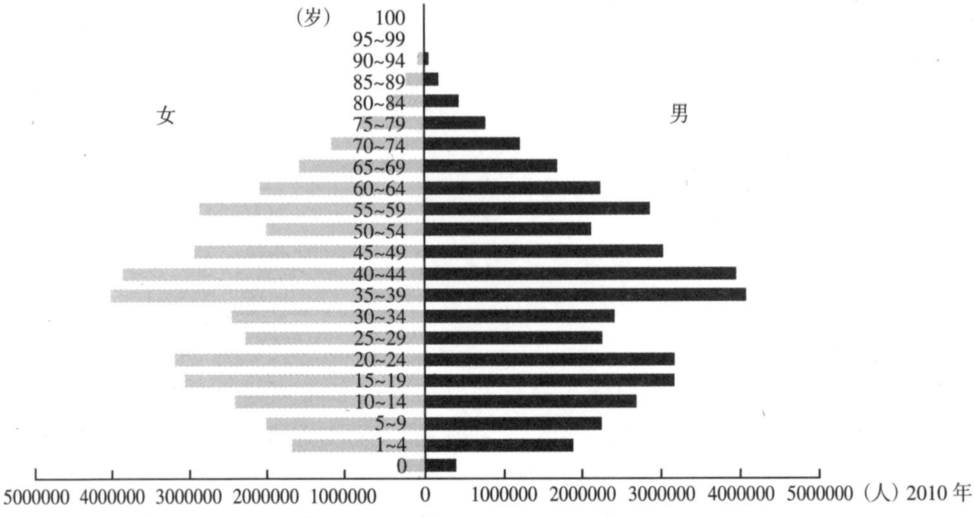

（岁）100 95~99 90~94 85~89 80~84 75~79 70~74 65~69 60~64 55~59 50~54 45~49 40~44 35~39 30~34 25~29 20~24 15~19 10~14 5~9 1~4 0
女　男
5000000 4000000 3000000 2000000 1000000 0 1000000 2000000 3000000 4000000 5000000（人） 2010 年

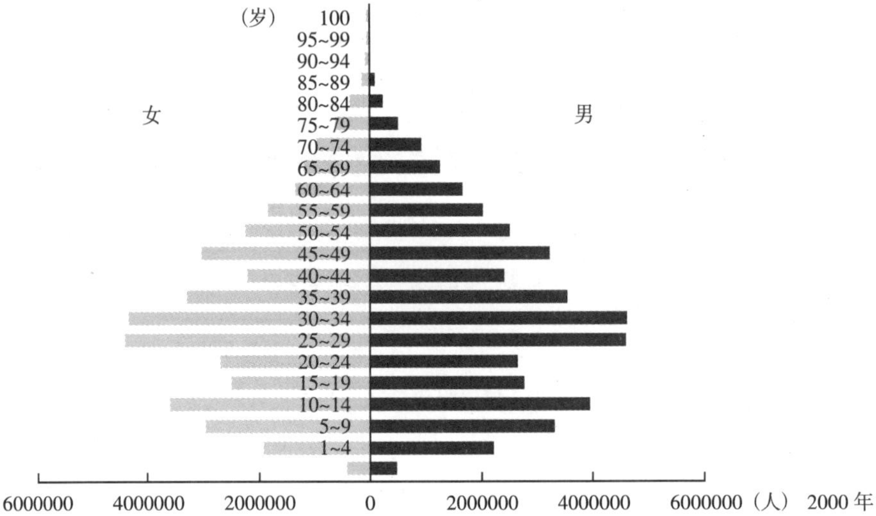

图 2-4　四川省人口年龄金字塔

资料来源：根据《中国 2010 年人口普查资料》、《中国 2000 年人口普查资料》相关数据计算得到。

（二）人口性别结构

2000 年普查时，四川省总人口性别比为 106.97，到 2010 年普查时，四川省总人口性别比为 103.13，接近于合理水平（105~106），不过稍微有些偏低。分年龄看，如图 2-5 所示，无论是 2000 年还是 2010 年，65 岁及以上人口的性别比呈现出断崖式下降；从变化趋势看，2000 年以来，64 岁以下的各年龄段的人口性别比均有所下降，而 65 岁及以上老年人口性别比在上升。

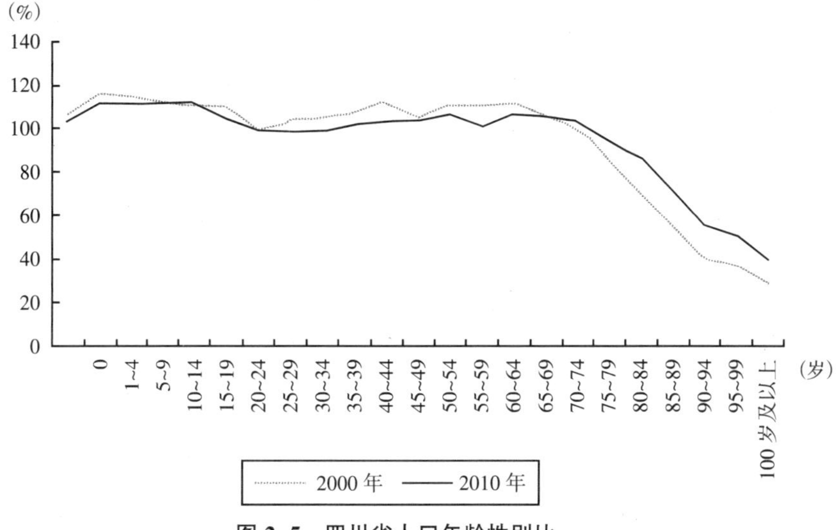

图 2-5　四川省人口年龄性别比

资料来源：根据《中国 2010 年人口普查资料》、《中国 2000 年人口普查资料》相关数据计算得到。

（三）人口素质稳步提高

人口预期寿命是人口健康素质的综合体现。普查表明，1990 年四川省（含重庆市）人口预期寿命为 66.33 岁，其中男性 65.06 岁，女性 67.70 岁；2000 年四川省人口预期寿命增加到 71.20 岁，其中男性 69.25 岁，女性 73.39 岁；2010 年第六次人口普查时，四川省人口预期寿命增加到 74.75 岁，男性 72.25 岁，女性 77.59 岁（见图 2-6）。人口预期寿命的提高是四川省医疗卫生事业取得重要发展的反映。

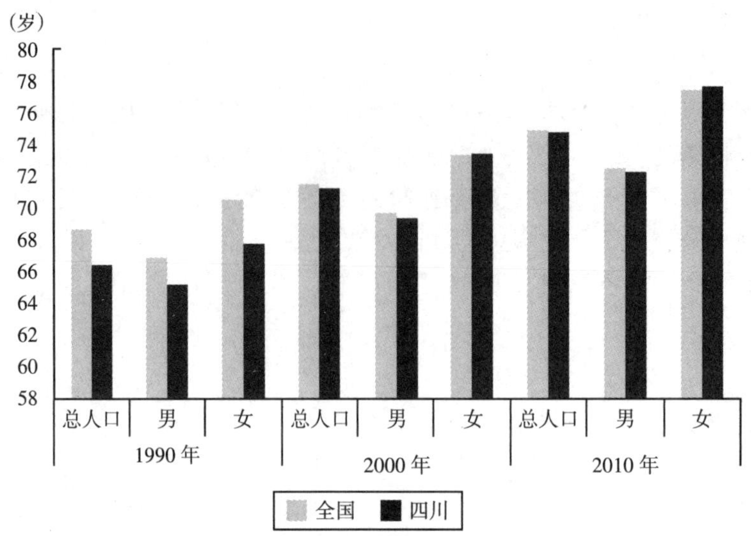

图 2-6　四川省人口预期寿命与全国比较

资料来源：根据《中国 2010 年人口普查资料》、《中国 2000 年人口普查资料》相关数据计算得到。

（四）人口文化构成

从人口文化素质看，受教育程度是人口文化素质的主要表现。从人口平均受教育年限看，2000 年四川省 6 岁及以上人口平均受教育年限为 7.06 年，其中男性 7.55 年，女性 6.55 年；到 2010 年分别提高到 8.35 年、8.74 年和 7.96 年。人口受教育水平的提高，带来文盲率的下降，15 岁及以上人口的文盲率，四川省 2000 年为 9.87%，其中男性 5.37%，女性 14.62%；2010 年时分别下降到 6.55%、3.87%和 9.37%。

从结构上看，2010 年四川省 6 岁及以上人口中，受教育程度在大专及以上学历的比例为 7.13%，虽较 2000 年的 2.68%有较大幅度提升，但与全国 9.53%相比，该比例依然偏低（见图 2-7）。2014 年全国人口变动情况抽样调查结果显示，四川省大专及以上学历人口占 6 岁及以上人口的 9.06%，全国为 11.53%。因此，尽管四川省人口受教育程度在不断提高，但人口的综合素质还不能较好地适应经济发展的需要，进一步提高人口素质的任务还相当艰巨，任重而道远。

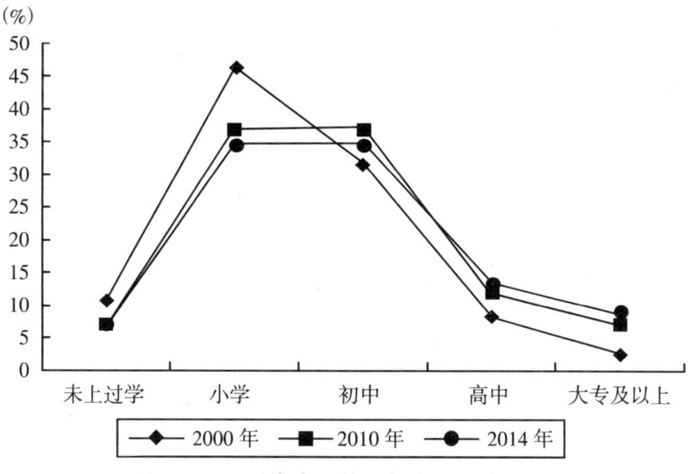

图 2-7 四川省人口的受教育程度的构成

资料来源：根据《中国 2010 年人口普查资料》、《中国 2000 年人口普查资料》和《四川统计年鉴》(2015) 相关数据计算得到。

四川省各地区人口受教育程度差异显著（见表 2-2、图 2-8）。总体上，成都平原地区人口受教育程度高，盆周山区，特别是川西北高原地区人口受教育程度低。

表 2-2 四川省人力资本的区域分布

地区	平均受教育年限（年）			文盲人口占 15 岁及以上人口比重（%）			技能劳动力占比（%）
	合计	男	女	合计	男	女	
四川省	8.35	8.74	7.96	6.55	3.78	9.37	7.13
成都市	9.93	10.13	9.72	2.78	1.54	4.04	17.41
自贡市	8.18	8.57	7.80	6.37	3.27	9.42	5.49
攀枝花市	8.71	9.16	8.24	8.08	4.98	11.41	9.91
泸州市	7.89	8.22	7.55	5.48	2.99	7.97	4.18
德阳市	8.44	8.82	8.05	4.97	2.66	7.32	6.56
绵阳市	8.37	8.78	7.94	6.41	3.53	9.34	7.13
广元市	7.98	8.63	7.32	8.68	4.02	13.37	5.32
遂宁市	8.17	8.61	7.73	6.07	2.99	9.16	3.91
内江市	8.23	8.50	7.95	5.08	2.85	7.36	4.08
乐山市	8.42	8.71	8.11	5.28	3.06	7.52	7.04
南充市	8.08	8.61	7.56	7.50	3.79	11.22	4.66
眉山市	8.15	8.49	7.82	5.81	3.18	8.40	4.37
宜宾市	7.94	8.27	7.59	5.59	3.15	8.11	4.44
广安市	7.76	8.22	7.31	7.37	3.89	10.71	3.11
达州市	8.11	8.53	7.69	5.27	2.72	7.86	3.59

续表

地区	平均受教育年限（年）			文盲人口占 15 岁及以上人口比重（%）			技能劳动力占比（%）
	合计	男	女	合计	男	女	
雅安市	8.46	8.78	8.13	5.05	2.66	7.51	7.24
巴中市	8.20	8.82	7.57	6.30	2.90	9.71	3.45
资阳市	7.83	8.25	7.40	6.81	3.66	9.96	3.55
阿坝藏族羌族自治州	7.59	8.03	7.12	12.39	8.38	16.76	8.16
甘孜藏族自治州	5.78	6.26	5.27	30.17	25.03	35.68	6.31
凉山彝族自治州	6.41	7.01	5.78	19.31	13.33	25.56	3.99

资料来源：根据《四川省 2010 年人口普查资料》相关数据计算得到。

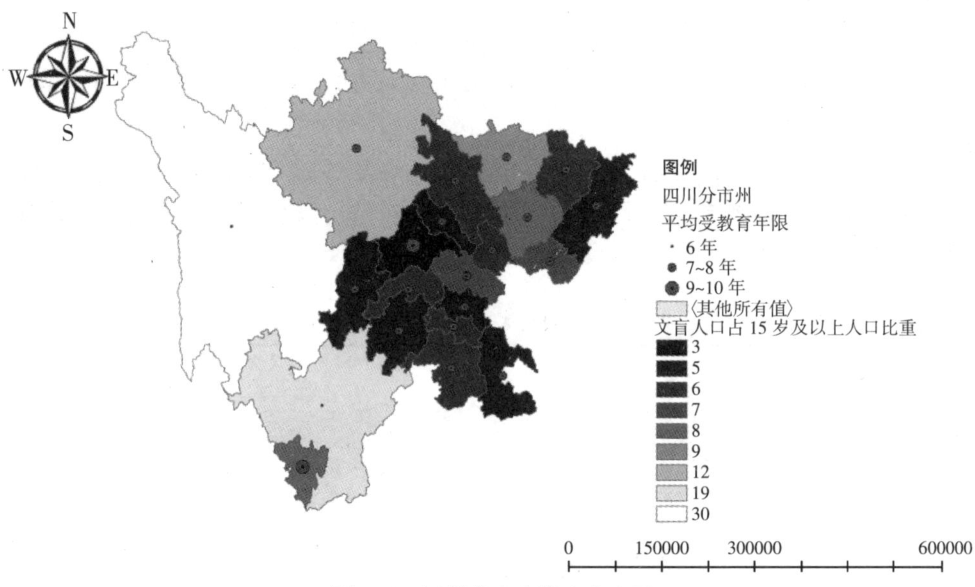

图 2-8　四川省人力资本分布图

资料来源：根据《四川省 2010 年人口普查资料》相关数据计算得到。

三、人口分布

（一）人口分布的基本态势

2014 年四川省人口密度为 168 人/平方千米，高于全国 141 人/平方千米的

水平。但人口在空间上的分布极不平衡（见图 2-9）。在 21 个市州中，人口密度最高的成都市 2014 年人口密度为 1190 人/平方千米，最低的是甘孜藏族自治州，仅 8 人/平方千米，次低的是阿坝藏族羌族自治州（11 人/平方千米）。人口密度在 500 人/平方千米以上的市州有内江市（693 人/平方千米）、自贡市（627 人/平方千米）、遂宁市（617 人/平方千米）、德阳市（594 人/平方千米）、广安市（510 人/平方千米）、南充市（508 人/平方千米）；人口密度在 168 人/平方千米以下的市州有攀枝花市（166 人/平方千米）、广元市（158 人/平方千米）、雅安市（103 人/平方千米）、凉山彝族自治州（77 人/平方千米）。

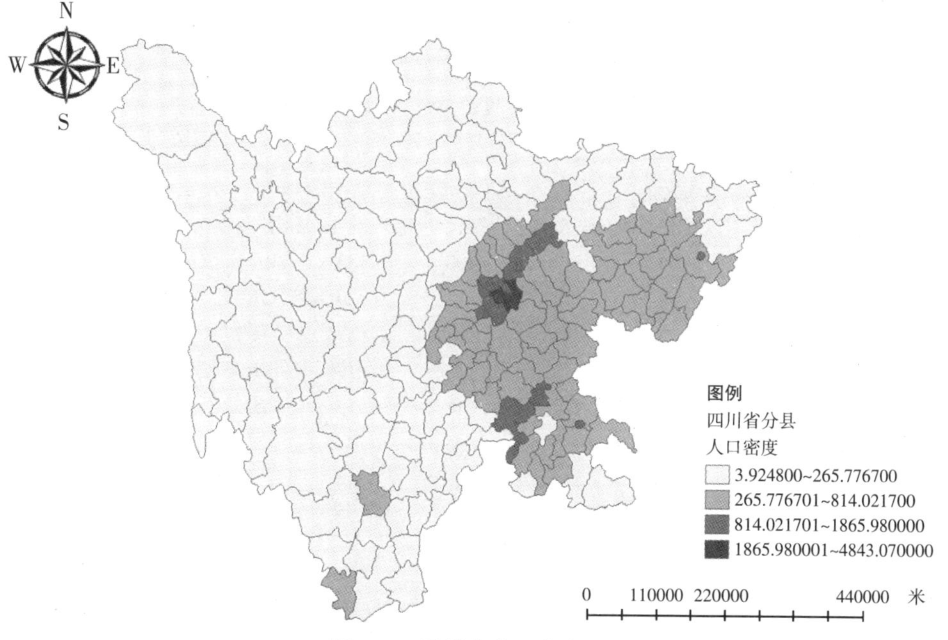

图 2-9　四川省人口密度图

资料来源：根据《四川统计年鉴》(2015) 数据绘制。

从 183 个县域单位看，人口密度最高的是成都市武侯区，高达 21483 人/平方千米，甘孜州石渠县最低，只有 4.38 人/平方千米。从县域人口密度的分布看（见图 2-10），人口密度在 10000 人/平方千米以上的有 4 个，1000~10000 人/平方千米的有 17 个，500~1000 人/平方千米的有 34 个，300~500 人/平方千米的有 43 个，100~300 人/平方千米的有 31 个，100 人/平方千米以下的有 54 个。

从县域人口规模看，按年末常住人口统计，人口最多的是成都市武侯区，2014 年有 167.57 万人，其次是双流县，人口 125.40 万人，最少的是得荣县，有常住人口 2.67 万人。县域人口规模分布如表 2-3 所示。

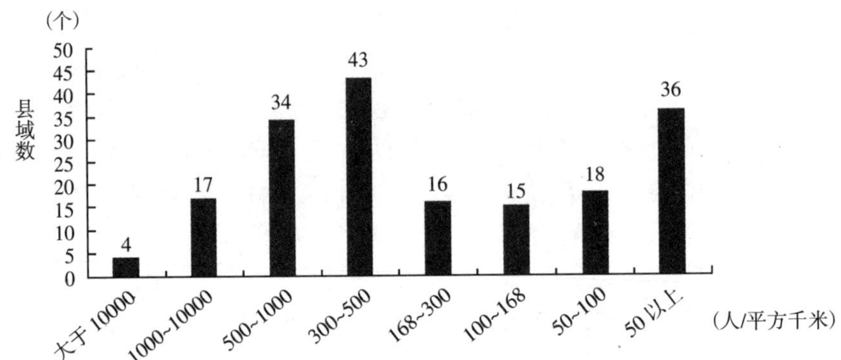

图 2-10　四川省县域人口密度分布

资料来源：《四川统计年鉴》(2015)。

表 2-3　四川省县域单位人口规模分布

人口分组	常住人口				户籍人口			
	县域数		人口		县域数		人口	
	个	占比（%）	万人	占比（%）	个	占比（%）	万人	占比（%）
全省	183	100	8140.22	100	183	100	9159.1	100
10 万人以下	30	16.39	183.33	2.25	30	16.39	182.0	1.99
10 万~20 万人	23	12.57	353.42	4.34	17	9.29	263.1	2.87
20 万~30 万人	20	10.93	487.99	5.99	19	10.38	455.8	4.98
30 万~50 万人	38	20.77	1475.78	18.13	37	20.22	1469.2	16.04
50 万~80 万人	44	24.04	2854.88	35.07	44	24.04	2860.5	31.23
80 万~100 万人	16	8.74	1382.11	16.98	14	7.65	1222.3	13.35
100 万人以上	12	6.56	1402.71	17.23	22	12.02	2706.2	29.55

资料来源：根据《四川统计年鉴》（2015）计算。

总体上讲，四川省人口分布的基本特点是：成都平原人口密度高，盆周山地人口稀疏，人口密度随海拔高度的增加而下降（见图 2-11）。

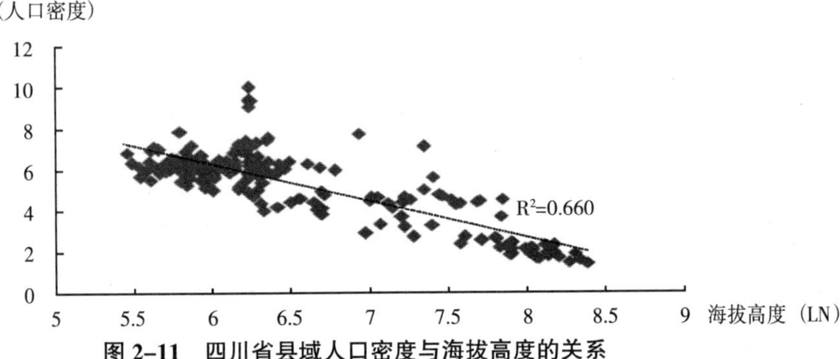

图 2-11　四川省县域人口密度与海拔高度的关系

资料来源：作者计算绘制。

（二）城乡分布

据统计，2014年四川省常住人口中城镇人口3769万人，城镇化率为46.30%，同年全国城镇化率为54.77%；若按户籍人口统计，2014年四川省户籍人口9159.1万人，其中非农业人口2694万人，占比29.41%。四川省城镇化水平地区差异显著，21个地市州中常住人口城镇化率最高的是成都市，城镇化率为70.37%，最低的是甘孜藏族自治州，城镇化率为26.87%；攀枝花市、自贡市、德阳市和绵阳市的城镇化率高于全省平均水平，其余市州城镇化率低于全省平均水平。关于四川省城镇化的详细分析见本书第十一章。

四、民族构成

四川省是一个多民族省份，境内居住着56个民族。根据人口普查，2000年汉族人口占总人口的95%，少数民族人口占总人口的比例为5%；2010年普查时，汉族人口占比为93.9%，少数民族人口占比为6.10%。

从民族构成和分布看，四川省是全国第二大藏区、最大的彝族聚居区和唯一的羌族聚居区，藏族、彝族、羌族这三个少数民族人口占全省少数民族总人口的90.42%。其中，藏族主要分布于甘孜藏族自治州、阿坝藏族羌族自治州和凉山彝族自治州的木里藏族自治县，部分藏族散居于凉山彝族自治州的盐源、冕宁、甘洛、越西和雅安市的宝兴、石棉、汉源以及绵阳市的平武、北川等县；彝族主要分布于凉山彝族自治州和乐山市的峨边彝族自治县及马边彝族自治县，甘州藏族自治州的九龙等地区也有分布；羌族是居住于青藏高原东南缘山岳地带的以农业为主的民族，主要分布于阿坝藏族羌族自治州沿岷江上游的茂县、汶川、理县、松潘、黑水和绵阳市的北川、平武等县（见表2-4）。

四川省少数民族聚居地区在行政区划上就是四川省的民族自治地方，包括三个自治州（甘孜藏族自治州、阿坝藏族羌族自治州和凉山彝族自治州）和四个自治县（峨边彝族自治县、马边彝族自治县、北川羌族自治县和木里藏族自治县）。除了民族自治地方外，还有16个（区）县经四川省人民政府同意为少数民族地区待遇县[①]，它们是：攀枝花市仁和区、盐边县、米易县，雅安市石

① 四川省从具体省情出发，按照实事求是、与时俱进、统筹兼顾、照顾特殊的原则，科学制定规范的量化入围标准，并参酌历史因素、老区因素和贫困因素，把那些少数民族人口、民族乡数量、民族乡幅员面积所占比重高的县在省内享受少数民族地区政策待遇，旨在通过发挥民族政策的特殊优势，夯实县域底部发展基础，促进全省科学发展、协调发展、和谐发展。

表 2-4 四川省少数民族分布

	少数民族人口		占全省比例（%）						
	占当地人口比例（%）	占全省少数民族人口比例（%）	藏族	彝族	羌族	苗族	蒙古族	回族	其他少数民族
全省	6.10	100	100	100	100	100	100	100	100
成都市	0.90	2.59	2.16	0.56	4.58	3.51	11.29	19.99	21.44
自贡市	0.18	0.10	0.06	0.05	0.04	0.26	0.15	0.47	0.94
攀枝花市	14.44	3.57	0.03	5.36	0.04	2.40	1.50	3.33	15.26
泸州市	1.72	1.48	0.04	0.35	0.06	35.25	0.37	1.08	1.92
德阳市	0.25	0.19	0.11	0.04	0.48	0.31	0.68	1.87	1.42
绵阳市	3.25	3.05	1.16	0.07	39.72	0.39	0.89	7.01	2.58
广元市	0.41	0.21	0.04	0.02	0.10	0.16	0.16	7.14	0.59
遂宁市	0.09	0.06	0.06	0.02	0.04	0.10	0.13	0.12	0.73
内江市	0.18	0.14	0.06	0.04	0.03	0.28	0.18	2.35	1.00
乐山市	4.95	3.27	0.08	5.79	0.08	1.13	0.55	1.46	1.28
南充市	0.13	0.17	0.05	0.03	0.09	0.30	0.26	4.03	1.12
眉山市	0.42	0.25	0.09	0.22	0.05	0.19	0.32	2.47	1.29
宜宾市	2.01	1.83	0.04	0.27	0.03	47.22	0.29	2.18	1.19
广安市	0.11	0.07	0.04	0.02	0.02	0.25	0.13	0.38	0.94
达州市	0.78	0.86	0.02	0.01	0.03	0.15	0.13	0.35	25.05
雅安市	5.33	1.64	1.87	1.75	0.25	0.27	4.08	0.66	1.57
巴中市	0.01	0.00	0.00	0.00	0.00	0.01	0.01	0.09	0.05
资阳市	0.10	0.08	0.05	0.05	0.04	0.19	0.07	0.17	0.66
阿坝州	75.44	13.82	32.73	0.03	53.20	0.17	0.47	25.70	1.38
甘孜州	81.76	18.19	57.12	1.10	1.02	0.14	1.25	2.13	1.72
凉山州	52.45	48.44	4.21	84.22	0.09	7.29	77.10	17.01	17.87

资料来源：四川省人口普查办公室，四川省统计局. 四川省 2010 年人口普查资料（表 1-6）［M］. 北京：中国统计出版社，2012.

棉县、汉源县、宝兴县、荥经县，宜宾市兴文县、珙县、筠连县、屏山县，绵阳市平武县，乐山市金河口区，泸州市叙永县、古蔺县，达州市宣汉县。这样，包括享受少数民族地区待遇县，全省共有民族（待遇）县（区）67 个，总面积 340166 平方千米，占四川省总国土面积的 69.99%，人口占四川省总人口的 10%左右（见图 2-12）。

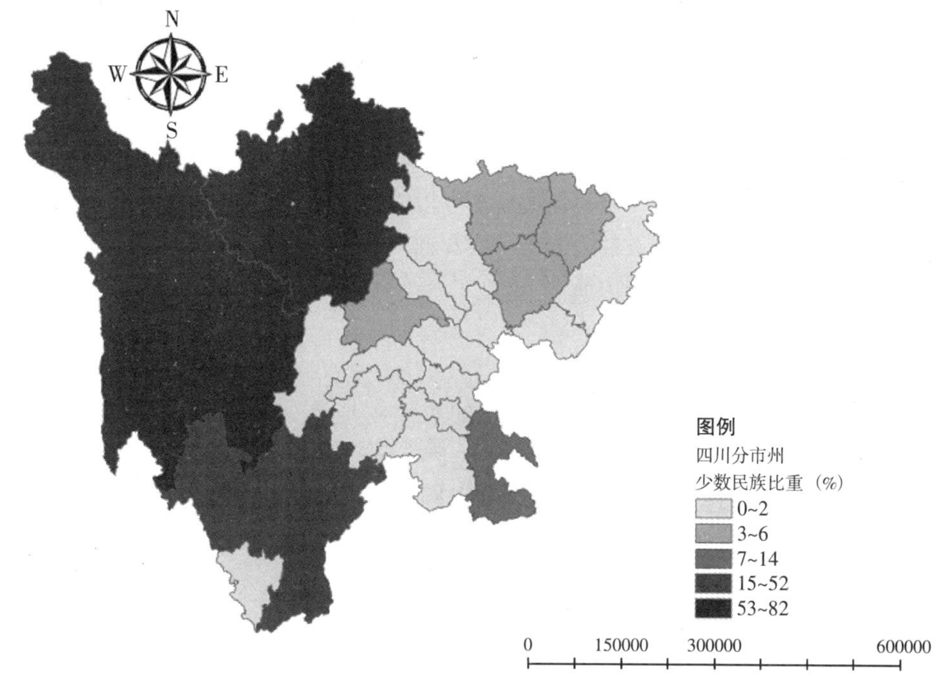

图 2-12 四川省少数民族分布图

资料来源：作者根据《四川省 2010 年人口普查资料》绘制。

四川省少数民族聚居的地区自然条件较差，经济基础薄弱，交通落后，相对于全省其他地区而言，经济总量小，经济发展水平低。但是，少数民族地区地域广阔，森林资源、水利资源、矿产资源和旅游资源具有明显优势，开发的潜力巨大。四川少数民族地区的发展，对于全省经济的快速、持续发展有重要意义。

五、历史与文化

（一）四川省建制沿革梗概

四川省简称川或蜀。在商周时期，四川地区建立了两个国家：一个是在今川西地区，以古蜀族为中心建立的蜀国；另一个是在今川东地区（包括今重庆市），以古巴族为中心建立的巴国。所以，四川地区古称“巴蜀”。公元前 316 年，秦灭巴蜀，置巴、蜀二郡，汉属益州，唐属剑南道及山南东、西等道。宋朝时期，设川陕路，后分设西川路和峡西路。再后来设益、梓、利、夔四路，称“四川”路，至此始有“四川”之名。元设四川行中书省，简称“四川行省”。明置四川布政使司，辖区内还包括今贵州省遵义市和云南东北部及贵州西北部。清为四川省，并对川、滇、黔3省省界进行较大调整，基本确定了现在四川省的南部省界。民国时期，今四川省西部分治为西康省。1949年四川解放，1955年西康省划归四川省，1997年将四川省分为今重庆直辖市和四川省，川渝分治。目前，四川省辖18个市、3个民族自治州。

（二）四川省的文化①

巴蜀文化源远流长，是中国文化的重要组成部分，同其他地域文化一样，都有着鲜明的地域特征和悠久的历史。自古以来四川省就享有“天府之国”的美誉。优越的地理条件和经济条件使四川省成为中国经济开发最早的地区之一。据考古证明，旧石器时代今四川省境内就有人类活动，在距今4000~5000年前，成都平原地区是长江上游区域文化的起源中心。其中，广汉三星堆和成都金沙遗址是古蜀国政治、经济和文化中心。农业文明和城市文明很早兴起，历史上四川的农业、冶金、丝织、建筑等都得到一定发展。

四川省是中国文明的重要起源地之一，以其显著而独特的内涵和特点闻名于世。

文明渊源深厚。四川文明在夏商时期为神权文明，西周至春秋战国时期为礼乐文明。秦统一巴蜀后，巴蜀文化逐步转型为秦汉文化的一支重要地域亚文化。汉魏之际四川为中国道教的发源地，隋唐五代时为文学繁荣之地，佛教也取得了令人瞩目的成就。宋代经济文化高度繁荣，出现了全世界最早的纸币“交子”。巴蜀的科技在历史上很发达，有都江堰水利工程、种植技术、盐井技术、青铜冶炼技术、天文学、数学、医学等。

地方特色显著。四川省主要属于巴蜀文化区，区域文化自成体系。四川语言文化、戏曲文化、茶文化、酒文化、饮食文化、织锦文化、盐文化等都具有浓郁的地域特色，如四川方言、川戏、川茶、川酒、川菜、川药及蜀绣、蜀锦、川派盆景等文化品牌都带有强烈的地方特色。

文化珍品荟萃。四川悠久的历史和丰厚的人文积淀，留下了一批珍贵稀有的高品位文化。四川拥有世界遗产5处，全国重点文物保护单位230处，省级文物保护单位1062处，国家级非物质文化遗产名录120项，省级非物质文化

① 刘茂才，谭继和. 巴蜀文化的历史特征与四川特色文化的构建[J]. 西南民族学院学报（哲学社会科学版），2003（1）.

遗产名录460项，中国历史文化名城7座，省级历史文化名城24座，省级历史文化名镇22座，以及其他人文景点200多个。峨眉山—乐山大佛是世界自然与文化双遗产，都江堰—青城山是世界文化遗产，九寨沟—黄龙为世界自然遗产，广汉三星堆和成都金沙遗址出土的大量金器、铜器、玉器和陶器都属文物精品。其中，象征着追求光明、团结奋进、和谐包容精神的金沙遗址出土的“太阳神鸟”被国家文物局批准成为“中国文化遗产”标志。

在科技方面，历史上较为出名的有四川的井盐、盐井技术。都江堰水利工程不仅在当时是一种壮举，即使就现在而言，同样是一项难度系数高、质量高的水利建设。它造福了整个成都平原，使成都成为“千里沃野，天府之国”。从三星堆的青铜面具、青铜树等可见，早在几千年前，四川的青铜冶炼技术就达到了较高的水平。除此之外，四川的种植技术、天文、地理、数学等都取得了一定的成绩。

川菜位居中国三大菜系之列，五粮液等川酒为国宴珍品，竹叶青、蒙顶茶、峨眉毛峰等名茶享誉全国。

兼容多元文化。四川文化虽不可避免地具有农业文明的封闭性和静态性，但它又明显地具有对外努力开拓的开放性。除了境内本土的巴蜀文化和西部藏区文化外，只要跨出盆地，四川文化便与楚文化、秦陇文化、滇文化、夜郎文化、藏彝文化区域路途相接，促成了与四方经济文化的交流渗透，形成了巴蜀文化多元、兼容、开放的明显特点。改革开放以来，四川文化还吸纳了西方节庆文化与饮食文化。

第二篇　增长与结构

第三章　经济增长

新中国成立之初的 1952 年，四川省地区生产总值为 24.61 亿元，占全国国内生产总值的 2.62%，人均地区生产总值 53 元，相当于全国平均水平的 44.41%；1973 年四川省地区生产总值突破 100 亿元，达到 103.94 亿元；到 1978 年，四川省地区生产总值为 184.61 亿元，占全国国内生产总值的 5.06%，人均地区生产总值 261 元，相当于全国水平的 68.37%。改革开放以来，四川省经济发展步入快车道，1991 年四川省地区生产总值突破 1000 亿元，2007 年突破 1 万亿元，达到 10562.39 亿元，成为全国第 9 个跨入万亿元的省份之一，2014 年四川省地区生产总值达到 28536.66 亿元，地区生产总值占全国的比重 1991 年为 4.64%，2007 年为 3.94%，2014 年为 4.49%。人均地区生产总值 1990 年突破 1000 元，2006 年突破 1000 元，2014 年达到 35128 元，与全国水平相比，四川省人均地区生产总值相当于全国的比例：1990 年为 68.69%、2006 年为 63.93%、2014 年为 75.34%。2015 年初步统计表明，四川省全年实现地区生产总值（GDP）30103.1 亿元，人均地区生产总值 36836 元。四川省地区生产总值占全国的比重及人均地区生产总值相当于全国水平的比例的变化趋势如图 3-1 所示。

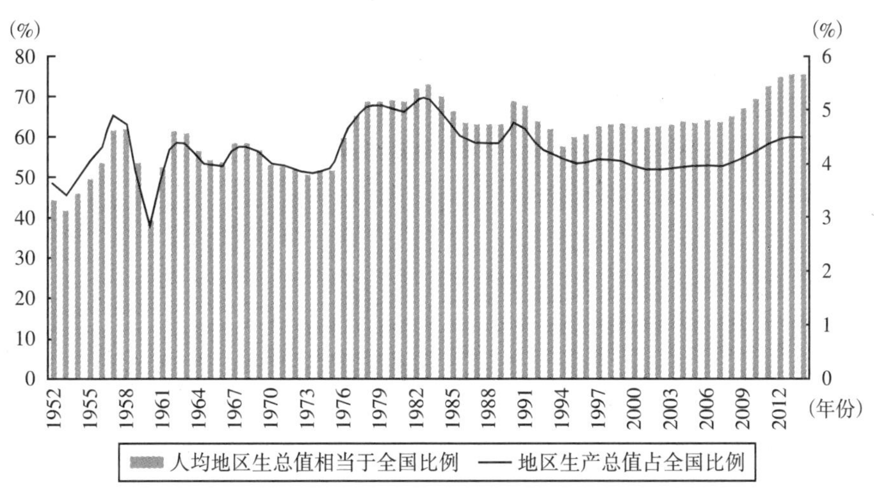

图 3-1　四川省的经济增长

资料来源：根据《四川统计年鉴》相关数据计算得到。

一、增长阶段

（一）经济发展的阶段

中华人民共和国成立以来，四川省的经济发展大体上可以划分为以下几个阶段：

1. 新中国成立后至改革开放前的经济增长（1949~1978 年）

1978 年四川省地区生产总值为 184.61 亿元，人均地区生产总值为 261 元，名义值分别是 1952 年的 7.50 倍和 4.92 倍（见表 3-1）；按可比价格计算，1952~1978 年四川省地区生产总值年均增长率为 5.24%，人均地区生产总值年均增长率为 3.56%。这一时期先后经过了 1949~1952 年的国民经济恢复时期和 1953~1957 年的第一个五年计划时期、“大跃进”时期（1958~1960 年）、国民经济调整时期（1961~1964 年）、三线建设时期（1965~1978 年）等阶段。

国民经济恢复时期和“一五”时期，得益于正确的方针政策的指引，四川省经济和社会发展顺利，速度也比较快。8 年内工农业总产值增长近 1.5 倍，平均每年递增 12.1%。其中，农业总产值增长 67.5%，平均每年递增 6.7%；工业总产值增长 5.5 倍，平均每年递增 26.4%。这段时期，国家对四川省的投资总额也不断加大，有力地支持了四川省的基本建设，恢复时期国家对四川省基本建设的投资额为 4.25 亿元，“一五”时期为 27.05 亿元。经过 8 年发展，全省经济和社会有了较快发展，人民生活有了显著改善。1958~1962 年四川进入“二五”建设时期，这一时期经济运行态势呈现明显的两极分化。上半段是 1958~1960 年“大跃进”时期，全省经济依然保持持续增长，1960 年工农业总产值达到新中国成立以来的最高值，比 1957 年增长 43.1%。下半段是 1961~1962 年，经济状况急转直下，这时全省经济遇到新中国成立以来第一次严重挫折，1962 年工农业总产值比 1960 年下降了 42.3%。1958 年的“大跃进”浪潮和人民公社化运动造成国民经济比例关系严重失调。工业建设盲目发展，投资规模急剧膨胀，城乡资源配置失衡，农业生产大幅萎缩，使国民经济发展陷入困境，全面调整不可避免。1960 年冬，中央开始纠正经济中的“左倾”错误，1961 年 1 月中共八届九中全会正式提出对国民经济进行“调整、巩固、充实、提高”的八字方针，国民经济进入三年全面调整时期。四川省认真贯彻国民经济调整工作，使国民经济逐步向巩固、充实、提高发展。

1965~1978 年的 13 年，既是国家第三个五年计划（1965~1970 年）和第四个五年计划（1971~1975 年）的三线建设时期，又是涵盖“文化大革命”的时期。经过三年调整，我国国民经济取得了重大的成果，全国经济形势全面好转。产业结构逐步协调，财政收支平衡，人民生活有了普遍的改善。调整任务基本完成，全国进入第三个五年计划时期。1964 年 8 月，越南北部湾事件导致国际形势急剧变化。根据毛泽东同志对国际形势的估计，认为国际形势必须立足于战争，积极备战，把国防建设放在第一位。为此，从 1964 年底开始，国家将国民经济建设的重点立即转向以备战为目的的三线建设，要求集中全国的人力、财力和物力加强内地建设，四川成为国家三线建设的重点地区。大规模的三线建设加快了四川省经济的发展步伐，“两基一线”的规划使一批大型骨干项目及相关配套企业得以兴建，为四川省整个经济格局的确立奠定了基本框架，为四川产业结构调整及基础工业完善提供了难得的发展机遇，带动和促进了四川省经济和社会发展。三线建设奠定了四川省经济的发展基础，但“文化大革命”的十年破坏，使四川省经济社会发展遭遇了严重的挫折，全省工农业生产连年下降，经济建设效益很差，人民生活困难，四川省经济与全国经济发展的差距进一步拉大。

表 3-1 1952~1978 年四川省的经济增长

年份	地区生产总值（亿元）	人均地区生产总值（元）	占全国百分比（%）		增长率（%）	
			地区生产总值	人均地区生产总值	地区生产总值	人均地区生产总值
1952	24.61	53	3.62	44.41	—	—
1953	28.01	59	3.4	41.62	12.02	10.19
1954	32.12	66	3.74	45.72	13.46	11.25
1955	36.71	74	4.03	49.45	6.71	4.47
1956	44.13	88	4.29	53.15	13.47	11.15
1957	52.39	103	4.9	61.4	9.73	8.59
1958	62.24	124	4.76	61.92	13.58	14.77
1959	56.02	115	3.89	53.17	−7.64	−4.69
1960	40.57	86	2.78	39.36	−16.37	−13.58
1961	45.34	97	3.71	52.46	−21.96	−21.17
1962	50.35	106	4.37	61.3	0.06	−1.7
1963	54.11	110	4.38	60.71	12.23	8.89
1964	59.16	117	4.06	56.14	12.43	8.8
1965	68.16	130	3.97	54.14	13.85	10.01
1966	74.01	137	3.95	53.79	12.74	9.17
1967	76.68	137	4.31	58.07	−0.32	−3.43

续表

年份	地区生产总值（亿元）	人均地区生产总值（元）	占全国百分比（%）		增长率（%）	
			地区生产总值	人均地区生产总值	地区生产总值	人均地区生产总值
1968	74.96	130	4.33	58.19	-13.3	-15.88
1969	82.40	138	4.23	56.46	14.71	11.18
1970	89.96	146	3.98	52.83	10.88	7.45
1971	95.94	152	3.94	52.5	4.22	1.32
1972	98.79	152	3.9	51.79	-4.21	-6.82
1973	103.94	156	3.8	50.33	6.23	3.63
1974	108.75	160	3.88	51.38	-0.46	-2.58
1975	116.99	169	3.88	51.4	16.85	14.86
1976	133.06	190	4.49	59.71	8.97	7.75
1977	156.15	222	4.85	65.02	16	15.43
1978	184.61	261	5.06	68.37	17.45	16.77

资料来源：根据《四川统计年鉴》相关数据计算得到。

2. 改革开放后至西部大开发前的经济增长（1979~1999 年）

改革开放以来，四川省和全国一样经济发展步入快车道。以西部大开发战略实施的 2000 年为界，把改革开放以来四川省的经济发展划分为两个阶段：改革开放后至西部大开发前的 1979~1999 年和西部大开发战略实施以来的阶段。

四川省是中国经济开发较早的地区，历史上就以养蚕织锦著称。改革开放到实施西部大开发战略前的这一段时期，四川省农业和农村经济不断发展，工业经济已跃上一个新的台阶，城乡市场蓬勃发展，对外开放不断扩大，交通通信网络日臻完善，人民生活不断改善，国民经济步入了持续、快速、健康发展的道路，成为全国的经济大省。四川省国内生产总值由 1979 年的 205.76 亿元上升至 1999 年的 3649.12 亿元，居全国第十位；人均地区生产总值由 289 元大幅上升至 4540 元。按可比价格计算，两者的年均增长率分别为 19.60%和 18.16%。同期全国国内生产总值和人均国内生产总值年均增长率分别为 20.66%和 17.60%。四川省地区生产总值占全国国内生产总值比例由 1979 年的 5.06%变化为 1999 年的 4.05%，人均地区生产总值相当于全国人均国内生产总值的比例由 1979 年的 68.85%变化为 1999 年的 63.06%（见表 3-2）。

表 3-2　1979~1999 年四川省的经济增长

年份	地区生产总值（亿元）	人均地区生产总值（元）	占全国百分比（%）		增长率（%）	
			地区生产总值	人均地区生产总值	地区生产总值	人均地区生产总值
1979	205.76	289	5.06	68.85	10.12	9.37
1980	229.31	320	5.04	68.99	9.50	8.98
1981	242.32	337	4.95	68.38	4.05	3.61
1982	275.23	379	5.16	71.68	10.89	9.77
1983	311.00	425	5.20	72.78	11.01	10.09
1984	358.06	487	4.95	69.87	12.24	11.76
1985	421.15	570	4.66	66.27	11.89	11.26
1986	458.23	614	4.45	63.54	5.55	4.50
1987	530.86	702	4.39	62.88	8.70	7.31
1988	659.69	861	4.37	62.81	7.51	6.08
1989	744.98	960	4.36	62.84	3.17	1.90
1990	890.95	1136	4.75	68.69	9.10	7.91
1991	1016.31	1283	4.64	67.43	9.11	8.08
1992	1177.27	1477	4.35	63.57	12.57	11.87
1993	1486.08	1854	4.18	61.50	13.08	12.45
1994	2001.41	2338	4.13	57.50	11.32	10.58
1995	2443.21	3043	4.00	59.98	10.73	11.25
1996	2871.65	3550	4.01	60.39	10.60	9.80
1997	3241.47	4032	4.08	62.44	10.53	11.20
1998	3474.09	4294	4.09	62.83	9.67	8.99
1999	3649.12	4540	4.05	63.06	6.63	7.33

资料来源：根据《四川统计年鉴》相关数据计算得到。

3. 西部大开发以来的经济增长（2000~2014 年）

1999 年启动的新一轮西部大开发战略，为西部地区的经济发展带来了新的重大发展机遇。按照国家计委和国务院西部地区开发领导小组办公室颁布的《“十五”西部开发总体规划》，实施西部大开发的总体战略目标是：经过几代人的艰苦奋斗，到 21 世纪中叶全国基本实现现代化时，从根本上改变西部地区贫穷落后的面貌，显著地缩小发展差距，努力建成一个经济繁荣、社会进步、生活安定、民族团结、山川秀美、人民富裕的新的西部地区。为实现这一宏伟目标，近年来国家制定并实施了一系列政策措施，布局了一批项目，对西部地区的基础设施建设、生态环境建设、产业结构调整、对内对外开放及科教和社会发展都起到了良好的促进作用。作为西部大省的四川省，直接受惠于西部大开发战略，经济增长显著加速。地区生产总值 2000 年为 3928.20 亿元，2007 年突破 1 万亿元，2014 年达到 28536.66 亿元；人均地区生产总值 2000 年为 4956 元，2006 年突破 1 万元，2014 年达到 35128 元。2000~2014 年四川省地区生产总值和人均地区生产总值按可比价格计算，年均增长率分别达到 12.17%和 11.95%，高于同期全国的 9.80%和 9.19%，四川省经济总量占全国的比重由 2000 年的 3.94%提高到 2014 年的 4.49%，人均地区生产总值相对于全国水平也由 62.72%提高到 75.34%。如表 3-3 所示。

2014 年四川经济总量居全国各省、自治区、直辖市的第八位，西部第一，在全国经济发展格局中处于重要地位。

表 3-3　2000~2014 年四川省的经济增长

年份	地区生产总值（亿元）	人均地区生产总值（元）	占全国百分比（%）		增长率（%）	
			地区生产总值	人均地区生产总值	地区生产总值	人均地区生产总值
2000	3928.20	4956	3.94	62.72	8.46	9.98
2001	4293.49	5376	3.89	62.01	8.98	8.16
2002	4725.01	5890	3.90	62.33	10.25	9.77
2003	5333.09	6623	3.91	62.48	11.35	10.93
2004	6379.63	7895	3.97	63.67	12.73	12.34
2005	7385.10	9060	3.97	63.54	12.60	11.63
2006	8690.24	10613	3.99	63.93	13.50	13.00
2007	10562.39	12963	3.94	63.74	14.50	15.10
2008	12601.23	15495	3.98	64.80	11.00	11.20
2009	14151.28	17339	4.09	66.78	14.50	14.00
2010	17185.48	21182	4.20	69.30	15.10	15.70
2011	21026.68	26133	4.34	72.56	15.00	15.90
2012	23872.80	29608	4.47	74.87	12.60	12.30
2013	26392.07	32617	4.49	75.29	10.00	9.60
2014	28536.66	35128	4.49	75.34	8.50	8.10

资料来源：根据《四川统计年鉴》相关数据计算得到。

（二）增长与波动

图 3-2 绘出了 1953~2015 年四川省真实 GDP 和潜在 GDP 年增长率的变化。可以看出，改革开放以前经济增长大起大落，负增长发生在 1959~1961 年的三年“困难”时期和“文化大革命”时期，负增长的幅度曾超过 20%。改革开放

以来四川省经济增长的稳定性程度有很大的提高。

一个经济体存在短期的波动和长期的持续增长，亦即经济体的经济增长率存在时际的变化。区分短期波动和长期增长的一种方法是美国经济学家罗伯特·霍德里克（Robert J.Hodrick）和爱德华·普雷斯科特（Edward C. Prescott）（1997）提出的滤波方法（Hodrick–Prescott filter，H–P 滤波法）①，它把宏观经济运行看作是潜在增长和短期波动的某种组合，因而可运用计量技术将实际产出序列分解为趋势成分与周期成分，其中的趋势成分即潜在产出，周期成分即产出缺口。这里利用 H–P 滤波方法，对四川省地区生产总值的增长率进行了分解（Lambda=100），图 3–2 显示了四川省真实 GDP 和潜在 GDP 的增长，图 3–3 显示了四川省真实 GDP 的波动（周期）。如果按波谷来划分，改革开放以前四川省的经济周期波动为 3~7 年一个周期，改革开放以来为 10 年左右一个周期。

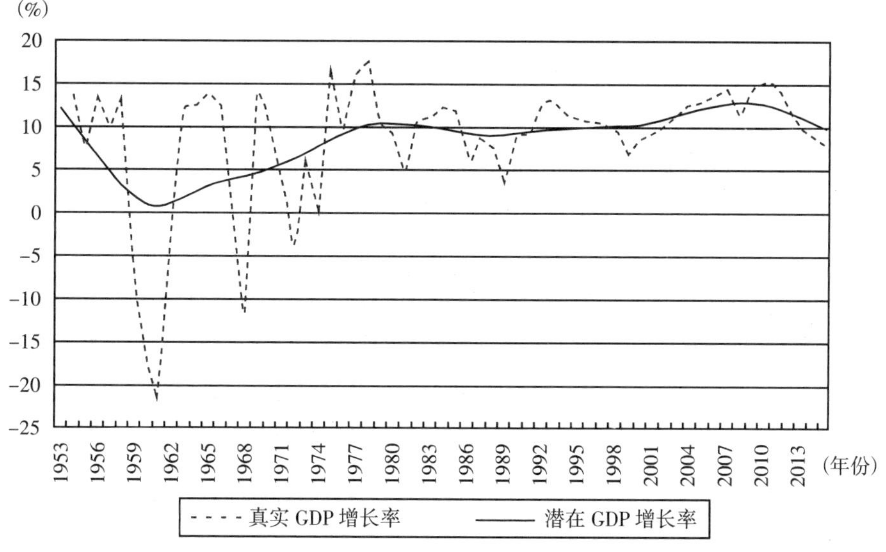

图 3–2　1953~2015 年四川省真实 GDP 的增长与潜在 GDP 的增长

资料来源：根据《四川统计年鉴》相关数据计算得到。

① Robert J. Hodrick，Esward C. Prescott. Postwar U.S. Business Cycles：An Empirical Investigation[J]. Journal of Money，Credit and Banking，1997（29）：1–16.

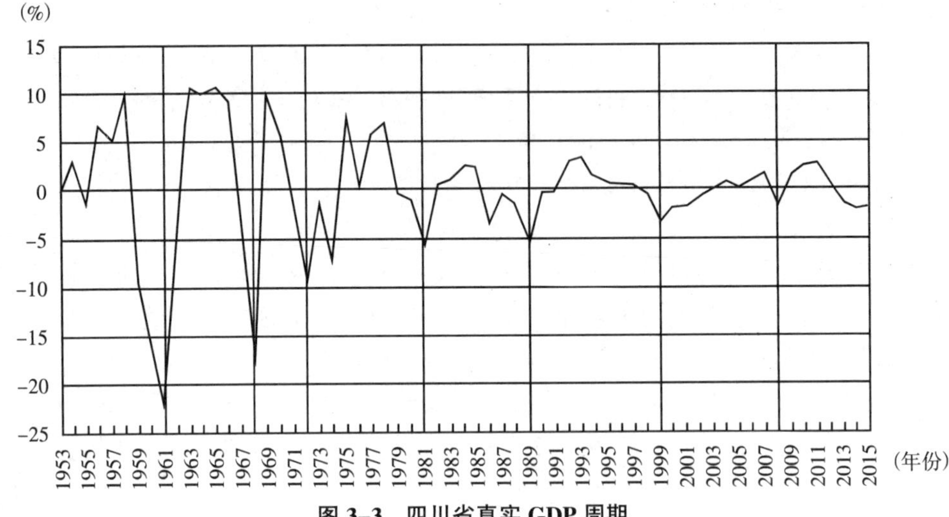

图 3-3 四川省真实 GDP 周期

资料来源：根据《四川统计年鉴》相关数据计算得到。

图 3-4 显示了四川省真实 GDP 增长率的趋势项和周期项的构成及其变化趋势。可以看出，改革开放以前，四川省真实 GDP 波动大，多数年份周期分量占主导；改革开放以来趋势分量占主导。

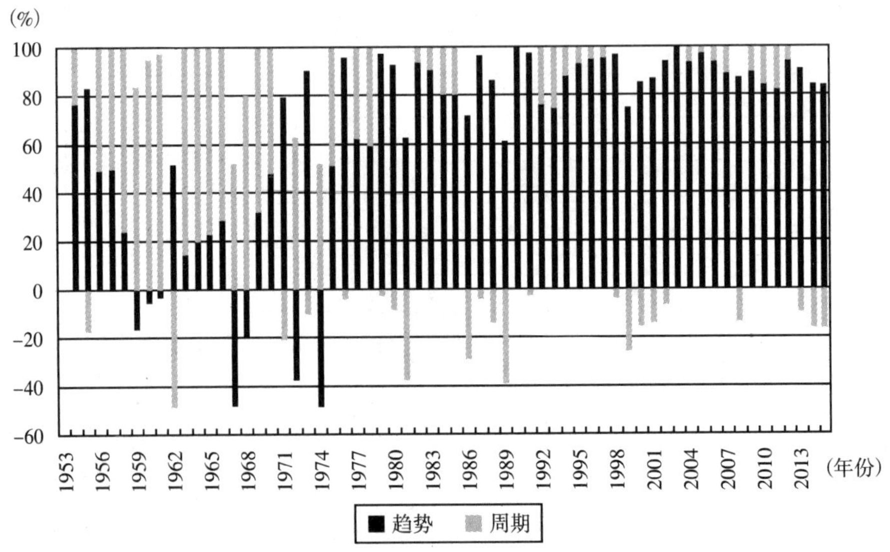

图 3-4 四川省经济增长趋势与周期的构成

资料来源：根据《四川统计年鉴》相关数据计算得到。

分时期看，表 3-4 显示了改革开放以来四川省不同时期的经济增长情况。可以清晰地看出，四川经济的增长经历了两个较为明显的阶段：20 世纪 80 年代可以看作是第一个阶段，该阶段经济增长表现得比较平缓；而 20 世纪 90 年代以来可以看作是第二个阶段，该阶段经济增长则明显表现得非常迅猛。

表 3-4　四川省的经济增长率

单位：%

时期	地区生产总值	第一产业	第二产业	第三产业	工业	人均地区生产总值
1978~2014 年	10.44	4.98	12.76	12.94	11.95	10.01
2000~2014 年	12.17	4.34	15.90	16.77	11.25	11.95
“六五”期间 1981~1985 年	9.97	7.60	10.81	13.40	9.86	9.20
“七五”期间 1986~1990 年	6.79	3.10	8.70	9.49	9.70	5.52
“八五”期间 1991~1995 年	11.35	5.59	15.00	13.07	14.38	10.84
“九五”期间 1996~2000 年	9.17	5.07	9.14	12.39	8.63	9.45
“十五”期间 2001~2005 年	11.17	5.55	14.68	10.82	15.66	10.55
“十一五”期间 2006~2010 年	13.71	3.35	18.73	20.07	12.27	13.79
“十二五”期间 2011~2015 年	—	—	—	—	—	—

资料来源：作者根据《四川统计年鉴》（2015）相关数据计算得到。

二、增长结构

（一）增长的产业结构

根据从生产角度核算的地区生产总值可以得出：

地区生产总值 = 第一产业增加值 + 第二产业增加值 + 第三产业增加值

令 Y = 地区生产总值，I = 第一产业增加值，II = 第二产业增加值，III = 第三产业增加值，因此有：

$$Y = I + II + III$$

$$\Delta Y = \Delta I + \Delta II + \Delta III$$

把上面两式相除得：

$$\frac{\Delta Y}{Y} = \frac{\Delta I + \Delta II + \Delta III}{Y}$$

整理得：

$$\frac{\Delta Y}{Y} = \frac{\Delta I + \Delta II + \Delta III}{Y}$$

$$= \frac{I}{Y} \times \frac{\Delta I}{I} + \frac{II}{Y} \times \frac{\Delta II}{II} + \frac{III}{Y} \times \frac{\Delta III}{III}$$

式中，I/Y、II/Y、III/Y 分别是第一产业、第二产业和第三产业增加值占地区生产总值的比例，ΔI/I、ΔII/II、ΔIII/III 分别是第一产业、第二产业和第三产业增加值的增长率，ΔY/Y 是地区生产总值增长率。因此上式表明，地区生产总值增长率是各产业增加值增长率的加权和，权重是各产业增加值占地区生产总值的比例。

还可以做以下处理：

$$\frac{\Delta Y}{Y} = \frac{\Delta I + \Delta II + \Delta III}{Y}$$

$$= \frac{\Delta Y}{Y} \times \frac{\Delta I}{\Delta Y} + \frac{Y\Delta}{Y} \times \frac{\Delta II}{\Delta Y} + \frac{\Delta Y}{Y} \times \frac{\Delta III}{\Delta Y}$$

其中，ΔI/ΔY、ΔII/ΔY、ΔIII/ΔY 分别表示第一产业、第二产业和第三产业增加值增量占地区生产总值增量的比例。

在上式中，定义经济增长的产业贡献率：

$$\text{某产业的贡献率} = \frac{\text{某产业增加值增量}}{\text{地区生产总值增量（}\Delta Y\text{）}}$$

经济增长的产业拉动率：

某产业的拉动率 = 地区生产总值增长速度 × 某产业的贡献率

根据上面的公式，我们计算了改革开放以来，四川省三次产业对经济增长的贡献率和拉动率[①]，如表 3-5、图 3-5 和图 3-6 所示。

从贡献率看，第一产业的贡献率在波动中下降，1979 年第一产业的贡献率为 35.79%，到了 2014 年第一产业的贡献率下降为 2.21%。第二产业和第三产业的贡献率在上升，1979 年第二产业和第三产业的贡献率分别为 43.87%和 20.33%，2014 年该数据变化为 71.65%和 26.14%。

① 本章计算贡献率和拉动率均按可比价格计算。

表 3-5 四川省经济增长的产业贡献率

	第一产业（%）	第二产业（%）	第三产业（%）
1978~2014 年	5.35	66.84	27.81
1978~1999 年	15.97	49.16	34.87
1999~2014 年	3.49	69.95	26.57
“六五”时期	32.34	35.53	32.12
“七五”时期	11.87	51.81	36.32
“八五”时期	13.84	55.24	30.92
“九五”时期	12.63	47.00	40.36
“十五”时期	7.80	57.01	35.18
“十一五”时期	2.95	68.70	28.36
2011~2014 年	2.29	75.34	22.37

资料来源：根据《四川统计年鉴》相关数据计算得到。

从拉动率看，趋势和贡献率相同，第一产业的拉动率在下降，第二产业和第三产业的拉动率在上升，特别是第三产业的拉动率上升较快。

整体看，1978~2014 年，四川地区生产总值年均增长率为 10.44%，其中第一产业的贡献率为 5.35%，第二产业的贡献率为 66.84%，第三产业的贡献率为 27.81%，各产业的拉动率分别为 0.56%、6.98%和 2.90%。

根据上面的分析可以看出，改革开放以来四川省的经济增长质量在逐步提高，目前，第二产业和第三产业成为四川经济增长最重要的推动力。

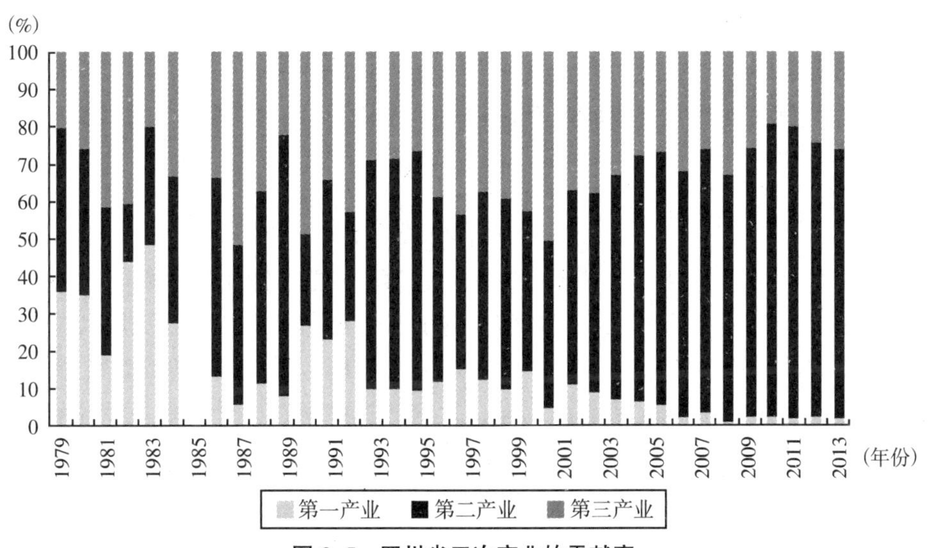

图 3-5 四川省三次产业的贡献率

资料来源：根据《四川统计年鉴》相关数据计算得到。

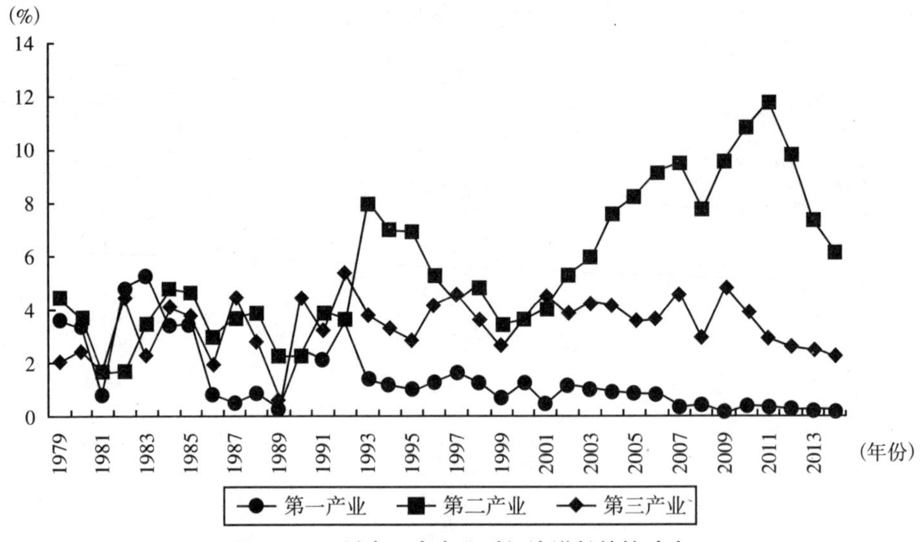

图 3-6　四川省三次产业对经济增长的拉动率

资料来源：根据《四川统计年鉴》相关数据计算得到。

（二）增长的支出结构

地区生产总值从支出的角度看，有：

地区生产总值 = 消费 + 投资 + 政府支出 + 净出口

根据我国的统计，消费包括居民消费和政府消费，这里的政府消费实际上可以看成是政府支出。

利用和求经济增长的产业贡献率、拉动率相同的方法，我们可以求出经济增长的居民消费贡献率、政府消费贡献率、投资贡献率、净出口的贡献率，以及它们的拉动率：

$$\text{某项支出的贡献率} = \frac{\text{某项支出的增量}}{\text{地区生产总值增量}（\Delta Y）}$$

某项支出的拉动率 = 地区生产总值增长速度 × 某产业的贡献率

表 3-6 与图 3-7 给出了我们对四川省的计算结果。可以看出，从需求方面看，四川省改革开放以来，消费的贡献率稳中有降，消费中政府消费的贡献率相对稳定，居民消费的贡献率在下降，投资的贡献率在上升，目前四川省经济增长中，投资的贡献率在 50%以上，净出口对四川省经济增长的贡献率很小。因此，从需求看，四川省的经济增长主要是内需推动的，其中尤以投资和消费的推动作用最大。

表 3-6 四川省经济增长的支出结构

	居民消费（%）	政府消费（%）	资本形成（%）	净出口（%）
1978~2014 年	36.92	13.75	55.45	-6.12
1978~1999 年	47.99	13.07	44.49	-5.55
1999~2014 年	34.79	13.88	57.56	-6.23
“六五”时期	64.43	8.99	29.76	-3.18
“七五”时期	51.04	11.76	38.76	-1.56
“八五”时期	45.39	9.16	50.27	-4.82
“九五”时期	45.94	18.79	50.14	-14.87
“十五”时期	38.86	12.36	56.19	-7.40
“十一五”时期	30.22	13.58	65.90	-9.69
2011~2014 年	36.20	14.57	50.70	-1.46

资料来源：根据《四川统计年鉴》相关数据计算得到。

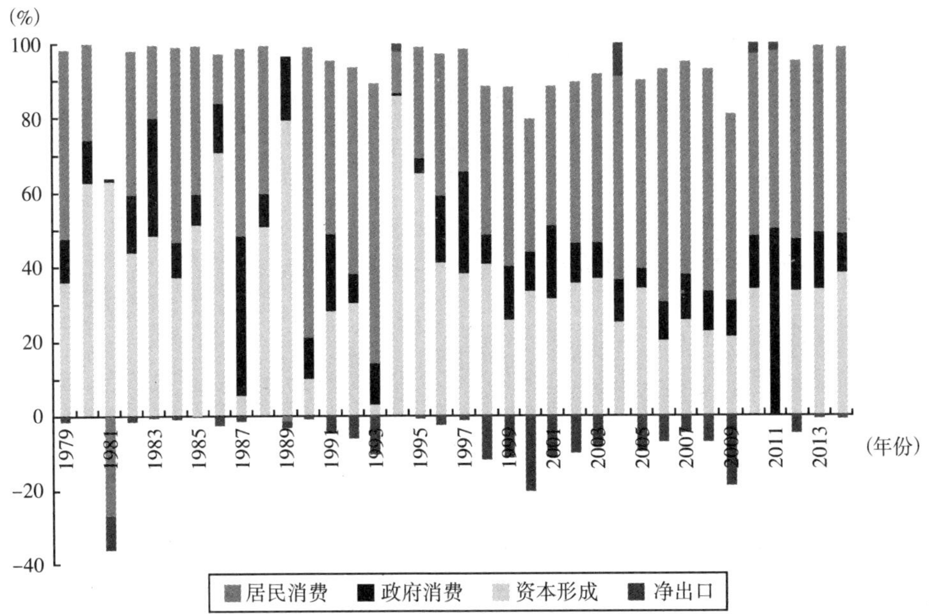

A 四川省经济增长：支出的贡献率

图 3-7 四川省经济增长：支出的贡献率与拉动率

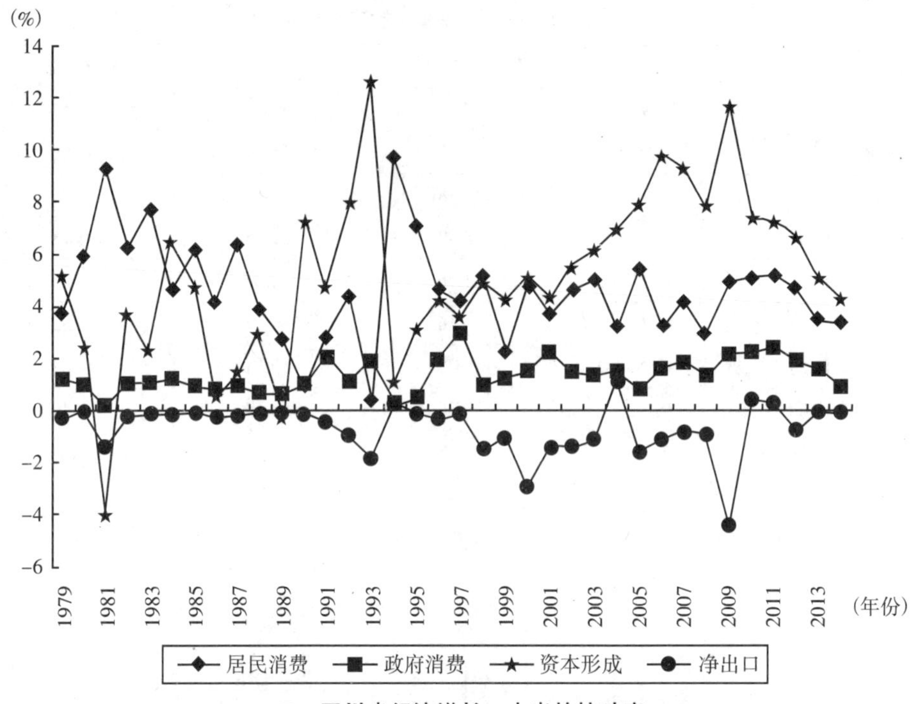

B 四川省经济增长：支出的拉动率

图 3-7 四川省经济增长：支出的贡献率与拉动率（续）

资料来源：根据《四川统计年鉴》相关数据计算得到。

（三）增长的所有制结构

根据《四川统计年鉴》（2015）中关于地区生产总值的所有制构成情况，作者计算了四川省经济增长的所有制贡献率，如图 3-8 所示。可以看出，改革开放以来，特别是进入 20 世纪 90 年代以来，四川省经济增长中，公有制经济的贡献率在逐渐下降，民营经济的贡献率在逐步上升，特别是 1998 年后，四川省经济增长中公有制的贡献率下降到 50%以下，民营经济的贡献率上升到 50%以上。2014 年在四川省的经济增长中，公有制经济的贡献率为 37.16%，民营经济的贡献率为 65.21%，民营经济成为四川省经济增长的主要推动力。在民营经济中，个体私营经济的贡献率和拉动率最大，占了民营经济贡献率和拉动率的绝对优势，外商经济和港澳台经济的贡献率和拉动率虽然也有发展，但合计贡献率不到 4%，对经济增长的拉动率不足 0.5%，且四川省的外商经济和港澳台经济的贡献率和拉动率不稳定，波动性较大。

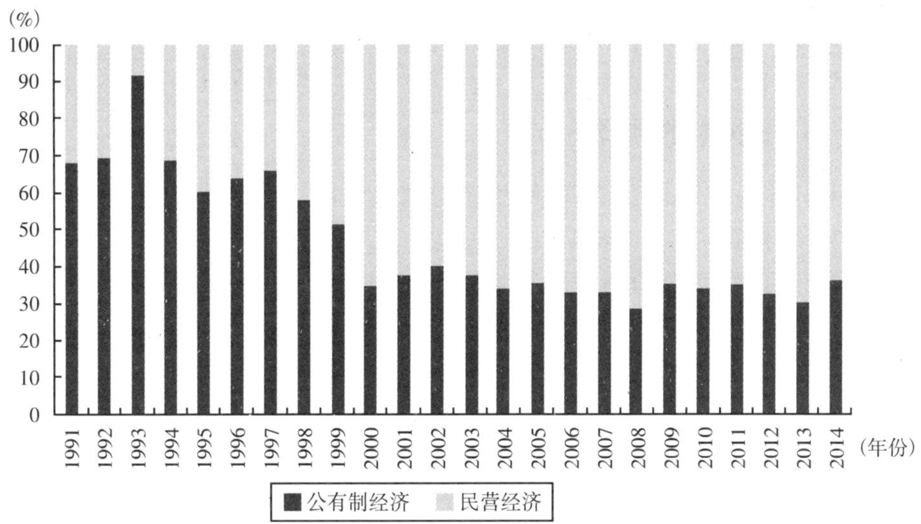

A　四川省经济增长：不同所有制的贡献率

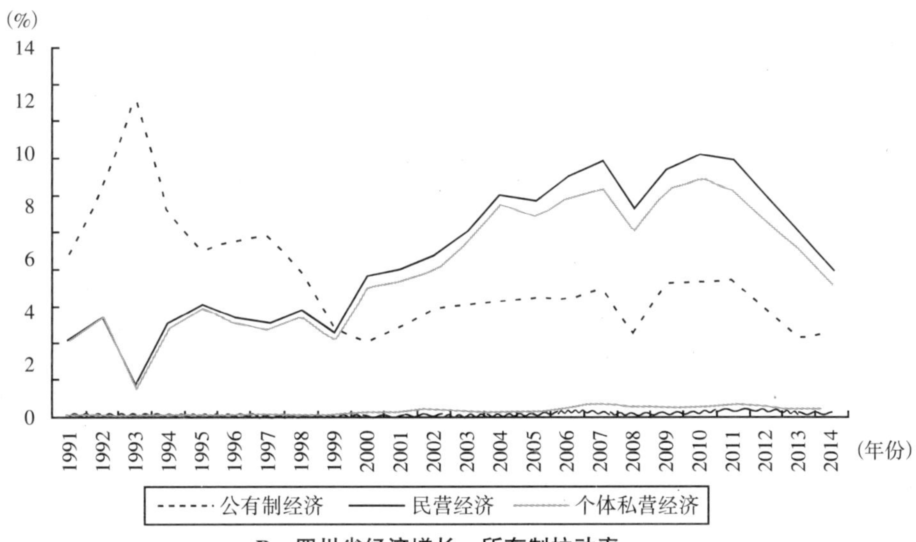

B　四川省经济增长：所有制拉动率

图 3-8　四川省经济增长：所有制的贡献率和拉动率

资料来源：根据《四川统计年鉴》(2015) 相关数据计算得到。

三、增长地理

（一）增长率的地理分布

四川省地域辽阔，各地区发展禀赋差异大，经济增长地区差异显著。2000~2014 年四川省人均地区生产总值增长率的算术平均为 11.85%，各市州中，人均地区生产总值增长率算术平均高于四川省平均水平的有 13 个市州，有 8 个市州低于全省平均水平（见图 3-9、图 3-10）。增长最快的是资阳市，为 14.04%，最慢的是甘孜州，为 8.71%，两者相差 5.33 个百分点。

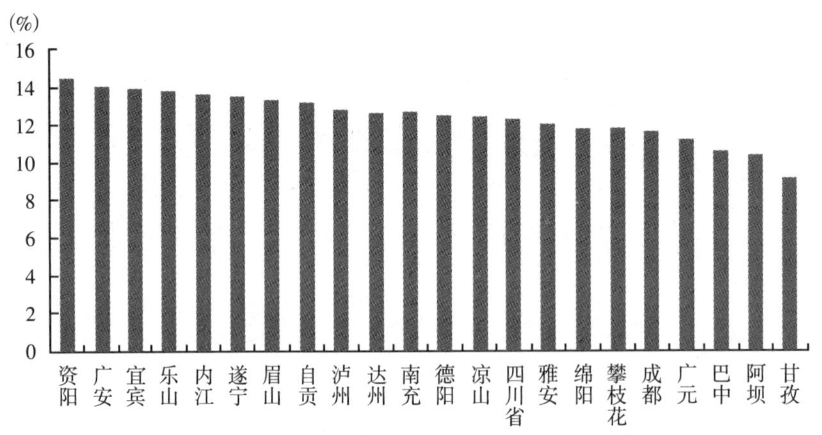

图 3-9　2000~2014 年四川省经济增长的空间模式

资料来源：根据《四川统计年鉴》相关数据计算得到。

从各市州各年人均地区生产总值增长率的差异看，表 3-7 给出了 2000 年以来四川省市州人均地区生产总值增长率的统计状况，2008 年由于受汶川大地震的影响，该年四川省人均地区生产总值增长率地区差异最大。

（二）经济增长的区域结构

表 3-8 给出了四川省各地级行政单位 2000~2014 年对四川省经济增长的贡献率和拉动率。可以看出，四川省各地区对四川省经济增长的贡献率和拉动率差异较大，成都市对四川省经济增长的贡献最大，遥居各地区之首，贡献率在 1/3 以上。其次是绵阳和德阳，贡献率和拉动率最小的是甘孜州和阿坝州。从

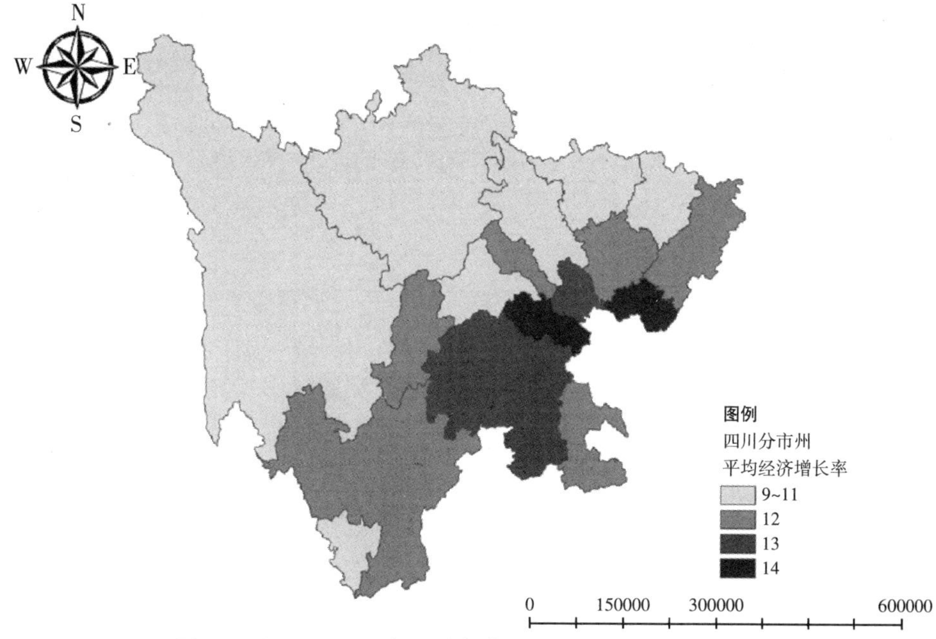

图 3-10 2000~2014 年四川省地区生产总值年均增长率

资料来源：根据《四川统计年鉴》相关数据计算得到。

表 3-7 四川省人均地区生产总值增长率的地理分布

年份	最小		最大		均值	标准差	变异系数
	数字	市州	数字	市州			
2000	-3.1	甘孜	11.7	宜宾	6.75	3.21	0.48
2001	0.4	巴中	12.2	成都	7.79	3.06	0.39
2002	6.4	广元	12.2	成都	10.29	1.36	0.13
2003	9.6	绵阳	13.5	眉山	11.56	0.97	0.08
2004	10.9	绵阳	14.57	眉山	12.87	0.98	0.08
2005	9.6	南充	17.1	宜宾	12.83	1.77	0.14
2006	8.5	巴中	18.9	宜宾	13.56	1.90	0.14
2007	11	甘孜	15.4	宜宾	14.33	1.24	0.09
2008	-35.5	阿坝	15.2	内江	9.56	11.14	1.17
2009	6.4	甘孜	35.2	阿坝	14.89	5.09	0.34
2010	8.2	甘孜	25.4	资阳	16.95	4.36	0.26
2011	9.8	甘孜	25.8	资阳	16.99	4.05	0.24
2012	11.1	甘孜	15.5	资阳	13.53	0.87	0.06
2013	3.3	雅安	11.5	资阳	9.79	1.67	0.17
2014	3	甘孜	11	泸州	8.28	1.88	0.23

资料来源：根据《四川统计年鉴》相关数据计算得到。

贡献率和拉动率的变化看，成都市虽然最高，但基本上保持稳定，其余地区的拉动率都在稳定增长。

表 3-8　四川省经济增长：各地区的贡献率和拉动率

	贡献率（%）	拉动率（%）		贡献率（%）	拉动率（%）
成都	33.65	4.1	眉山	3.17	0.39
自贡	3.76	0.46	宜宾	4.97	0.6
攀枝花	2.77	0.34	广安	3.25	0.4
泸州	4.3	0.52	达州	4.44	0.54
德阳	5.54	0.67	雅安	1.56	0.19
绵阳	6.4	0.78	巴中	1.65	0.2
广元	1.55	0.19	资阳	3.67	0.45
遂宁	2.86	0.35	阿坝	0.52	0.06
内江	3.64	0.44	甘孜	0.46	0.06
乐山	3.83	0.47	凉山	3.8	0.46
南充	4.23	0.52			

资料来源：根据《四川统计年鉴》相关数据计算得到。

四、空间经济联系

四川省位于中国西南部，长江上游，北连青海、甘肃、陕西，东邻重庆，南接云南、贵州，西衔西藏。四川省的发展和周边相邻省市区有着十分密切的关系。研究空间经济联系对于理解四川省的经济发展有着重要的现实意义。

（一）四川省与全国及周边地区经济增长的关系

四川省作为我国西部地区的一个重要省份，其经济增长和全国及周边地区的经济增长有着十分密切的关系。相关分析表明（见表 3-9），四川地区生产总值和人均地区生产总值的增长率和全国高度相关，与四川省的周边省区的相关性：和重庆存在强正相关关系，和贵州、甘肃、青海、陕西间存在显著的正相关关系，和云南、西藏间存在弱的正相关关系。

表 3-9　四川省与全国及周边地区经济增长率的相关性

		全国	重庆	贵州	云南	西藏	陕西	甘肃	青海
1953~1978 年	地区生产总值增长率	0.7578	0.7666	0.7089	0.1307	-0.0603	0.6964	0.6894	0.4153
	人均地区生产总值增长率	0.7638	0.7533	0.7010	0.0866	0.0091	0.7589	0.6291	0.5000
1978~2014 年	地区生产总值增长率	0.5991	0.8411	0.6867	0.1444	0.1970	0.4884	0.5229	0.5632
	人均地区生产总值增长率	0.6451	0.8687	0.7363	0.1717	0.2697	0.5680	0.5178	0.7198
1953~2014 年	地区生产总值增长率	0.7572	0.7933	0.7101	0.1901	0.0796	0.6832	0.6758	0.4012
	人均地区生产总值增长率	0.7767	0.8002	0.7181	0.2046	0.1745	0.7267	0.6337	0.5375

资料来源：根据《新中国六十年统计资料汇编》、《中国统计年鉴》(2015) 相关数据计算得到。

（二）四川经济增长：得自周边省市区的溢出效应

为了测度某地区在经济发展中受到的来自相邻地区的影响，也就是相邻的地区对所讨论地区经济绩效的增长溢出效应（或影子效应），Luo（2005）构造了一个称为“邻里绩效”（Neighbor Performance）的指标（GAW_{it}），该指标是相邻地区增长率的加权平均①。这里的相邻地区仅局限于和所讨论地区有共同边界的地区。

$$GAW_{it} = \sum_{q=1}^{m_i}(ga_{q,t} \times importance_{i,q,t})$$

式中，$importance_{i,q,t} = \frac{GDP_{q,t}}{\sum_{q=1}^{m_i} GDP_{q,t}}$，$ga_{q,t} = \ln(y_{q,t}) - \ln(y_{q,t-1})$，$y_{q,t}$ 代表时期 t 相邻地区 q 的真实人均 GDP，m_i 代表 i 地区相邻地区的数目。四川与重庆、贵州、云南、西藏、青海、甘肃和陕西 7 个省市区相邻，因此 m = 7。因此，GAW_{it} 的值是由相邻地区 q 的增长率 $ga_{q,t}$ 决定的。而相邻地区 q 的增长率的影响是由 i 地区的所有相邻地区 m_i 的经济规模决定的。

据此，本章计算了四川的邻里绩效指数和不同省市区对邻里绩效指数的贡献率（见图 3-11 和图 3-12）。可以看出，重庆、贵州、陕西三省市对四川经济增长的溢出效应贡献最大，西藏和青海的贡献最小。

① Xubei Luo. Growth Spillover Effects and Regional Development Patterns: The Case of Chinese Provinces [J]. World Bank Policy Research Working Paper, 2005 (6).

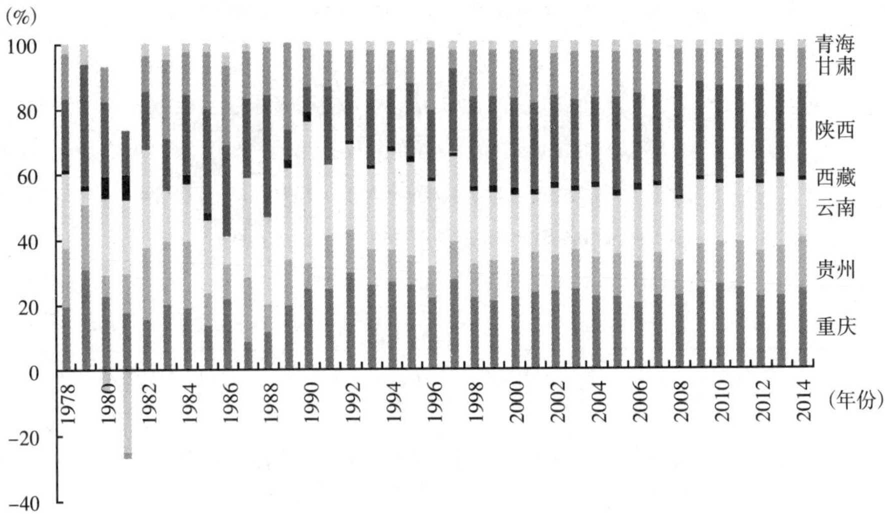

图 3-11　四川省经济发展：来自周边省市区的溢出效应的构成

资料来源：根据《新中国六十年统计资料汇编》和《中国统计年鉴》(2015) 相关数据计算得到。

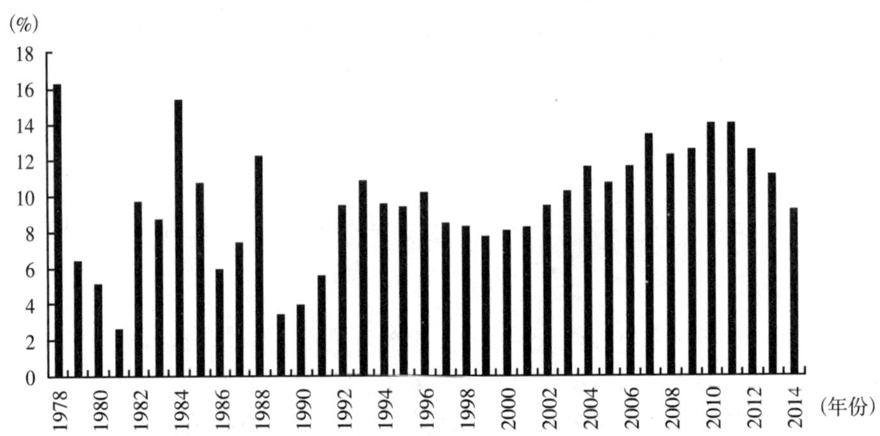

图 3-12　改革开放以来四川省的经济增长：得自周边地区的溢出效应

资料来源：根据《新中国六十年统计资料汇编》、《中国统计年鉴》(2015) 相关数据计算得到。

溢出效应的方向可能不同，有正的溢出效应和负的溢出效应，不同地区溢出效应的规模大小不同，例如来自贫穷地区的溢出效应和来自富裕地区的溢出效应有可能就有差别。Luo (2005) 进一步根据富裕程度（相邻地区比所考虑的地区富还是穷）和地理区域标准（相邻地区和所考虑地区是位于同一地理区域还是不同地理区域）把溢出效应分为四类。

首先，根据富裕程度，i 地区的 GAW 有两类：

（1）$GAW_{it}=\sum_{u=1}^{mR_i}(ga_{u,t}\times importance_{i,u,t})$，反映的是比 i 地区富的相邻地区的 GAW。

（2）$GAW_{it}=\sum_{v=1}^{mP_i}(ga_{v,t}\times importance_{i,v,t})$，反映的是比 i 地区穷的相邻地区的 GAW。

这里，$importance_{i,u,t}=\frac{GDP_{u,t}}{\sum_{u=1}^{mR_{i,t}}GDP_{u,t}}$，$importance_{i,v,t}=\frac{GDP_{v,t}}{\sum_{v=1}^{mP_{i,t}}GDP_{v,t}}$，$mR_{i,t}$ 代表 t-1 时期人均 GDP 比 i 地区高的相邻地区，$mP_{i,t}$ 代表那些人均 GDP 比 i 地区低的相邻地区。

其次，根据地理区域，可以划分另外两类 GAW：

（3）$GAWM_{i,t}$ 代表那些和 i 地区位于相同地理区域的相邻地区。

（4）$GAWF_{i,t}$ 代表那些和 i 地区属于不同地理区域的相邻地区。

这里，根据各地区 2014 年人均地区生产总值，比四川高的地区有重庆、陕西和青海，比四川低的地区有甘肃、贵州、云南和西藏；根据地理区域把四川相邻省市区划分为西南地区（重庆、贵州、云南和西藏）和西北地区（陕西、甘肃和青海）。分别计算它们的邻里绩效指数，如图 3-13 所示。

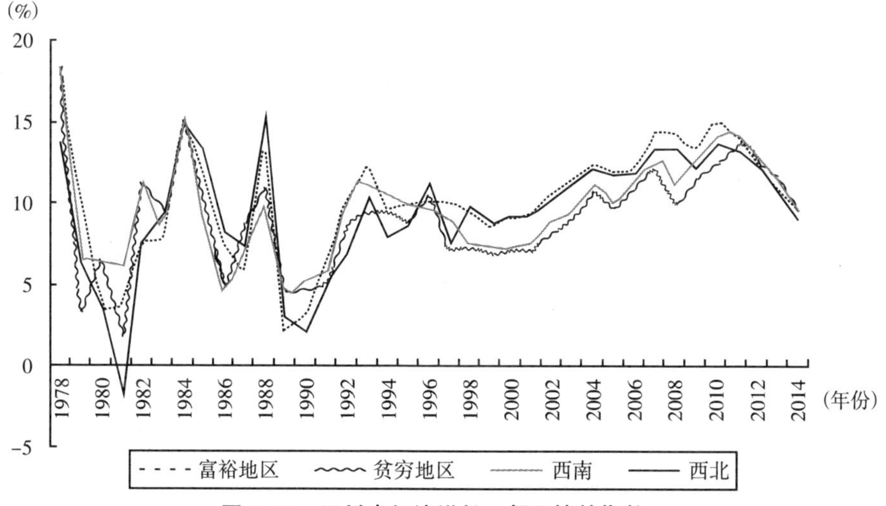

图 3-13 四川省经济增长：邻里绩效指数

资料来源：根据《新中国六十年统计资料汇编》和《中国统计年鉴》（2015）相关数据计算得到。

（三）四川省与周边地区经济联系：引力模型

如前文所述，在其他条件不变的情况下，两个地区相隔越远，其经济联系越弱。两个地区间的经济联系与其经济规模正相关，和两个地区间的距离负相关。引力模型可以写成：

$$F = \frac{m_i \cdot m_j}{d_{ij}}$$

其中，F 代表两个地区经济联系的强度，m_i 和 m_j 代表 i 地区和 j 地区的经济规模，d_{ij} 代表两个地区间的距离。这里我们利用四川省的首府（成都市）和周边 7 个省市区首府的铁路货运距离代表四川和周边省市区的距离，各地的经济规模用人均地区生产总值代表，计算结果如图 3-14 所示。因此，进入 20 世纪 90 年代以来，四川省和周边地区经济联系快速加强，和重庆的联系最强，其次是陕西、青海、云南和贵州。

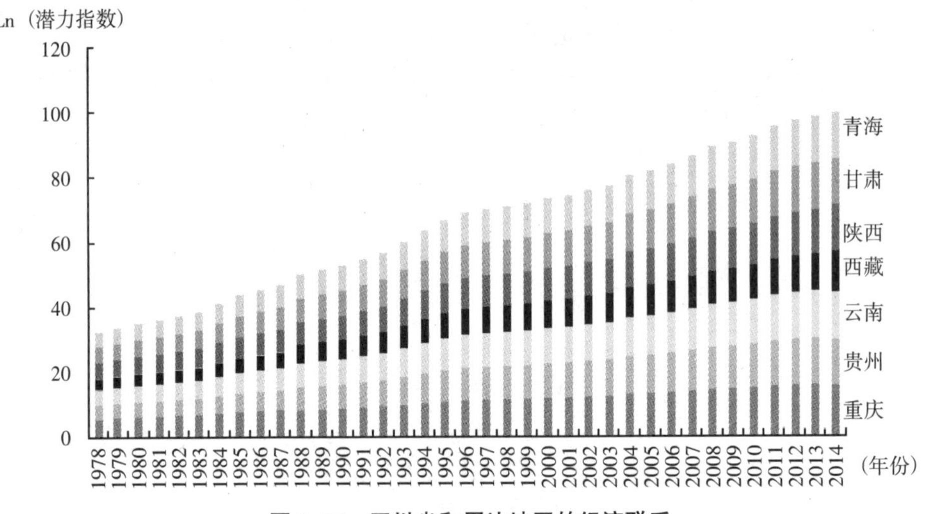

图 3-14　四川省和周边地区的经济联系

资料来源：根据《新中国六十年统计资料汇编》、《中国统计年鉴》（2015）及《四川省交通图册》相关数据计算得到。

第四章　结构变迁

经济发展不仅反映产出量的增加，更重要的是反映经济的结构性演进。经济结构是国民经济各部门间的比例关系及由此反映的经济的发展程度。经济结构内容很丰富，这里重点分析产业结构、需求结构和所有制结构。

一、结构变迁的基本态势

（一）地区生产总值结构的演变

地区生产总值结构在经济结构中很重要，可以从供给与需求两个方面考察。从供给角度看，一方面是国民经济各产业部门增加值在地区生产总值中的分布，即产业结构；另一方面是不同所有制主体创造的增加值占地区生产总值的比例，即所有制结构。

产业结构的演进包括两方面的内容：一是产业结构的平衡协调；二是产业结构的高度化。四川省产业结构经过近几十年的演进，特别是改革开放以来的大规模结构转换，产业结构在逐步向均衡和高级化方向发展。图 4-1 显示了 1952 年以来四川地区生产总值在三次产业间的分布。可以看出，四川省产业结构的演变符合产业结构变化的一般规律，即随着经济的发展，第三产业占三次产业比重越高，第一产业占三次产业比重越低，三次产业的 GDP 构成与三次产业的顺序呈明显的“倒塔型”关系。

从地区生产总值的所有制结构看，改革开放以来，特别是 20 世纪 90 年代以来，四川省民营经济得到快速发展，占 GDP 的比重，1978 年为 3.45%，2007 年突破 50%，2014 年达到 60.27%，成为四川经济发展的重要组成部分，对四川省经济发展的贡献越来越大，如图 4-2A 所示。

在民营经济中，个体私营经济占绝对优势，超过 90%，外商经济和港澳台经济合计比重不到 10%。不过从趋势看，外商经济和港澳台经济在地区生产总值中的比重在缓慢增加，如图 4-2B 所示。

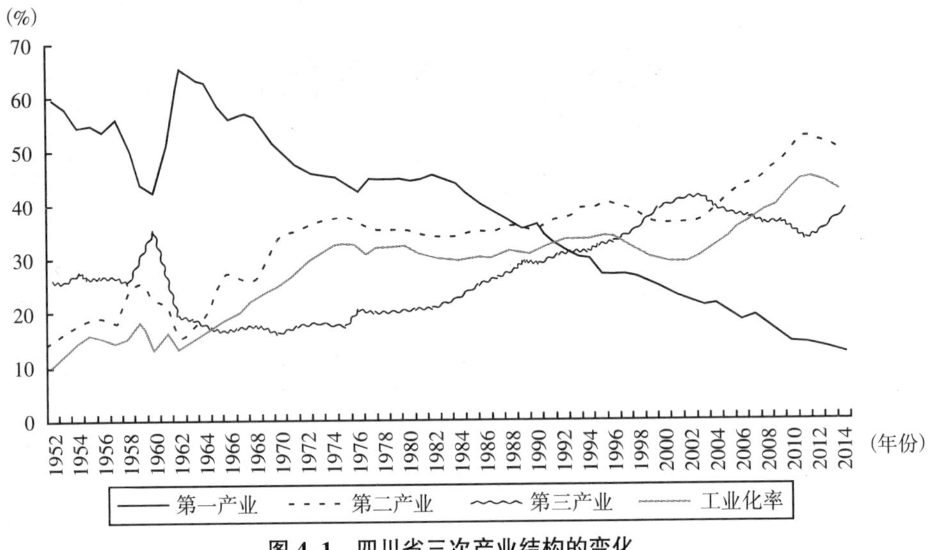

图 4-1　四川省三次产业结构的变化

资料来源：根据《新中国六十年统计资料汇编》、《四川统计年鉴》相关数据计算得到。

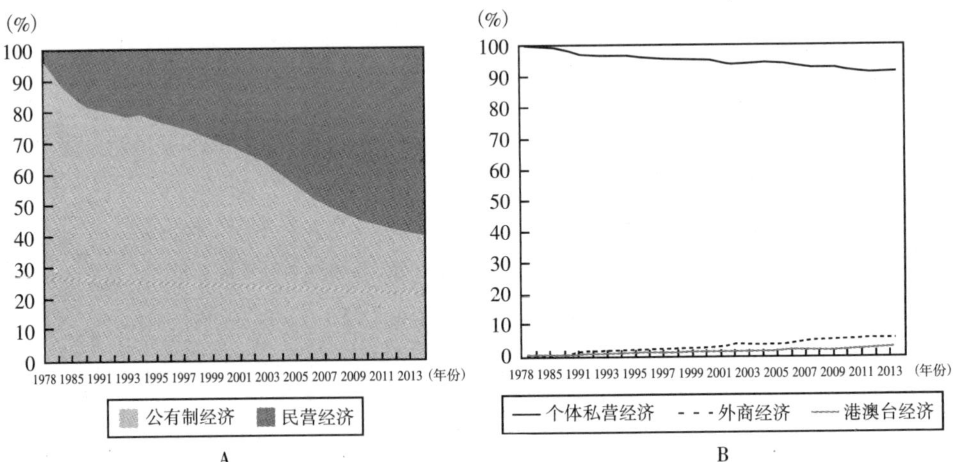

图 4-2　四川省地区生产总值的所有制结构的变化

资料来源：《四川统计年鉴》(2015)，按当年价格计算。

地区生产总值从需求角度看，包括消费、政府支出、投资与货物和服务的净出口。图 4-3 所示是改革开放以来四川省地区生产总值的支出结构，可以看出，居民消费的占比下降幅度较大，1978 年占比超过 60%，到 2014 年不足 40%，政府消费占比基本稳定在 12%左右，资本形成比例大幅度上升，由 1978 年的 25.72%跃升到 2014 年的 50.55%。

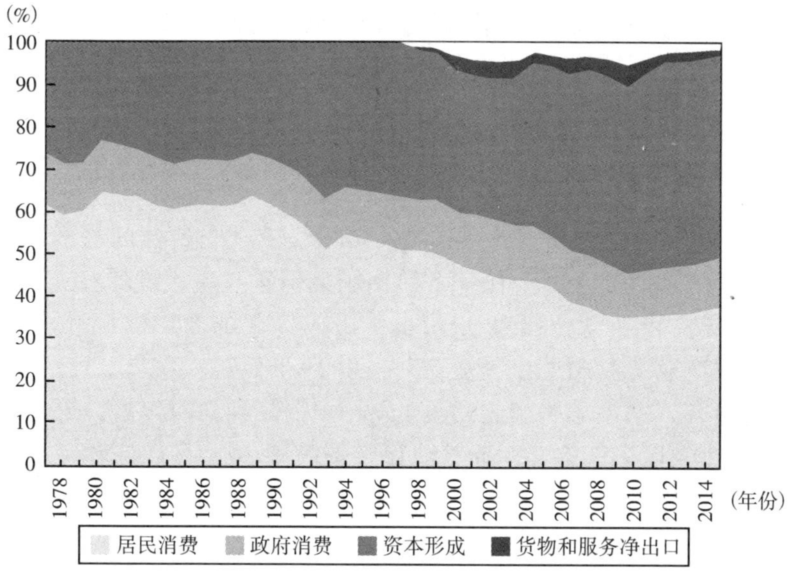

图 4-3　四川省地区生产总值的支出结构（按当年价格计算）

资料来源：根据《新中国六十年统计资料汇编》、《四川统计年鉴》相关数据计算得到。

如图 4-4 所示，改革开放以来四川省居民消费中，城乡居民消费均有快速增长，农村居民消费从 1978 年的 84.88 亿元增加到 2014 年的 4018.1 亿元，同期城镇居民消费从 29.25 亿元增加到 7156.10 亿元。按可比价格计算，农村居

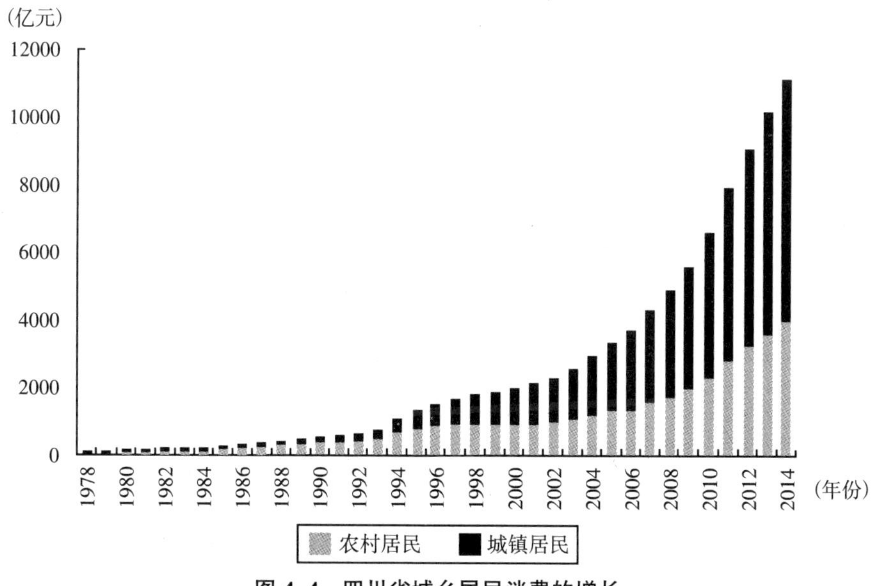

图 4-4　四川省城乡居民消费的增长

资料来源：根据《新中国六十年统计资料汇编》、《四川统计年鉴》相关数据计算得到。

民消费年增长率为6.68%，城镇居民消费年增长率为11.73%。增长速度的不同使农村居民消费占居民消费比例下降，1978年为74.37%，2000年跌破50%，到2014年下降到35.96%。

（二）就业结构

经济结构变化的另一个重要方面就是劳动力在不同部门间的配置，特别是劳动力在三次产业间的配置。图4-5给出了四川省改革开放以来就业结构的变化。总体上第一产业就业比重在下降，由1978年的81.8%下降到2005年的51.5%；非农产业就业比重在缓慢上升，由1978年的18.2%上升到2005年的48.5%。2006年以来，第一产业就业比重稳定下降到50%以下，第二产业就业比重上升到20%以上，第三产业就业比重提高到30%以上。2014年三次产业就业比重分别为39.5%、26.4%和34.1%。目前四川省的就业结构中，第一产业依然是最主要的吸纳劳动力的部门，其次是第三产业，最后是第二产业。

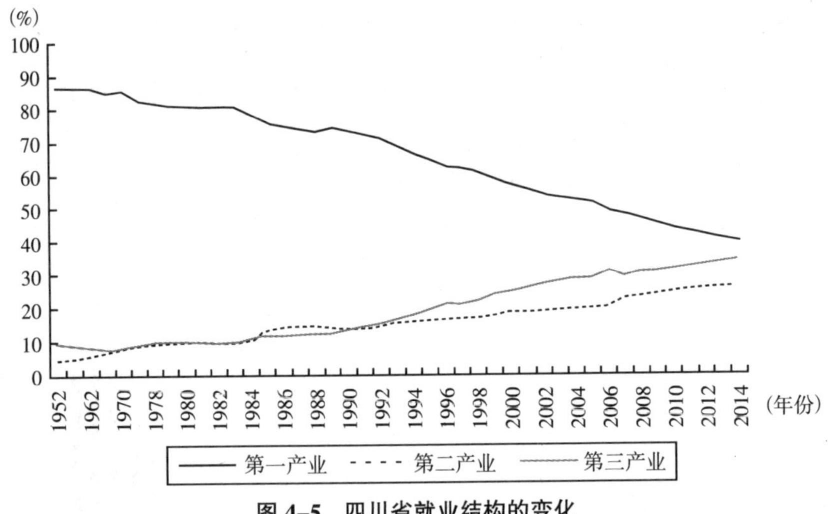

图4-5 四川省就业结构的变化

资料来源：根据《新中国六十年统计资料汇编》、《四川统计年鉴》相关数据计算得到。

与地区生产总值的产值结构变化相比，四川省产业结构演进具有非典型性，产值结构变化快，就业结构变化慢，就业结构的变化滞后于产值结构的变化（见图4-6）。此种变化趋势基本和全国产业结构的变化相同，这和长期优先发展资本密集型的重化工业的发展战略有非常密切的关系。

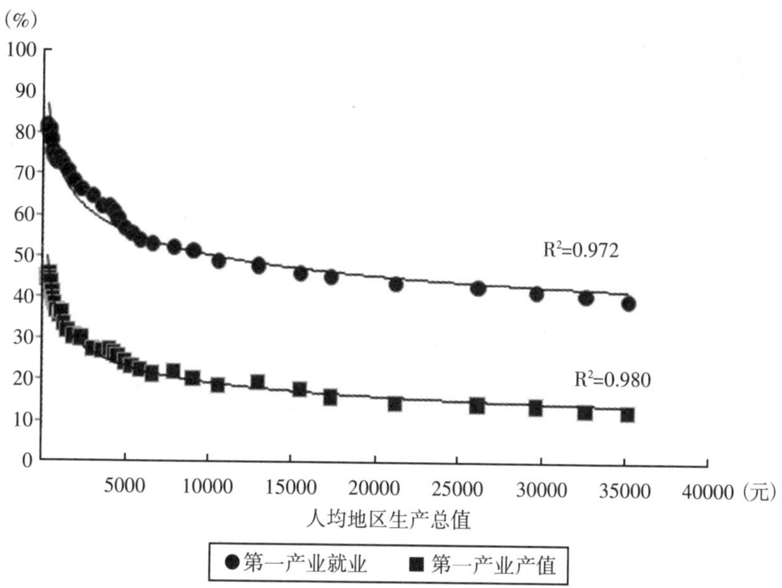

图 4-6　四川省产业结构变化与经济发展

资料来源：根据《四川统计年鉴》相关数据计算绘制。

二、结构变迁地理

（一）产业结构变迁的地区差异

四川省 21 个市州代表性年份地区生产总值和就业在第一、第二、第三产业间的分布如表 4-1、表 4-2、图 4-7 和图 4-8 所示。可以看出，各市州产业结构差异显著。以 2014 年为例，地区生产总值中第一产业比重最高的是甘孜州，占比 24.67%，最低的只有 3.33%（攀枝花市）；第二产业占比最高的是攀枝花市，为 73.19%，最低的是甘孜州，占比为 37.33%；第三产业占比最高的是成都市，为 51.62%，最低的是内江市，为 22.75%。

在就业结构中，甘孜州、凉山州、阿坝州、广安市、巴中市第一产业就业比重超过 50%，最高的甘孜州，达到 73.2%，成都市最低，为 16.2%；攀枝花市、成都市第二产业就业超过 1/3，攀枝花市最高，为 42.1%，而甘孜州、阿坝州第二产业就业不足 10%，甘孜州最低，只有 3.5%；第三产业就业中，成都市最高，占比为 48.7%，甘孜州最低，占比为 23.3%。

表 4-1　代表性年份四川省地区生产总值的构成

单位：%

	2000 年			2005 年			2010 年			2014 年		
	第一产业	第二产业	第三产业	第一产业	第二产业	第三产业	第一产业	第二产业	第三产业	第一产业	第二产业	第三产业
成都市	9.56	44.71	45.73	7.68	42.45	49.87	5.14	44.69	50.17	3.55	44.83	51.62
自贡市	21.33	45.04	33.62	20.31	42.81	36.89	13.07	57.25	29.67	11.34	59.27	29.39
攀枝花市	6.88	68.58	24.54	4.69	69.40	25.91	4.10	73.79	22.11	3.33	73.19	23.47
泸州市	27.21	38.44	34.35	25.35	38.58	36.06	15.22	56.48	28.30	12.69	60.25	27.07
德阳市	23.78	43.69	32.53	20.36	51.17	28.47	16.54	57.82	25.63	13.15	59.70	27.15
绵阳市	22.39	41.34	36.27	22.89	40.82	36.29	17.34	48.77	33.89	15.67	50.97	33.35
广元市	40.04	25.92	34.04	32.43	29.44	38.14	23.77	39.04	37.18	16.93	47.67	35.40
遂宁市	34.41	33.05	32.55	31.91	36.11	31.98	22.09	51.43	26.48	16.82	55.44	27.75
内江市	23.49	40.99	35.52	23.21	43.91	32.88	16.28	60.78	22.94	15.79	61.47	22.75
乐山市	24.75	43.56	31.69	18.31	52.39	29.30	13.45	59.48	27.07	11.19	59.65	29.16
南充市	37.77	25.86	36.37	31.96	33.74	34.30	24.36	48.51	27.14	21.65	50.50	27.85
眉山市	33.27	35.99	30.75	26.39	46.15	27.46	18.80	54.92	26.28	15.81	56.59	27.60
宜宾市	23.60	44.80	31.59	21.59	48.77	29.64	15.37	59.62	25.01	14.33	59.48	26.19
广安市	33.35	36.93	29.71	27.73	37.18	35.09	20.46	48.26	31.28	16.67	52.43	30.90
达州市	38.94	36.00	25.06	34.07	33.77	32.16	23.80	50.00	26.20	20.59	52.35	27.06
雅安市	24.10	47.90	28.00	22.42	44.96	32.62	17.44	55.08	27.48	14.40	57.13	28.47
巴中市	51.67	16.21	32.12	44.71	18.71	36.59	29.07	33.81	37.13	17.66	46.04	36.30
资阳市	39.86	29.85	30.29	34.71	36.41	28.88	23.07	52.96	23.97	20.23	55.99	23.78
阿坝州	28.71	35.63	35.66	19.56	40.82	39.62	18.93	44.09	36.98	15.03	50.57	34.40
甘孜州	29.46	28.28	42.26	22.14	33.37	44.50	23.42	36.57	40.01	24.67	37.33	38.00
凉山州	39.05	29.03	31.93	30.67	36.03	33.30	21.94	47.32	30.74	18.98	52.75	28.27

资料来源：根据《四川统计年鉴》相关数据计算绘制。

表 4-2　代表性年份四川省就业结构

单位：%

	2000 年			2005 年			2010 年			2014 年		
	第一产业	第二产业	第三产业	第一产业	第二产业	第三产业	第一产业	第二产业	第三产业	第一产业	第二产业	第三产业
成都市	59.59	14.47	25.94	31.2	29.5	39.3	19.92	34.67	45.40	16.2	35.1	48.7
自贡市	43.20	25.12	31.68	50.2	22.9	26.9	40.28	31.39	28.33	34.0	32.2	33.8
攀枝花市	49.74	16.17	34.09	38.0	32.1	29.9	33.41	30.60	35.99	29.8	42.1	28.1
泸州市	43.89	34.69	21.41	58.9	22.6	18.5	47.86	28.25	23.88	43.7	30.6	25.7
德阳市	63.83	12.67	23.50	44.0	26.4	29.6	43.52	29.13	27.35	36.2	24.8	39.0
绵阳市	50.28	20.13	29.59	46.7	19.4	33.9	41.00	29.86	29.14	35.3	31.4	33.3
广元市	56.62	14.05	29.33	59.9	18.0	22.1	51.49	21.93	26.58	48.4	23.3	28.3
遂宁市	64.17	10.81	25.03	52.2	24.6	23.2	42.05	31.55	26.40	37.8	28.6	33.6

续表

	2000年			2005年			2010年			2014年		
	第一产业	第二产业	第三产业	第一产业	第二产业	第三产业	第一产业	第二产业	第三产业	第一产业	第二产业	第三产业
内江市	55.40	15.49	29.10	53.0	25.9	21.1	40.60	31.99	27.40	33.1	27.5	39.3
乐山市	61.96	15.65	22.39	47.2	25.0	27.8	48.82	25.78	25.40	42.1	22.4	35.5
南充市	60.35	15.73	23.93	63.4	18.9	17.7	41.34	28.40	30.26	38.7	30.2	31.1
眉山市	61.60	12.51	25.89	65.4	12.6	22.0	52.31	22.47	25.22	47.2	23.3	29.6
宜宾市	69.32	12.97	17.71	54.2	20.8	25.0	49.86	25.50	24.64	47.0	24.9	28.1
广安市	64.23	11.44	24.33	59.5	19.4	21.1	58.05	19.25	22.70	52.4	19.2	28.4
达州市	60.84	17.61	21.55	64.7	16.7	18.6	54.26	19.73	26.01	48.7	20.4	30.9
雅安市	56.05	10.32	33.63	53.8	18.4	27.8	46.18	23.18	30.65	44.7	24.2	31.1
巴中市	64.11	16.17	19.73	62.5	11.5	26.0	61.27	14.84	23.88	50.8	21.8	27.3
资阳市	64.40	5.48	30.11	61.8	16.5	21.7	51.85	23.57	24.58	49.8	22.1	28.0
阿坝州	67.06	8.26	24.68	65.4	7.9	26.7	59.74	7.96	32.30	57.5	8.5	34.1
甘孜州	74.54	5.99	19.47	82.0	3.1	14.9	76.98	4.56	18.46	73.2	3.5	23.3
凉山州	82.41	2.93	14.66	75.6	7.6	16.8	70.08	10.52	19.39	60.5	13.8	25.7

资料来源：根据《四川统计年鉴》相关数据计算绘制。

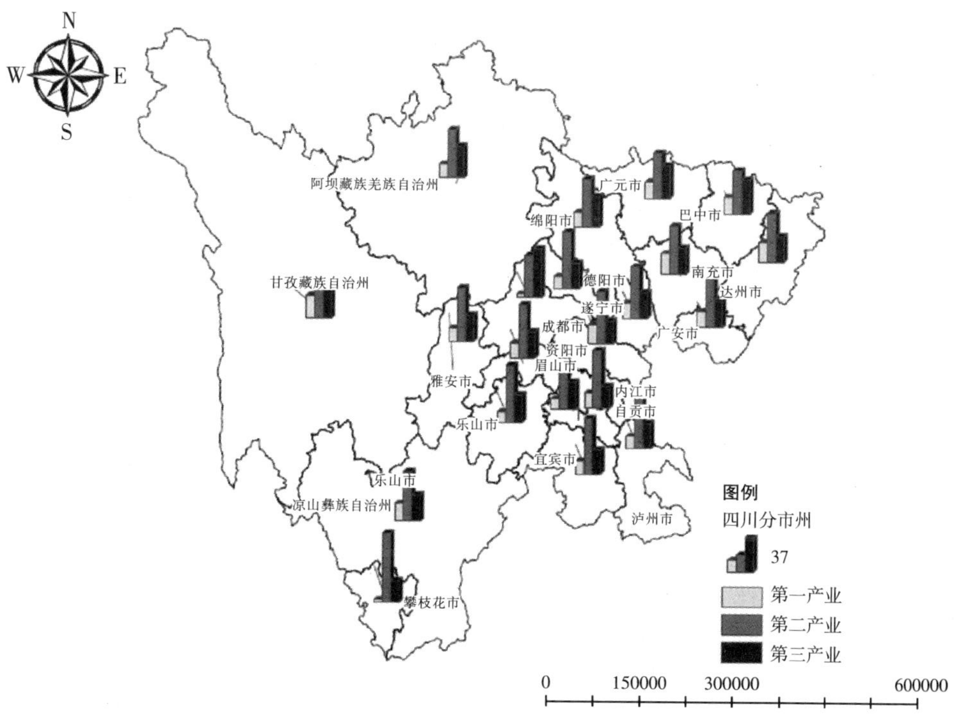

图 4-7　2014 年四川省各市州产值结构图

资料来源：根据表 4-1 绘制。

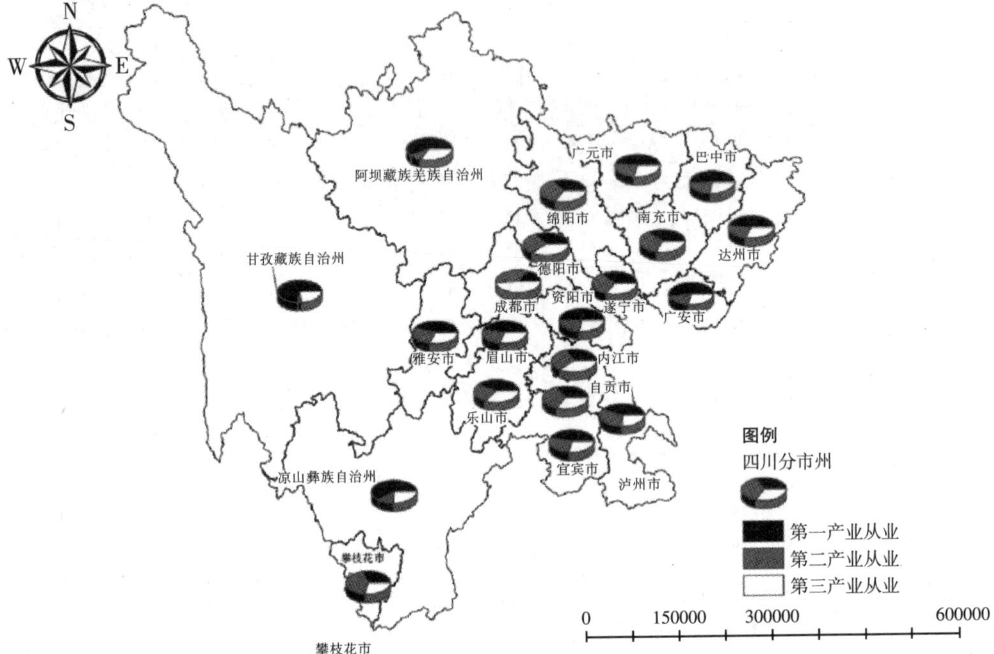

图 4-8　2014 年四川省就业结构图

资料来源：根据表 4-2 绘制。

根据第一产业、第二产业和第三产业产值比重和就业比重高低排序，各市州产业结构的组合类型如表 4-3 所示。

表 4-3　四川省产业结构组合类型

就业结构 / 产值结构	三二一	三一二	二一三	一三二	一二三
三二一	成都市				
二三一		内江、德阳、乐山、阿坝、自贡、遂宁、绵阳、南充、雅安、达州、眉山、广安、广元	攀枝花	宜宾、资阳、巴中、凉山、甘孜	泸州

资料来源：根据《四川统计年鉴》相关数据计算绘制。

表 4-1 和表 4-2 还显示了各市州产业结构演变的趋势，总的特点是随着经济的发展，第一产业占比在下降，而非农产业占比在上升，特别是第三产业占比上升较快。同时，各市州产业结构的变化也具有非典型性特点，即就业结构的变化滞后于产值结构的变化。

（二）工业结构的地区差异

四川省各市州工业化率的变化和地区差异如图 4-9 所示。一方面，西部大开发以来各市州的工业增加值占地区生产总值的比例（工业化率）均有所增长，而且有的市州增长还很快，例如雅安市从 1999 年的 10.31%增加到 2013 年的 49.8%。另一方面，各市州工业化程度差异大，2013 年工业化率最高的攀枝花市超过 70%，工业化程度低的巴中市不足 30%。

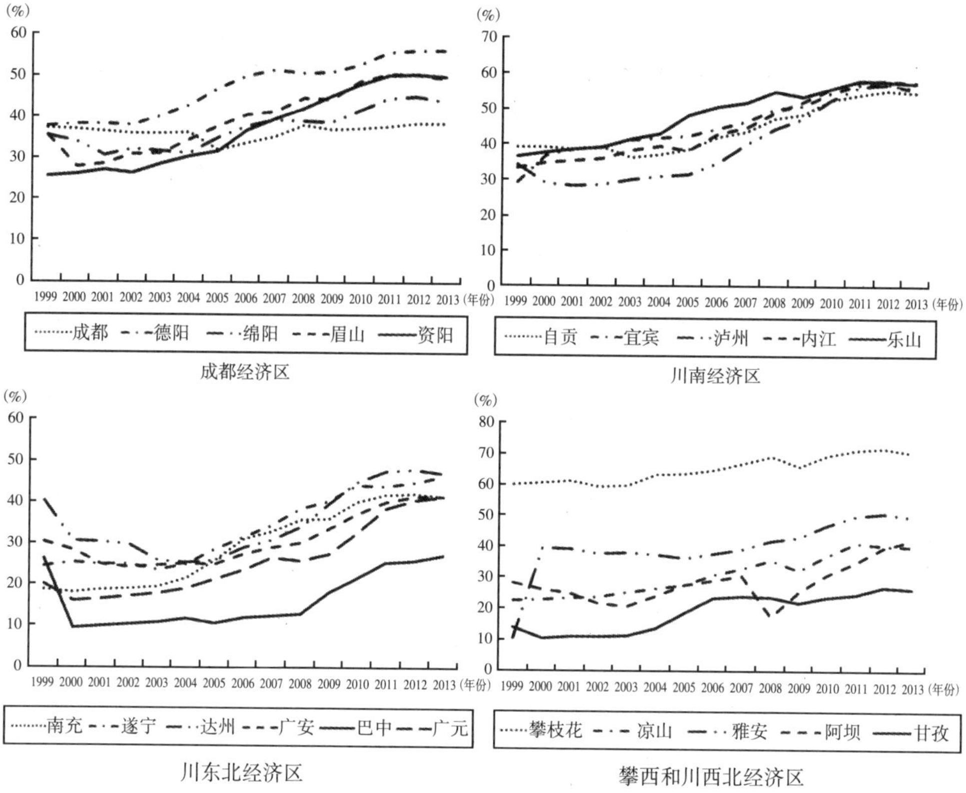

成都 德阳 绵阳 眉山 资阳

成都经济区

自贡 宜宾 泸州 内江 乐山

川南经济区

南充 遂宁 达州 广安 巴中 广元

川东北经济区

攀枝花 凉山 雅安 阿坝 甘孜

攀西和川西北经济区

图 4-9　四川省工业化率

资料来源：根据《四川统计年鉴》相关数据计算绘制。

图 4-10 所示是四川省工业化水平区域差异的指标，包括了最大、最小、均值和变异系数。1999 年新一轮西部大开发战略开始时，四川省各市州工业化率最大/最小的比例为 5.83，变异系数为 0.35，到 2013 年这两个指标分别降低到 2.67 和 0.22，说明西部大开发战略实施以来，四川省工业化水平的地区差异在缩小。图 4-11 所示为 2000 年与 2013 年四川省工业化率分布图。

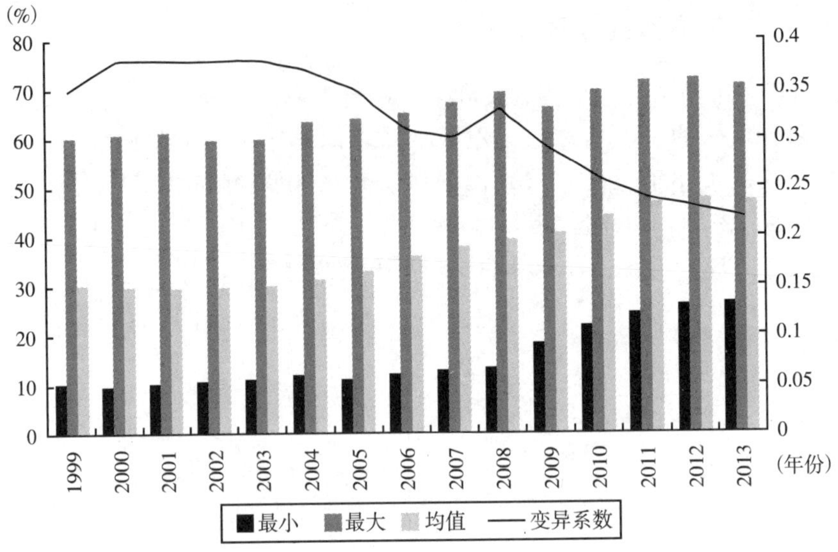

图 4-10 四川省工业化率的地区差异

资料来源：根据《四川统计年鉴》相关数据计算绘制。

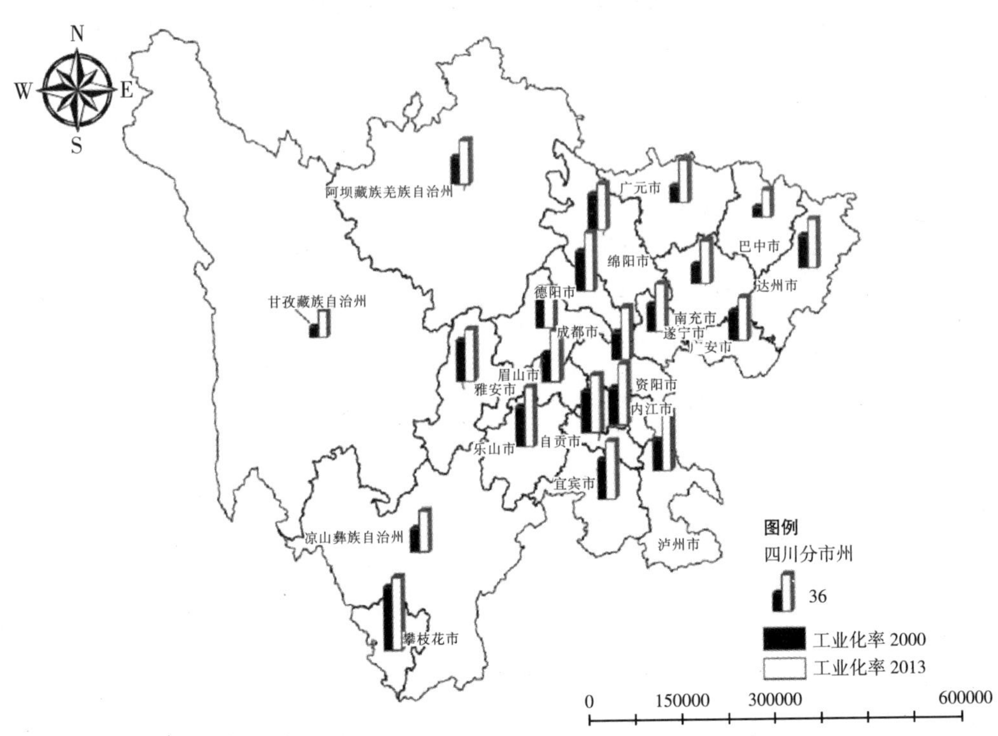

图 4-11 2000 年与 2013 年四川省工业化率分布图

资料来源：根据《四川统计年鉴》(2015) 相关数据计算绘制。

各地区工业化推进的时间和速度有差异，工业总产值在各市州的分布不同，导致四川省工业地理发生变化（见图 4–12）。2000 年时成都、德阳、绵阳三市的工业总产值占全省工业总产值的 52.46%，仅成都市就占 31.99%，2013 年虽然居前三位的依然是成都、德阳、绵阳，但占比下降到 42.33%，其中成都市为 29.51%。由此看来，西部大开发战略实施以来，四川省工业集聚的程度有所下降。

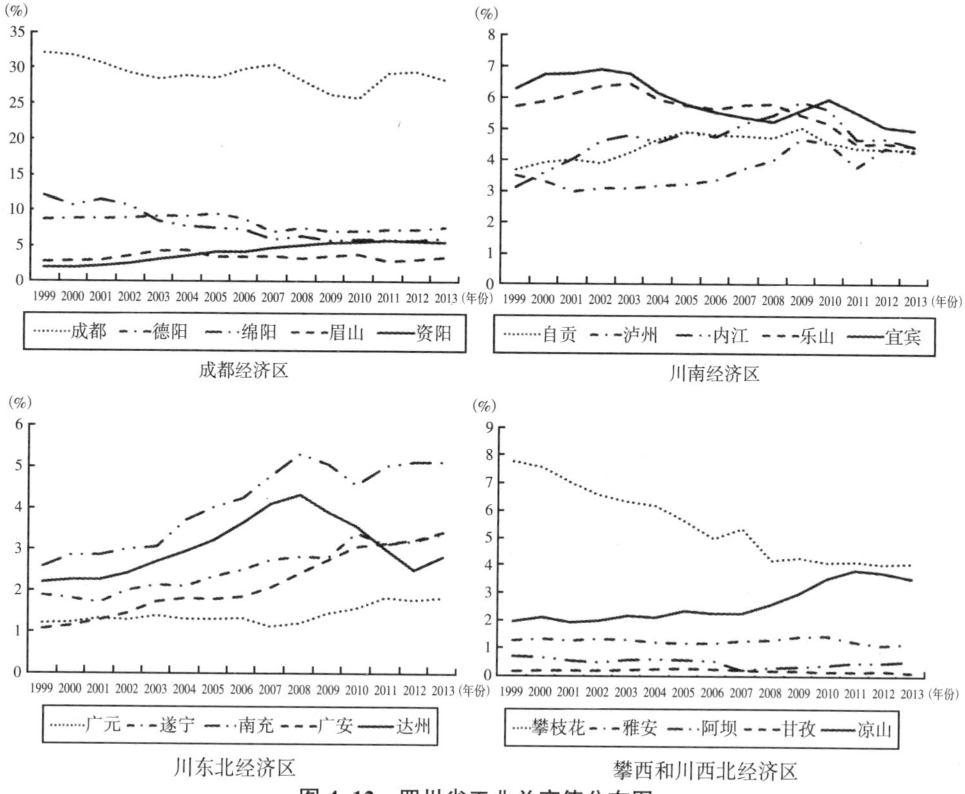

成都经济区

川南经济区

川东北经济区

攀西和川西北经济区

图 4–12　四川省工业总产值分布图

资料来源：根据《四川统计年鉴》相关数据计算绘制。

（三）民营经济的地区差异

2014 年四川省各市州民营经济实现增加值 17630.34 亿元，占四川省市州地区生产总值的 58.64%。从规模分布看，成都市居第一，民营经济实现增加值 5991.44 亿元，占地区生产总值的 59.58%，占四川省市州民营经济增加值的 1/3 以上；规模在 800 亿~1000 亿元的有绵阳市、德阳市、南充市和达州市；500 亿~800 亿元的有泸州市、凉山、资阳市、内江、乐山、自贡、眉山、广安；规模最小的是甘孜，不足 100 亿元；其余市州在 100 亿~500 亿元。从民营经济增加值占地区生产总值的比例看，2005 年以来各市州均在上升，到 2014 年除了攀枝花、阿坝、甘孜的比例低于 50%外，其余市州该比例都超过了 50%，因此，民营经济的发展成为四川省及各市州经济发展的主要驱动力。如图 4-13、图 4-14、图 4-15 所示。

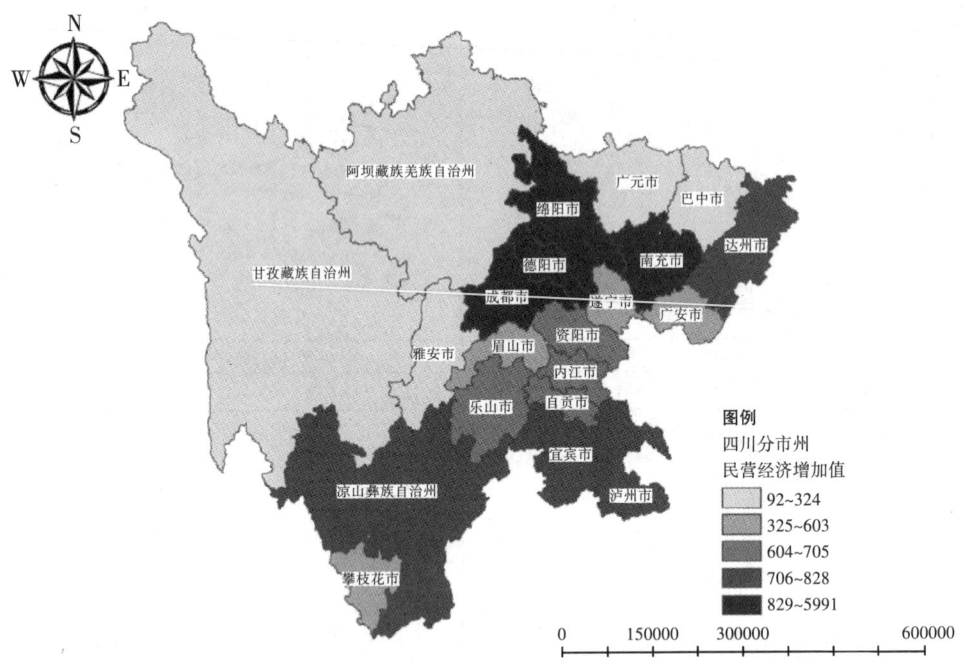

图 4-13　2014 年四川省民营经济增加值分布图

资料来源：根据《四川统计年鉴》(2015) 相关数据计算绘制。

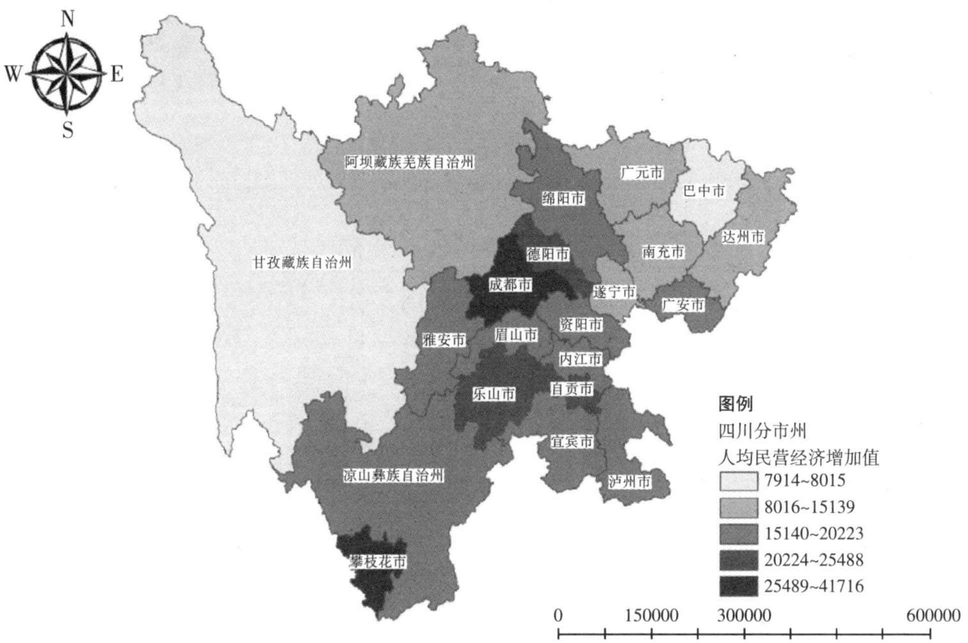

图 4-14 2014 年四川省人均民营经济增加值分布图

资料来源：根据《四川统计年鉴》(2015) 相关数据计算绘制。

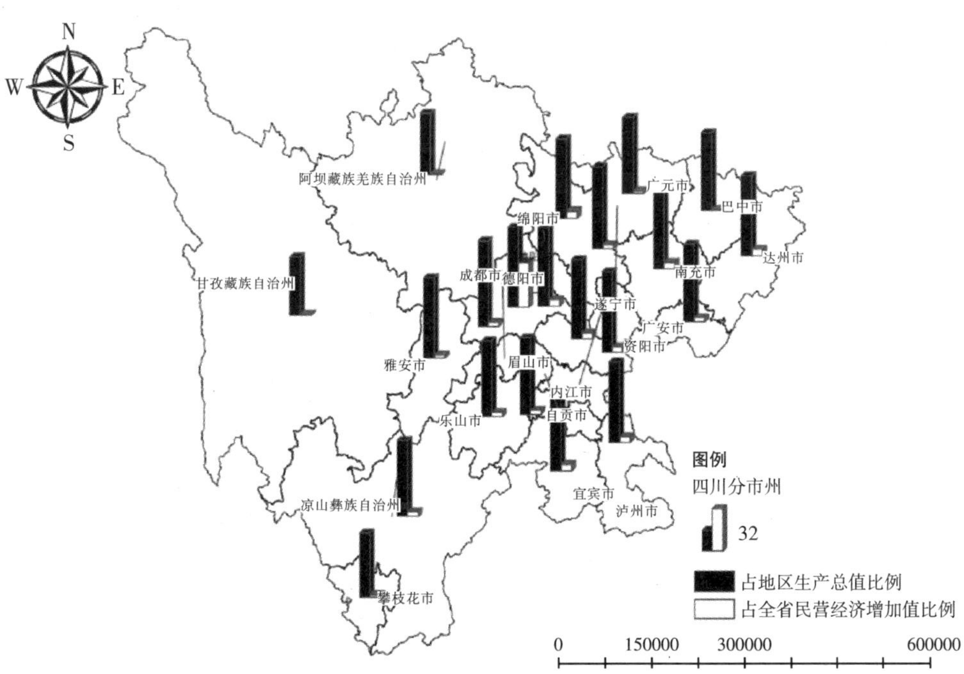

图 4-15 2014 年四川省民营经济增加值占比分布图

资料来源：根据《四川统计年鉴》(2015) 相关数据计算绘制。

图 4-16 显示的是四川省民营经济增加值的 Kernel 密度图，显示出过去民营经济发展水平较低且区域分布相当集中，之后民营经济发展水平在上升，地区分布平衡化趋势明显。

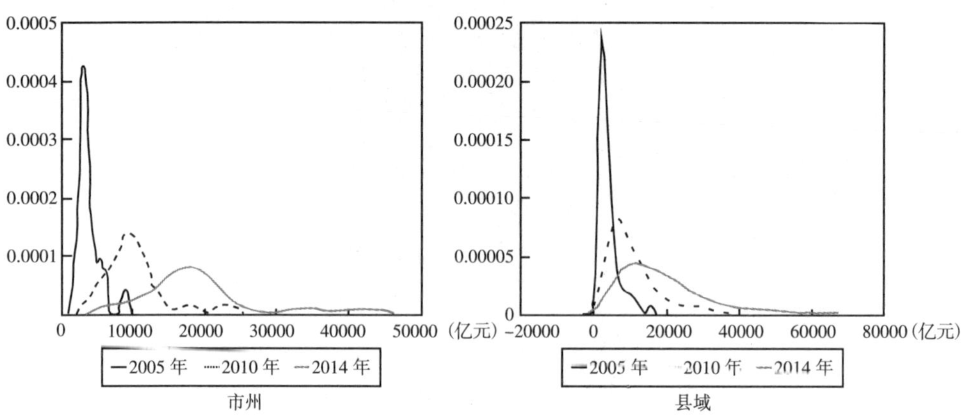

图 4-16 四川省民营经济增加值的 Kernel 密度图

资料来源：根据《四川统计年鉴》相关数据计算绘制。

三、结构变迁与经济增长

经济结构的变化会促使生产要素从低回报的部门向高回报的部门流动，因而带来“免费”的经济增长。“免费”的意思是社会无须付出成本就可以使经济得到快速增长。比如，一个高中毕业生在农村的价值不会和一个初中毕业生的价值有多大的差别，但是，一旦进入工业领域，两者的差别就会体现出来，高中生更多的数理化知识就会转化为更高的劳动生产率。因此，结构变化意味着生产要素从低边际报酬部门向高边际报酬部门的转移。这里要区分“高生产率”部门和“高边际回报”部门。这里的生产率通常指的是“全要素生产率”，即扣除要素投入增长的生产率。服务业的技术进步率较其他两部门低，因此可以说它是一个低生产率部门。但是，劳动力和资本向服务业转移，意味着服务业对劳动力和资本的边际报酬较高。在通常情况下，一种要素在一个部门的边际报酬较高意味着这种要素在这个部门的劳动生产率（即平均产出）也较高，因此，结构变化带来“无成本”的经济增长。下面以人口从农村向城镇的转移说明结构变化对经济增长的贡献。

考虑一个由农村与城镇构成的两区域模型。假设农民人均收入为 Y_A，城镇人均收入为 Y_I。农村人口占总人口的比重为 μ，城镇人口的比重为 1 - μ。因此，区域的人均收入为：

$$Y = Y_A \cdot \mu + Y_I \cdot (1 - \mu) \tag{4-1}$$

即为两区域人均收入的加权平均。将此等式两边对时间 t 求导，即可得出相应的变化量。这里需要注意的是，等式右边所含的三个变量，即 Y_A、Y_I、μ 均会随时间变化，特别是结构变化会引起人口向城镇转移，所以 μ 也会变化。求导得：

$$\frac{dY}{dt} = \frac{dY_A}{dt} \cdot \mu + Y_A \cdot \frac{d\mu}{dt} + \frac{dY_I}{dt} \cdot (1 - \mu) - Y_I \cdot \frac{d\mu}{dt} \tag{4-2}$$

用 $\dot{Y}$ 表示本期相比上一期的增长量，即 $\dot{Y} = \frac{dY}{dt}$，其他变量做类似处理。则由式（4-2）整理得到：

$$\dot{Y} = \dot{Y}_A \cdot \mu + \dot{Y}_I \cdot (1 - \mu) + (Y_A - Y_I) \cdot \dot{\mu} \tag{4-3}$$

式（4-3）说明，区域人均收入的增长是农村居民人均收入增长与城镇居民人均收入增长的加权平均，再加上结构变化引起的增长。这意味着，因为 $Y_A - Y_I < 0$，所以从农村到城市的转移（即当 $\dot{\mu} < 0$ 时）一定能对经济增长做出贡献。我们还可以得到增长率的关系式，将式（4-3）两边同时除以 Y，整理可得：

$$\frac{\dot{Y}}{Y} = \frac{\dot{Y}_A}{Y_A} \cdot \frac{Y_A}{Y} \cdot \frac{L_A}{L} + \frac{\dot{Y}_I}{Y_I} \cdot \frac{Y_I}{Y} \cdot \frac{L_I}{L} + \frac{Y_A - Y_I}{Y} \cdot \dot{\mu} \tag{4-4}$$

其中，$\frac{Y_A \cdot L_A}{Y \cdot L}$ 为农村收入占区域总收入的比重，设为 S_A。对城镇的处理类似，再令 $\hat{Y} = \frac{\dot{Y}}{Y}$ 为区域的人均收入增长率，并对其他变量做类似处理，可得：

$$\hat{Y} = \hat{Y}_A \cdot S_A + \dot{Y}_I \cdot (1 - S_A) + \frac{Y_A - Y_I}{Y} \cdot \dot{\mu} \tag{4-5}$$

其中，$\frac{Y_A - Y_I}{Y} \cdot \dot{\mu}$ 部分即为结构变化对人均收入增长率的贡献。上述推导为连续情况，离散的情况可以表示为：

$$\hat{Y}_t = \hat{Y}^A_t \cdot S^A_{t-1} + \hat{Y}^I_t \cdot (1 - S^A_{t-1}) + \left(\frac{Y^A_{t-1} - Y^I_{t-1}}{Y_{t-1}}\right) \cdot \Delta\mu_t \tag{4-6}$$

因为式中所表示的是增长变化量，因此农村收入占区域总收入的比重以及农民人均收入相对于城镇人均收入的变化比例用前一年的信息。

下面利用上面的框架，对四川省结构变化引起的经济增长进行分析。在实际计算过程中，数据的可得性会影响计算结果。这里是以四川省农村居民人均实际纯收入、城市居民人均实际可支配收入、非农业人口比率作为核算基础，计算改革开放以来四川省结构变化对经济增长的贡献，结果见表 4-4。表中列出了三个时间段的结构变化引致的增长率和贡献率，这三个时间段分别是 1978~1992 年、1992~2000 年和 2000~2014 年。从表中可以看出，改革开放以来，四川省结构变化服从结构变化的一般趋势，即伴随经济发展的资源从农业向非农业配置，结构变化对收入增长的贡献随经济发展在上升。各年的结构变化的贡献如图 4-17 所示。

表 4-4　结构变化对经济增长的贡献

	城镇居民家庭人均可支配收入增长率（%）	农村居民家庭人均纯收入增长率（%）	加权平均收入增长率（%）	结构变化引致增长率（%）	结构变化贡献率（%）
1978~1992 年	488.46	399.21	453.57	32.08	7.07
1992~2000 年	196.33	200.32	217.67	18.75	8.61
2000~2014 年	311.16	390.95	418.68	60.80	14.52

资料来源：根据《四川统计年鉴》相关数据计算绘制。

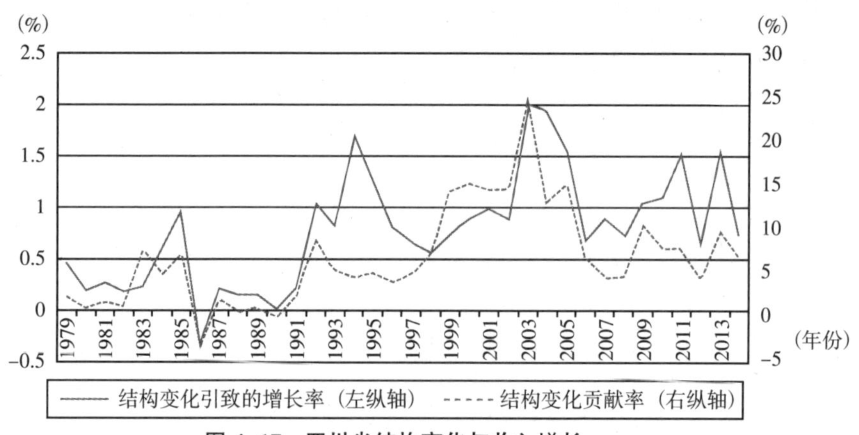

图 4-17　四川省结构变化与收入增长

资料来源：根据《四川统计年鉴》相关数据计算绘制。

四、专业化与多样化

（一）专业化还是多样化

产业结构变化的基本趋势是随着经济的发展，生产率低的产业逐渐被生产

率高的产业替代，从而带来整个产业技术水平的提升，即产业结构升级。除了这一基本趋势外，地区产业结构的调整是走专业化之路还是走多样化之路？或者说，是地区产业专业化更有利于产业增长，还是多样化的产业结构更有利于产业增长？或者说，在一个给定的地区，某种企业是能从本地区的同行业的其他企业经济活动中获益，还是能从不同行业的企业经济活动中获益？Marshall（1920）认为，产业的集聚通过产业内竞争、模仿以及资源的快速变动，加速了知识外溢，将促进产业增长。Glaeser（1992）把这种同一产业的企业在某个地区的集中，也就是产业专业化（Specialization）能进一步促进该产业在该地区增长的规模效应称为区域定位经济（Localization）。从动态角度来看，这种效应也被称为 Marshall-Arrow-Romer（MAR）外部性。而 Jacobs（1969）则认为，最重要的知识传播来自于相同产业集聚区之外，地理位置临近的产业多样化比产业结构单一更能促进创新和经济增长，一个地区众多产业的并存比某一个产业的集中更能给地区带来活力，也就是说，产业的多样化比产业的专业化作用更为重要。Combes（2000）也指出，在技术相近的产业之间，一个产业的革新往往会带来另一个产业的革新。一般如果某个产业的增长主要得益于地区产业格局的多样化（Diversity），那么这种效应就称为城市化经济（Urbanization Economies），在动态背景下也被称为 Jacobs 外部性（Jacobs，1969）。

MAR 外部性和 Jacobs 外部性的差异不仅体现在专业化还是多样化有利于地区产业的增长上，还体现在究竟是垄断还是竞争市场会促进地区产业的增长上。MAR 外部性理论认为，垄断更有利于技术的创新和增长，企业拥有了市场垄断能力后，其技术外部性在很大程度上被内部化，也获得内部化后的收益，因而获取更多的利润激励着企业更快地进行技术创新，促进其产业的后续增长。Jacobs 外部性理论则认为，高度竞争的市场环境有利于促进公司不断进行技术创新，从而加快其技术进步并促进产业增长。这种对竞争强度看法的不同产生了第三种关于产业增长外部效应的观点，即 Porter 外部性。Porter（1990）认同 Jacobs 的有关市场竞争有利于知识创新和外溢的看法，但他同时也认为外部性主要源于同一产业内而非不同的产业间，大量企业的集聚促进不断创新，创新也最快被运用到实际生产中去，从而促进产业的增长。

（二）四川省产业专业化

区域产业专业化程度的确定有多种方法，这里用区位商测度一个地区某个产业相对于全国的专业化程度。所谓区位商，是指一个地区特定部门的产值（或就业）在地区总产值（总就业）中所占的比重与全国该部门产值（就业）在全国总产值（总就业）中所占比重的比值，计算公式为：

$$LQ_{ij}=\frac{L_{ij}\Big/\sum_{j=1}^{m}L_{ij}}{\sum_{i=1}^{n}L_{ij}\Big/\sum_{i=1}^{n}\sum_{j=1}^{m}L_{ij}}$$

区位商大于 1，可以认为该产业是地区的专业化部门；区位商越大，专业化水平越高；如果区位商小于或等于 1，则认为该产业是自给性部门。

据此，笔者计算了四川省三次产业增加值区位商和就业区位商及工业增加值区位商，如图 4-18 所示，可以看出第一产业的产值区位商和就业区位商均大于 1，这和四川省长期以来农业大省的地位吻合，不过近几年第一产业产值

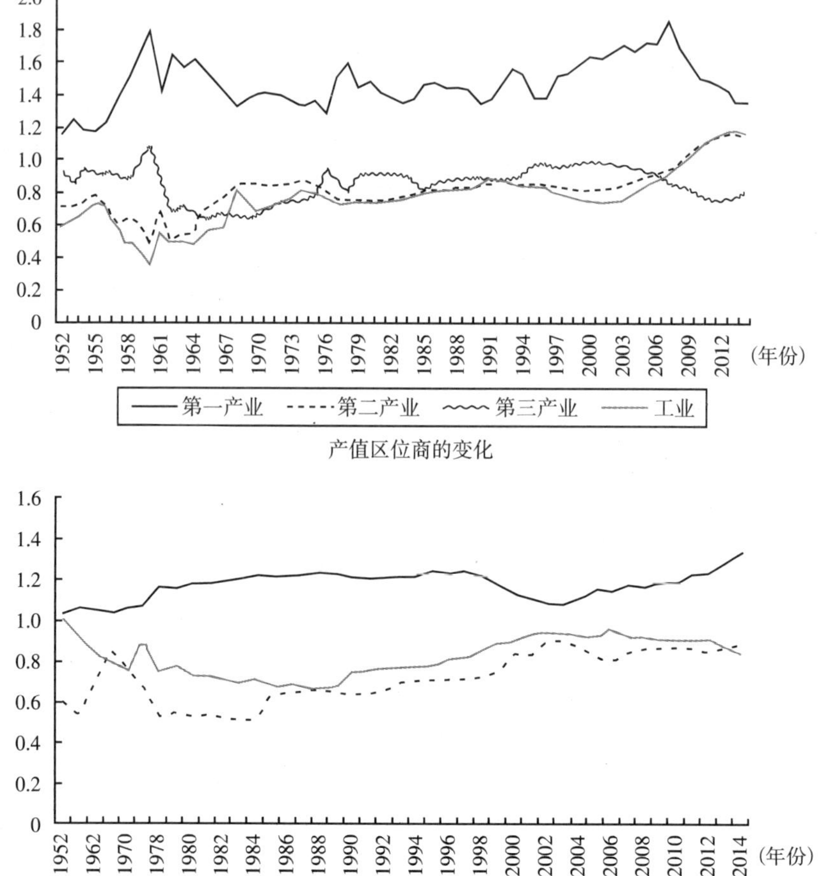

图 4-18 四川省三次产业区位商

资料来源：根据《四川统计年鉴》相关数据计算绘制。

区位商在下降，农业的优势地位在下降。第二产业的产值区位商虽然低于 1，但总体上呈现出上升趋势，第三产业作为劳动密集型产业，优势没有得到有效发挥，这与四川省劳动力大省的地位不相称。

按三次产业划分太过粗糙，为了进一步弄清楚四川省的产业优势所在，这里根据经济普查数据，计算了工业各行业的区位商，如表 4–5 所示。可以看出，2013 年产值和就业区位商大于 1 的工业行业有：

采矿业：黑色金属矿采选业、有色金属矿采选业、非金属矿采选业。

制造业：农副食品加工业、食品制造业、饮料制造业、家具制造业、医药制造业、印刷业和记录媒介的复制、造纸及纸制品业。

产值区位商大于 1 的行业：通信设备、计算机及其他电子设备制造业，通用设备制造业，专用设备制造业。

表 4–5　四川省工业行业区位商变化

行业	产值区位商			就业区位商		
	2004 年	2008 年	2013 年	2004 年	2008 年	2013 年
采矿业	1.25	1.44	1.2	1.59	1.84	1.38
煤炭开采和洗选业	1.05	1.38	0.95	1.43	1.80	1.32
石油和天然气开采业	1.31	1.40	0.3	2.32	2.03	1.16
黑色金属矿采选业	1.84	1.66	1.61	1.94	1.61	1.27
有色金属矿采选业	1.25	1.26	1.54	1.16	1.89	1.62
非金属矿采选业	1.36	1.84	2.06	1.67	2.05	2.12
制造业	0.96	0.96	0.98	0.90	0.89	0.93
农副食品加工业	1.86	1.77	1.23	1.18	1.37	1.35
食品制造业	0.92	1.15	1.27	0.99	1.19	1.23
饮料制造业	4.17	4.29	4.55	2.74	3.16	3.57
烟草制品业	1.20	1.00	0.86	2.37	1.16	0.68
纺织业	0.52	0.64	0.69	0.62	0.65	0.68
纺织服装、鞋、帽制造业	0.12	0.23	0.28	0.11	0.19	0.17
皮革、毛皮、羽毛（绒）及其制品业	0.75	1.26	0.65	0.39	0.68	0.56
木材加工及木、竹、藤、棕、草制品业	0.69	0.76	0.71	0.50	0.61	0.72
家具制造业	0.79	1.35	1.73	0.68	1.02	1.88
造纸及纸制品业	0.90	0.86	1.03	1.13	1.13	1.07
印刷业和记录媒介的复制	1.43	1.38	1.23	1.02	0.93	1.02
文教、工美、体育和娱乐用品制造业	0.04	0.04	0.21	0.02	0.02	0.13
石油加工、炼焦及核燃料加工业	0.23	0.49	0.4	0.51	1.27	0.53
化学原料及化学制品制造业	1.35	1.05	0.87	1.62	1.47	1.17
医药制造业	1.83	1.87	1.43	1.57	1.61	1.53
化学纤维制造业	0.72	0.62	0.69	1.04	0.76	0.93

续表

行业	产值区位商			就业区位商		
	2004 年	2008 年	2013 年	2004 年	2008 年	2013 年
橡胶和塑料制品业	0.82	0.8	0.81	0.53	0.58	0.7
非金属矿物制品业	1.41	1.35	1.28	1.60	1.59	1.38
黑色金属冶炼及压延加工业	1.48	0.93	0.99	1.73	1.32	1.34
有色金属冶炼及压延加工业	1.01	0.79	0.51	0.81	0.74	0.58
金属制品业	0.55	0.80	0.80	0.51	0.59	0.68
通用设备制造业	1.07	1.21	1.12	0.86	0.95	0.92
专用设备制造业	1.07	1.36	1.00	1.00	1.20	1.00
交通运输设备制造业	0.9	0.85	0.94	1.27	0.97	0.9
电气机械及器材制造业	0.61	0.63	0.48	0.49	0.41	0.48
通信设备、计算机及其他电子设备制造业	0.47	0.57	1.36	0.75	0.62	0.89
仪器仪表及文化、办公用机械制造业	0.24	0.46	0.24	0.25	0.34	0.21

资料来源：根据《中国经济普查年鉴》数据计算。

就业区位商大于 1 的行业：黑色金属冶炼及压延加工业、煤炭开采和洗选业、化学原料及化学制品制造业、石油和天然气开采业、专用设备制造业。

可以看出，目前四川省专业化行业中，资源型行业占比较多。比较静态地看，三次经济普查表明，四川省工业的专业化行业虽有一些变化，但基本模式没有发生根本性变化。

对四川省第三产业中主要产业增加值的区位商计算表明（见图 4-19），住宿和餐饮业是四川省长期的优势第三产业，其次是交通运输、仓储和邮政业。

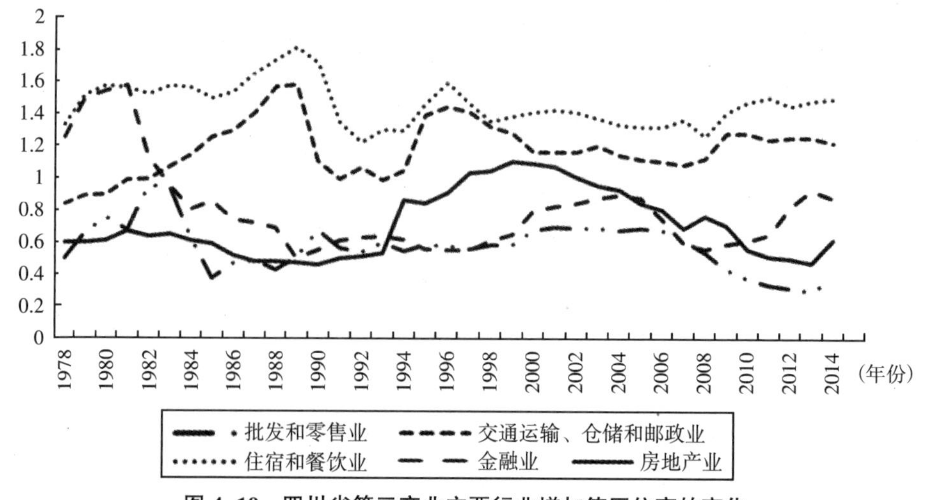

图 4-19 四川省第三产业主要行业增加值区位商的变化

资料来源：根据《四川统计年鉴》相关数据计算绘制。

（三）四川省产业多样化

产业多样化用多样化指数来测度。产业多样化指数定义为：

$$d_i = 1 - \sum_{i=1}^{m} x_i^2$$

其中，x_i 是第 i 个产业（行业）的产值占总产值的比例；i = 1，2，…，m 是产业（行业）数。四川省工业行业多样化指数计算结果见图 4-20。可见，西部大开发战略实施以来，四川省工业行业多样化程度处于上升的态势，工业行业数增加，工业产品种类数增加，特别是一些新型工业行业出现。另外，多样化指数的上升还意味着工业各行业的发展均衡性提高。

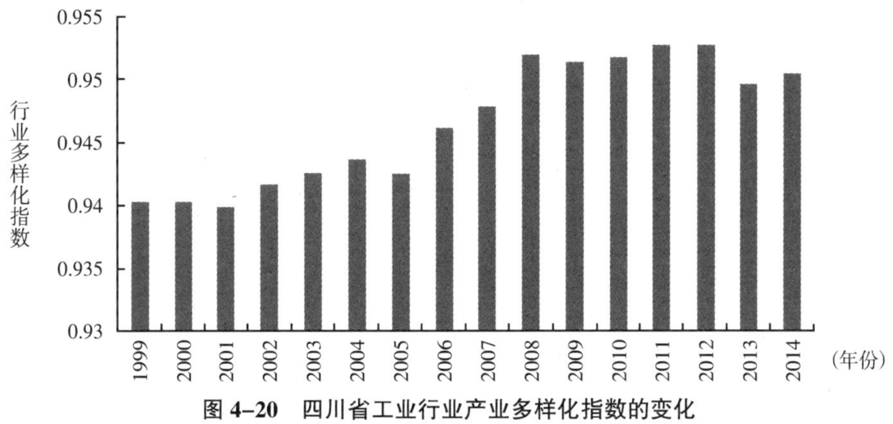

图 4-20　四川省工业行业产业多样化指数的变化

资料来源：根据《四川统计年鉴》相关数据计算绘制。

（四）四川省主导产业的发展

支持主导产业发展是许多区域经济学教科书关于区域产业发展的一个重要建议，也是许多政府产业政策的核心内容。四川省在 20 世纪 80 年代中期就确立了建筑业和建材工业、机械工业、食品工业以及以丝麻为特色的纺织业为重点产业，并且提出培育电子产业和高技术产业等，特别指出不仅要努力形成以光电子技术、生物技术以及核技术开发为重点的高新技术产业，并且要用高新技术来改造传统农业、机械、原材料、食品等产业。1992 年四川省提出了要“大力推进科学技术的进步以及加工工业的改组改造”，其中加工工业的发展重点是机械工业、轻纺工业和电子工业，尤其是电子工业这样的产业必须有更快的发展。“九五”明确规划了电子信息、机械冶金、建筑建材、饮料食品、化学医药、旅游业六大支柱产业，“十五”调整为电子信息、水电、机械冶金、饮料食品、化学医药和旅游业。《四川省国民经济和社会发展第十一个五年规划纲要》提出，用五年时间集中发展四项工业优势产业：农产品加工业、优势资源产业、装备制造业和高新技术产业。2007年四川省提出了“工业强省”战略，同时以提高产业竞争力为中心，实施产业的集群化和升级化战略，大力发展优势产业以及产业集群，为建设西部经济强省提供经济支撑，包括发展重大装备基地、清洁能源基地、农产品加工业、高新技术产业，改造提升化工、建材、建筑、冶金、采掘业等传统产业，发展企业集团化从而推动产业集群化发展。同时，大力发展服务业，包括做大、做强旅游业；拓展信息、金融、商务服务业；推动社区服务业、房地产业、餐饮业等产业的发展。

《四川省国民经济和社会发展第十二个五年规划纲要》提出了“调整优化产业结构，提升产业层次和核心竞争力，促进三次产业协调发展”的产业发展方针，指出[①]：

要大力发展战略性新兴产业，把战略性新兴产业培育成四川重要的先导性、支柱性产业，重点发展：集成电路、新型显示、高端软件和服务器等核心基础产业；新能源装备制造业；航空、航天、高速铁路设备等高端装备产业；钒钛、稀土材料等新材料产业；重点发展高效节能技术产品。要把四川建设成为国家信息高技术产业基地、国家软件高技术产业基地、国家新能源高技术产业基地、国家民用航空高技术产业基地、国家新材料高技术产业基地、国家生物高技术产业基地。

要发展壮大特色优势产业，推动特色优势产业高端化发展，提升产业综合竞争力。所列举的特色优势产业包括：装备制造、油气化工、汽车制造、饮料食品、现代中药等。

要加快发展现代服务业，以建设西部物流中心、商贸中心、金融中心“三中心”为重点，加强生产性服务业与先进制造业融合发展，推进制造业服务化和服务业规模化、品牌化、网络化，积极发展生活性服务业，不断拓展服务业新领域，促进服务业发展提速、比重提高、水平提升。

要推动产业集中、集约、集群发展，调整优化产品结构、企业组织结构和产业布局，推进企业兼并重组，加快淘汰落后生产能力，推动产业转型发展，促进产业优化升级。

要根据主体功能区规划，综合考虑资源优势、区位条件和产业基础，立足

---

① 四川省国民经济和社会发展第十二个五年规划纲要［EB/OL］. 四川新闻网，http：//pzh.newssc.org/system/20110128/001164835_03.html.

不同区域发展定位，加快推进区域产业布局优化，因地制宜发展工业经济，推动区域间产业差异化、特色化、集群化协调发展，为四川省建设重要战略资源开发基地、现代加工制造业基地、农产品深加工基地和科技创新产业化基地提供强大的产业支撑。

通过这些重大举措，推动产业转型升级，构建具有竞争力的现代产业体系，为建设西部经济发展高地提供强力支撑。

《四川省国民经济和社会发展第十三个五年规划纲要》（2016~2020 年）提出，“十三五”时期要加快产业结构转型升级，要以高端成长型产业和新兴先导型服务业为引领，推动先进制造业加快发展和传统优势产业转型升级，实施加快发展现代服务业行动，大力推进农业现代化，重塑产业发展新优势，再造产业发展新动能，不断提升四川产业核心竞争力①。

加快发展先进制造业：实施“中国制造 2025 四川行动计划”，大力推进战略性新兴产业发展，集中力量发展壮大新一代信息技术、航空航天与燃机、高效发电和核技术应用、高档数控机床和机器人、轨道交通装备、节能环保装备、新能源汽车、新材料、生物医药和高端医疗设备、油气钻采与海洋工程装备等先进制造业。突破关键技术，发展重点产品，培育优势企业，抢占产业发展竞争制高点，形成产业发展新引擎，加快建设先进制造强省。

推动传统优势产业转型升级：坚持调整存量和优化增量并举，加快发展电子信息、装备制造、汽车制造、食品饮料等传统优势产业，推动制造业转型升级和核心竞争力提升，形成全省重要的产业支撑。

推进产业园区创新发展：引导产业向适宜区域集聚发展，加快形成布局合理、特色鲜明、优势互补的产业发展格局。

专栏：中国制造 2025 四川行动计划

为贯彻落实《中国制造 2025》，充分抓住国际国内产业结构深度调整和“一带一路”建设机遇，综合发挥四川比较优势，加快建设全国制造强省，支撑“三大发展战略”实施和“两个跨越”目标实现，四川省制定了“中国制造 2025 四川行动计划”（以下简称“行动计划”）。“行动计划”分析了四川省制造业的发展基础、挑战和机遇，提出了四川省制造业发展的总体要求与发展目标、主要任务与重点和保障措施。

---

① 四川省国民经济和社会发展第十三个五年规划纲要［EB/OL］. http：//www.sc.gov.cn/10462/10464/10797/2016/3/18/10373221.shtml.

> 指导思想：以制造业转型升级和提升核心竞争力为主题，以信息技术与制造业深度融合为主线，以智能化、绿色化、服务化为发展方向，坚持创新驱动、改革促动，坚持增量与存量并重、速度与质效并举，强化技术改造，优化投资结构，同步提升制造业科技贡献率、劳动生产率、产业增加值率，实现信息化普及、智能化转型、高端化突破，将四川省建设成为全国重要的重大技术装备研制、信息技术研发和产品制造、战略资源精深加工、名优特新消费品研发制造基地，率先建成西部制造强省和“中国制造”西部高地。

> 基本原则：市场主导，政府引导；创新驱动，人才为本；高端引领，智能转型；基础提升，融合发展；整体推进，重点突破；质效优先，绿色发展。

> 预期目标：到 2020 年，制造业竞争力进一步增强，制造业在全国的地位稳步提升，建成中西部领先的制造业发展高地。规模与质效显著提高。到 2025 年，制造业大省地位进一步巩固，进入全国制造强省行列。综合实力大幅提升，自主创新能力显著增强；两化融合迈上新台阶，智能化生产能力达到国内先进水平；形成一批具有较强竞争力的企业集团和产业集群，在国内产业分工和价值链中的地位明显提升。

2020 年和 2025 年四川省制造业主要指标

类别	指标	2014 年	2020 年	2025 年
规模结构	规模以上制造业增加值（亿元）	8995	14000	21000
	制造业增加值占工业比重（%）	78.6	82	88
	战略性新兴产业增加值占工业比重（%）	15	20	27
	高端成长型产业增加值占制造业比重（%）	—	7	10
	生产性服务业增加值占服务业比重（%）	—	60	70
	规模以上制造业固定资产投资增速（%）	1.9	5	5
创新能力	制造业研发投入占全社会比重（%）	55	60	65
	规模以上制造业研发经费内部支出占主营业务收入比重（%）	0.93	1.46	1.88
	规模以上制造业每亿元主营业务收入有效发明专利数（件）	0.30	0.53	0.83
质量效益	制造业质量竞争力指数	83.1	84.5	85.5
	制造业增加值提高幅度	—	比 2015 年提高 2 个百分点	比 2015 年提高 4 个百分点
	制造业全员劳动生产率增速（%）	—	7.5 左右	6.5 左右

续表

类别	指标	2014年	2020年	2025年
两化融合	宽带普及率（%）	31	65	82
	数字化研发设计工具普及率（%）	29	68	84
	关键工序数控化率（%）	17	45	65
	数控机床联网率（%）	26.9	40	60
绿色发展	规模以上单位工业增加值能耗下降幅度	—	比2015年下降18%	比2015年下降34%
	单位工业增加值二氧化碳排放量下降幅度	—	比2015年下降20%	比2015年下降37%
	单位工业增加值用水量下降幅度	—	比2015年下降23%	比2015年下降40%
	工业固体废物综合利用率（%）	—	比2015年提高8个百分点	比2015年提高14个百分点
	工业主要污染物下降幅度	—	完成国家规定任务	完成国家规定任务

行动计划提出了十项主要任务和重点，包括：提高四川制造业自主创新能力，加快信息化与工业化深度融合，提升四川制造业基础能力，加强质量品牌建设，全面推行绿色制造，提升军民融合发展水平，加快推进重点领域突破发展，深入推进制造业结构调整，积极发展服务型制造业和生产性服务业，提高制造业开放发展水平。

资料来源：四川省人民政府关于印发中国制造2025四川行动计划的通知（川府发［53］号）。

四川省从20世纪80年代中后期至21世纪初主导产业规划及实施情况如表4–6所示。

表4–6　四川省主导产业规划及实施情况

时间	规划的主导产业	实施措施或政策
20世纪80年代中后期	机械、建筑建材、食品、以丝麻为特色的纺织	
1990~1999年	机械、冶金、电子信息、机械设备、纺织、饮料食品、医药、建筑建材、食品、医药化工、旅游	“8+5”工程、“一、三、五”战略、“九五”产业政策实施要点、“大轻工”战略、“小巨人”工程等
2000~2010年	电子信息、水电、机械冶金、医药化工、饮料食品、旅游	四川工业结构调整规划纲要、“一号工程”等
2010~2015年	电子信息、装备制造、能源电力、油气化工、钒钛钢铁、饮料食品、现代中药	四川省工业“7+3”产业发展规划、“5785”发展战略等
2015~2020年	电子信息、水电、机械冶金、医药化工、饮料食品	“中国制造2025四川行动计划”

资料来源：作者整理。

纵观四川省产业调整的历程可以看出，四川省主导产业在不同时期是有差异的，原来不是主导产业的，经过发展，成为主导产业，原来是主导产业的，后来因为市场或技术原因，不再是主导产业。政府高度重视主导产业的发展，并且在发展过程中通过有意识的政策倾斜，鼓励和支持具有广阔市场前景的产业发展，充分发挥区域特色以实现区域产业结构的不断优化升级。

但是，产业选择只是产业规划的第一步，产业规划更重要的任务是产业培育。在区域的众多产业中挑选出具有比较优势的产业，是产业规划的第一步，即产业选择的任务。但所选产业能否带动区域经济发展，取决于该产业的区际竞争能力，因此，培育区内比较优势产业的区际竞争能力，把比较优势转化为竞争优势，是产业培育要解决的问题。不言而喻，产业规划的这两步中，产业培育具有更重要的意义。从四川省主导产业的发展历程来看，通过政府和市场的共同培育，四川省主导产业发展至今，已形成了包括电子信息、装备制造、能源电力、油气化工、钒钛钢铁、饮料食品等产业的主导产业体系。

第二篇　产业发展与布局

第五章　农业与农村经济发展

四川省是一个农业大省，地处中国西南内陆，地域辽阔，人口众多，资源丰富，地理环境优越，自然条件较好，农作物种类繁多，主要农产品在全国占有重要地位，素有“天府之国”的美称。

一、农业发展条件

（一）土地资源特点

四川省幅员辽阔，农业土地资源丰裕。四川省的土地资源具有以下特点：

（1）土地类型多样，质量高，宜种性广。四川省土壤类型丰富，共有 25 个土类、66 个亚类、137 个土属、380 个土种，土类和亚类数分别占全国总数的 43.48%和 32.60%。土地资源分为 8 个一级利用类型、45 个二级利用类型和 62 个三级利用类型。在分布上，林牧地集中分布于盆周山地和西部高山高原，占总土地面积的 68%以上（见图 5-1）；耕地则集中分布于东部盆地和低山丘陵区，占全省耕地的 85%以上；园地集中分布于盆地丘陵和西南山地，占全省园地的 70%以上；交通用地和建设用地集中分布在经济较发达的平原区和丘陵区。

（2）人均土地少。四川省国土面积为 48.6 万平方千米，占全国陆地国土总面积的 5.06%，居全国第五位。但由于人口众多，人均国土面积低于全国平均水平，人多地少的矛盾十分突出，人均占有土地仅 0.6 公顷，为全国平均水平的 76%。

（3）后备耕地资源贫乏且分布不均。目前，在四川省 4860.52 万公顷的土地总面积中，未利用土地为 461.74 万公顷，主要分布在甘孜、阿坝、凉山三州，其中可开发利用土地占比小，据调查，可以开发成耕地的不足 25 万公顷，难开发利用的土地比重大。

（4）土地资源开发利用程度低，土地生产力水平不高。土地利用集约化程

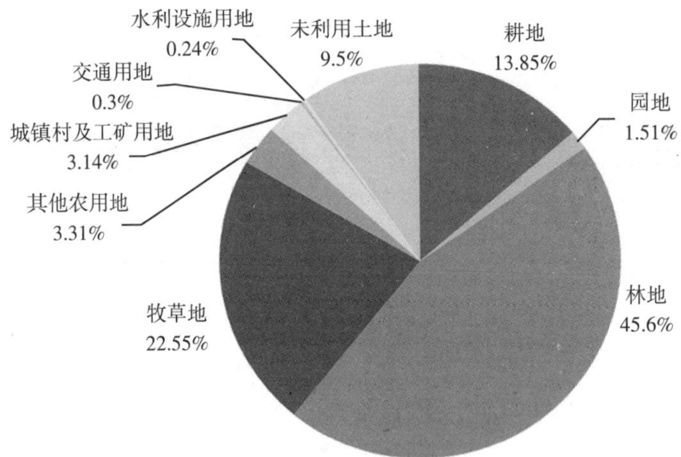

图 5-1　2014 年四川省土地资源利用现状结构图

资料来源：根据《中国国土资源统计年鉴》(2015) 和《四川省统计年鉴》(2015) 数据计算绘制。

度低主要表现在土地的技术和经济投入水平低，土地开发利用不足。农用地开发利用投入不足导致耕地水利化程度低，灌溉条件较差，土地闲置问题较为突出。在农村，土地粗放经营现象普遍存在，弃耕经商、耕地撂荒问题比较突出；一些适宜园地、林地的沟、坡、滩地闲置；不少可以开发的荒山、荒坡未得到有效开发利用；在老宅腾退、农民承包土地的处置上，老宅不退又在城镇占新地现象普遍，造成土地资源大量闲置浪费。同时，全省各地农村不同程度存在居民点建设占地过多且布局散乱的问题，造成土地资源浪费，土地集约利用程度低。在城市，四川省各地的中小城市都存在土地闲置、浪费问题。其主要表现是各地都存在被开发商圈占却又未按规定进行开发建设的土地。此外，城市建设规划不合理导致土地利用结构不合理，从而造成土地资源闲置浪费的情况时有发生。

（二）农业生产气候条件较好

东部四川盆地，属亚热带湿润气候，气温较高，无霜期长，雨量多，日照少，年均温 16℃以上，无霜期 240~300 天；年降雨量 1000~1400 毫米，年日照 1000~1600 小时，为全国最低值区。川西南山地，冬暖夏凉，四季不分明，但干湿季明显，垂直变化大，年均温 12℃~20℃，无霜期 220~330 天；年降雨量 900~1200 毫米；年日照 2200~2700 小时。特别是攀枝花一带，被称为长江上游的“金三角”、“聚宝盆”，年均气温 14℃~20℃，可满足一年三熟，与南亚热带水平接近。河谷地带长夏无冬，盛产粮、蔗和亚热带水果，是全国的芒果、石榴、葡萄生产最适宜地区。西部高山峡谷高原，冬寒夏凉，水热不足，但日照

充足，气候垂直变化显著，年均温4℃~12℃，无霜期100~200天；年降雨量500~900毫米；年日照高达1600~2600小时，超出盆地一倍以上。四川属大陆西南腹地、长江上游，土壤肥沃，水量充沛，热量充足，适合多种农作物生长。四川东部盆地属亚热带湿润气候，气温较高，无霜期长，雨量多，日照少，年均温16℃以上，无霜期240~300天；年降雨量1000~1400毫米，年日照1000~1600小时。全省70%的耕地、80%的粮食产量和70%~80%的主要经济作物产品产量集中在这一区域。西部高山峡谷高原，冬寒夏凉，水热不足，日照充足，气候垂直变化显著，适宜种植反季节蔬菜等特色产品。

（三）人口众多，劳动力资源丰富

四川省现有21个市（州）、183个县（市、区）、4319个乡（镇）。2014年末全省总人口8140.2万人（常住人口），占全国人口的5.95%，列第三位，居西部第一位。9159.1万户籍人口中，农业人口6465.1万人。劳动力资源总数6490万人，就业人员4833万人，其中乡村就业人员3302万人。四川省是我国劳务输出大省，常年向省外劳务输出超过400万人。

二、改革开放以来农业与农村经济的发展

改革开放以来，农村推行家庭联产承包责任制和农村体制改革的深入，极大地调动了广大农民的生产积极性和创造性，四川省农业和农村经济社会得到快速发展。

（一）农业和农村经济实力增强

1978年四川省农林牧渔业总产值95.7亿元，1995年突破1000亿元，2004年突破2000亿元，2007年突破3000亿元，2010年突破4000亿元，到2014年达到5888.10亿元，居全国第五位，按可比价格计算，年均递增5%（见图5-2）。当然，各年的增长率差异较大，如果把分析时期延伸到1952~2014年，对年实际增长率进行H-P滤波分解，会发现改革开放以前四川省农业发展波动很大（见图5-3）。从增长趋势看，改革开放以来增长率呈现出波动式的下降。农业完成的增加值（第一产业增加值），1978年为82.20亿元，到2014年达到3531.05亿元，按可比价格计算年均增长率为4.98%。

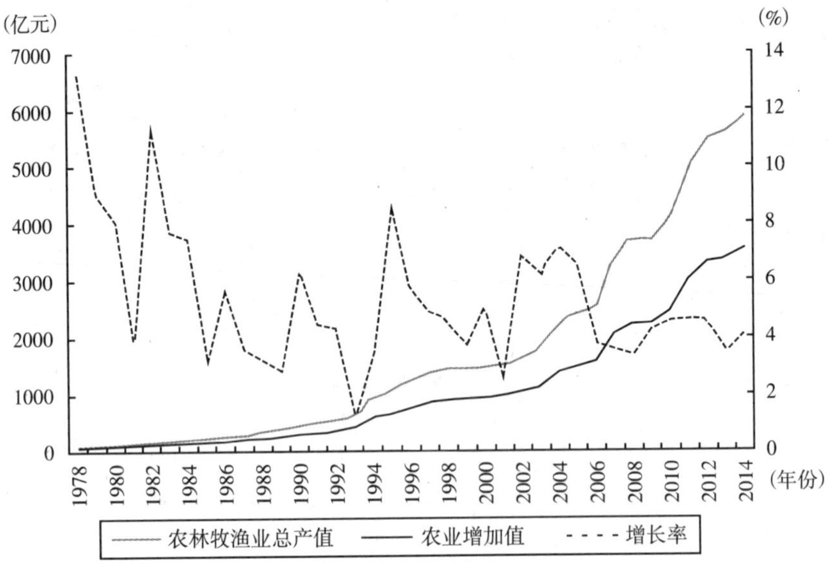

图 5-2 四川省农林牧渔业总产值及其增长

资料来源：根据《新中国六十年统计资料汇编》、《四川统计年鉴》数据计算绘制。

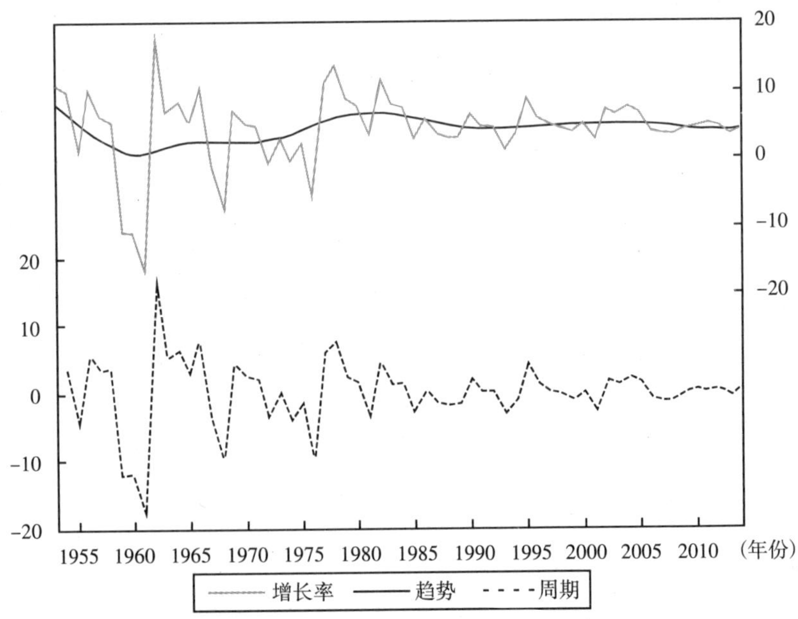

图 5-3 四川省农业的增长：趋势与周期

资料来源：根据《中国国土资源统计年鉴》(2015) 和《四川省统计年鉴》(2015) 数据计算绘制。

四川省农林牧渔业的发展较为协调。如图 5-4 所示，1978~2014 年农业（种植业）产值由 73.9 亿元发展到 3078.61 亿元，按可比价格计算年均递增 3.23%；林业产值由 3.2 亿元发展到 196 亿元，年均递增 5.78%；牧业产值由 18.2 亿元发展到 2318.84 亿元，年均递增 7.79%；渔业产值由 0.4 亿元发展到 192.35 亿元，年均递增 12.42%。

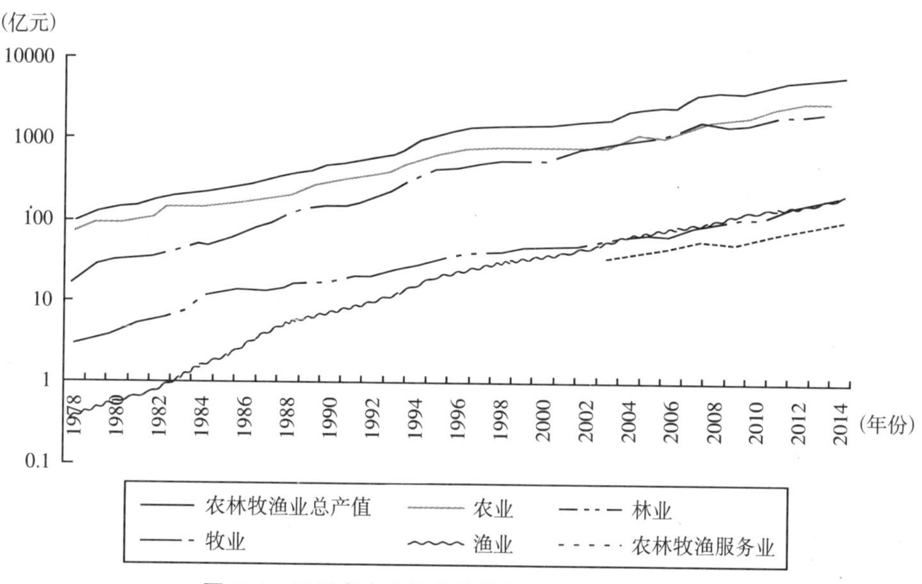

图 5-4　四川省农业总产值的变化（对数尺度）

资料来源：根据《中国国土资源统计年鉴》(2015) 和《四川省统计年鉴》(2015) 数据计算绘制。

另外，四川省乡镇企业异军突起。20 世纪 80 年代乡镇企业以星星之火燎原之势迅速发展壮大，成为推动农村经济发展的一支生力军。20 世纪 90 年代，乡镇企业不断向工业、建筑业、运输业、商饮和服务业等领域拓展，经济总量不断扩张，经济实力进一步增强，为农民增收和农村经济的持续、快速发展做出了重要贡献。21 世纪以来，乡镇企业开拓创新，加快二次创业步伐，大力推进产业和产品结构调整，重点发展农副产品加工、储藏、保鲜和运销业；结合小城镇建设，调整乡镇企业布局，积极发展商业、饮食服务和旅游等第三产业。

（二）农村经济结构的变化

改革开放以来，四川省农村经济由单一的传统农业逐步向第二、第三产业多元化方向发展。进入 21 世纪，农业和农村经济步入了一个农业和农村经济结构战略性调整的新时期。

从农业内部结构看，农、林、牧、渔的比例关系已经发生了相当大的变化（见图 5-5 和表 5-1）。农业（种植业）的比重逐年下降，牧业和渔业的比重稳步上升，特别是牧业从 1992 年的 33.5%上升到 2014 年的 39.38%。这表明，四川省农村产业结构已经突破了以种植业特别是以粮食为主，重产量、轻质量的单一型结构，开始向多元化、多行业、多品种的复合型结构转化。但是，同全国平均水平以及发达地区相比，还有很大的差距。种植业的比重仍然偏高，林牧业的比重偏低，农业结构与国土资源状况存在显著差异。四川省的耕地面积占全省土地总面积的 9.3%，林牧业用地面积接近，占全省土地总面积的 70%。种植业用不到全省总面积 10%的土地创造了农业总产值的 58%，而用地面积占全省总面积近 70%的林牧业创造的产值仅占农业总产值的 40%，并且非猪畜产品产量占畜牧业产量仅 6%左右。

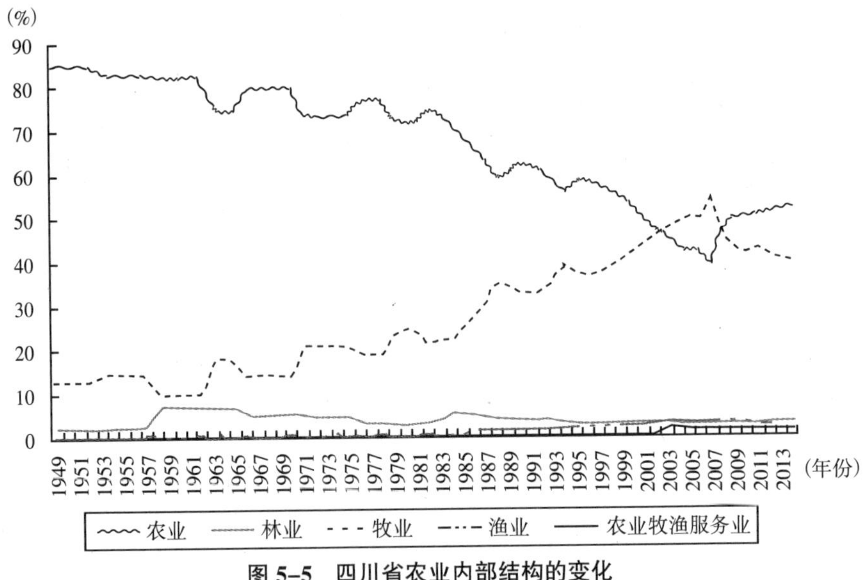

图 5-5 四川省农业内部结构的变化

资料来源：根据《中国国土资源统计年鉴》(2015) 和《四川省统计年鉴》(2015) 数据计算绘制。

表 5-1 改革开放以来四川省农林牧渔业总产值的构成

单位：%

年份	农业	林业	牧业	渔业	农林牧渔服务业
1978	77.22	3.34	19.05	0.39	0
1980	71.63	3.07	24.88	0.42	0
1985	68.63	5.57	25.01	0.79	0
1990	62.24	3.82	32.43	1.51	0
1995	57.92	3.08	37.15	1.85	0
2000	52.94	3.31	41.24	2.51	0

续表

年份	农业	林业	牧业	渔业	农林牧渔服务业
2005	42.21	2.85	50.06	3.19	1.69
2010	50.7	2.77	41.77	3.18	1.58
2011	49.76	2.64	43.12	2.98	1.5
2012	50.89	2.79	41.78	3.01	1.53
2013	51.66	3.19	40.35	3.16	1.64
2014	52.29	3.33	39.38	3.27	1.73

资料来源：根据《中国国土资源统计年鉴》(2015）和《四川省统计年鉴》(2015）数据计算绘制。

农业结构的另一个重大变化是农村非农产业快速发展。据测算，四川省农村社会总产值中，第二、第三产业产值从 1978 年的 23.9 亿元跃升到 2007 年的 6230.4 亿元，总量增加 6206.5 亿元，年均递增 21.1%。1978 年农村第一、第二、第三产业结构为 80.1:15.5:4.4，到 2007 年农村产业结构变化为 36.2:47.4:16.4，第一产业比重下降了 43.9 个百分点，第二产业比重上升了 31.9 个百分点，第三产业比重上升了 12 个百分点。现在第二、第三产业产值在农村经济总量中已占有 63.8%的绝对优势，农村产业结构日趋优化。到 2015 年四川省农村服务行业蓬勃发展，农林牧渔服务业产值 110.4 亿元。特别是乡村旅游快速发展，2015 年全省实现总收入 1708 亿元，约占全省旅游总收入的 27.5%。有全国休闲农业与乡村旅游示范县 13 个、示范点 24 个，省级乡村旅游示范县（市、区）64 个，省级乡村旅游示范乡（镇）村 748 个，星级农家乐、乡村酒店 3653 家；全国农业旅游示范点 28 个，全国特色景观旅游名镇（村）11 个。

（三）农民收入和消费水平大幅度提高

改革开放以来，四川省农村居民收入水平迅速提高，农民生活显著改善。据农村住户抽样调查，四川省农村居民人均纯收入由 1978 年的 127.1 元增加到 2014 年的 9347.74 元，增加 9220.64 元，名义值年均递增 12.68%。在收入构成中，工资性收入和家庭经营收入是增收的主要来源。2014 年农村居民人均工资性收入 3156.55 元，比 1978 年增加 3055.75 元，名义值年均递增 10.04%；农村居民家庭经营纯收入 3877.93 元，增加 3863.93 元，名义值年均递增 16.91%。从增收的贡献特点来看，1978~2014 年农村居民家庭经营纯收入贡献率达 41.91%，对农民增收发挥了主导作用；农村居民工资性纯收入贡献率达 33.14%，是农民增收的重要来源。如表 5-2 所示。

表 5-2　1978~2014 年四川省农民人均纯收入及其构成

	1978 年	1990 年	2000 年	2005 年	2010 年	2014 年	年均增长率（1978~2014 年）(%)
农民人均纯收入（元）	127.1	557.8	1903.6	2802.78	5086.89	9347.74	12.68
工资性收入（元）	100.8	85.4	597.2	954.89	2248.18	3156.55	10.04
家庭经营纯收入（元）	14	443.1	1204	1681.63	2263.34	3877.93	16.91
转移性收入（元）	11.1	24.7	82.5	124.65	431.36	2128.52	15.72
财产性收入（元）	1.2	4.6	19.9	41.59	144.01	184.74	15.02

资料来源：根据《中国国土资源统计年鉴》(2015) 和《四川省统计年鉴》(2015) 数据计算绘制。

四川省农村经济快速发展，农民收入快速增长，为农村居民生活消费水平的改善提供了经济保障。改革开放以来的前 12 年（1978~1990 年），农村居民的消费水平稳步提高，人均生活消费支出由 120.3 元增加到 509.2 元，年均增长 12.8%。改革开放以来的中间 10 年（1990~2000 年），农村居民生活质量不断改善和提高，人均生活消费支出跃过 1000 元的较高水平，由 1990 年的 509.2 元提高到 2000 年的 1489.6 元，年均增长 11.3%，农村居民吃穿住用行乐等生活消费支出呈多元化方向发展。21 世纪以来（2000~2014 年），农村居民消费观念、消费结构、消费领域发生了巨大变化，人均生活消费水平跃升到 8000 元以上的新台阶，农村居民人均生活消费支出由 1489.6 元跃升到 8301.1 元，与改革之初的 1978 年相比，年均递增 12.48%；恩格尔系数从 73.5%下降到 39.75%，下降了 33.75 个百分点。农村居民消费观念发生明显变化，生活质量提高。食品消费求营养、衣着消费求时尚、家用电器更新换代加快、居住讲究质量宽敞、文教娱乐丰富多彩、交通通信显著改善、医疗保障水平提高。如图 5-6、表 5-3 所示。

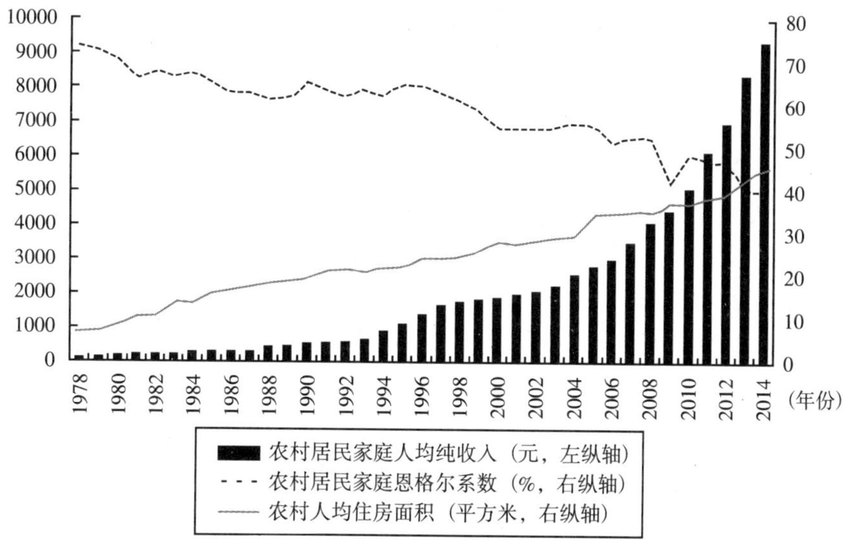

图 5-6　四川省农村居民人均收入及恩格尔系数的变化

资料来源：根据《中国国土资源统计年鉴》(2015) 和《四川省统计年鉴》(2015) 数据计算绘制。

表 5-3　1978~2014 年四川省农村居民人均生活消费支出与构成

单位：元，%

	1978 年		1990 年		2000 年		2005 年		2010 年		2014 年	
生活消费支出	120.3	100	509.2	100	1489.6	100	2274.17	100	3897.53	100	8301.1	100
食品	88.5	73.57	330	64.81	810.7	54.42	1244.36	54.72	1881.18	48.27	3299.3	39.75
衣着	13.9	11.55	35.5	6.97	72.3	4.85	115.32	5.07	226.62	5.81	548.06	6.60
居住	9.8	8.15	72.3	14.20	218	14.63	234.05	10.29	625.28	16.04	1486.45	17.91
家庭设备用品	5.2	4.32	24.4	4.79	62.6	4.20	102.13	4.49	239.48	6.14	629.79	7.59
医疗保健	0.1	0.08	13.9	2.73	72.8	4.89	144.45	6.35	276.06	7.08	723.74	8.72
交通通信	0.2	0.17	4.2	0.82	54.4	3.65	171.5	7.54	360.7	9.25	884.9	10.66
文娱用品	1.7	1.41	24.5	4.81	159.5	10.71	225.16	9.90	218.62	5.61	599.77	7.23
其他	0.9	0.75	4.4	0.86	39.2	2.63	36.18	1.59	69.59	1.79	129.09	1.56

资料来源：根据《新中国六十年统计资料汇编》、《四川统计年鉴》数据计算绘制。

（四）农村劳务开发成就显著

一方面，农村劳动力转移步伐加快。改革开放以来，农业生产力水平进一步提高，农村劳动力从种植业向林牧渔生产转移人数持续增加，促进了农业多种经营全面发展。随着农业科技的不断创新和推广应用，农业综合生产能力得到大幅度提高，大量的农村劳动力离开土地，加入到非农行业的劳动大军中。1978~2007年，农村从事第一产业的劳动力从2519.4万人减少到2007年的2200.5万人，年均递减0.5%；农村从事第二、第三产业的劳动力由103.5万人增加到1678.5万人，年均递增10.1%，其中：转移到第二产业的劳动力680.2万人，年均递增9.4%；转移到第三产业的劳动力998.3万人，年均递增10.6%。大批的农村劳动力大军转移到国民经济的各行各业，为全省农村经济发展和农民增收，乃至全国社会经济发展做出了突出的贡献。

另一方面，劳务输出规模不断壮大。一是农村转移输出规模扩大，劳务收入快速增长。2015年全省转移输出农村劳动力2478.9万人，其中，省内转移1339.7万人、省外输出1136.2万人、外派劳务3万人；全省实现劳务净收入3577亿元；全省农民人均劳务收入5794.9元。二是农村劳动力培训扎实推进，农民工技能素质实现了新的提升。四川省在加快农村劳动力转移输出、扩大规模的同时，立足于提升劳动者素质，挖掘劳动者增效的潜力，注重把劳务经济的发展和农民工工作的开展引导到主要依靠质量效益和建立长效机制上来，实施“千万农民工培训工程”，加大培训力度，提升农民工技能素质，着力打造“川妹子”、“川厨师”、“川建工”、“川保安”等劳务品牌，2015年全年参加中高级劳务品牌培训的人数达3.63万人，农民工合法权益、子女入学，改善劳动环境、居住条件等保障和服务方面均实现了新的突破。

（五）农业产业化实现突破性发展

20世纪90年代末，随着农村体制改革的不断深化和推进，以体制创新、机制创新、科技创新为动力的农业产业化经营模式应运而生，推动着以集约化、规模化、专业化为特征的农业产业化发展。进入21世纪，四川省继续完善推进农业产业化的政策措施，加大对产业化经营组织的扶持力度，尤其对有优势、有特色、有基础、有前景的龙头企业，采取有偿和直接投资相结合的方式予以优先扶持，重点龙头企业的生产能力进一步扩大，经济实力明显增强，有效地发挥了产供销、贸工农一体化经营的辐射带动作用，为农业发展、农民增收和农业产业的升级换代注入了新的活力。经过多年努力，全省农业产业化经营发展取得突破性进展，经历了试点探索到整体推进的过程。2015年全省规模以上龙头企业达到8703家，其中国家级龙头企业60家，省级龙头企业589家，国家级重点龙头企业数量在全国排名前列。销售收入上500万元规模以上龙头企业4934家；销售收入上亿元的772家；销售收入上10亿元的50家；销售收入上30亿元的17家；销售收入上50亿元的11家；新希望集团有限公司、泸州老窖集团有限责任公司、通威股份有限公司、四川特驱集团有限公

司、凉山州烟草公司5家龙头企业销售收入上100亿元，成都濛阳农副产品综合批发交易市场有限责任公司、成都白家批发市场交易额超过100亿元。农业产业化组织带动农户2133.7万户，产业化经营组织带动农户面达到63%①。

四川省在推进农业产业化经营进程中，坚持突出重点，加快发展。一是根据市场需求，立足当地资源优势和技术力量，确立产业重点。着重抓好畜牧、林果、渔业、中草药、蔬菜、花卉基地和农产品加工等骨干产业和项目建设，推动特色优势产业化原料基地布局形成。二是根据扶优扶强的原则，确立龙头企业重点。优先扶持一批省级重点龙头企业，抓住一批专业大户、专业村、专业场站、专业协会、专业市场等经营组织和外向型经济企业，重点扶持发展农副产品精深加工、包装、保鲜、贮运和专业市场。三是实行优惠政策，鼓励各种所有制成分创办、兴办农业产业化经营企业。一批上规模、上档次的重点龙头企业、产业园区、产业集群的快速成长成为推动农村经济发展的重要力量。

三、农业地理分区

（一）农业发展的区域差异

四川省各地区农业发展差异显著。表5-4给出了2014年四川省农业产值和生产率在各市州的分布情况，可以看出，农林牧渔业总产值中成都市占比超过10%，其次是南充、达州、凉山和绵阳，占比在7%以上，占比最低的是攀枝花、阿坝州，不足1%。农业（种植业）产值，成都市占比超过10%，达州、南充占比在8%以上，占比最小的是阿坝、甘孜，不足1%。林业产值占比最大的是凉山州，超过8%，自贡、绵阳、宜宾在7%以上，最低的是攀枝花，只占全省的0.4%，甘孜、阿坝占比不足2%。牧业产值中，南充最大，超过10%，其次是成都（9.30%），再次是资阳（8.59%），攀枝花最低（0.61%）。渔业产值中，内江最高（9.36%），其次是成都（8.05%），最低的是阿坝、甘孜、雅安，占比不足1%。农林牧渔业服务业中，成都最高（18.31%），攀枝花、甘孜的占比最低，不足1%。表5-4中给出的产值占比前四位的比例（CR4），平均在1/3以上。从农业生产率看，2014年最高的内江市与最低的巴中市比较，前

① 2015年四川省农业农村经济基本情况［EB/OL］. 中共四川省委农村工作委员会网站，http：//www.snsc.gov.cn/agriculture/2300.htm.

表 5-4　2014 年四川省农业产值的地理分布

单位：%

	农林牧渔业总产值	农业	林业	牧业	渔业	农林牧渔业服务业	第一产业增加值	生产率（增加值/就业人数）
成都市	10.42	11.72	4.71	9.30	8.05	18.31	10.24	26807.06
自贡市	3.31	3.36	7.54	2.83	4.63	2.39	3.49	18147.54
攀枝花市	0.86	1.06	0.40	0.61	1.88	0.71	0.83	13373.27
泸州市	4.47	4.93	4.89	3.93	4.73	3.80	4.58	14624.89
德阳市	5.78	5.02	3.54	6.95	3.95	5.75	5.71	25104.53
绵阳市	7.08	7.52	7.39	6.54	7.32	7.44	7.10	23340.25
广元市	3.02	3.05	2.84	2.94	3.57	3.74	2.75	12071.79
遂宁市	3.99	3.88	4.32	4.05	4.20	4.39	3.90	22283.14
内江市	5.25	5.05	5.04	5.17	9.36	4.80	5.24	31593.43
乐山市	3.99	3.62	6.10	4.18	4.85	3.37	3.87	17413.66
南充市	8.97	8.14	6.43	10.39	7.49	4.54	8.89	27242.53
眉山市	4.35	4.11	3.39	4.45	7.11	4.98	4.28	16817.57
宜宾市	5.90	5.67	7.19	6.05	6.24	5.13	5.93	14006.09
广安市	4.51	4.72	3.69	4.14	7.22	4.15	4.39	13445.61
达州市	7.56	8.68	6.73	6.57	5.60	6.72	7.95	17341.88
雅安市	1.90	2.01	5.76	1.56	0.88	1.72	1.91	14537.12
巴中市	2.49	2.42	2.25	2.50	3.35	2.87	2.31	9433.92
资阳市	6.97	5.66	5.55	8.59	7.12	5.55	6.93	21832.13
阿坝州	0.96	0.62	1.89	1.28	0.02	2.70	1.07	12756.85
甘孜州	1.15	0.90	1.60	1.48	0.02	0.77	1.46	10607.07
凉山州	7.08	7.86	8.75	6.50	2.40	6.19	7.15	14449.02
最高/最低	12.11	18.9	21.88	17.03	468	25.79	12.34	3.35
CR4	34.03	36.4	30.87	35.23	32.22	38.66	34.23	—

资料来源：《四川统计年鉴》(2015)。

者是后者的 3.35 倍。

农业区位商能够反映出各地农业的经济优势所在。计算表明，攀枝花、达州、成都、凉山、泸州等农业（种植业）优势突出，绵阳、雅安、广安、自贡和广元也有一定的优势（见图 5-7、表 5-5）。林业优势最突出的是雅安，其次是自贡、阿坝、乐山、甘孜、凉山和宜宾，泸州、遂宁、绵阳也有一定的优势。阿坝、甘孜、资阳、德阳、南充牧业优势显著，乐山、宜宾、眉山、巴中也有牧业优势。攀枝花、内江、眉山、广安、自贡、巴中、乐山、广元有渔业经济优势，宜宾、泸州、遂宁、绵阳、资阳也有渔业优势。

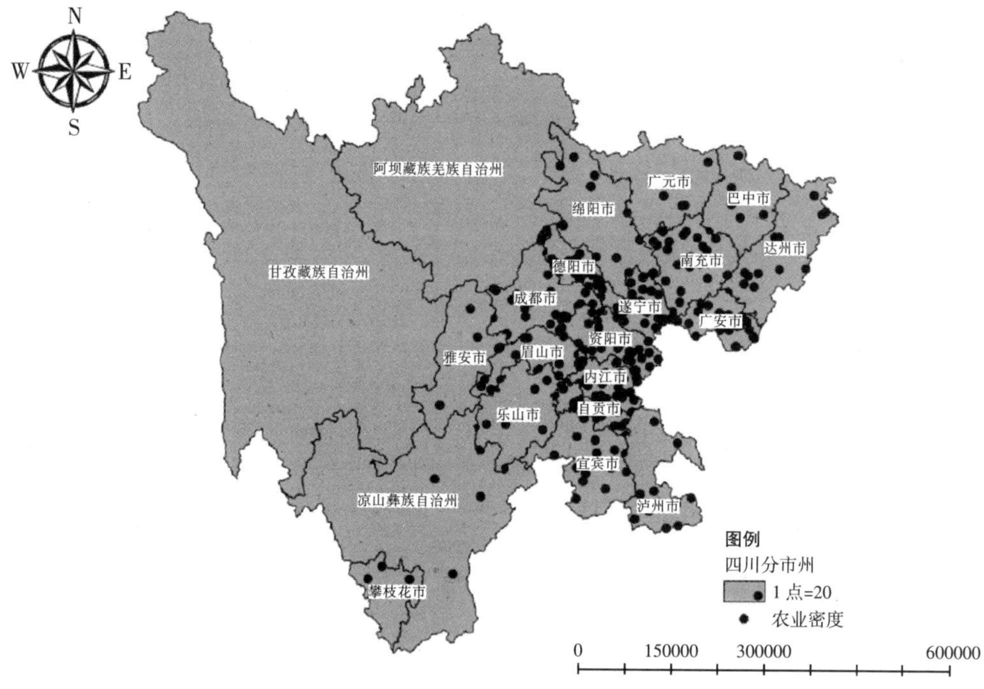

图 5-7 四川省农业生产总值密度图

资料来源：《四川统计年鉴》(2015)。

表 5-5 2014 年四川省农业密度与区位商

项目 市州	区位商					密度		
	农业	林业	牧业	渔业	农林牧渔业服务业	增加值	总产值	就业
成都市	1.13	0.45	0.89	0.77	1.76	294.63	505.81	109.91
自贡市	1.02	2.28	0.86	1.40	0.72	277.98	444.30	153.18
攀枝花市	1.23	0.47	0.70	2.18	0.82	39.21	68.66	29.32
泸州市	1.10	1.09	0.88	1.06	0.85	130.64	214.95	89.33
德阳市	0.87	0.61	1.20	0.68	0.99	337.29	575.55	134.35
绵阳市	1.06	1.04	0.92	1.03	1.05	122.30	205.86	52.40
广元市	1.01	0.94	0.97	1.18	1.24	58.76	109.10	48.68
遂宁市	0.97	1.08	1.02	1.05	1.10	255.77	440.99	114.78
内江市	0.96	0.96	0.99	1.78	0.91	339.13	573.51	107.34
乐山市	0.91	1.53	1.05	1.22	0.84	106.21	184.46	60.99
南充市	0.91	0.72	1.16	0.84	0.51	248.47	423.20	91.21
眉山市	0.94	0.78	1.02	1.63	1.14	209.17	358.68	124.38
宜宾市	0.96	1.22	1.03	1.06	0.87	155.94	261.58	111.34
广安市	1.05	0.82	0.92	1.60	0.92	241.75	418.41	179.80
达州市	1.15	0.89	0.87	0.74	0.89	167.33	268.19	96.49
雅安市	1.06	3.04	0.82	0.46	0.91	44.25	74.26	30.44

续表

项目 市州	区位商					密度		
	农业	林业	牧业	渔业	农林牧渔业服务业	增加值	总产值	就业
巴中市	0.97	0.90	1.00	1.34	1.15	65.61	119.20	69.55
资阳市	0.81	0.80	1.23	1.02	0.80	303.91	515.66	139.20
阿坝州	0.64	1.97	1.33	0.03	2.81	4.49	6.81	3.52
甘孜州	0.79	1.40	1.30	0.02	0.67	3.41	4.50	3.22
凉山州	1.11	1.24	0.92	0.34	0.87	41.36	69.13	28.63

资料来源：《四川统计年鉴》(2015)。

从结构上看，各市州均以农业和牧业为主，其中阿坝、甘孜、资阳、德阳、南充和乐山的牧业产值超过农业产值，阿坝、甘孜、资阳、德阳和南充的牧业产值占比超过50%，其余市州农业产值占比最大。如图5-8所示。

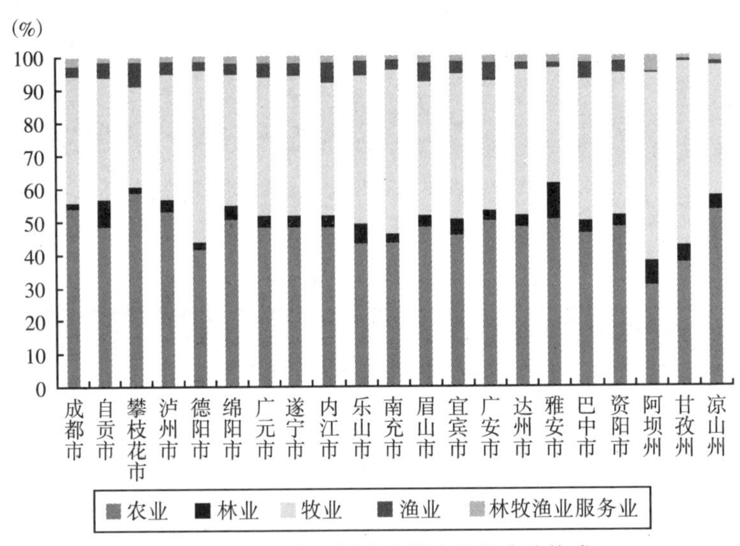

图5-8 2014年四川省市州农业总产值构成

资料来源：《四川统计年鉴》(2015)。

为了反映四川省农业发展地区差异的变化，图5-9给出了四川省1978年以来农业增加值地区差异的变化趋势。无论从变异系数还是最大/最小比值看，各市州农业发展差异明显，但总体上差异有缩小的趋势。

（二）农业地理分区

根据四川省自然资源、生态环境实际以及县域经济的不同特点，本着突出重点、分区突破的原则，四川省将农业和农村经济发展分为五大区域。以此指

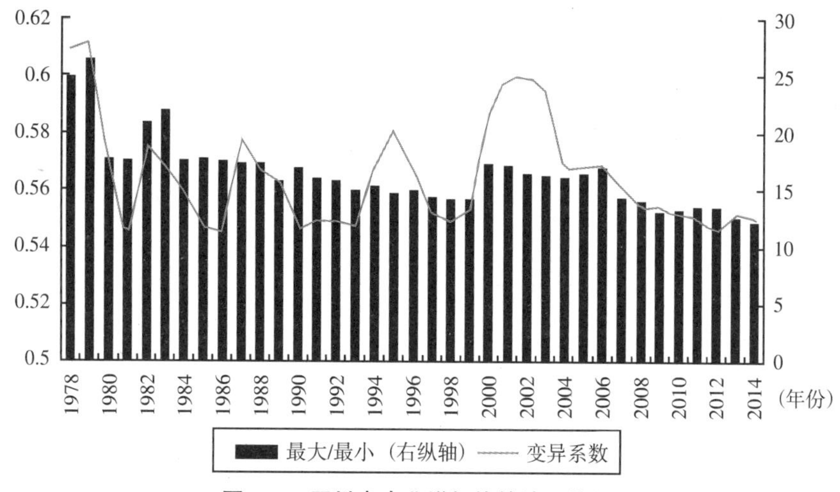

图 5-9　四川省农业增加值的地区差异

资料来源：根据《新中国六十年统计资料汇编》、《四川统计年鉴》数据计算绘制。

导基础设施建设、产业发展，整体推动全省农业和农村经济的协调健康发展①（见表 5-6）。

1. 成都平原区

成都平原区包括成都、德阳、绵阳和眉山等市的 27 个县（市、区），包括：成都市的锦江区、青羊区、金牛区、武侯区、成华区、青白江区、新都区、温江区、双流县、郫县、大邑县、新津县、都江堰市、彭州市、邛崃市、崇州市，德阳市的旌阳区、广汉市、什邡市、绵竹市，绵阳市的涪城区、江油市、安县，乐山市的市中区、夹江县，眉山市的东坡区、彭山县。该区地处四川盆地西部，以平原为主，是全省自然条件优越、人才资源丰富、城市化水平较高、经济较发达的地区。该区要发挥区位优势，加快发展现代农业，提高农业竞争力和效益，形成农产品物流中心、农产品加工中心和农业科技研发与推广中心；重点发展中高档优质稻、专用小麦、菜用型马铃薯、“双低”油菜、优质蔬菜、食用菌、水果、花卉、道地中药材；大力发展优质肉猪生产，推广具有地方优势的黑山羊、成都麻羊等良种羊及杂交羊和大恒肉鸡、金利肉鸭等品种，积极发展优质小家禽，加快发展大城市郊区奶业；大力培育工业原料林、珍贵用材林和高档苗木花卉；集中发展四川泡菜、肉类、蔬菜、水果、中药材、木竹等农产品加工产业和贮运配送产业；积极发展生态旅游业、设施农

① 关于四川省农业地理分区的论述主要参考《重塑四川经济地理》第六章，第 255~259 页。

表 5-6　2014 年四川省农业地理分区

项目 \ 数据 \ 地区	平原地区		丘陵地区		盆周山区		川西南山区		川西北高原地区	
	合计	占县域合计百分比（%）	合计	占全省百分比（%）	合计	占全省百分比（%）	合计	占全省百分比（%）	合计	占全省百分比（%）
面积（平方千米）	20940	4.27	89233	18.18	70939	14.45	61841	12.6	247959	50.51
乡村从业人员（万人）	572.68	14.53	2395	60.75	573.76	14.55	299.73	7.6	101.18	2.57
年末实有耕地资源（公顷）	517357	12.96	2321067	58.14	584304	14.64	409138	10.25	160521	4.02
有效灌溉面积（公顷）	510930	19.15	1576564	59.13	330630	12.4	208600	7.82	39599	1.49
农林牧渔业总产值（万元）	9475710	16.1	36137200	61.4	7048927	11.98	4905514	8.34	1283997	2.18
农业机械总动力（万千瓦）	694.54	16.7	2156.7	51.84	728.09	17.5	409.42	9.84	171.26	4.12
化肥施用量（折纯量，吨）	364767	14.47	1600218	63.47	358144	14.21	181422	7.2	16671	0.66
农村用电量（万千瓦）	556647	32.84	796837	47.01	208906	12.32	102757	6.06	29959	1.77
粮食产量（吨）	4301802	12.74	21889213	64.8	4743962	14.04	2399925	7.11	442762	1.31
蔬菜及食用菌产量（吨）	7633633	18.76	23362565	57.41	5327574	13.09	3574531	8.78	792645	1.95
水果产量（吨）	1018786	11.52	5368125	60.69	644959	7.29	1640787	18.55	172801	1.95
出栏肉猪数（头）	10595196	14.2	45849832	61.44	11666088	15.63	5853858	7.84	666288	0.89
出栏肉牛数（头）	109685	3.94	1018575	36.55	469174	16.84	330185	11.85	859051	30.83
出栏肉羊数（只）	398692	2.45	9987289	61.27	2120622	13.01	3126487	19.18	666472	4.09
出栏家禽数（只）	158840253	24.62	401676072	62.25	62330598	9.66	21627949	3.35	777887	0.12

资料来源：《四川统计年鉴》(2015)。

业和文化创意农业、生物技术农业，加快发展良种产业和外销出口创汇农业；打造国家现代农业示范区、西部特色优势农业产业集中发展区、西部农产品加工中心、西部农产品物流中心和西部现代农业科技创新转化中心，率先在全省实现农业现代化。

2. 盆地丘陵地区

盆地丘陵地区包括内江、资阳、遂宁、南充、广安、宜宾、乐山、自贡、泸州和达州等市的70个县（市、区），包括：内江市、资阳市、遂宁市、南充市、自贡市、广安市全部，成都市的龙泉驿区、金堂县、蒲江县，德阳市的罗江县、中江县，绵阳市的游仙区、三台县、梓潼县、盐亭县，眉山市的丹棱县、仁寿县、青神县，乐山市的井研县、五通桥区、犍为县，巴中市的巴州区、平昌县，达州市的渠县、通川区、达县、宣汉县、开江县、大竹县，泸州市的江阳区、龙马潭区、泸县、纳溪区，雅安市的名山县，宜宾市的翠屏区、宜宾县、南溪区、江安县、长宁县、高县。该区溪河密布、气候温和、劳动力资源丰富，是四川省粮食和经济作物主产区。但区内人多地少的矛盾突出，农业基础设施薄弱，水土流失严重，工业化与城市化程度低，经济发展迟缓，农民持续增收难度大。该区要发挥劳动力资源优势，突出丘区特点，形成粮油生产与加工基地、畜牧业生产与畜产品出口加工基地、饲料加工基地、劳务输出基地；大力发展优质水稻、饲用玉米、优质专用小麦和菜用型马铃薯等粮食作物生产，积极发展高粱、大豆、绿豆等优质专用小杂粮，建设“双低”油菜、优质柑橘、优质安全蔬菜、袋栽食用菌、名优茶叶、优质蚕桑、道地中药材等经济作物优势产区；加快适度规模生猪生产发展，建设肉羊、家禽、兔、奶牛、肉牛优势区域；大力培育工业原料林，加快人工中幼龄林抚育和低产低效林改造，积极发展乡村生态旅游业和林产品加工业；建设粮油、畜产品、饲料加工基地；发展劳动力密集型农产品加工企业，加快工业化、城市化进程，促进农村富余劳动力转移，大力发展劳务经济。

3. 盆周山区

盆周山区包括广元、雅安、巴中等市的31个县（市、区），包括：广元市全部，绵阳市的北川县、平武县，达州市的万源市，巴中市的南江县、通江县，泸州市的合江县、古蔺县、叙永县，宜宾市的兴文县、筠连县、珙县、屏山县，雅安市的雨城区、芦山县、天全县、荥经县、宝兴县，眉山市的洪雅县，乐山市的金口河区、沙湾区、沐川县、峨眉山市、峨边县、马边县。该区位于四川盆地边缘，以中、低山为主，区内雨量充沛、森林资源丰富、草场草坡面积大。该区要充分发挥资源优势，形成工业原料林生产与加工基地、优质肉牛肉羊生产基地、中药材生产基地、名特优新经果林基地；大力发展特色农业、生态农业和节水农业，推广林粮结合等山区耕作模式；重点发展名优茶叶、加工与菜用马铃薯及优质种薯、优质蚕桑、道地中药材、特色及秋淡季蔬菜、名特优食用菌等特色农产品生产基地建设；适度发展生猪规模生产，建设肉羊、肉牛、特色家禽优势产区；大力培育木竹原料林、特色干果、木本药材、林下种植养殖、林产加工业和生态旅游业。

4. 川西南山区

川西南山区包括攀枝花市、雅安市、甘孜州和凉山州的 24 个县（市、区），包括：攀枝花市的东区、西区、仁和区、米易县、盐边县，雅安市的汉源县、石棉县，甘孜州的泸定县，凉山州的西昌市、盐源县、德昌县、会理县、会东县、宁南县、普格县、布拖县、金阳县、昭觉县、喜德县、冕宁县、越西县、甘洛县、美姑县、雷波县。该区重点发展以晚熟芒果、早市枇杷、优质石榴、优质苹果、酿酒葡萄、早熟鲜食脐橙等为主的特色水果业、蚕桑业，以早市蔬菜为主的蔬菜业、花卉业，以优质水稻、加工专用马铃薯、荞麦为主的优质粮食生产和优质烟叶，率先在全省推出进入国际市场的品牌；大力发展建昌黑山羊、凉山半细毛羊、生猪、家禽等特色畜牧生产；培育速丰用材林，积极发展特色干果、木本药材、麻风树、林下种植养殖、林产加工业和生态旅游业。

5. 川西北高原区

川西北高原区包括甘孜州、阿坝州和凉山州的 31 个县，包括：甘孜州的康定县、丹巴县、九龙县、雅江县、道孚县、炉霍县、甘孜县、新龙县、德格县、白玉县、石渠县、色达县、理塘县、巴塘县、乡城县、稻城县、得荣县，阿坝州的汶川县、理县、茂县、松潘县、九寨沟县、金川县、小金县、黑水县、马尔康县、壤塘县、阿坝县、若尔盖县、红原县，凉山州的木里县。该区重点发展牦牛、藏羊、藏猪、藏鸡等具有高原特色的畜禽生产基地，统一打造川藏高原特色畜产品品牌，积极开发风味独特的绿色畜产品；加快发展当地少数民族特需的青稞、荞麦等作物，提高单产水平；加快发展甜樱桃、优质苹果、梨、酿酒葡萄等特色水果、秋淡蔬菜、食用菌、道地药材，搞好高原野生药材的人工种植；积极推进碳汇造林，开发林下资源和森林食品，发展原始林区旅游、原生态草原及湿地生态旅游、野生动物观光旅游。

四、农业发展展望

《四川省国民经济和社会发展第十三个五年规划纲要》明确提出“十三五”

时期要加快现代农业发展[1]。首先，要稳定粮食生产。坚持最严格的耕地保护制度，加快划定永久基本农田，严守耕地红线；实施粮食生产能力提升工程，加快建设粮食生产功能区和核心区，确保粮食种植面积稳定在9000万亩以上；推进粮食高产创建和粮经复合基地建设，打造万亩亿元示范区；实施国家级杂交水稻制种基地建设工程，建成制种基地27万亩；加强地方粮油储备，提升粮食加工、流通能力，保障区域粮食市场稳定。

其次，加快发展优势特色农业。加快转变农业发展方式，发展多种形式适度规模经营，推动种养加一体、一二三产业融合发展，构建现代农业产业体系、生产体系、经营体系；优化特色农业区域布局，加快现代农业（林业、畜牧业）重点县建设，支持高原农业发展，打造优势特色农业产业带和现代农业示范区；加快建设特色水果、蔬菜、茶叶、木本油料、食用菌、中药材、烟叶、蚕桑、木竹、花卉等集中发展区，稳定生猪生产，大力发展牛羊养殖，积极发展禽、兔、蜂等特色产业，建设四大林业产业区；培育壮大新型农业经营主体，培养新型职业农民，提升农业产业化水平；积极发展农产品精深加工，加快建设农产品深加工基地；延展农业功能，积极发展休闲观光农业等新业态。

再次，加强农业生产设施建设。大规模推进中低产田改造和高标准农田建设，大力发展节水灌溉，开展田土型调整、增厚土层、土壤改良与地力培肥，整治田间生产便道和农村机耕道，集中连片建成田网、渠网、路网、林网“四网”配套，机械化、规模化、标准化“三化”联动的高标准示范区；加强养殖设施标准化改造，推进畜禽标准化示范场和水产健康养殖示范场建设；改善农业技术装备水平，提高农业生产机械化水平。

最后，健全完善农业服务体系。加快现代农业科技创新推广体系建设，完善种养业良种培育、选育和引育体系，健全从农田到餐桌的农产品质量安全全过程监管体系和追溯体系；培育农产品品牌，加强农产品地理标志保护，建设无公害、绿色和有机食品生产基地；支持农产品批发市场和流通企业跨区域发展，加强重要农产品集散地、优势农产品产地市场、主要农产品集配中心建设；推动农业农村信息化建设，促进农业服务全程社会化。

---

① 四川省国民经济和社会发展第十三个五年规划纲要［EB/OL］. http://www.sc.gov.cn/10462/10464/10797/2016/3/18/10373221.shtml.

第六章　工业发展与布局

一、工业发展

四川省的现代工业体系是在中华人民共和国成立后的“一五”、“二五”及三线建设时期形成的。改革开放以来，四川省的工业发展坚持以市场为导向、以企业为主体、以改革开放为动力、以科技和人才为支撑，现代工业体系的完整性、技术水平均有较大幅度提高，现在四川省是我国重要的现代制造业基地和工业大省。

（一）工业经济保持较快速的增长

据统计，2014 年四川省实现工业增加值 11851.99 亿元，是 1978 年的 199.53 倍，按可比价格计算，1978~2014 年四川省工业增加值年均增长率为 12.94%。从工业总产值看，2014 年规模以上工业企业总产值为 38358.62 亿元，是 1998 年的 20 倍。工业增加值占地区生产总值的比重，即工业化率，1952 年为 10.48%，1978 年为 32.18%，1999 年为 30.3%，2014 年为 41.53%。从工业总产值增长看，1952 年，四川省工业总产值仅为 7.91 亿元，而到 2014 年，达到 38358.62 亿元，增长了 4800 多倍。在 20 世纪的整个 70 年代和 80 年代早期，四川省工业增长缓慢，到了 1982 年，增长开始加速，如图 6–1 所示。

1980~2014 年四川省工业增长变化如图 6–2 所示。首先，从图 6.2 中可以清楚地发现，四川省工业产值呈现较为明显的周期性波动，即围绕趋势线上下波动。工业增长率从 1982 年开始提高，1986 年、1990 年、1996 年和 1999 年的增长速度较低，在较低的增长率之后是一轮新的增长。但是，从整体上看，自 1996 年以来，四川省工业产值的平均增长速度开始放缓。图中的趋势线呈现略微下降趋势。无论是轻工业还是重工业，增长均开始放缓，这种趋势值得注意。因此，当前，四川省工业发展的关键是如何采取措施提升产业结构，提

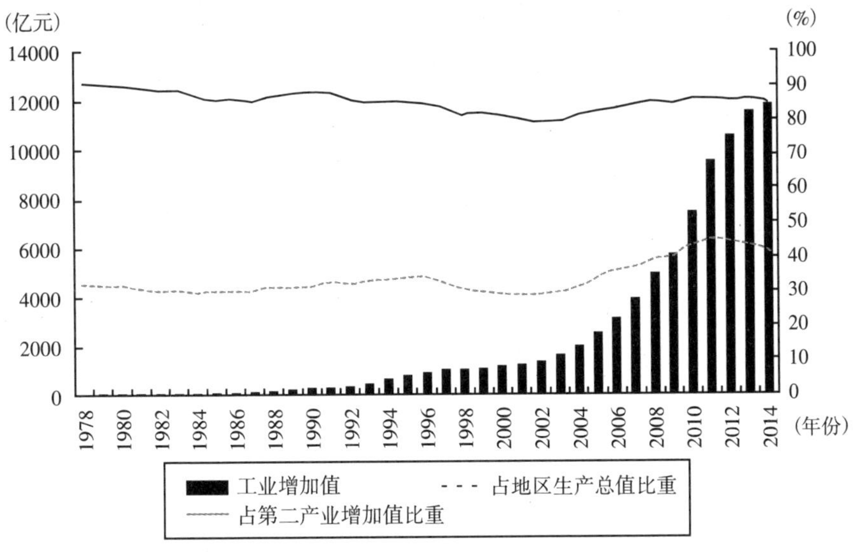

图 6-1　四川省工业增加值的增长

资料来源：《四川改革开放 30 年》、《四川统计年鉴》。

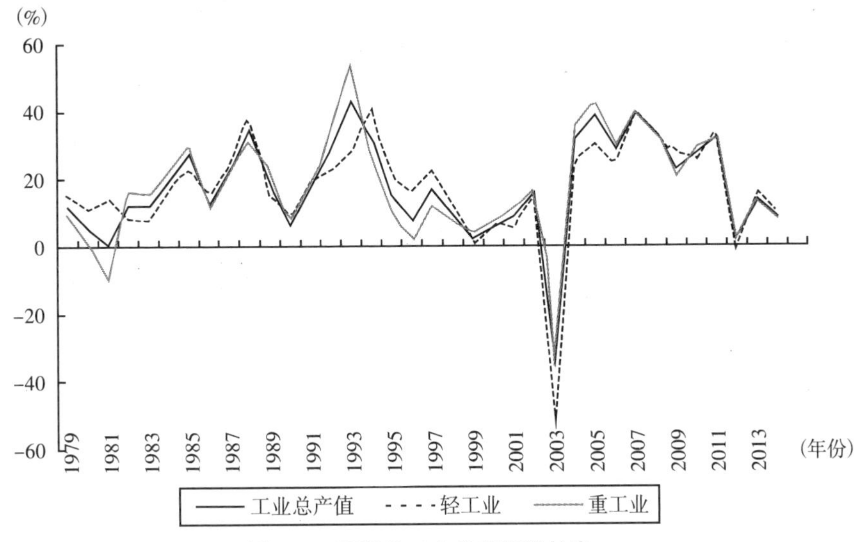

图 6-2　四川省工业总产值增长率

资料来源：根据《新中国六十年统计资料汇编》、《四川统计年鉴》计算绘制。

高技术水平，继续保持经济的快速增长。

其次，图 6-2 显示的另外一个非常有意思的明显特征是，工业总产值增长率、轻工业产值增长率和重工业产值增长率具有高度的同步性。由于工业总产值增长率由轻工业产值增长率和重工业产值增长率解释，因此，它与轻重工业产值增长率的同步性不足为奇。但是，20 多年来，轻重工业的增长率一直具有同步性的现象值得深究。表 6–1 展示了 2005~2014 年规模以上工业企业主要产品产量与增长率。这表明了四川省轻重工业之间存在高度的相关性。由于轻重工业都是由众多具体的行业组成，同步的增长具有普遍的规律性，因此，这个结论具有较强的现实指导意义。即四川省工业的发展应该重视轻重工业的平衡发展，一方的发展将会带动另一方的发展，互相促进，互相协调，带动四川省工业的快速发展。如果只偏重一方，将会阻碍另一方的发展，这样将不利于整个工业的发展。

表 6–1　2005~2014 年规模以上工业企业主要产品产量与增长率

产品名称	2005 年	2010 年	2011 年	2012 年	2013 年	2014 年	增长率（2005~2014 年）（%）
化学纤维（万吨）	26.56	51.22	61.21	72.58	94.24	110.3	315.29
纱（万吨）	25.48	70.81	96.86	85.55	88.87	112.7	342.31
布（亿米）	7.07	14.9	16.68	14.19	17.15	18.91	167.47
蚕丝及交织机织物（万米）	11330	23042	23421	26534	25195	24793	118.82
服装（万件）	2764	9933	11937	15397	13641	18559	571.46
机制纸及纸板（万吨）	110.59	342.86	369.24	237.09	212.3	224.24	102.77
合成洗涤剂（吨）	525075	766647	695841	712458	950261	1400591	166.74
原电池（万只）	5754	37980	41933	47147	58593	71415	1141.14
原盐（万吨）	412.11	763.18	1037.65	476.44	502.88	388.08	–5.83
卷烟（亿支）	685.05	914.24	944.16	978.85	998.66	1003.69	46.51
乳制品（吨）	150432	579963	780055	772171	949209	1027121	582.78
白酒（商品量）（万吨）	57.83	229.8	309.39	295.18	336.36	349.97	505.17
啤酒（万吨）	126.22	158.3	192.05	196	238.26	227.75	80.44
软饮料（万吨）	120.41	495.91	644.66	745.45	1104.5	1275.36	959.18
食用植物油（万吨）	40.83	117.73	162.3	138.97	134.71	142.25	248.4
配、混合饲料（万吨）	449.94	701.16	1154.14	1113.33	1091.22	1247.84	177.33
中成药（吨）	98254	298113	389745	347547	421003	517146	426.34
化学原料药（吨）	53994	26716	34690	142423	78289	197046	264.94
塑料制品（吨）	471729	2542933	2293259	2556047	3003773	3841267	714.3
家用电冰箱（万台）	23	81.22	66.99	68.85	89.66	80.22	248.78
房间空气调节器（台）	1452260	1194903	1165506	1082255	1397096	1726982	18.92
电视机（万台）	781.61	1208.9	1116.35	1028.5	991.62	1027.72	31.49
彩色电视机（万台）	781.61	1208.9	1116.35	1028.5	991.62	1027.72	31.49
原油（万吨）	13.92	15.12	16.17	17.52	22.36	19.2	37.93
柴油（万吨）	49.23	83.3	86.6	86	59.11	313.63	537.07
汽油（万吨）	28.16	57.76	76.16	65.21	74.07	194.8	591.76
天然气（亿立方米）	135.24	234.16	267.76	242.11	242.09	252.46	86.68

续表

产品名称	2005年	2010年	2011年	2012年	2013年	2014年	增长率（2005~2014年）(%)
发电量（亿千瓦小时）	958.03	1683.82	1845.06	2002.43	2448.33	2930.74	205.91
水电（亿千瓦小时）	616.99	1103.37	1245.31	1410.69	1830.71	2341.3	279.47
焦炭（万吨）	827.94	1157.09	1278.87	1299.69	1450.66	1353.98	63.54
生铁（万吨）	1060.5	1593.81	1714.99	1670.22	2011.4	1931.4	82.12
粗钢（万吨）	1094.45	1580.99	1728.64	1674.28	2424.74	2243.03	104.95
成品钢材（万吨）	1172.72	1976.55	2233.29	2281.62	2785.22	2935.21	150.29
铁合金（万吨）	106.62	238.89	201.05	206.92	245.57	226.33	112.28
水泥（万吨）	4194.74	13227.55	14501.08	13342.06	13897.09	14580.97	247.6
平板玻璃（万重量箱）	1304.94	4275.94	4892.38	4093.16	4007.53	3422.65	162.28
硫酸（万吨）	324.85	388.22	422.99	527.56	590.97	695.33	114.05
浓硝酸（万吨）	5.43	8.43	8.08	8.09	7.88	7.26	33.7
碳酸钠（纯碱）（万吨）	106.51	169.78	167.76	167.84	180.57	129.6	21.68
氢氧化钠（烧碱）（万吨）	75.49	106.93	117.91	123.21	111.6	114.96	52.29
合成氨（万吨）	374.47	403.34	345.47	383.95	417.54	373.24	-0.33
农用氮、磷、钾化学肥料总计（折纯）（吨）	428.82	510.12	470.68	425.28	439.98	433.2	1.02
氮肥（万吨）	337.6	414.76	379.59	332.85	336.13	294.88	-12.65
化学农药（万吨）	38779	128105	125239	96340	150020	168605	334.78
电石（折合量）（万吨）	65.76	75.98	72.31	70.7	79.6	80.74	22.78
初级形态塑料（万吨）	61.52	104.37	105.25	107.92	117.09	190.86	210.24
轮胎外胎（万条）	615.33	1558.12	1531.16	1922.85	2107.62	3411.84	454.47
发电设备（500千瓦及以上）（万千瓦）	2327.64	3781.54	4413.27	3708.19	3884.64	3610.27	55.1
变压器（万千伏安）	846.77	1151.61	1368.81	1548.56	1907.77	2132.73	151.87
金属切削机床（万台）	0.79	0.73	0.87	0.51	0.52	1.91	141.77
汽车（辆）	56606	102850	188463	396792	807133	962786	1600.86

资料来源：《四川统计年鉴》。

（二）工业结构

工业结构的一个重要方面是轻工业与重工业的比例关系。图 6-3 显示了 1952~2014 年以来四川省轻重工业产值的增长情况，轻工业总产值从 1952 年的 4.97 亿元上升到了 2014 年的 12759.44 亿元，重工业总产值从 1952 年的 2.94 亿元上升到了 2014 年的 25599.18 亿元。图 6-4 表明，轻工业和重工业占工业总产值的比重围绕 50%线对称分布，此消彼长，形状类似“麻花”。我们可以将这一特殊的表现形式称为“麻花现象”。在 1970 年之前，四川省的轻工业在

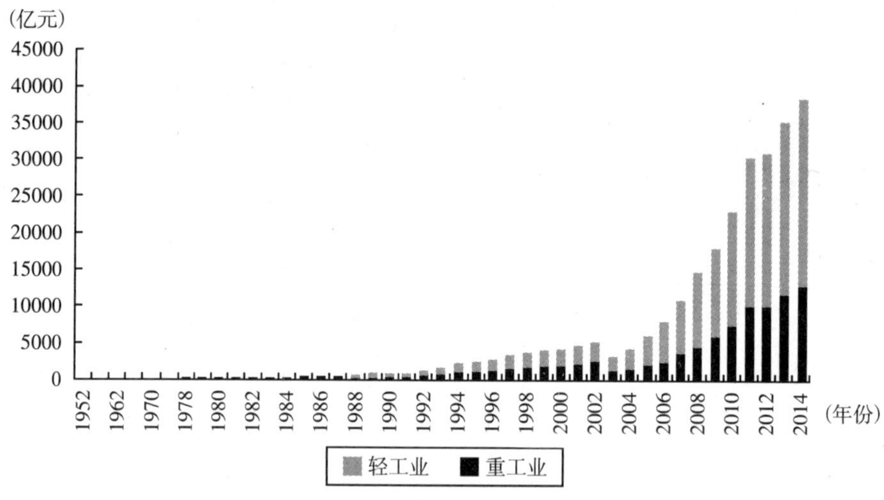

图 6-3　四川省工业总产值的增长

资料来源：根据《新中国六十年统计资料汇编》、《四川统计年鉴》计算绘制。

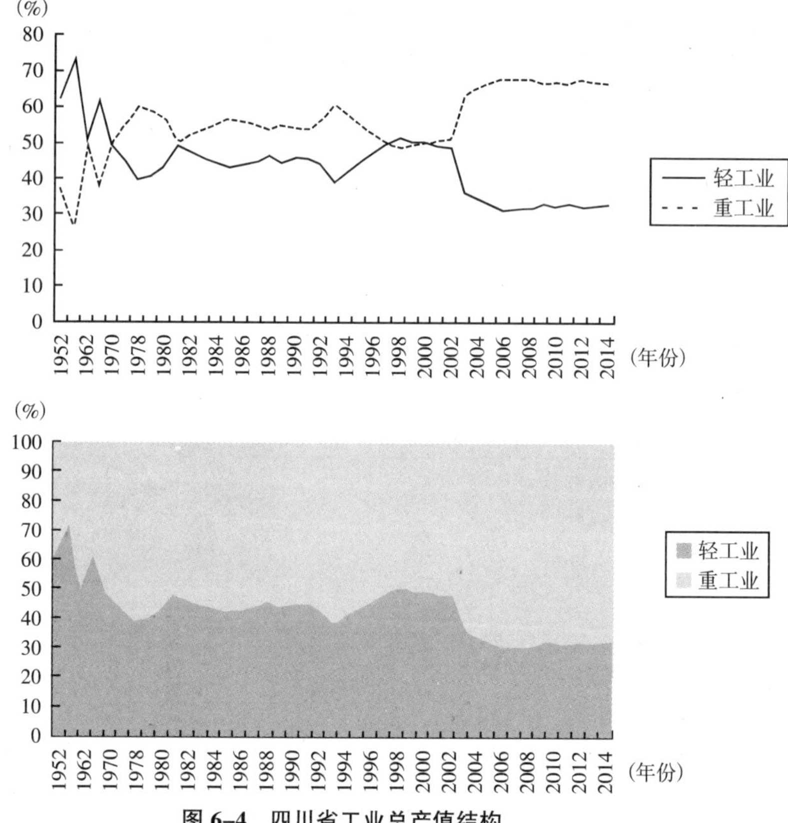

图 6-4　四川省工业总产值结构

资料来源：根据《新中国六十年统计资料汇编》、《四川统计年鉴》计算绘制。

工业产值中占据优势地位。1970 年之后，重工业产值开始超过轻工业，并将领先优势一直保持到 1997 年。1997 年，重工业占工业总产值的比重为 50.17%，轻工业比重为 49.83%。1998 年，轻工业产值超过重工业。西部大开发战略实施以来，四川省重工业总产值占比一直处于优势地位。总体来说，四川省的轻重工业发展较为均衡，没有明显的轻重倾向。

工业结构变化的一个主要比例关系是消费资料工业与资本资料工业的关系，这里用轻工业和重工业分别代表消费资料工业和资本资料工业，两者的产值比例被称为霍夫曼比例。根据霍夫曼的研究，随着工业化的推进，霍夫曼比例是不断下降的。霍夫曼还根据霍夫曼比例的变化趋势，把工业化过程划分为四个阶段：第一阶段，霍夫曼比例在 5 左右；第二阶段，霍夫曼比例在 2.5 左右；第三阶段在 1 左右；霍夫曼比例在 1 以下是第四阶段。改革开放以来四川省工业的霍夫曼比例总体上是在下降的，2014 年该比例为 0.5，如图 6-5 所示。

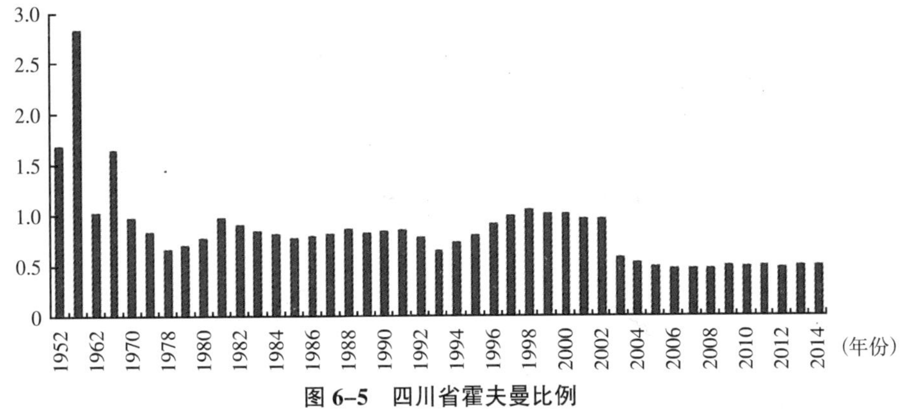

图 6-5　四川省霍夫曼比例

资料来源：根据《新中国六十年统计资料汇编》、《四川统计年鉴》计算绘制。

再从四川省工业行业结构看，表 6-2 分析了四川省各个工业行业 2004~2013 年的平均增长率和它们占工业总产值的比重，从中可以观察各行业的增长速度，以及它们对四川省总产值所做的贡献。增长率超过同期规模以上工业总产值年均增长率 24.76%的行业有：文教体育用品制造业，非金属矿采选业，家具制造业，黑色金属矿采选业，纺织服装、鞋、帽制造业，通信设备、计算机及其他电子设备制造业，有色金属矿采选业，金属制品业，木材加工及木、竹、藤、棕、草制品业，食品制造业，石油加工、炼焦及核燃料加工业，饮料制造业，煤炭开采和洗选业，非金属矿物制品业，工艺品及其他制造业，专用设备制造业，交通运输设备制造业，通用设备制造业。

表 6-2　2004~2013 年四川省工业行业产值比重和增长率①

行业	2013 年占比（%）	2004~2013 年增长率（%）	行业	2013 年占比（%）	2004~2013 年增长率（%）
规模以上工业总产值	100	24.76	石油加工、炼焦及核燃料加工业	1.59	31.27
采矿业	7.4	26.2	化学原料及化学制品制造业	6.45	20.78
煤炭开采和洗选业	2.69	28.05	医药制造业	2.82	24.14
石油和天然气开采业	0.33	–2.2	化学纤维制造业	0.47	19.45
黑色金属矿采选业	1.5	36.72	橡胶和塑料制品业	2.18	23.3
有色金属矿采选业	0.92	33.61	非金属矿物制品业	6.55	27.96
非金属矿采选业	1	38.23	黑色金属冶炼及压延加工业	6.98	17.01
制造业	85.93	25.24	有色金属冶炼及压延加工业	2.15	20.24
农副食品加工业	7.21	23.85	金属制品业	2.6	33.53
食品制造业	2.25	32.29	通用设备制造业	4.74	25.43
饮料制造业	6.76	28.89	专用设备制造业	3.2	27.21
烟草制品业	0.74	14.88	交通运输设备制造业	6.94	26.44
纺织业	2.39	23.26	电气机械及器材制造业	2.92	22.76
纺织服装、鞋、帽制造业	0.54	36.18	通信设备、计算机及其他电子设备制造业	10.44	34.99
皮革、毛皮、羽毛（绒）及其制品业	0.8	21.21	仪器仪表及文化、办公用机械制造业	0.18	19.65
木材加工及木、竹、藤、棕、草制品业	0.84	32.96	工艺品及其他制造业	0.29	27.79
家具制造业	1.12	37.95	电力、燃气及水的生产和供应业	6.66	18.89
造纸及纸制品业	1.32	22.94	电力、热力的生产和供应业	5.77	18.29
印刷业和记录媒介的复制	0.73	22.68	燃气生产和供应业	0.63	24.55
文教体育用品制造业	0.26	64.72	水的生产和供应业	0.27	21.61

资料来源：根据《中国经济普查年鉴》计算绘制。

图 6–6 的横坐标表示 2013 年四川省各工业行业的产值占工业总产值的比重，纵坐标表示 2004~2013 年各行业产值的平均年增长速度。横坐标与纵坐标相交于 24.76%，这是规模以上工业总产值的年平均增长速度，与纵坐标平行的线是临界线（5%），从而将各工业行业分成四种类型。

① 由于化学原料及化学制品制造业、医药制造业、仪器仪表文化办公用机械、其他制造业四个行业的增长率在某一年份变化较大，因此，在计算时对这些行业的数据做了适当处理。

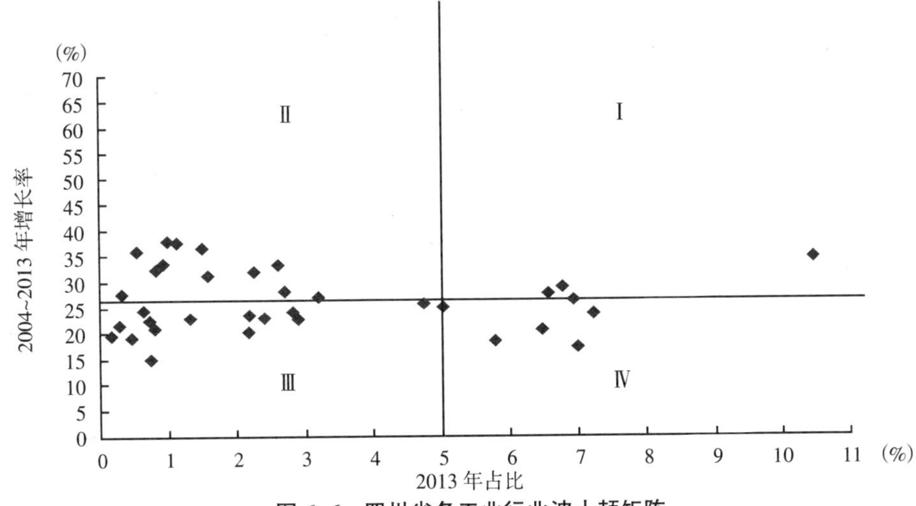

图 6-6 四川省各工业行业波士顿矩阵

资料来源：作者计算绘制。

Ⅰ类行业为主导产业。该类行业的特点是在工业中占有较大比重，且增长速度高于平均增长速度，包括：通信设备、计算机及其他电子设备制造业，农副食品加工业，黑色金属冶炼及压延加工业，交通运输设备制造业，饮料制造业，电力、燃气及水的生产和供应业，非金属矿物制品业。这些行业在今后一段时间也将是支撑全省经济增长和解决就业问题的主要行业。

Ⅱ类行业属于问题行业或者潜在优势行业。该类行业的特点是目前所占比重低于 5%，但是增长速度高于平均值，包括：文教体育用品制造业，非金属矿采选业，家具制造业，黑色金属矿采选业，纺织服装、鞋、帽制造业，有色金属矿采选业，金属制品业，木材加工及木、竹、藤、棕、草制品业，食品制造业，石油加工、炼焦及核燃料加工业，煤炭开采和洗选业，工艺品及其他制造业，专用设备制造业，通用设备制造业等。这些行业都具有较高的生产率，因此属于四川省未来工业发展的重点。政府应该积极扶植这些行业，使它们向主导产业转变，从而发展成未来的优势产业。

Ⅲ类行业是衰退行业。该类行业的特点是比重低于 5%且增长速度低于平均值，包括：仪器仪表及文化、办公用机械制造业，水的生产和供应业，石油和天然气开采业，化学纤维制造业，燃气生产和供应业，印刷业和记录媒介的复制，烟草制品业，皮革、毛皮、羽毛（绒）及其制品业，造纸及纸制品业，有色金属冶炼及压延加工业，橡胶和塑料制品业，纺织业，医药制造业，电气机械及器材制造业等。事实上，这些行业已经出现了负增长。对于这些行业，应该在全局规划的基础上，与国家的大战略保持一致，选择重点的行业进行扶持和发展。

Ⅳ类行业为支柱产业。该类行业的特点是在工业中占有较大比重，但近年来的增长速度已低于平均值，包括：电力、热力的生产和供应业，化学原料及化学制品制造业。较低的增长率并不影响这些行业在全区的重要作用，因为它们可以吸收大量的劳动力。这种传统行业面临的较大问题是难以提升产业结构。这是今后发展规划中要着重考虑的问题。

总体上来说，四川省各工业行业的产值占工业总产值的比重较低。正如图6.6所示，大多数工业行业位于第Ⅱ和第Ⅲ区域。也就是说，大多数行业要么属于潜在优势行业或者问题行业，要么属于衰退行业。

二、工业的空间分布：集聚与分散

（一）产业集聚的测度

产业地理集聚和集中有多种测度方法，其中被普遍使用的方法是空间基尼系数①。基尼系数是度量不平等的最流行的指数。最初，它是用来评估个体之间收入不平等程度的。这里，利用产出值来评估四川省工业的空间聚集状况，基尼系数的取值范围为0~1。基尼系数数值越高，表明某产业地理集中度越高。空间基尼系数的计算公式如下：

$$G=\frac{1}{2n^2\mu}\sum_{i=1}^{n}\sum_{j=1}^{n}|y_i-y_j|,\ \mu=\frac{y_1+y_2+\cdots+y_n}{n}$$

其中，y_i 表示第 i 个区域单元的产业规模（如就业人数、产值或增加值）占全部区域的总产业规模的比重（i = 1，2，…，n），且已按从小到大排序。上式可以简化为：

$$G=\sum_{i=1}^{n}y_i\frac{2i-(n+1)}{n}$$

除了空间基尼系数外，测度集聚程度的指数还有艾萨德指数、赫芬达尔指数和泰尔指数。它们的定义分别为：

艾萨德指数：$I=\frac{1}{2}\sum_{i=1}^{n}|y_i-\bar{y}|$，其中$\bar{y}$代表平均分布时的份额。

① Pierre-Philippe Combes Thierry Mayer Jacques-François Thisse，2008，Economic Eography：The Integration of Regions and Nations，Princeton University Press.

赫芬达尔指数：$H=\sum_{i=1}^{n} y_i^2$。

泰尔指数：$T=\sum_{i=1}^{n} y_i \ln \frac{y_i}{\bar{y}}$。

（二）四川省工业的集聚程度

四川省工业经济呈现出不均衡发展的格局。以工业化率为例，2013 年工业化率最高的攀枝花市超过 70%，工业化程度低的巴中市不足 30%。在空间分布上，长期以来，重点工业城市的工业发展成为全川工业经济的支撑点。成都市工业增加值和工业总产值占全省市州的 30%左右，前四个工业大市（州）的工业增加值和工业总产值占全省市州的 50%左右。

为了定量反映四川省工业经济活动的集聚与分散态势，这里利用四川省各市州工业增加值和工业总产值数据，计算了四川省工业集中指数，选择的指数是空间基尼系数、艾萨德指数和赫芬达尔指数。

图 6-7 所示是四川省工业增加值的集聚指数的变化趋势，这些指数的变化趋势基本上是一致的。1978 年到西部大开发战略开始实施时的 2000 年，集聚指数基本处于稳定状态；西部大开发战略开始实施的几年，集聚指数上升，表明四川省工业增加值集聚程度在上升；2005 年以后集聚指数下降，说明集聚程度下降。

四川省工业总产值的集中程度如图 6.8 所示，21 个市州中，2014 年成都市工业总产值占全省市州的 28.35%，2000 年该比重为 31.99%。工业总产值最高的前四个市州（CR4），2000 年为 60.21%，2014 年为 47.14%。其他几个集聚指数的变化趋势一致，均处于下降的状态。

综合图 6-7 和图 6-8，可以看出西部大开发以来，四川省工业经济的集聚程度在下降，工业经济活动的空间分布的不平衡性下降。

（三）工业布局[①]

1. 产业带

四川省的工业布局可以划分为八大产业带，分别是：

成绵乐广遂（成都、绵阳、乐山、广元、遂宁）电子信息产业带：重点围绕数字视听、集成电路、军事电子、网络通信、软件、电子产品及配套材料等方面构建优势产业链。

① 本节主要参考《重塑四川经济地理》第 7 章第 311~313 页。

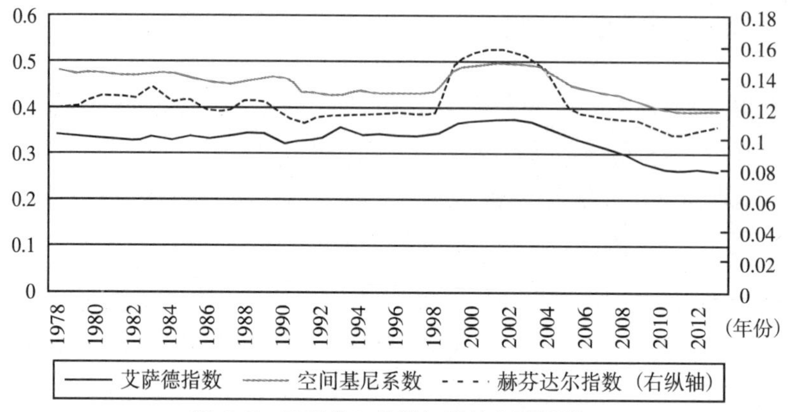

图 6-7 四川省工业增加值的集聚指数

资料来源：根据《四川经济普查国内生产总值历史资料》（1952~2005 年）和《四川统计年鉴》相关数据计算绘制。

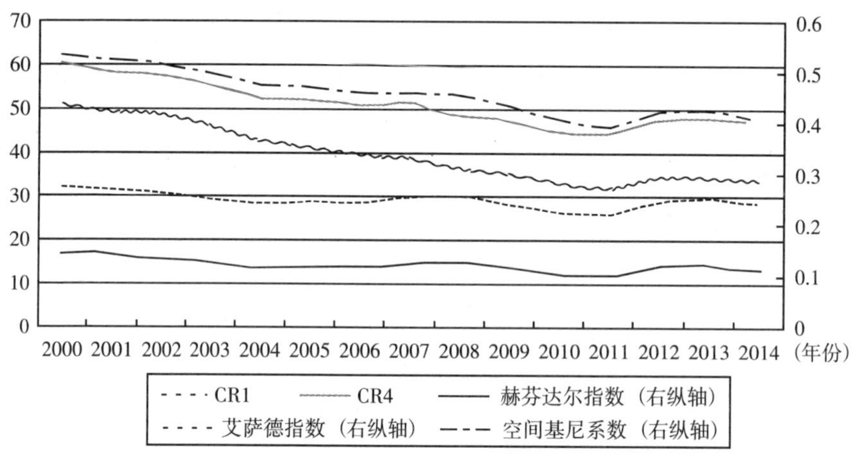

图 6-8 四川省工业总产值集聚指数

资料来源：根据《四川统计年鉴》计算绘制。

成德资自宜泸（成都、德阳、资阳、自贡、宜宾、泸州）装备制造业产业带：围绕大型发电、冶金化工、工程施工、石油天然气、环保成套设备以及机车车辆、数控技术及设备、航空及空中管制系统成套设备八大产品链，以龙头企业带动，中小企业协作配套，形成合作开放的产业体系，打造高端装备制造业基地。

成德绵南资内（成都、德阳、绵阳、南充、资阳、内江）汽车产业带：围绕轿车、货车、客车、专用车整车和发动机等总车和关键零部件构建汽车及零部件的产业链，建设“一带、五园区”（成德绵南资汽车产业带，成都经济技术开发区汽车产业园、资阳南骏汽车产业园、绵阳汽车产业园、德阳汽车产业园、内江城西汽车零部件产业园），壮大和提升四川汽车制造产业。

攀西钒钛稀土产业带：依托攀西地区丰富的钒钛、稀土资源，推进资源开发和综合利用，着力加强对钒钛、稀土矿等的采选、分离、加工应用技术的突破，开发钒精细化工产品、高档钛白粉、海绵钛和高档钛材、稀土永磁材料、稀土蓄光发光材料、稀土电机、稀土农用材料及稀土汽摩排气催化剂等产品，促进资源精深加工企业集聚发展，打造攀西战略资源开发基地。

成乐绵硅产业带：推进资源综合循环利用，建成完善的硅材料产业链，形成以硅材料龙头企业带动下的成链、集聚、合作发展的产业格局，打造国际国内知名硅材料产业基地。

川南沿江重化工产业带：按照"基地化、大型化、规模化、集约化、精细化"和"区域循环、企业循环、产业循环"的要求布局四川的重化工产业，延伸天然气、氯碱、煤化工、硫磷钛产业链，发展精细化工产业，建设川南制造业城市群和沿江产业带。

川东北天然气化工产业带：发挥川东北丰富的天然气资源优势，推进资源就地转化利用，规划发展天然气化工及精细化工产业链，提高资源利用效率，建设有特色的天然气化工产业基地。

成遂南达服装鞋业产业带：利用成遂南达的综合成本优势、市场优势和服装鞋业产业基础，承接国外及东部沿海地区服装鞋业产业转移，引入品牌知名服装鞋业生产企业，加快配套体系建设，建设西部服装鞋业研发生产和综合物流基地。

2. 产业园区

产业园区是区域经济发展、产业调整和升级的重要空间聚集形式，担负着聚集创新资源、培育新兴产业、推动城市化建设等一系列的重要使命。四川依托产业园区（产业集中发展区）（包含各类开发区、工业集中发展区、工业园、物流园区等）优化产业布局，做强优势产业，发展产业集群，打造承接产业转移载体。截至 2012 年底，全省共有各类产业园区 204 个，其中国家级产业园区 13 个，省级产业园区 41 个，园区工业增加值占全省工业增加值的比重超过 50%。在空间分布上，产业园区（产业集中发展区）主要集中在成都平原及周边，成德绵眉资遂六市产业园区（产业集中发展区）数量占全省的 42%，盆周和民族地区产业园区（产业集中发展区）建设尚处于起步阶段。

四川省依据各地的资源、产业、市场、区位等条件，推进优势产业、优势企业向产业园区聚集，已经形成了德阳重大技术装备、绵阳数字家电、攀枝花钒钛、达州天然气化工、成都汽车、资阳车城、成都武侯皮鞋、夹江瓷都、遂宁食品、眉山铝硅、泸州白酒、南充丝纺服装等特色产业集中区。四川省加强园区基础设施和公共服务平台建设，打造产业园区环境，将产业园区打造为四川进行开放合作、承接产业转移的重要载体。如中国铝业铝箔、广西玉柴发动机、京东方 TFT-LCD 液晶面板、贵州瓮福磷硫化工和英国瑞能多晶硅、香港哈斯通 PPS 等一大批符合四川特色优势产业发展规划的重大产业项目相继进入产业园区。在推进城乡统筹发展实践中，将产业园区作为城乡统筹发展和实现“新型工业化、新型城镇化和农业现代化联动发展”的重要阵地，加快推进工业向园区集中、资源要素配置向园区集中、土地适度规模经营集中。随着园区规模的扩大和经济实力的增强，城乡就业压力得到缓解，城乡统筹发展有序推进。

专栏：四川省实施“51025”重点产业园区发展计划

2013 年，四川省印发了《四川省“51025”重点产业园区发展计划》，决定通过 5 年的努力，力争形成 5 个营业收入超过 2000 亿元的产业园区、10 个营业收入超过 1000 亿元的产业园区、25 个营业收入超过 500 亿元的产业园区。根据《发展计划》，全省 64 个产业园区进入“51025”重点产业园区发展计划。其中，纳入 2000 亿元培育园区的有 5 个：成都高新技术产业开发区、成都经济技术开发区、四川双流经济开发区、德阳经济技术开发区、绵阳高新技术产业开发区。纳入 1000 亿元培育园区的有 15 个：青白江工业园区、四川新津工业园区、四川彭州工业园区、自贡高新技术产业开发区、四川攀枝花钒钛产业园区（扩区）、广安经济技术开发区、绵阳经济技术开发区、遂宁经济技术开发区、威远连界工业园、乐山（沙湾）不锈钢产业园区、四川南充经济开发区（化学工业园）、宜宾市五粮液产业园区、广安经济技术开发区、达州市天然气能源化工产业区（四川达州经济开发区）、四川资阳经济开发区。纳入 500 亿元培育园区的有 44 个。

资料来源：四川省人民政府办公厅关于印发四川省“51025”重点产业园区发展计划的通知（川办发［2013］44 号）。

三、特色优势产业布局

围绕建设西部经济发展高地和着力打造“一枢纽、三中心、四基地”的战略部署，四川省提出了把“7+3”产业作为实施工业强省核心主导战略的重要支撑力量。所谓的“7+3”产业包括：电子信息、装备制造、能源电力、油气化工、钒钛钢铁、饮料食品、现代中药等优势产业和航空航天、汽车制造、生

物工程以及新材料等潜力产业①。

（一）电子信息产业

四川省是全国四大区域性电子信息产业基地之一，产业规模居全国第八、中西部第一，2012 年主营业务收入高达 4669 亿元。40 多家世界 500 强电子企业落户四川。

四川省历来是国家布局的重要电子信息产业基地，在电子元器件、电子装备、家电研发和制造方面具有突出地位。近年来，四川省在集成电路、软件、基础元器件及材料等产业方面获得重大突破，成为我国发展集成电路的热点地区之一；在航天电子、航空电子、信息安全等领域承担了大量的总体集成和整机研发生产任务；拥有国家数字视听产品产业园，形成了较为完善的数字视听产业链；建有国家软件基地，大型行业应用软件、嵌入式软件、数字娱乐软件等发展势头迅猛；移动通信终端、路由器、网络设备以及 3G 产品研发发展势头良好。

目前，电子信息产业的发展重点主要包括：第一，数字家电产业链，主要由显示器—专用芯片、软件等核心单元器件/模块—整机和设备等环节构成；以长虹、九洲为骨干，整体推进数字视听产业加快发展。第二，集成电路产业链，主要由 IC 设计—芯片制造—封装测试等环节构成，并可向上拉动多晶硅、单晶硅以及专用设备、仪器等的制造；以英特尔、中芯国际、宇芯、摩托罗拉软件中心、华为、虹微、国腾等企业为骨干，带动集成电路设计、集成电路芯片制造、集成电路封装、电子级硅材料制造发展。第三，软件产业链，主要由软件研发体系—规模生产体系—服务体系（包括系统集成、咨询、服务）等环节构成；通过推进国家（成都）软件产业基地建设，在软件服务外包上取得重点突破，研发可视化软件建模技术、软件构件标准、软件构件库应用服务技术、信息安全技术、可信网络计算；通过实施成都国信安的产业园区企业服务管理平台、企业数字资产安全保护系统、政务信息化协同平台，长虹的嵌入式软件产业化、成都凌成科技的游戏软件、九洲的信息感知和数据融合技术开发平台能力建设等项目，在软件研发体系、规模生产体系、服务体系（包括系统集成、咨询、服务）等软件开发方面取得重要突破。第四，网络通信（含光通信）设备产业链，主要由光纤、光缆、光电器件—光传输及网络交换设备、接入网设备—终端等生产环节构成；以长虹、迈普、大唐、中电科技集团等 30 所省内企业为重点，以摩托罗拉、华为、中兴通讯等国内外大公司在川设立的

① 四川省工业“7+3”产业发展规划（2008~2020）[EB/OL]. 四川省人民政府网，http: //www.sc.gov.cn/10462/10464/10684/13652/2009/9/17/10369838.shtml.

研发生产为依托，重点开发了第三代移动通信（3G）、下一代移动通信（4G）、移动通信终端、无线宽带接入、基于 IPv6 的路由器等技术，以及下一代光网络技术的研究。四川省电子信息产业布局如图 6-9 所示。

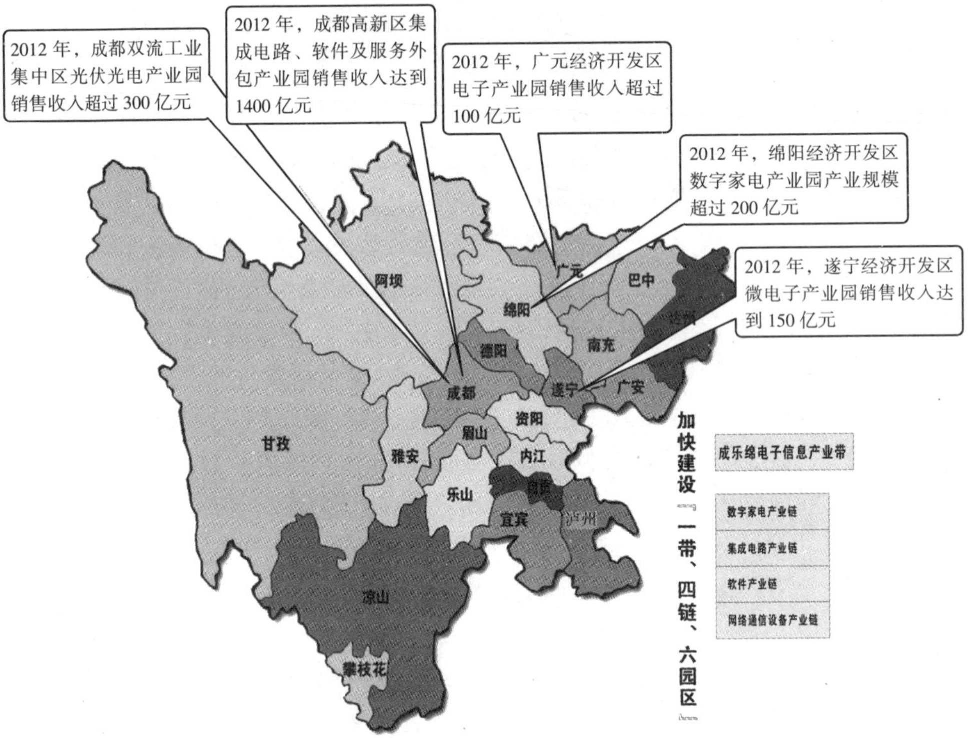

图 6-9　四川省电子信息产业布局图

资料来源：四川省工业“7+3”产业发展规划（2008~2020）[EB/OL]. 四川省人民政府网，http://www.sc.gov.cn/10462/10464/10684/13652/2009/9/17/10369838.shtml.

（二）装备制造产业

四川省是中国重要的重大技术装备制造基地之一和三大动力设备制造基地之一。发电设备产量连续多年居世界第一，其中水电装备全国第一，火电装备三分天下，核电装备优势明显，风电装备全国第三，太阳能发电装备全国领先，生物质能发电装备独具特色。冶金设备产量全国第一，大型轧钢设备市场占有率 50%以上，大型石油钻机、内燃机车产量全国领先。航空飞行器、航空发动机、航天设备、核电系统集成等居全国前列。2012 年全省规模以上装备制造业完成工业总产值高达 6055 亿元。

目前，装备制造产业的发展重点主要包括：第一，大型发电成套设备及输变电设备产品链。第二，以大型冶金化工成套设备为代表的重型机械及容器产品链。第三，大型工程施工成套设备产品链。第四，机车车辆产品链。第五，大型石油天然气钻采成套设备及煤炭综采设备产品链。第六，航空航天与空中交通管制系统成套设备产品链。第七，数控机床、特色基础元器件产品链。第八，大型环保成套设备产品链。如图 6-10 所示。

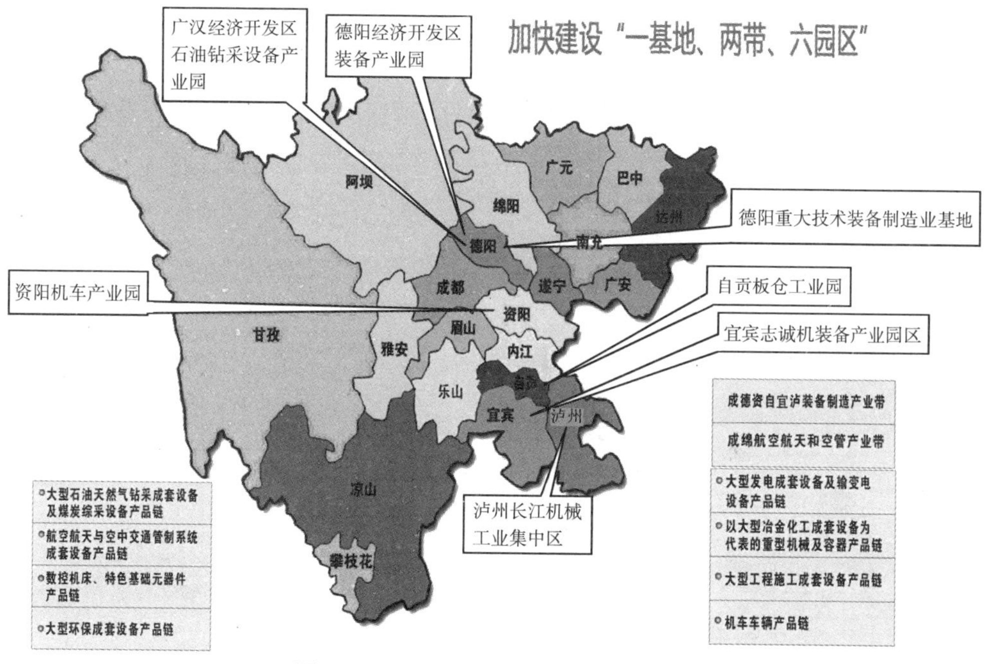

图 6-10　四川省装备制造产业布局图

资料来源：四川省工业"7+3"产业发展规划（2008~2020）[EB/OL]. 四川省人民政府网，http：//www.sc.gov.cn/10462/10464/10684/13652/2009/9/17/10369838.shtml.

（三）能源电力产业

四川省水能资源技术可开发量和经济可开发量均居全国首位，是全国最大的水电产业基地，天然气总资源量占全国的 19%。经过多年开发建设，四川省相继建成了龚嘴、铜街子、宝珠寺、二滩、紫坪铺等大型和特大型水电站。目前，金沙江、雅砻江、大渡河"三江"流域梯级开发正在加速推进，瀑布沟、溪洛渡、向家坝、锦屏一二级等特大型水电站开工建设，四川省已成为全国最大的水电产业基地（见图 6-11）。

目前，能源电力产业的发展重点主要包括：第一，电力。全面加快建设

"三江"水电能源基地，加快大中型河流水电开发；依托煤炭和天然气主产区建设大型燃煤火电站，结合天然气资源开发进度和输气管道建设，在电力负荷中心和天然气主产区建设大型燃机调峰电站；扶持农村地区、民族地区和边远山区电力建设；按照"适度超前"原则加大电网建设力度。第二，天然气。加强天然气勘探，加大重点气田开发力度；加快天然气输气管道建设；逐步推进天然气用气结构调整，优先发展城镇燃气事业，优化发展天然气化工，适度发展天然气发电。

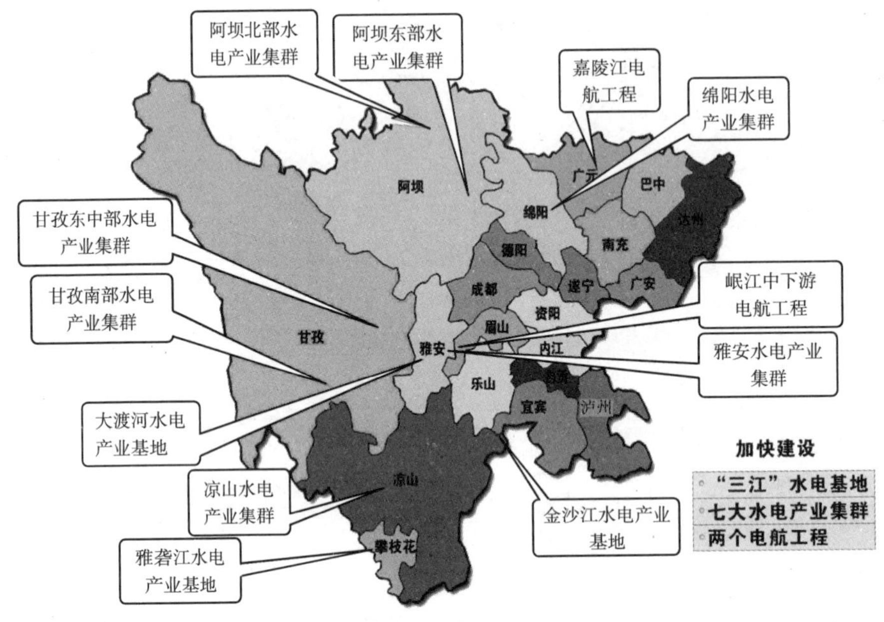

图 6-11　四川省水电产业布局图

资料来源：四川省工业"7+3"产业发展规划（2008~2020）[EB/OL]. 四川省人民政府网，http：//www.sc.gov.cn/10462/10464/10684/13652/2009/9/17/10369838.shtml.

（四）油气化工产业

四川省天然气化工方面，产业规模和水平在全国处于领先地位。化肥产量约占全国的 1/3，三聚氰胺、氟橡胶、甲烷氯化物产能居国内第一。四川省以天然气、硫、磷、盐等为原料的化学工业，经过几十年的建设发展，已成为全国重要的化工产业基地。目前四川省油气化工产业的发展重点为：第一，天然气化工产业链，由天然气开采、天然气初转化、产品深精加工等环节构成。第二，石油化工产业链，发展炼油产业链，乙烯、芳烃、苯-对二甲苯（邻二甲

苯）、苯乙烯、丙烯酸及酯、苯酚—丙酮、塑料（橡胶）加工等产品链。第三，盐化工产业链，主要由电石—烧碱—聚氯乙烯等环节构成。第四，磷化工产业链，主要由磷矿开采—黄磷生产—磷酸—精细磷酸盐及精深加工产品等环节构成。第五，芒硝产业链，主要由钙芒硝开采精制—深加工—合成特种工程塑料等环节构成。如图 6-12 所示。

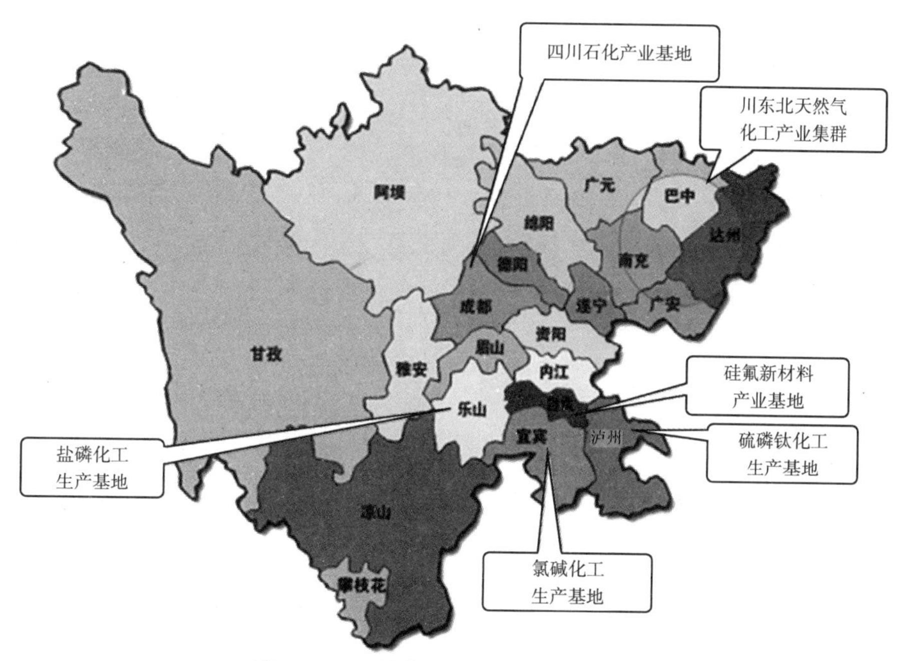

图 6-12　四川省油气化工产业布局图

资料来源：四川省工业“7+3”产业发展规划（2008~2020）[EB/OL]. 四川省人民政府网，http：//www.sc.gov.cn/10462/10464/10684/13652/2009/9/17/10369838.shtml.

（五）钒钛钢铁产业

四川省是全国重要的钒钛、稀土资源战略开发基地，钒钛资源储量居全国第一，稀土资源（轻稀土）居全国第二，是国内最大的钛原料基地、钒钛钢铁生产基地，世界第二大钒制品生产基地。含钒钢铁产品形成了铁道和大型材系列、板材系列、管材系列、棒材系列和特殊钢系列五大标志性产品。钒产业产能、产量、工艺技术装备水平和市场占有率居全国第一位。钛合金和钛加工材产能居全国第四位。锂系列产品的产能产量和综合技术及研发能力全国第一。稀土产业已形成与内蒙古、江西三足鼎立的格局。攀枝花市是“中国钒钛之都”。钒钛产业已建成国家级技术中心 4 个、国家重点实验室 2 个、国家钒钛制品监督检验中心 1 个，建立了钒钛资源综合利用产业技术创新战略联盟（见图 6-13）。

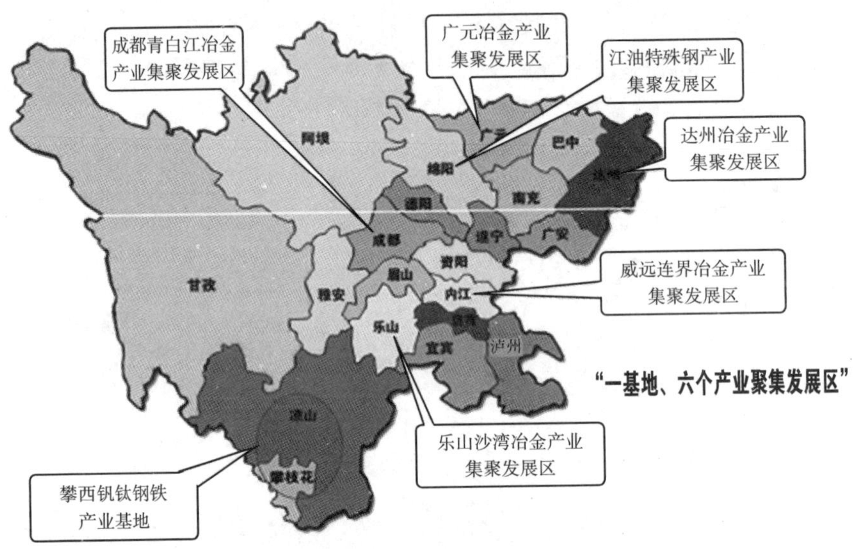

图 6-13　四川省钒钛钢铁产业布局图

资料来源：四川省工业“7+3”产业发展规划（2008~2020）[EB/OL]. 四川省人民政府网，http://www.sc.gov.cn/10462/10464/10684/13652/2009/9/17/10369838.shtml.

四川省攀西地区的钒钛磁铁矿保有及远景资源储量为 90.58 亿吨，在全国属于继鞍本之后的第二大矿区。钒保有资源储量 1786 万吨，占全国总量的 52%；钛保有资源储量 6.2 亿吨，占全国总量的 90%。经过长期建设发展，四川省钒钛钢铁产业已具备较为雄厚的产业基础。目前四川省钒钛钢铁产业的发展重点是：第一，优质钢铁产业链，主要由铁矿采选—炼铁—炼钢—炉外精炼—连铸连轧—钢材深加工—钢材延压和金属制品等环节构成。第二，钒钛产业链，主要由钒钛磁铁矿采选—提钒选钛—钒、钛制品（钛白粉、钛合金）生产等环节构成。

（六）饮料食品产业

四川省是全国重要的粮油、生猪、果蔬等农产品生产大省，形成了优质白酒加工、肉制品加工、粮油制品加工、名优茶产业、泡菜和川式调味品加工、道地中药材加工等优势产业集群（见图 6-14）。2012 年规模以上饮料食品企业实现总产值 5139 亿元，居全国第四位。粮食产量位列全国第五位，油料产量位列第二位，生猪出栏位列第三位，马铃薯产量位列第一位，茶叶产量位列第

二位，蔬菜产量位列第三位，中药产值位列第三位，油菜、水果、食用菌、道地中药材、蚕桑、魔芋、优质糯红高粱等优势特色产业进入全国前列。四川省拥有省农科院等专业科研机构5家，国家级农产品加工专业分中心7个，省级食品企业技术中心62个。

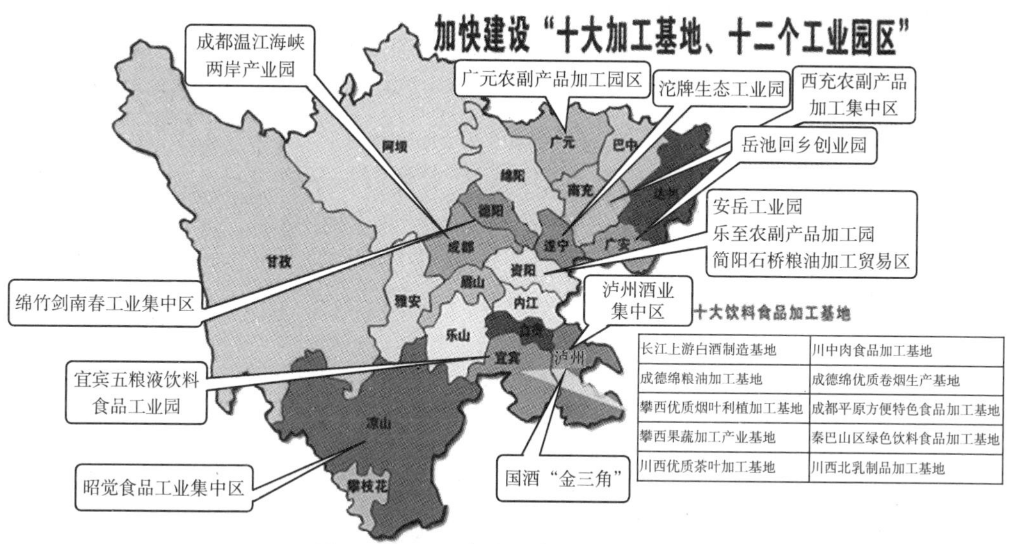

十大饮料食品加工基地

长江上游白酒制造基地	川中肉食品加工基地
成德绵粮油加工基地	成德绵优质卷烟生产基地
攀西优质烟叶利植加工基地	成都平原方便特色食品加工基地
攀西果蔬加工产业基地	秦巴山区绿色饮料食品加工基地
川西优质茶叶加工基地	川西北乳制品加工基地

图6-14　四川省饮料食品产业布局图

资料来源：四川省工业“7+3”产业发展规划（2008~2020）[EB/OL]. 四川省人民政府网，http：//www.sc.gov.cn/10462/10464/10684/13652/2009/9/17/10369838.shtml.

四川省作为农业大省，是全国粮食、油料、柑橘、茶叶等多种经济作物的主要产区和五大牧区之一，有发展饮料食品工业的良好资源基础。目前，四川省饮料食品产业的发展重点包括：第一，优质白酒产业链，主要由红高粱种植（改良）—配料—蒸煮蒸馏—糖化发酵—贮存—勾调—灌装—市场营销等环节构成。第二，肉食品产业链，主要由畜禽养殖（品种改良）—屠宰分割—冷冻冷藏—肉制品精深加工（副产品综合利用）—物流配送等环节构成。第三，粮油制品产业链，主要由粮油作物种植—原料筛选分级—加工—副产物综合利用—销售等环节构成。第四，软饮料产品链，主要由原料辅料—溶解过滤调配—灌装—包装—运销等环节构成。第五，果蔬产业链，主要由种植（选育改良）—清洗分选—加工（切分、脱水、榨汁、浓缩、盐渍发酵等）—包装—运销等环节构成。第六，茶叶产业链，主要由品种种植（选育与改良）—初加工—精深加工—包装等环节构成。第七，乳制品产业链，主要由生鲜奶—冷藏、运输—加工（均质、杀菌、发酵、喷雾干燥等）—包装（灌装）—销售等环节构成。

（七）现代中药产业

四川素有“中药之库、中医之乡”的美誉，是全国著名的中药材种植基地和道地药材产地。四川省已建立了成都高新技术中药园区和彭州、都江堰中药材与药品生产基地，乐山、雅安、攀枝花的特色中药基地，甘孜、阿坝、凉山的藏药彝药基地；建立了我国第一个国家级“中药现代化科技产业基地”，教育、研发、生产及销售网络体系完善；在产业布局方面，实施“一中心、三集群”产业布局，即以成都为中心，建设成德绵资内现代中药产业集群、凉乐雅现代中药产业集群、甘阿民族特色中藏药产业集群；培育发展中药种植园区、现代中药科技研发园区、现代中药生产园区、中医药康复养生园、中医药文化博览园、藏药科技产业园等特色产业园区（见图 6-15）。

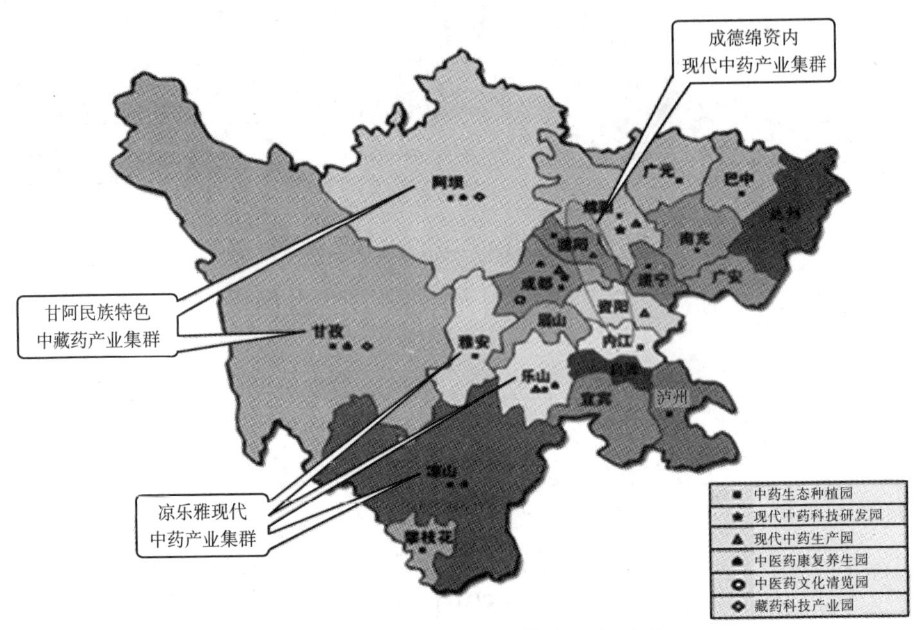

图 6-15　四川省现代中药产业布局图

资料来源：四川省工业“7+3”产业发展规划（2008~2020）[EB/OL]. 四川省人民政府网，http：//www.sc.gov.cn/10462/10464/10684/13652/2009/9/17/10369838.shtml.

除了上述 7 个产业外，航空航天产业、汽车制造业和生物工程产业是四川省发展的 3 个潜力产业，它们的布局情况是：

航空航天产业：四川省是全国重要的航空航天产业基地之一，在产业布局上，加快建设“三基地、一集群”，即建立军民结合的航空航天高技术产业基地、航空动力研发生产基地、空管系统研发生产基地，逐步形成民用航空航天

产业集群。

汽车制造业：推动汽车及零部件产业集聚、集群式发展，重点建设“一带、一基地、广园区”，即加快建设成德绵南资汽车产业带，成都经济技术开发区汽车产业制造基地，资阳南骏汽车产业园、绵阳汽车产业园、德阳汽车产业园、南充汽车产业园、内江城西汽车零部件产业园、成都王牌汽车产业园（见图 6-16）。

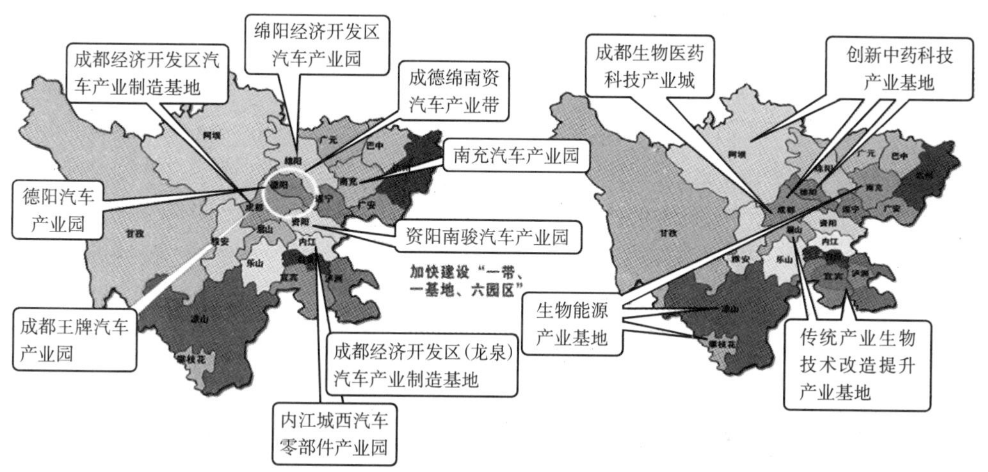

图 6-16 四川省汽车制造业和生物工程产业布局图

资料来源：四川省工业“7+3”产业发展规划（2008~2020）[EB/OL]. 四川省人民政府网，http：//www.sc.gov.cn/10462/10464/10684/13652/2009/9/17/10369838.shtml.

生物工程产业：围绕生物医药、生物医学工程产品、生物能源、传统产业改造提升等优势领域，着力建设“一城”（成都生物医药科技产业城）、“三基地”（创新中药科技产业基地、生物能源产业基地、传统产业生物技术改造提升产业基地）、“三中心”（研发创新中心、产业孵化中心、配套服务中心）。

四、战略性新兴产业布局

战略性新兴产业是以重大技术突破和重大发展需求为基础，对经济社会全局和长远发展具有重大引领带动作用，知识技术密集、物质资源消耗少、成长潜力大、综合效益好的产业。四川省已初步形成以新一代信息技术、新能源、高端装备制造、新材料、生物产业为优势特色的高新技术产业体系。为加快培育和发展四川省战略性新兴产业，根据《国务院关于加快培育和发展战略性新兴产业的决定》（国发〔2010〕32号）和《四川省国民经济和社会发展第十二个五年规划纲要》，结合四川省产业发展面临的形势和发展基础，将新一代信息技术产业、新能源产业、高端装备制造产业、新材料产业、节能环保产业确定为战略性新兴产业[①]。

（一）新一代信息技术产业

新一代信息技术代表了新一代的技术与新一代的生产力，它具有极大的渗透性、增值性，被称为国民经济的倍增器。四川省发展信息技术及信息产业已具有一定基础：绵阳有中国最大的彩电生产基地长虹集团；成都有全国著名的电子科技大学和一批研究机构及企业；信息产业的产值在全国名列前茅。四川省是全国计算机及软件人才最集中的地区之一，也是全国四大软件人才基地之一。

四川省以成都、绵阳为核心区域，辐射带动德阳、广元、乐山、遂宁、内江等地，形成成都、绵阳“两个核心”，成都、德阳、绵阳、广元“一个产业带”的新一代电子信息技术产业布局（见图6-17）。核心区：成都依托高新区等区域，重点发展软件与信息服务、集成电路、宽带通信与泛在网络产品、新型显示与数字视听、新型电子元器件及电子材料、计算机及终端产品、应用电子等产业链，建设全球知名的电子信息产品制造基地和全国重要的信息技术产业基地。绵阳依托科技城，重点发展新型显示与数字视听、宽带通信与泛在网络产品、军工电子等产业链，建设电子信息制造产业基地和军民结合产业示范基地。重点拓展区：德阳依托经济技术开发区等，重点发展以先进控制为代表的行业应用软件和电子元器件及材料。广元重点发展以军工电子为主的电子信息制造业，建设国家重要的军工电子产品制造基地和军民结合产业示范基地。乐山、遂宁等地重点发展新型电子元器件及材料，建设四川省重要的电子产品生产配套基地。内江重点发展数据安全恢复设备、行业软件等。

① 四川省“十二五”战略性新兴产业发展规划［EB/OL］. 国研智库网，http：//www.guoyancm.com/zl/cy/2014-06-26/455.html.

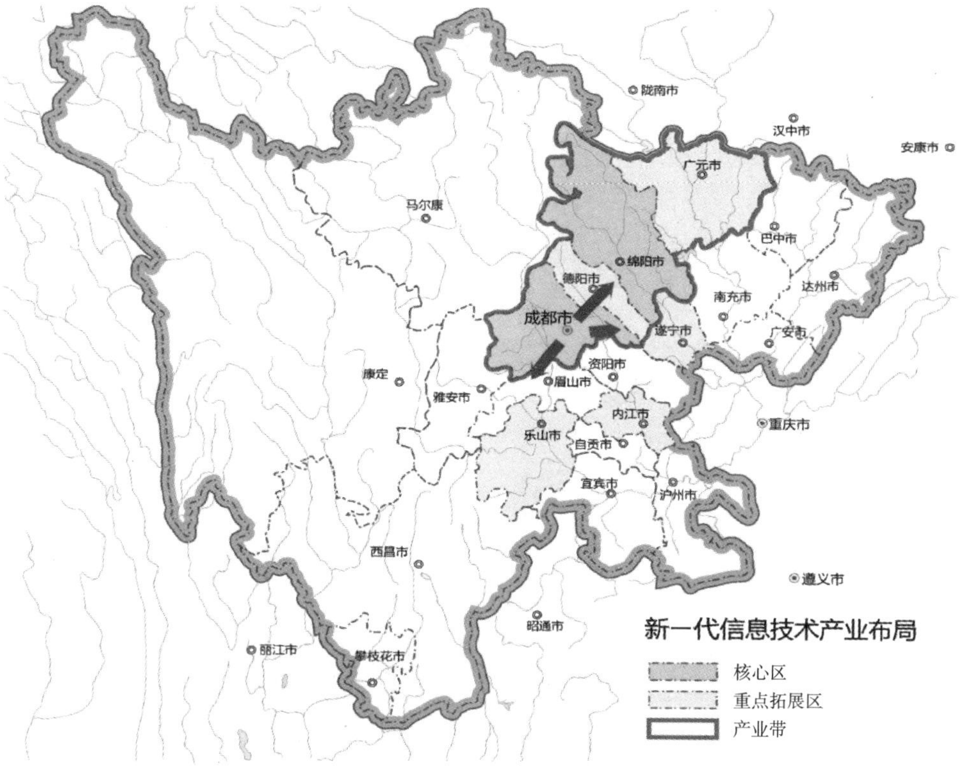

图 6-17 四川省新一代信息技术产业布局图

资料来源：四川省“十二五”战略性新兴产业发展规划［EB/OL］. 国研智库网，http：//www.guoyancm.com/zl/cy/2014-06-26/455.html.

（二）新能源产业

四川省新能源资源丰富，发展新能源产业条件优越，建成了国家重要的新能源产业基地。四川省以成都、德阳、乐山等地为核心区域，辐射带动绵阳、眉山、泸州、宜宾、自贡、南充、广安、攀枝花、雅安、凉山、阿坝、甘孜等地，形成了成都、德阳、乐山“三个核心”，成都、德阳、绵阳、眉山、乐山“一个产业带”的新能源产业布局（见图 6-18）。核心区：成都依托双流新能源产业园区等，重点发展以太阳能、核能及风能、汽车动力电池等为主的新能源产业链，加强新能源技术研发，建设国家重要的新能源产业基地。德阳依托经济技术开发区和广汉经济技术开发区，重点发展大型核能和风能设备制造，加快新型动力电池和燃料乙醇发展，建设国家重要的以核能和风能设备制造为主的新能源产业基地。乐山依托高新区，重点发展太阳能电池及组件、光伏发电成套设备等产业链。重点拓展区：绵阳重点发展钒、锂、镉镍电池和核电配套设备。眉山重点发展太阳能电池及组件。泸州重点加快煤层气资源的抽采和综合利用。宜宾重点发展核燃料组件制造和生物质能。自贡重点发展核能设备和生物质能发电设备。南充要加强与中石油的合作，继续推进生物柴油项目。广安积极推进新能源开发、生物质能发电和风电发电设备制造。攀枝花和凉山州主要依托独特的气候条件，发展生物质能，建成麻风树种植培育加工基地；利用丰富的太阳能资源，在生产生活领域推广普及太阳能综合应用。雅安重点发展生物质能发电和太阳能光伏产业。凉山、阿坝、甘孜等地区重点推进太阳能试点示范工程建设。

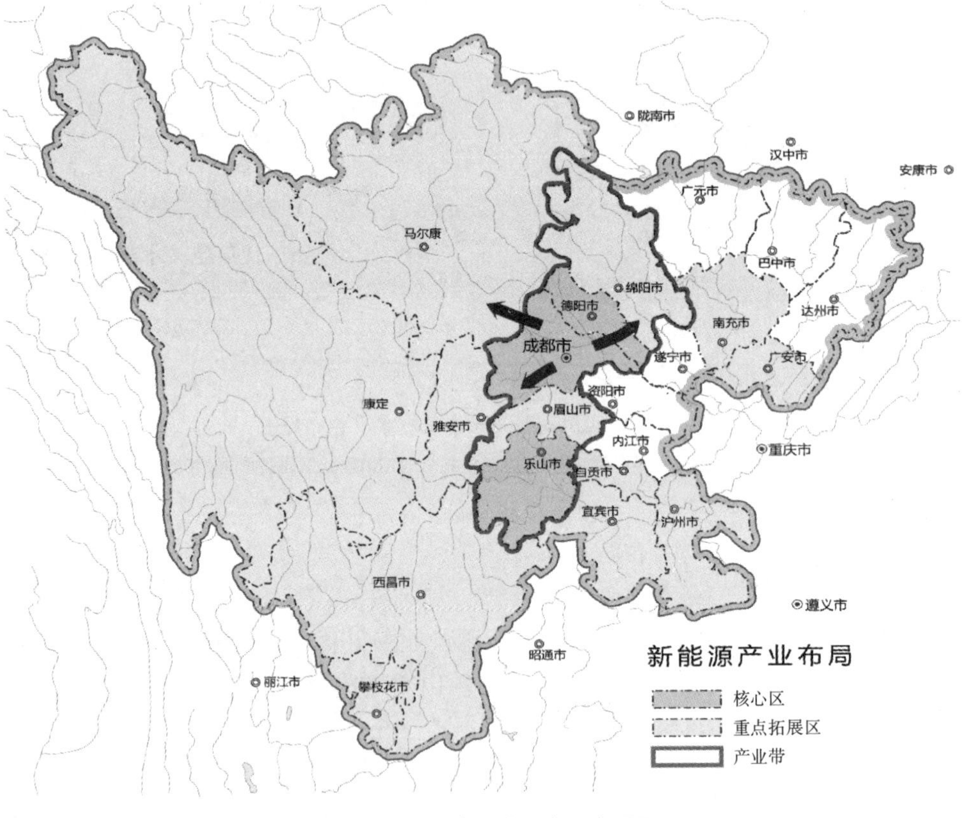

图 6-18　四川省新能源产业布局图

资料来源：四川省“十二五”战略性新兴产业发展规划［EB/OL］. 国研智库网，http：//www.guoyancm.com/zl/cy/2014-06-26/455.html.

（三）高端装备制造产业

四川省依托自身高端装备制造产业基础和资源条件，面向国际国内市场需求，发挥大企业、大项目带动作用，全面提升高端装备制造产业自主创新能

力，重点推进民用航空、航天及卫星应用等行业领域发展，建设国家重要的高端装备制造产业基地。四川省以成都、德阳为核心区域，辐射带动资阳、眉山、自贡、宜宾、泸州等地，形成成都、德阳“两个核心”，成都、德阳、资阳、眉山和宜宾、泸州“两个产业集群”的高端装备制造产业布局（见图 6-19）。核心区：成都依托高新区、青羊工业集中发展区、经济技术开发区等，重点发展军用、民用整机及关键部件、航空航天产品和新能源汽车核心部件，积极开展空天技术研究，建设国家重要的民用航空高技术产业基地、航空航天制造关键环节基地和新能源汽车核心部件制造基地；依托国内唯一的轨道交通国家实验室，大力发展轨道交通装备和材料的研发及制造。德阳依托经济技术开发区和广汉高铁产业园区，重点发展以数字化、柔性化及系统集成技术为核心的智能制造装备，发展高铁技术装备及军用、民用整机部件。重点拓展区：资阳、眉

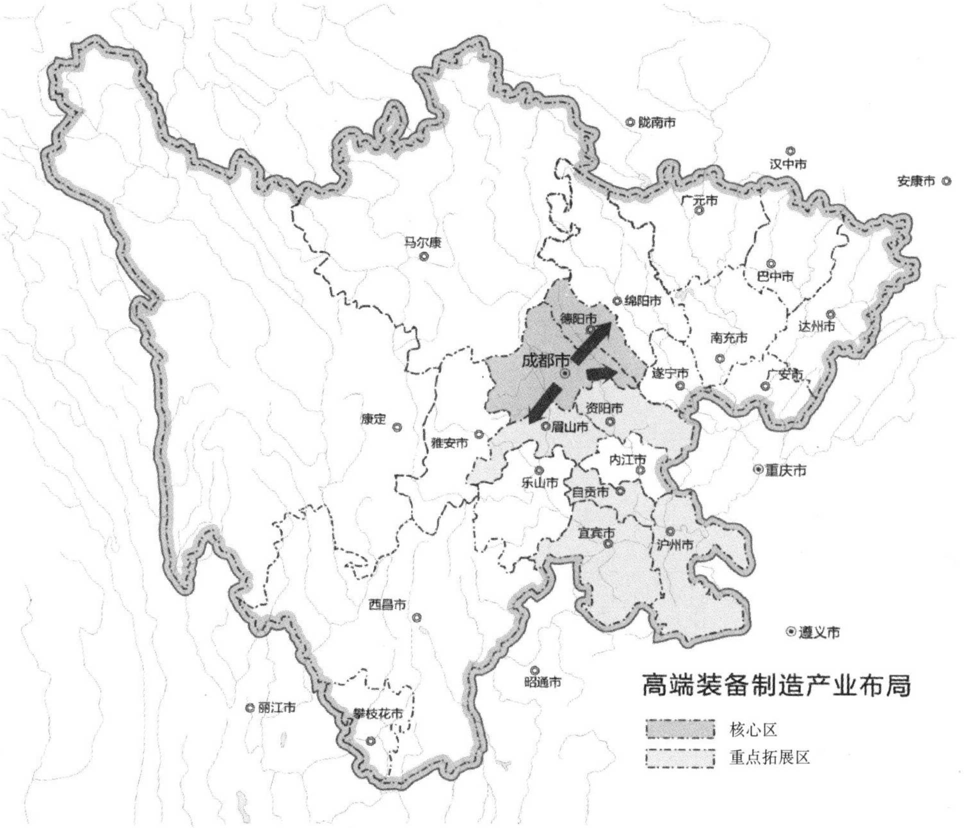

图 6-19 四川省高端装备制造产业布局图

资料来源：四川省“十二五”战略性新兴产业发展规划［EB/OL］. 国研智库网，http：//www.guoyancm.com/zl/cy/2014-06-26/455.html.

山重点发展城市轨道车辆中的地铁、轻轨车辆等产品。自贡重点发展数控机床及关键功能部件。宜宾、泸州重点发展高端装备制造配套液压产品，加快建设国家高性能液压件高新技术产业化基地。

（四）新材料产业

四川省紧跟材料结构功能复合化、功能材料智能化、材料与器件集成化、制备和使用过程绿色化的国际新材料发展新趋势，发挥自身在科技、人才和资源方面的优势，坚持技术创新与产业化相结合，重点推进稀土、钒钛、硬质合金等产业领域的发展，建成国家重要的新材料高技术产业基地。

四川省以成都、自贡、乐山、攀西等为核心区域，辐射带动绵阳、德阳、雅安、泸州、宜宾、内江、达州、遂宁等地，形成成都、自贡、攀西“三个核心”，成都、德阳、绵阳“一个产业带”的新材料产业布局（见图 6-20）。核

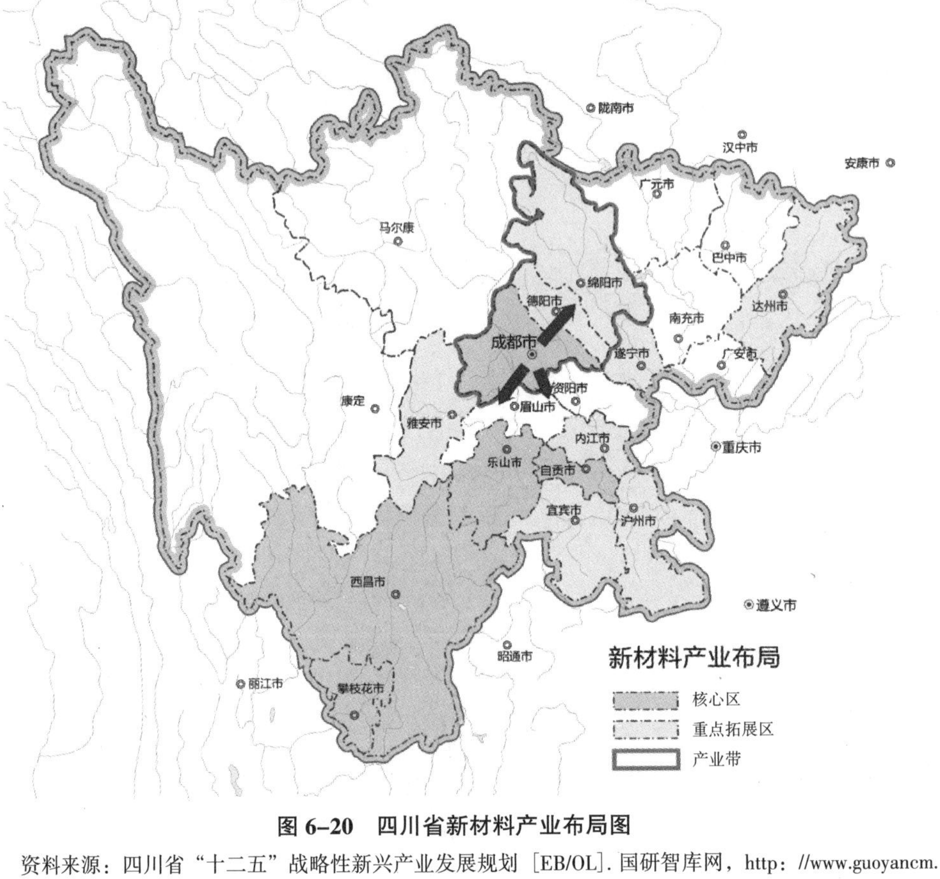

图 6-20　四川省新材料产业布局图

资料来源：四川省“十二五”战略性新兴产业发展规划［EB/OL］. 国研智库网，http：//www.guoyancm.com/zl/cy/2014-06-26/455.html.

心区：成都依托高新区、成眉工业集中发展区等园区，重点发展高性能纤维及其复合材料、电子信息材料、生物医用新材料、化工新材料，加强新材料技术研发，建设国家新材料高技术产业基地。自贡依托国家新材料产业化基地，重点发展金属新材料、高分子合成材料、新型炭材料产业链。乐山依托国家级硅材料开发与副产物利用产业化基地，重点发展硅材料及稀土材料产业链。攀西地区依托丰富的钒钛、稀土战略资源，重点发展钒钛、稀土新材料产业，建设国家级资源综合开发利用基地。重点拓展区：绵阳依托国家绝缘材料工程技术研究中心，重点发展绝缘材料、高分子材料、磁性材料等产品，建成高分子材料产业基地。德阳重点发展新型金属材料、高分子复合材料、精细化工材料、生物医用材料产业链，建成新材料产业化综合基地。雅安重点发展电子材料和锂材料。宜宾重点发展金属复合材料、高分子材料、竹纤维、TDI（甲苯二异氰酸酯）等新材料。泸州依托综合化工优势，加快发展高性能结构材料、功能材料及器件等各类化工新材料。内江重点发展钒钛产业，建设钒钛资源综合利用基地。达州依托原有产业基础，重点发展含钒高强度钢材等先进结构材料。遂宁重点发展锂电新材料产业，建设锂电基础材料资源、生产和研发基地。

（五）生物产业

四川省以成都为核心区域，辐射带动德阳、雅安、阿坝以及全省其他区域，形成成都“一个核心”，德阳、雅安、阿坝、巴中“四个重点发展区”的生物产业布局（见图 6-21）。核心区：成都依托高新区、双流西南航空港工业园区等，重点发展现代中药、创新药物、生物医学工程、生物医药服务等生物医药产业，加强生物技术研发；依托四川省现代农业与生物技术培育试验中心和中国农业科学院与省政府联合共建“中国农业科技西南创新中心”，加快发展资源技术主导型生物农业，建设国家重要的生物产业基地。重点拓展区：德阳、阿坝、巴中等重点发展中药种植、现代中药制造和特色原料药产业。雅安依托四川雅安国家农业科技园，重点发展生物农业，打造生物农业产业基地。

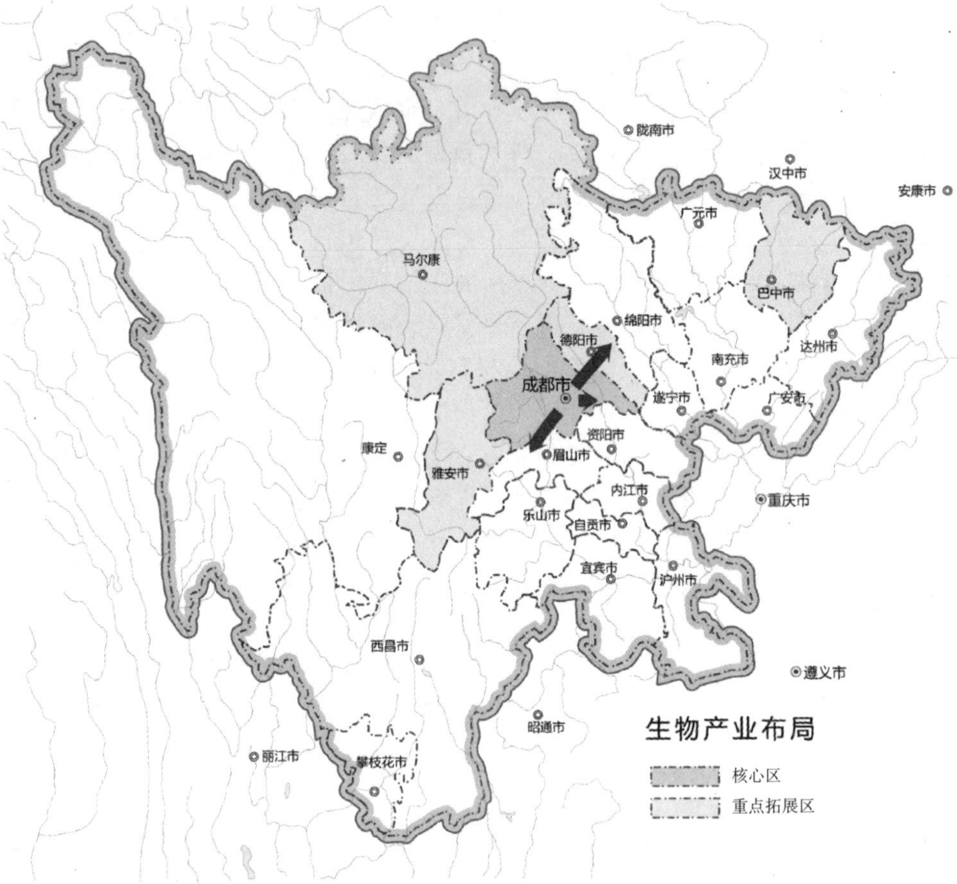

图 6-21　四川省生物产业布局图

资料来源：四川省“十二五”战略性新兴产业发展规划［EB/OL］. 国研智库网，http：//www.guoyancm.com/zl/cy/2014-06-26/455.html.

（六）节能环保产业

四川省以成都、德阳、绵阳、自贡为核心区域，辐射带动资阳、宜宾、泸州、内江、遂宁、广安等地，形成成都、德阳、绵阳、自贡“四个核心”，成都、德阳、绵阳“一个产业带”的节能环保产业布局（见图 6-22）。核心区：成都重点发展高效照明、机动车尾气治理、餐厨废弃物资源化利用和无害化处理等，建设全国餐厨废弃物资源化利用示范基地。德阳重点发展有色金属和化工废弃物的循环利用及再制造产业链等。绵阳重点发展节能家电和废物综合利用产业链。自贡重点发展固体、液体废弃物及脱硝成套设备产业链，打造节能环保装备制造基地。重点拓展区：资阳、遂宁重点发展高效照明产业链，建设

西部高效照明产业基地。泸州重点加强共伴生矿资源、工业固体废弃物、建筑废弃物等资源综合利用，建设泸州循环经济示范园区。宜宾重点发展新型节能建材和高效照明产业链。内江重点发展再生资源回收利用和节能玻璃产业链，建设西南再生资源产业基地。广安重点发展有色金属循环利用、再生资源回收利用等节能环保产业，建设西南循环经济发展示范基地。

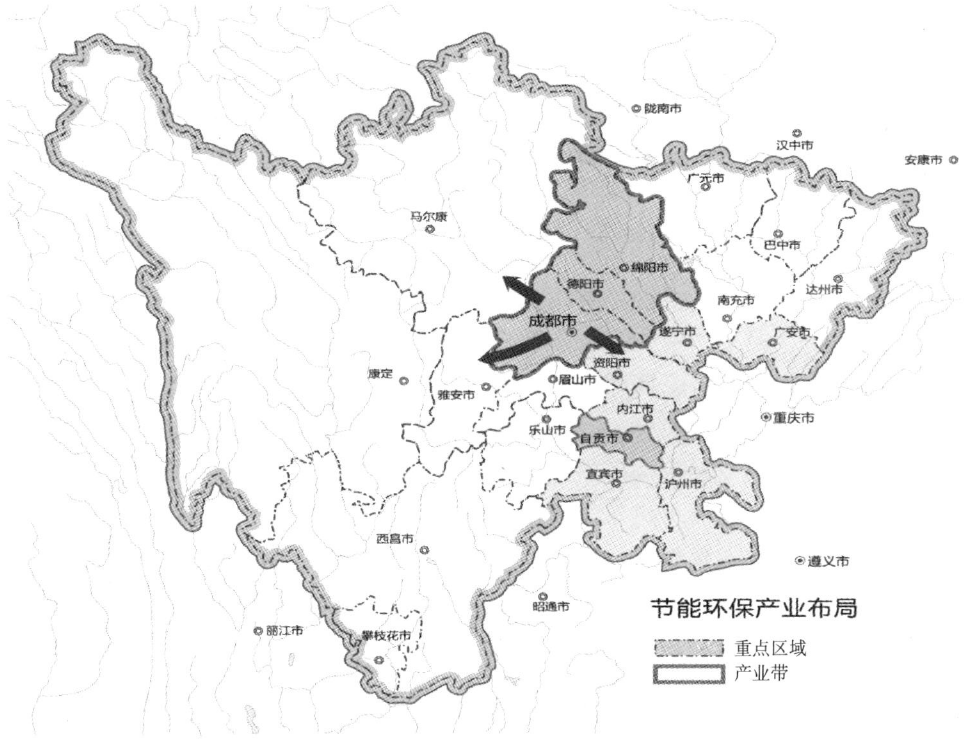

图 6-22 四川省节能环保产业布局图

资料来源：四川省“十二五”战略性新兴产业发展规划［EB/OL］. 国研智库网，http：//www.guoyancm.com/zl/cy/2014-06-26/455.html.

第七章　第三产业发展与布局

一、改革开放以来第三产业的发展

第三产业是国民经济的重要组成部分。产业结构演变的一般规律表明，随着经济的发展，第三产业在三大产业中无论是增加值比重，还是劳动力就业比重都是呈不断上升趋势。四川省具有发展第三产业的有利条件。一方面，四川省是中国西部地区人口最多、经济总量最大、资源富集的大省和西部最大的工业基地，第三产业发展有良好的需求条件；另一方面，经过多年的发展，四川省服务业发展取得了显著成效，成都是西部地区重要的现代制造业基地、交通通信枢纽和商贸金融科教中心，目前四川省综合交通运输体系已初具规模，交通基础设施日趋完善，为第三产业发展提供了重要基础，也为四川省第三产业搭建国际平台提供了非常有利的条件。

（一）第三产业的增长

据统计，2014 年四川省第三产业实现增加值 11043.20 亿元，是 1978 年的 299 倍多，按可比价格计算，1978~2014 年四川省第三产业增加值年均增长率为 11.95%。第三产业增加值占地区生产总值的比重为 38.70%，比 1978 年的 19.97%提高了 18.73 个百分点（见图 7–1）。图 7–2 显示了四川省改革开放以来第三产业增加值年增长率与地区生产总值年增长率，可以看出两者关系密切，第三产业增加值的增长滞后于地区生产总值的增长。

第三产业劳动密集程度高，吸纳就业强。2014 年四川省第三产业就业人员 1648.10 万人，较 1978 年增加了 1364.79 万人，占就业人员比例为 34.10%，比 1978 年的 9.18%提高了 24.92 个百分点（见图 7–3）。

改革开放以来四川省第三产业在发展过程中，技术水平也在提高，突出表现在劳动生产率的提高上。按当年价格计算，1978 年四川省第三产业劳动生

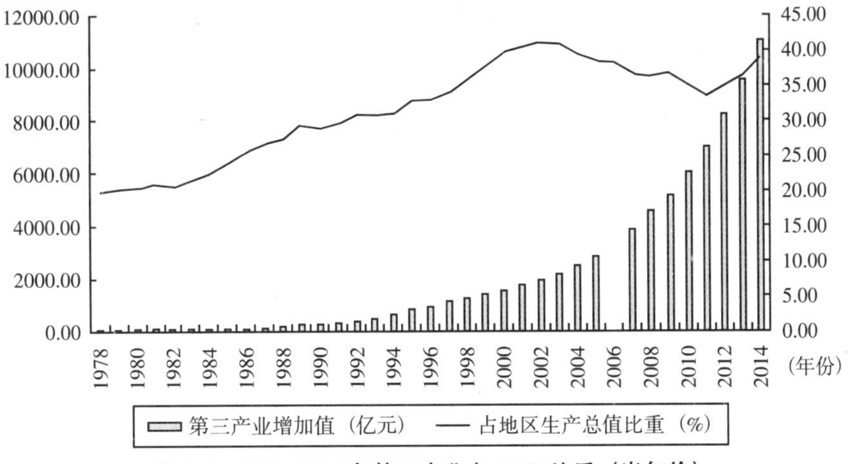

图 7-1　1978~2014 年第三产业占 GDP 比重（当年价）

资料来源：根据《四川统计年鉴》相关数据计算绘制。

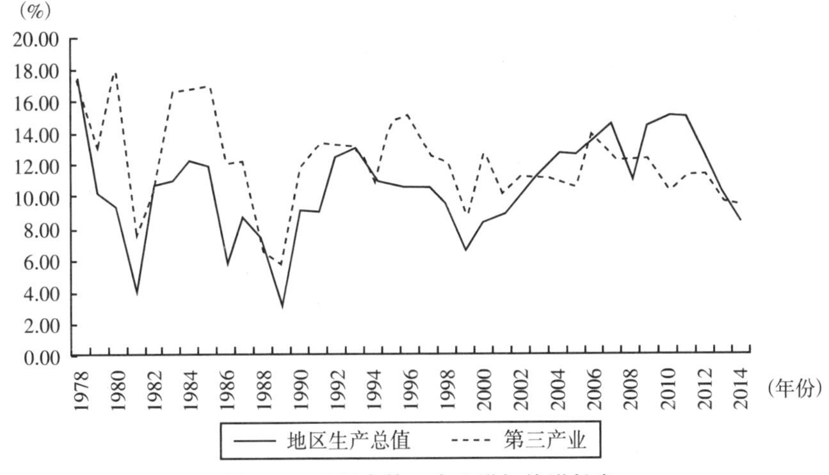

图 7-2　四川省第三产业增加值增长率

资料来源：根据《四川统计年鉴》相关数据计算绘制。

产率为 1301 元/人，到 2014 年时达到 67006 元/人。

与全国相比，总体上目前四川省第三产业发展落后于全国平均水平（见表 7-1）。例如，第三产业实现的增加值与生产总值的比例，全国为 48.10%，四川为 38.70%，低于全国 9.4 个百分点；产值密度全国为 318.79 万元/平方千米，四川为 227.20 万元/平方千米；第三产业就业密度四川与全国平均水平相差不大，但劳动生产率四川远低于全国平均水平。

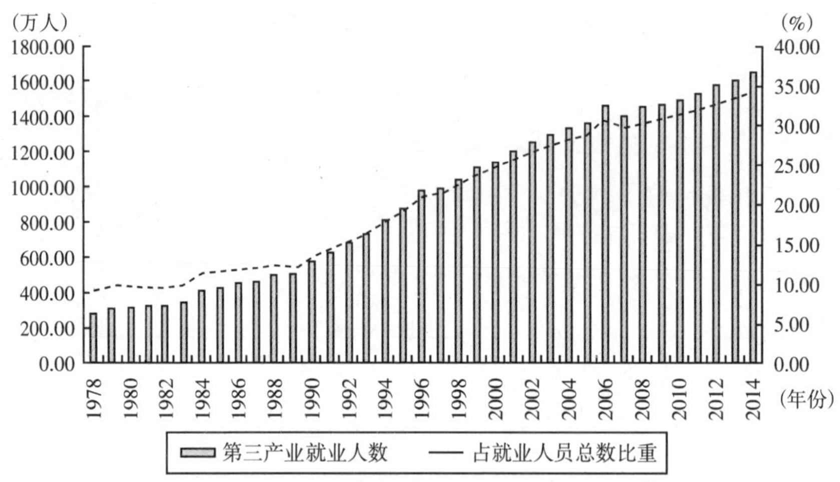

图 7-3 四川省第三产业就业

资料来源：根据《四川统计年鉴》相关数据计算绘制。

表 7-1 2014 年四川省第三产业与全国的比较

指标	第三产业增加值/地区生产总值（%）	产值密度（万元/平方千米）	就业密度（人/平方千米）	劳动生产率（元/人）
全国	48.10	318.79	32.67	97576.27
四川省	38.70	227.20	33.91	67005.64

资料来源：《中国统计年鉴》（2015）。

（二）第三产业结构变化

第三产业种类多，不同种类的服务业，技术进步差异显著，而且随着经济发展，居民收入提高，对第三产业的需求层次越来越分明，因此，第二产业内部行业间分化越来越明显，第三产业内部结构演变总体上呈现出明显的升级趋势。

图 7-4 所示为四川省第三产业内部行业增加值构成的变化，反映了第三产业内部结构的演变。交通运输、仓储和邮政业，批发和零售业及住宿和餐饮业等传统服务业增加值占第三产业增加值的比重在下降，1978 年为 45.96%，2014 年下降为 30.84%；代表现代服务业的金融业和其他行业增加值占比则大幅度上升，1978 年为 54.04%，2014 年为 69.16%，其中金融业增加值占比从 1978 年的 13.24%上升到 2014 年的 16.55%；房地产服务业增加值占比亦有上升，从 1978 年的 6.57%上升到 2014 年的 9.64%。四川省第三产业中传统服务业的比重逐渐降低，现代服务业的比重逐渐升高，体现了第三产业内部结构升级优化方向。

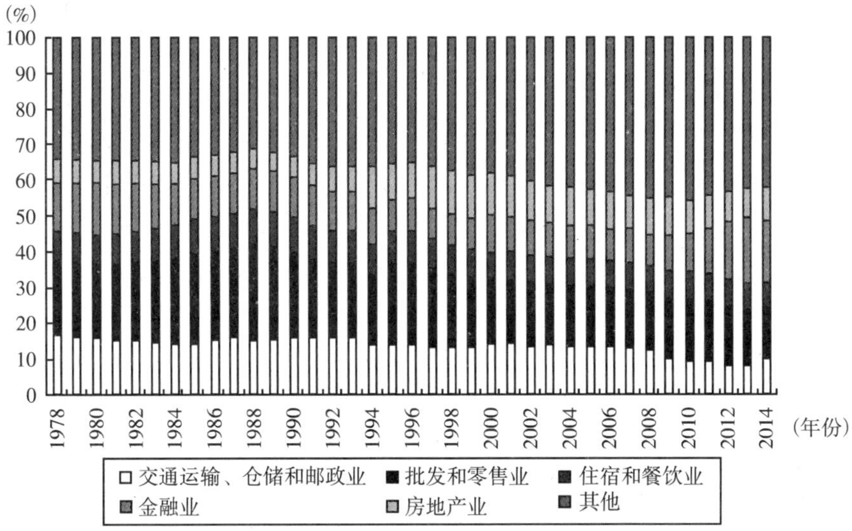

图 7-4 四川省第三产业增加值结构的变化

资料来源：根据《四川统计年鉴》相关数据计算绘制。

驱动第三产业内部结构演变的原因表现在三个方面：第一，在产业发展序列上，先行产业的“一枝独秀”使它在发展初期肯定占有较高比重，随着后发产业的兴起，“百花齐放”使先行产业比重趋于下降。而商贸业正是第三产业中最早独立化的先行产业，早在第三次社会大分工中就已出现，它与在第一次社会大分工中形成的农牧业、第二次社会大分工中独立化的手工业三足鼎立，分别代表早期三次产业的主要行业。在后发服务业尚未独立化或发展程度低的情况下，商业自然成为第三产业中比重最大的部门，随着后发服务业如生产服务业和生活服务业等的兴起，其比重势必下降。第二，在经济发展水平低的时期，实物产品是居民消费的主要对象，也是社会生产所需的主要生产资料。随着国民经济的发展，居民收入水平提高和闲暇时间增多，使居民消费服务产品的比重越来越大，而生产社会化、信息化、市场化和国际化程度的提高，使生产消费中消费的服务型生产资料比重越来越高。这促使生产生活服务业迅速发展，比重上升，传统服务业的比重随之下降，显示了生产服务业和生活服务业的兴旺发达，提示第三产业内部结构处于较高的层次。第三，国民经济发展到工业化阶段，开始出现国民经济软化现象，在社会产品中，服务产品比重增大，实物产品比重下降，需要运输和在商店交易的实物产品相对减少，导致商业、运输业比重不可能随国民经济的发展而增大，而呈现增长—饱和—下降的趋势。因此，商业交通部门在农业社会和工业社会中，占国民经济的比重较高，在后工业社会中，其比重反而较低。

（三）第三产业发展地区不平衡，区域发展水平差距在扩大

四川省第三产业发展在空间上不平衡（见图 7–5 和图 7–6）。由表 7–2 可知，四川省各市（州）之间第三产业发展差距非常大。从第三产业占地区生产总值比例看，21 个市州中占比最高的达到 51.62%（成都市），最低的只有 22.75%（内江市），两者相差 2.27 倍；产值密度最高的达到 4283.28 万元/平方千米（成都市），最低的只有 5.25 万元/平方千米（甘孜州），两者相差 800 多倍；第三产业就业密度最高达到 331.54 人/平方千米（成都市），最小的只有 1.02 人/平方千米（甘孜州），相差 325 倍；第三产业劳动生产率最高的接近 13 万元/人（成都市），最低的只有 3.59 万元/人（达州市），相差 3.6 倍。变异系数表明，产值密度地区差异最大，其次是就业密度，再次是劳动生产率，最小的是第三产业增加值占地区生产总值的比例。

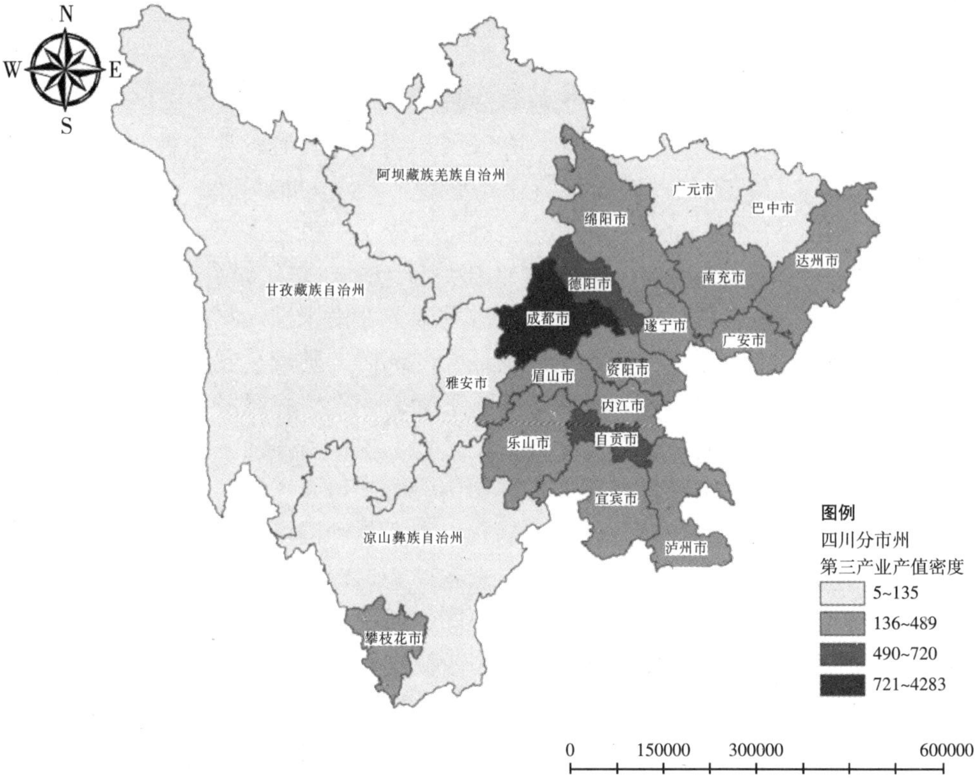

图 7–5　2014 年四川省第三产业产值密度图

资料来源：《四川统计年鉴》(2015)。

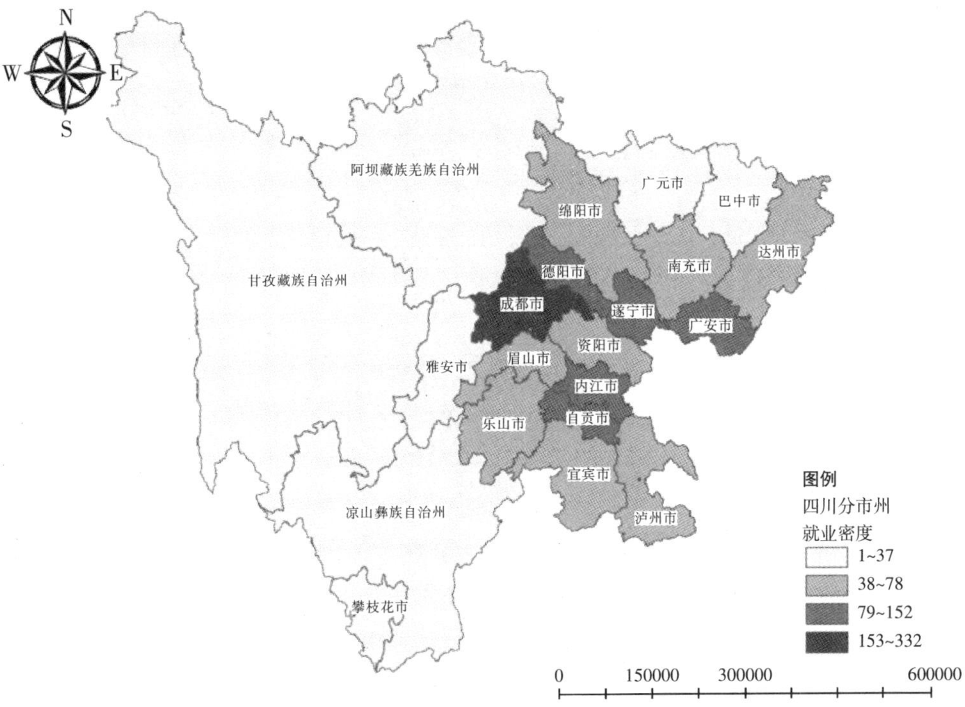

图 7-6　2014 年四川省第三产业就业密度图

资料来源：《四川统计年鉴》(2015)。

表 7-2　2014 年四川省第三产业发展的区域差异

	第三产业增加值占地区生产总值比例（%）	产值密度（万元/平方千米）	就业密度（人/平方千米）	劳动生产率（元/人）
全省	38.70	227.20	33.91	67005.64
成都市	51.62	4283.28	331.54	129193.4
自贡市	29.39	720.04	152.03	47360.36
攀枝花市	23.47	276.19	27.70	99717.07
泸州市	27.07	278.64	52.47	53107.48
德阳市	27.15	696.23	144.51	48180.33
绵阳市	33.35	260.23	49.44	52639.36
广元市	35.40	122.89	28.45	43198.28
遂宁市	27.75	421.96	102.01	41366.48
内江市	22.75	488.64	127.40	38355.69
乐山市	29.16	276.79	51.40	53847.09
南充市	27.85	319.66	73.33	43590.16
眉山市	27.60	365.31	78.02	46824.06
宜宾市	26.19	285.03	66.48	42870.75

续表

	第三产业增加值占地区生产总值比例（%）	产值密度（万元/平方千米）	就业密度（人/平方千米）	劳动生产率（元/人）
广安市	30.90	448.18	97.63	45907.92
达州市	27.06	219.99	61.33	35868.24
雅安市	28.47	87.51	21.13	41405.66
巴中市	36.30	134.84	37.42	36034.78
资阳市	23.78	357.14	78.27	45629.21
阿坝藏族羌族自治州	34.40	10.27	2.08	49265.9
甘孜藏族自治州	38.00	5.25	1.02	51366.01
凉山彝族自治州	28.27	61.63	12.16	50691.68
最大/最小	2.27	815.86	325.04	3.60
变异系数	0.21	1.85	0.96	0.42

资料来源：《四川统计年鉴》（2015）。

从第三产业增加值在五大经济区的分布看，1978 年以来成都经济区的第三产业增加值占 21 个市州合计的比例不断上升，从 1978 年的 37.09%上升到 2014 年的 61.60%，而其他几个经济区的比重均有不同程度的下降，川南经济区从 26.96%下降到 15.23%，攀西经济区从 8.77%下降到 6.53%，川东北经济区从 24.02%下降到 15.12%，川西北经济区从 3.16%下降到 1.51%。可以看出，四川省第三产业增加值改革开放以来的空间分布动态处于不断向成都经济区集聚的态势。如图 7-7 所示。

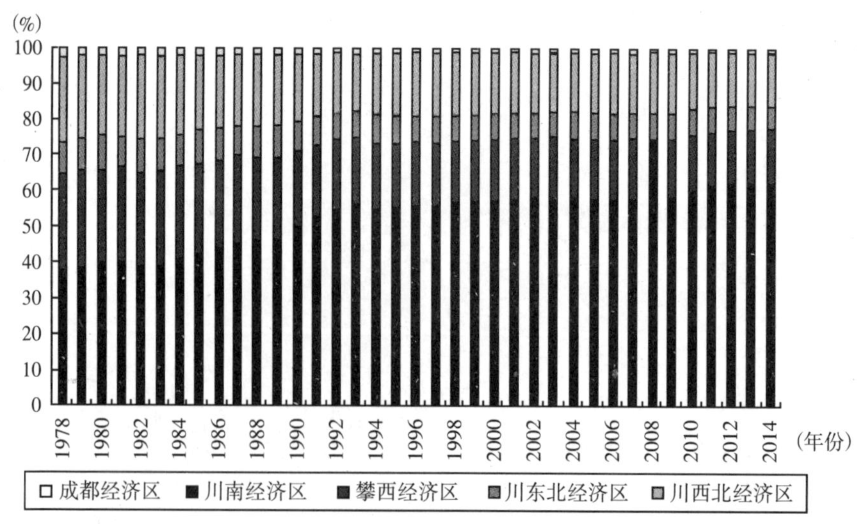

图 7-7 四川省第三产业增加值的区域构成

资料来源：根据《四川改革开放 30 年》、《四川统计年鉴》相关数据计算绘制。

近年来，四川省第三产业呈现出进一步向中心（园区）集聚的趋势，其中以西部物流中心、西部商贸中心和西部金融中心的建设和发展为产业重点。

西部物流中心：四川省依托重要交通干线、中心城市和产业聚集地，围绕西部物流中心，已发展出成都、川南、川东北三大物流区域。现有成都双流国际航空港、青白江铁路集装箱物流、新津物流园区、新都物流中心、龙泉物流中心、成都保税物流中心、遂宁中国西部现代物流港、攀枝花物流园区、泸州—宜宾物流中心、达州天然气能源化工产业区域物流中心、绵阳电子信息综合物流园区、南充—巴中物流中心、乐山大件物流中心、雅安物流中心等各具特色的区域物流中心。

西部商贸中心：四川省以省会成都为依托，以大型批发贸易、会展经济、商务信息和服务贸易为重点，发挥特大中心城市的集聚和辐射功能，带动重大装备、优势农产品、优势资源产品、高技术产品等优势特色产品走向全国、走向世界，吸引省外、国外工商企业来川发展；发挥省际结合部中心城市的经济功能，扩展省际间的商贸流通，建成辐射川、陕、渝交界区域的达州省际商贸中心，辐射川、渝、黔、滇交界区域的泸州和宜宾省际商贸中心，辐射川、滇交界区域的攀枝花省际商贸中心，辐射川、甘、陕交界区域的广元省际商贸中心，辐射川、藏、青交界区域的康定和马尔康省际商贸中心；以绵阳、德阳、南充、遂宁、资阳、内江、自贡、乐山、眉山、广安、雅安、巴中和西昌等区域中心城市为依托，以区域优势产业为特色，建设省内区域商贸中心；以县城为中心，建制镇为主要节点，行政村为终端，建立覆盖全省的农村商贸网点。

西部金融中心：四川省以省会成都为西部金融中心的核心区域，正在构建西部金融机构集聚中心、西部金融创新和市场交易中心与全国一流的金融后台服务中心。1993 年国务院发布《西南和华南部分省区区域规划纲要》，四川省会成都被明确定义为中国的“西南金融中心”。历经近 20 年发展，这一战略在成都不断加速发展中，因全球金融巨头的入驻而逐渐明晰。2009 年，成都市政府正式印发《关于进一步加快金融业发展的若干意见》，以多项罕见的优惠措施吸引全球金融机构来成都安家落户，并正式明确将高新区和锦江区东大街作为成都金融一条街发展，“西部金融中心”的建设再次提速。

二、旅游业的发展与布局

（一）四川省旅游发展的条件

四川省是我国旅游资源最富集的省份之一，具有发展旅游业的明显优势。

1. 自然条件优越

四川省地处中国西南腹地，四周为高峻的山脉所环绕，北有秦岭，东有大巴山，西有岷山，南有云贵高原，境内江河贯穿，沃野千里，有岷江、沱江、涪江、金沙江、雅砻江、大渡河等。四川省处于亚热带湿润季风气候区，终年温暖湿润，四季分明，夏无酷暑，冬无严寒，雨量充沛。据古籍记载，在冰川时代，四川盆地就成为动物的避难所，动物（包括人类的祖先）争相迁往这片生命的乐园，大熊猫即是有力的佐证。优美的自然环境和浓郁的文化氛围使四川省拥有独特的魅力，自古就有"天下山水之冠在蜀"的说法。

2. 旅游资源得天独厚

四川省是名副其实的旅游资源大省（见图 7-8），拥有全国风景名胜区的 6.7%、国家自然保护区的 7.3%、国家森林公园的 4.2%、国家历史文化名城的 6.0%、全国重点保护单位的 5.4%，是中国世界遗产最多的省份之一。此外，四川省还有 550 多处各类省级旅游资源。同时，神秘离奇的广汉三星堆遗址和成都金沙遗址、李冰治水、文翁中学、诸葛亮治蜀等为四川积累了丰厚的历史文化旅游价值。四川省也是旅游品种最齐全的省份之一，悠久的历史文化古迹和绚丽多彩的自然风光兼而有之。既有自然的，又有人文的；既有数量的优势，又有品位的优势。更兼四川少数民族众多，各有其独特的风俗习惯、歌舞、美饰，再加上名扬四海的川菜美食等，构成了全方位、多层次的旅游资源优势，足以吸引全世界的游客。近年来四川旅游在实践中不断推陈出新，开发出新的旅游形式；同时通过深度发掘、苦练内功，让各类旅游资源焕发出新的活力。

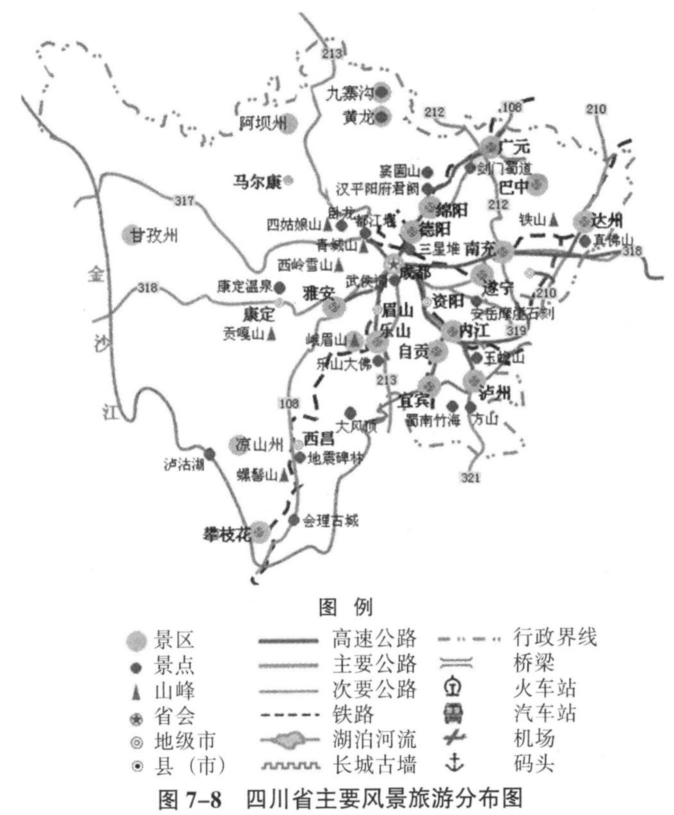

图 7-8　四川省主要风景旅游分布图

资料来源：《四川省“十二五”旅游业发展规划》。

3. 旅游产业发展迅猛

近年来，四川省旅游总收入、接待游客数量都逐年增加，旅游业发展成绩喜人。旅游业已经成为四川省的重要支柱产业，四川旅游已经成为中国西部旅游业的排头兵。从 2001 年开始，四川旅游总收入持续居西部之首，并继续呈现高度发展态势，2007 年四川旅游总收入率先在西部地区突破千亿元大关，成为中国西部旅游业发展最快的地区。2014 年，四川省旅游总收入占全省 GDP 的比重超过 17%。旅行社、旅游饭店的规模、档次均大幅度提升，能有效满足国内外旅游市场的需要。1978 年改革开放初期，四川省只有几家旅行社，经过 30 年的快速发展，2014 年四川省共有旅行社 845 家、星级饭店 481 家，已形成从一星级至五星级宾馆和饭店为主体，其他多种类型的旅社、招待所等为补充的旅游住宿局面，构成了多类型、特色化、专业规范的住宿服务体系。

4. 旅游交通逐步完善

改革开放以来，四川省的旅游交通逐步完善，交通运输畅通发达，公路、铁路、航空、水路的交通网已经形成，为四川省旅游产业的高速发展奠定了坚实的基础。拥有方便、快捷、安全的旅游交通通道，特别是航空旅游的发展，为更多的海外旅游者选择四川作为旅游目的地创造了条件。目前，四川现有一个主枢纽机场——成都双流机场，还有 10 个支线机场，成都双流机场旅客吞吐量已经接近 3000 万人次，成为全国第五大机场。四川省已开通 48 条国际（地区）航线和 138 条国内航线，可通达亚洲、西欧、北美、大洋洲的 24 个重要城市，高速公路通车里程和铁路营运里程分别突破 3000 千米、3500 千米，车船齐备，交通便利发达，旅游的可进入性大大提高，为四川省旅游发展提供了基础支持。

（二）四川旅游业的发展

从 1949 年新中国成立，一直到 1978 年实施改革开放的 29 年间，包括四川在内的中国旅游业实际上属于外事活动性的旅游，旅游活动通常由政府接待与安排，并没有真正意义上的市场经济性质的旅游业。从 1978 年至今，四川才开启了真正意义上的旅游业。改革开放以后的四川旅游业，大致经历了三个阶段。

第一阶段，20 世纪 80 年代开始起步。在这个阶段，四川省旅游资源的开发主要集中在成都（青城山、都江堰、杜甫草堂、武侯祠等）、乐山（乐山大佛、峨眉山）、阿坝州（九寨沟、黄龙）三个地区，并率先申报了一批国家级风景名胜区。但是，由于受道路交通差、服务设施滞后等因素制约，此阶段四川省旅游资源开发利用总体规模偏小。

第二阶段，20 世纪 90 年代打基础。进入 20 世纪 90 年代以后，随着全国旅游需求的快速增长和四川省基础设施的不断改善，四川省旅游资源开发突破原来成都、乐山、阿坝三地的格局，逐渐延伸到甘孜、凉山、川南地区，涌现出了一批新的、极富吸引力的旅游产品，如泸定海螺沟、康定跑马山——木格措、小金四姑娘山、卧龙、西昌卫星发射基地、蜀南竹海、自贡恐龙博物馆等，基本形成了成都口岸、川西自然生态、川南佛教文化、川东南恐龙——竹海、川东革命遗迹、川北三国文化六大旅游片区。20 世纪 90 年代后期，随着《四川省旅游发展总体规划》的编制和实施，以及四川省委、省政府《关于加快培育旅游支柱产业建设旅游经济强省的决定》的出台，四川省更是掀起了旅游资源开发的热潮：首先，四川老牌景区加快了基础设施和服务设施建设步伐，不断提高经营管理水平，如峨眉山在景区管理方面不断探索、改革，其管理和经营水平在全国取得了骄人成绩；九寨沟和黄龙随着九环线打通建成，其旅游人数和收入比 20 世纪 80 年代翻了几十倍；其次，四川省旅游资源开发利用在全国创造了新的成功经营模式和管理经验，如闻名全国的“碧峰峡”模式。

第三阶段，21 世纪开始大发展。跨入 21 世纪，四川省旅游业发展面临难得的历史机遇：西部大开发、中国加入 WTO、三州通县油路工程、九寨沟黄龙机场的修建等。在此阶段，四川省旅游资源的开发出现两个趋势：一是"整合资源优势，区域联合开发"，从西环线熊猫生态旅游精品线路开发到"大九寨国际旅游区"出台，从川滇藏联合开发"中国大香格里拉生态旅游区"到川滇黔联手打造金三角旅游区，不仅是省内跨行政区域的优势资源整合，更涉及多个省（区）的协作开发，充分体现了现代旅游发展趋势，即"大旅游、大市场、大发展"；二是四川省旅游资源开发向旅游精品方向发展，全力打造"童话世界九寨沟、国之瑰宝大熊猫、古蜀文化三星堆"三大国际品牌和"大九寨国际旅游区"。[①] 特别是从 2003 年开始，四川省每年高规格召开全省旅游发展大会，重点抓好"五大精品旅游区"开发建设，加快旅游产业发展。"五大精品旅游区"，即"中国第一山"国际旅游区、大九寨国际旅游区、卧龙中华大熊猫生态旅游区、三星堆古遗址文化旅游区、都江堰—青城山旅游区。五大精品旅游区汇集了四川省世界级的旅游资源，集中了四川省旅游资源的精华，是四川省旅游业的品牌和形象代表，是四川省旅游业发展的重要载体。2005 年底四川省又在攀枝花召开了全省首届冬季旅游发展大会，推动攀西地区冬季旅游产品开发，着力解决四川省冬季旅游产品薄弱的问题。

随着旅游资源开发利用力度的不断加大，四川省旅游业的发展已步入一个快速发展的时期。经过"十一五"和"十二五"时期的发展，四川省旅游业实现了从旅游资源大省向旅游经济大省的跨越，进入加快实现旅游经济强省建设目标的新阶段。

据统计，四川省旅游总收入从 2000 年的 258 亿元增长到 2014 年的 4891.04 亿元，增加了 4633.04 亿元，增长 17.96 倍，年均递增 1.28 倍。四川省旅游总收入占第三产业的比重由 2000 年的 16.65%逐渐增加到 2014 年的 46.64%，旅游总收入占第三产业增加值的比重将近一半，说明四川省旅游业在第三产业中的重要性日益凸显，第三产业内部产业结构不断优化。四川省旅游总收入占国内生产总值比重增长也非常明显，从 2000 年的 6.57%已上升到 2014 年的 17.14%（见图 7-9）。可以看出，四川省旅游业的发展正展现出广阔的发展前景和巨大的发展潜力，四川省的旅游业在其国民经济中的地位日益提升。

① 四川省旅游资源的开发与利用[EB/OL]. 四川省旅游政务网，2004-10-18.

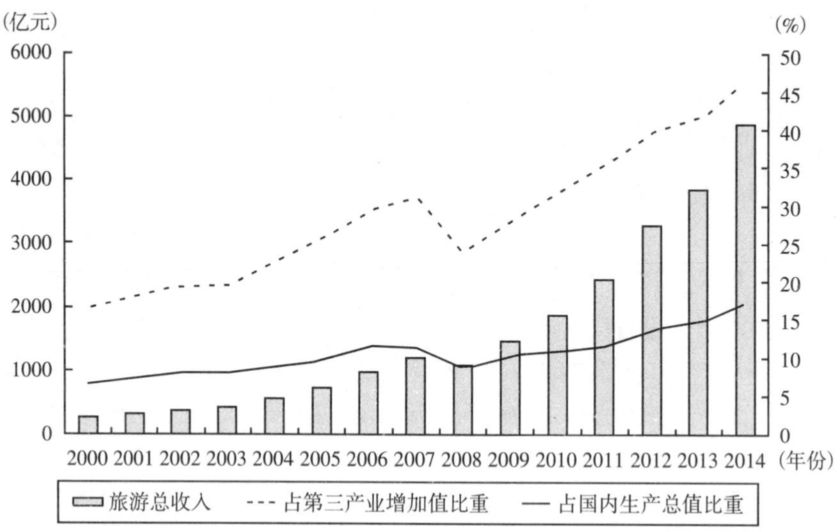

图 7-9　四川省旅游业的发展

资料来源：根据《新中国六十年统计资料汇编》、《四川统计年鉴》相关数据计算绘制。

（三）旅游业发展的空间布局

由于各地旅游资源的丰裕度、交通通达性等的差异，四川省各地旅游业发展存在显著的区域差异（见表 7-3、图 7-10）。2014 年成都市实现旅游总收入超过 1600 亿元，占全省的 34%，旅游人数占全省的 34.62%；旅游总收入不足 100 亿元的有达州、巴中和甘孜；其余市州旅游收入超过 100 亿元。

表 7-3　2014 年四川省旅游发展的区域差异

	旅游收入（亿元）	旅游人数（万人次）	旅游收入/地区生产总值（%）	密度			
				万元/平方千米	元/人	人次/平方千米	人次/人
全省	4891.03	53789.86	17.14	100.63	6008.48	1106.67	6.61
成都市	1662.43	18620.82	16.53	1371.73	11522.62	15364.73	12.91
自贡市	200.41	2106.16	18.67	457.50	7298.87	4807.92	7.67
攀枝花市	150.04	1383.72	17.23	202.71	12178.32	1869.53	11.23
泸州市	183.85	2539.73	14.59	150.25	4325.77	2075.58	5.98
德阳市	120.65	1843.97	7.96	204.15	3436.39	3120.18	5.25
绵阳市	277.26	2821.86	17.55	136.93	5850.12	1393.62	5.95
广元市	158.72	2769.61	28.03	97.31	6163.70	1697.99	10.76
遂宁市	201.18	2433.51	24.85	377.93	6128.91	4571.51	7.41
内江市	136.98	2230.73	11.84	254.39	3669.82	4142.73	5.98

续表

	旅游收入（亿元）	旅游人数（万人次）	旅游收入/地区生产总值（%）	密度			
				万元/平方千米	元/人	人次/平方千米	人次/人
乐山市	386.76	3354.92	32.03	303.98	11900.28	2636.89	10.32
南充市	253.32	3076.75	17.69	203.03	3999.55	2465.90	4.86
眉山市	180.65	2386.14	19.12	253.03	6042.42	3342.16	7.98
宜宾市	256.06	2822.41	17.73	193.02	5728.39	2127.52	6.31
广安市	194.58	2768.56	21.16	306.88	6021.15	4366.47	8.57
达州市	90.42	1351.30	6.71	54.53	1635.10	814.92	2.44
雅安市	108.66	1659.28	23.50	72.22	7039.14	1102.79	10.75
巴中市	89.54	1165.61	19.61	72.84	2695.34	948.17	3.51
资阳市	182.70	2614.40	15.28	229.54	5150.64	3284.54	7.37
阿坝州	242.53	2876.78	97.88	29.22	26353.63	346.53	31.26
甘孜州	80.14	798.91	38.75	5.36	6981.03	53.40	6.96
凉山州	188.31	3136.45	14.33	31.23	4076.02	520.19	6.79

资料来源：根据《四川统计年鉴》（2015）相关数据计算。

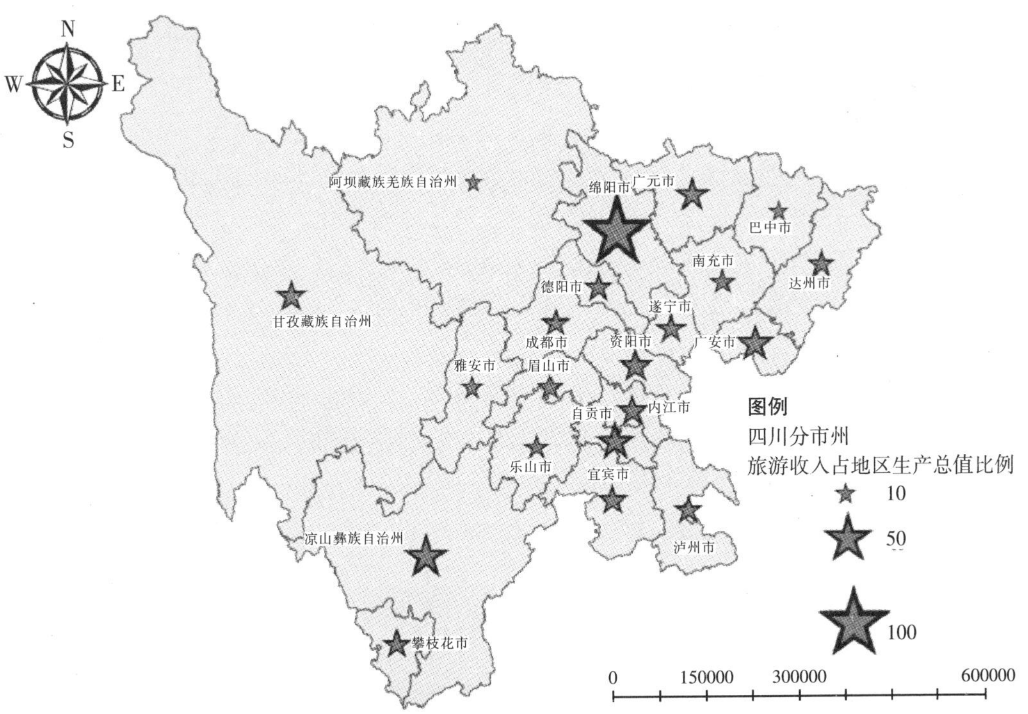

图 7-10　2014 年四川省旅游业发展的地区差异

资料来源：《四川统计年鉴》(2015)。

根据四川自然条件的分异特征和旅游资源的分布规律，四川省旅游产业发展在空间上可以划分为六个旅游片区：

一是川西高山高原旅游片区。该区位于四川西部，是四川盆地与青藏高原的结合部位，属于青藏高原东南缘和横断山脉的一部分，范围包括甘孜、阿坝两州。该区幅员辽阔、地形复杂、山川秀丽，拥有一大批高品位的自然旅游资源：九寨沟、黄龙是全世界仅有的同时拥有“世界自然遗产”和“世界生物圈保护区”两项国际桂冠的自然风景区，世界第一个“大熊猫研究中心”汶川卧龙自然保护区，四姑娘山、雪宝顶等多座对外开放的登山区，以及冰川森林公园海螺沟、理塘—稻城海子山谷冰川大冰帽、丹巴美人谷等也位于该区，是中国自然景观资源最丰富和最集中的区域之一；同时，该区是多民族聚居区。

二是川南丘陵低中山旅游片区。该区位于四川南部，包括宜宾、泸州、乐山、内江、自贡五市。该区山清水秀，气候宜人，具有相当齐备的自然旅游资源以及人文旅游资源：世界自然和文化双重文化遗产峨眉山—乐山大佛，中国唯一以大面积竹景为特色的国家级风景名胜蜀南竹海以及被纳入世界地质公园的兴文地质公园等。

三是川东丘陵旅游片区。该区包括遂宁、广安和南充等市。区内气候温暖，湿润宜人，水热充沛，拥有一批以自然保护区和森林公园为主的自然旅游资源。该区还是邓小平、朱德等伟人的故乡，有着灿烂的红色革命文化。

四是川西南中山峡谷旅游片区。该区位于青藏高原东部横断山系中段，范围包括凉山州和攀枝花市。该区拥有四川第一大湖泊邛海、二滩国家森林公园、攀枝花苏铁和大风顶国家级自然保护区以及摩梭文化、彝族文化等。

五是川东北低中山旅游片区。该区是指大巴山—米仓山南麓低中山地区，范围包括绵阳、广远、巴中、达州四市。该区拥有数量众多、风景优美的旅游景区。

六是成都平原旅游片区。该区范围包括成都、眉山、德阳、资阳四市，拥有世界文化遗产青城山—都江堰、众多国家级的风景名胜区和森林公园以及三国文化、金沙古文化遗址等旅游资源。

（四）旅游业发展展望

四川省拥有独特的资源组合优势，各类旅游资源因其种类的相异性和区域分布的相对完整性，形成了区、带结合，相对集中的空间组合布局。但是，四川省在全国旅游市场的占有率与旅游资源拥有量较不相称；旅游市场主体发育不成熟，各类旅游企业市场竞争力偏弱，缺乏大型龙头企业；旅游资源总体开发程度不高，旅游产品单一，市场适应能力偏弱；旅游宣传促销力度不够，旅

游市场秩序有待进一步规范；旅游资源开发资金不足，旅游管理体制不健全。针对这些问题，《四川省国民经济和社会发展第十三个五年规划纲要》提出，“十三五”时期，要大力发展现代旅游业。加快旅游资源开发和产品打造，促进旅游与三次产业融合发展，积极发展旅游新业态，构建现代旅游产业体系，加快建设旅游经济强省和世界重要旅游目的地。优化旅游发展布局，提升大成都、大九寨、大峨眉、大香格里拉、G318/317川藏线、大攀西、大巴山、大川南等旅游目的地国际化水平，完善九环线、成乐环线、大熊猫生态文化、蜀道三国文化、川江水上旅游、攀西康养旅游、“长征丰碑”红色旅游、光雾山—诺水河巴山蜀水等精品旅游线路。推动四川藏区、彝区全域旅游发展，推进川滇藏、川甘青、川陕甘、川渝黔等区域旅游合作发展。实施乡村旅游扶贫、智慧旅游、旅游厕所建设等重点工程，加快旅游交通和公共服务体系建设，提高旅游服务水平。

第四篇　能源与交通

第八章　能源经济地理

四川省是能源的资源大省，具有富甲天下的水能资源，天然气资源居全国首位。四川省也是能源生产和消费大省。据统计，2014 年四川省能源生产总量为 16555.2 万吨标准煤，占全国的 4.6%，能源消费总量为 19878.7 万吨标准煤，占全国的 4.67%。

一、能源资源

能源资源是能源工业发展和生产布局的自然基础。资源状况如何，直接影响着能源工业生产规模、结构和布局，也制约着产业结构和生产力布局。能源工业的发展规模主要依据能源资源构成、能源资源的丰度和分布特征。四川省能源资源丰裕，种类多，常规能源水、煤、气齐全，生物质能源、太阳能资源和核能资源也很丰富。在各种能源资源中，水能资源和天然气资源独步全国。

（一）资源储量

四川省以其优越的自然条件，蕴藏着丰裕的能源资源。水能、煤炭、天然气、核能、生物质能、太阳能、风能等丰富多彩，如表 8-1 和表 8-2 所示。表 8.1 列出了四川省常规能源资源在全国的地位，2014 年四川省天然气居全国第一位，煤炭资源居全国第 11 位，石油资源居全国第 16 位。根据 2004 年全国水力资源普查结果，四川省水能资源理论蕴藏量达 14351 万千瓦，可开发量装机 10327 万千瓦，可发电量 5233 亿千瓦时/年，居全国首位，其中 77%集中在三江（雅砻江、金沙江、大渡河），其丰度和密度居世界第一（目前开发程度只有 2.1%）。

除了常规能源资源外，新能源资源也较为丰裕，如表 8-2 所示。秸秆、薪柴、人畜粪便等生物质能遍布全省农村。四川省太阳能资源分布不平衡，大致以龙门山、邛崃山脉和大凉山脉为界，东部较少，西部较多，尤其川西高原是四川省乃至全国太阳能资源的主要分布区。四川省属于全国风速相对较小的省份之一，但部分地区风速较大，且有开发价值，主要分布在川西高原及盆周山区，具体地区包括三州地区、攀枝花以及盆周山区的广元、巴中、达州、绵阳、广安、雅安等地区。四川省地热能资源分布广泛，温、热泉放热总量居全国第四位。

表 8–1 四川省常规能源资源在全国的地位

能源	单位	全国	四川	四川占全国百分比（%）	排名
石油	万吨	343335.00	661.80	0.19	16
天然气	亿立方米	49451.78	11708.56	23.68	1
煤炭	亿吨	2399.93	54.10	2.25	11
水能理论蕴藏量	万千瓦		14351		1
水能经济可开发量	万千瓦	37853	10327	27.28	1
可开发水电年发电量	亿千瓦时	19233	5233	27.21	1

资料来源：《中国统计年鉴》(2015)。

表 8–2 生物质能、太阳能、风能等资源

资源种类	年产量	折合标煤	备　注
秸秆 人畜粪便 太阳能 沼气（大、中型） 风能 城市垃圾 地热能可利用	4140 万吨 5.3 亿立方米 1000 万吨	2070 万吨 300 万吨 2100 万吨 57.6 万吨 680 万吨 166 万吨 2.5 万吨	按每公斤干物质发酵后制沼气 0.3 立方米计 根据四川气象站台测定总辐射求得可能直接利用量。可利用发电量 4290 万千瓦 根据主要观测站按 3 米/秒作为风能的起动风速理论计算求得，可利用发电量 400 万~500 万千瓦
合　计		5376.1 万吨	

资料来源：《四川省新能源“十二五”规划》。

（二）资源地理分布

四川省能源资源既分布广泛，又相对集中。水能主要集中在西部。煤炭主要分布于川南、攀枝花、西昌、乐犍等地区，盆地边缘也有少数储量。天然气主要分布于川东和盆地，除普光、元坝等年产量超过 10 亿立方米的大型气站外，大多为中、小气田。四川省能源资源大体上可分为四个不同地区类型：川西南为能源富裕地区，川南为能源中等富裕地区，川东北为能源不富裕地区，川中为能源贫乏地区。

四川省能源资源地理分布上的西水、东气、南煤的特征决定了“西电东输”、“南煤北运”等能源发展布局的特点。

（三）能源资源构成

四川省能源资源构成的基本特点是水能资源特别丰富，矿物能源相对较少。能源资源构成比例为水能 76.7%、煤炭 22.7%、天然气 0.6%，石油探明资源量极少。这种以水能为主体，水、煤、天然气、沼气、风、光等多种能源资源相配合，从而形成的多品种、多层次、多能互补的能源生产和消费结构，是四川能源的一大特点，可谓得天独厚。

水能：具有水头集中、水能“富矿”多、可以梯级开发、动能经济好、淹没损失少、单位造价低等优点，但也存在大型水电电源点偏西、离经济发达区较远等不利因素。

煤炭：具有分布广泛，又相对集中的特点，主要煤田均靠近工业发达地区，有利于重点矿区的大规模开采，就近供应。

天然气：气源丰富，前景乐观，但勘探程度不高，探明程度很低。

（四）农村能源

四川省小水电、小煤矿、秸秆等资源较为丰富，有利于建立多能互补的农村能源生产结构。生物质能（包括秸秆、人畜粪便、薪柴等）十分丰富，且分布于全省各地，便于合理利用和就地消费。由于四川省气候条件适宜，利用秸秆、粪便制取沼气，开辟能源利用的新途径，是四川省农村能源资源合理利用的优势条件。加之小水电、小煤矿等资源广为分布，这就为农村发展“因地制宜，多能互补”的能源生产结构奠定了坚实的物质基础。

二、能源生产、消费与综合平衡

（一）能源生产与结构

2014 年四川省能源生产总量为 16555.2 万吨标准煤，是 1978 年的 2551.8 万吨标准煤的 6.49 倍，年均增长率为 5.33%（见图 8–1）。

在能源生产结构中，如图 8–2 所示，2014 年原煤占 31.2%，原油占 0.2%，天然气占 20.4%，水电、核电、风电等占 48.3%。动态地看，1978~2014 年四川省能源生产总量中，原煤的比重在下降，由 1978 年的 73.2%下降到 2014 年的 31.2%，原油的比重由 0.4%下降到 0.2%，天然气基本稳定在 20%左右，水电、核电、风电等的比重大幅度上升，由 1978 年的 6.4%上升到 2014 年的48.3%。

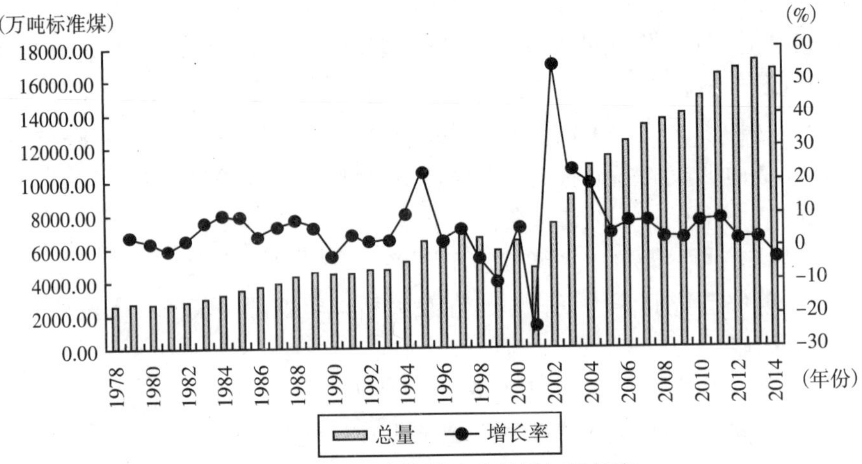

图 8-1　四川省能源生产总量与增长率

资料来源：《新中国六十年统计资料汇编》、《四川统计年鉴》。

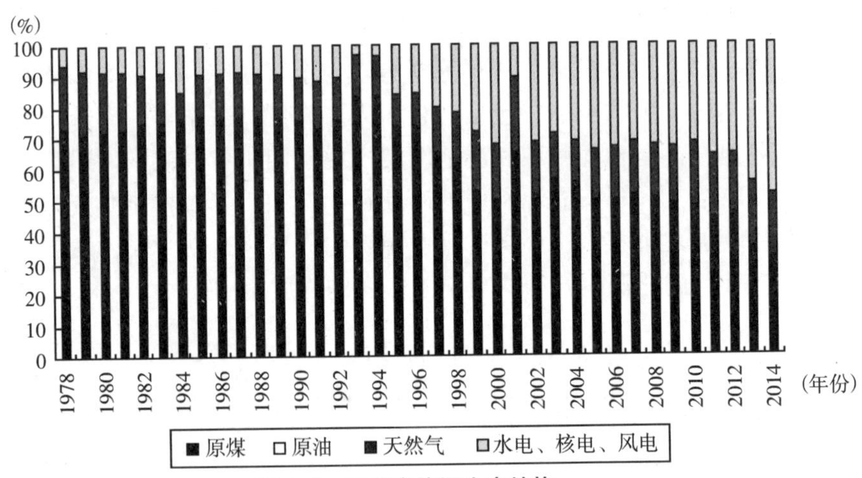

图 8-2　四川省能源生产结构

资料来源：《新中国六十年统计资料汇编》、《四川统计年鉴》。

可以看出，居全国首位的水能资源自改革开放以来得到大规模开发利用，居全国首位的天然气资源虽然也是四川省能源资源结构的特色，但在目前的生产结构中基本稳定；煤炭资源虽然无法与内蒙古、山西、贵州等地匹比，但在全国也有一定地位（居第 11 位），与中、东部地区相比具有比较优势，煤炭资源在目前四川省能源生产结构中仍占重要地位。

（二）能源消费结构

2014 年四川省能源消费总量为 19878.7 万吨标准煤，是 1978 年 2551.8 万吨标准煤的 7.79 倍，年均增长率为 5.87%（见图 8-3）。

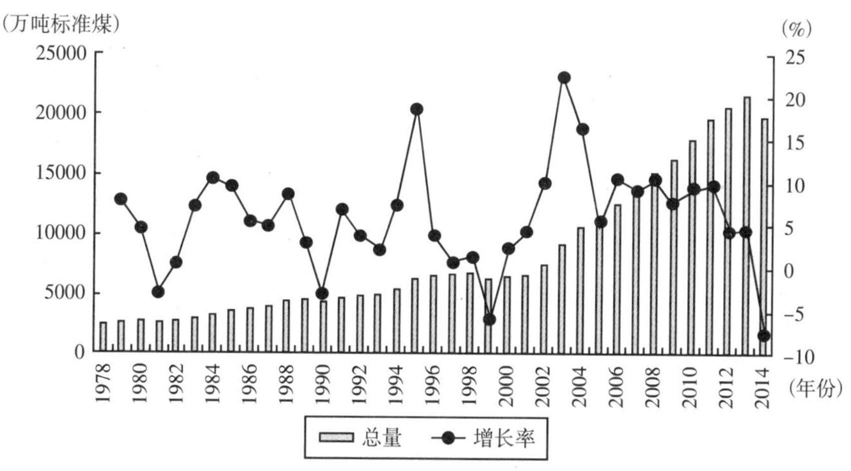

图 8-3 四川省能源消费总量与增长率

资料来源：《新中国六十年统计资料汇编》、《四川统计年鉴》。

在能源消费结构中，原煤的消费在下降，从 1978 年的 73.2%下降到 2014 年的 42.8%；原油的消费占比大幅度上升，从 1978 年的 0.4%上升到 2014 年的 19.8%；天然气消费占比下降，从 1978 年的 20%下降到 2014 年的 11.1%；同期水电、核电、风电等的消费占比大幅度上升，从 6.4%上升到 40.2%（见图 8-4）。可以看出，四川省能源消费结构有了较大的调整。

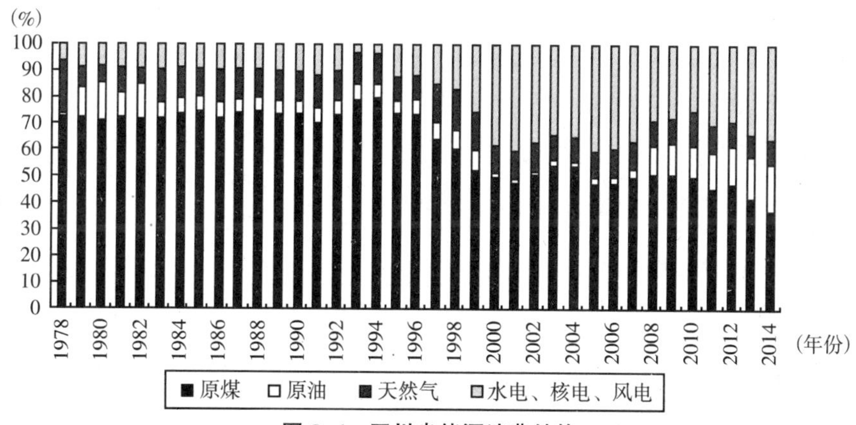

图 8-4 四川省能源消费结构

资料来源：《新中国六十年统计资料汇编》、《四川统计年鉴》。

（三）能源的综合平衡

表 8-3 是四川省最近几年的能源综合平衡表。四川省一次能源生产量满足能源消费的程度，2009 年以来逐年下降，2009 年是 85.57%，2010 年下降至 83.96%，2011 年为 82.74%，2012 年为 80.97%，2013 年为 79.52%。从外省（区）净调入量占消费总量的比例逐年提高，2009 年为 14.43%，2010 年为 16.04%，2011 年为 17.26%，2012 年为 19.03%，2013 年为 20.48%。

在能源消费总量中，以工业消费为主，占 70%以上，其次是生活消费，占 11%左右（见表 8-4）。从消费过程看，近年来终端消费占比在 90%以上，加工转化损失下降，损失量也在下降，表明四川省能源消费效率有较大提高。

表 8-3 四川省能源综合平衡表

单位：万吨标准煤

项目	2009 年	2010 年	2011 年	2012 年	2013 年
可供消费的能源总量	16322.0	17891.8	19696.0	20574.6	21512.3
一次能源生产量	13966.0	15021.6	16296.0	16658.8	17107.4
外省（区、市）调入量	4246.0	4464.9	5842.0	6574.3	9003.2
进口量					
我轮、机在外国加油量	11.0	11.8	2.0	2.2	5.6
本省（区、市）调出量（–）	1939.0	1935.5	2419.0	2551.0	4497.4
出口量（–）					
外轮、机在我国加油量（–）	3.0	2.4	5.0	7.3	8.9
年初年末库存差额	41.0	–24.4	20.2	–102.3	–97.6
年初库存量	613.0	577.2	601.6	617.1	720.4
年末库存量（–）	572.0	601.6	621.8	719.4	818.0
能源消费总量	16322.0	17892.0	19696.2	20574.6	21512.3
在总量中：					
1. 农、林、牧、渔业	282.0	269.9	270.2	289.7	299.6
2. 工业	11847.0	12939.0	14096.4	14575.0	15122.7
3. 建筑业	231.0	314.3	373.9	419.0	448.8
4. 交通运输、仓储和邮政业	1144.0	1214.3	1281.0	1376.0	1450.7
5. 批发、零售业和住宿、餐饮业	384.0	500.8	668.3	664.2	668.2
6. 其他	497.0	511.9	611.4	629.4	737.3
7. 生活消费	1938.0	2142.2	2395.1	2622.0	2739.1

续表

项目	2009年	2010年	2011年	2012年	2013年
在总量中：					
1. 终端消费	14638.0	16369.0	19381.2	19889.0	20630.6
工业	10163.0	11415.0	13781.4	13889.0	14287.0
2. 加工转换损失	933.0	779.0	−438.0	−50.0	231.4
火力发电损失					
供热损失		10.9	59.2	41.0	46.7
洗选煤损失	599.0	627.3	423.5	455.1	548.8
炼焦损失	302.0	119.0	98.3	97.1	78.5
炼油损失	22.0	16.3	77.3	92.0	82.7
制气损失		1.3	1.8	1.1	0.7
煤制品加工损失	11.0	4.0	11.0	0.6	0.6
天然气液化损失			3.0	8.8	5.0
回收能			−1112.0	−746.0	−531.7
3. 损失量	751.0	744.0	753.0	735.9	650.4
平衡差额					

注：本表按等价值计算。
资料来源：《四川统计年鉴》。

表 8–4 四川省能源消费的行业结构

		2009年	2010年	2011年	2012年	2013年
行业结构	1. 农、林、牧、渔业	1.73	1.51	1.37	1.41	1.39
	2. 工业	72.58	72.32	71.57	70.84	70.30
	3. 建筑业	1.42	1.76	1.90	2.04	2.09
	4. 交通运输、仓储和邮政业	7.01	6.79	6.50	6.69	6.74
	5. 批发、零售业和住宿、餐饮业	2.35	2.80	3.39	3.23	3.11
	6. 其他	3.04	2.86	3.10	3.06	3.43
	7. 生活消费	11.87	11.97	12.16	12.74	12.73
消费过程	终端消费	89.68	91.49	98.40	96.67	95.90
	加工转换损失	5.72	4.35	−2.22	−0.24	1.08
	损失量	4.60	4.16	3.82	3.58	3.02

资料来源：《四川统计年鉴》。

三、能源产业布局

（一）水能资源开发与国家能源基地建设

四川省是全国水资源和水能资源最丰富的地区，可开发的水电装机容量和年发电量均居全国首位。普查表明（见表 8-5），全省水力资源理论蕴藏量 10 兆瓦及以上河流共 781 条，水力资源理论蕴藏量 14351 万千瓦。技术可开发量 12004 万千瓦，经济可开发量 10327 万千瓦，年发电量 5233 万千瓦时。从地理分布上看，四川省水能资源集中度高，主要集中在“三江”（雅砻江、金沙江、大渡河），岷江的上游和白龙江、嘉陵江也有相当储量。

表 8-5 四川省水能资源普查统计

河流名称	流域面积（万平方千米）	多年平均流量（立方米/秒）	理论蕴藏量（万千瓦）	可开发水能资源		
				电站（个）	装机（万千瓦）	年发电量（亿度）
金沙江	47.32	4760	3343.9	271+11/2	2629.39	1331.57
雅砻江	13.61	1890	3814.32	272	3056.63	1613.14
大渡河	7.74	1490	3361.81	358	2893.55	1412.12
岷江干流及小支流	13.6	2830	1476.55	309	583.40	320.36
青衣江	12.9	543	582.40	159	331.76	168.64
川江及小支流	65.0	8530	575.82	99+7/2	55.71	24.78
沱江	2.78	454	129.60	66	46.31	25.36
嘉陵江干流	7.98	871	457.91	84+1/2	341.16	151.64
渠江	3.84	682	152.58	122	90.14	43.46
涪江及其他河流			456.58	96	299.02	141.82
全省合计			14351.47	1836+19/2	10327.07	5232.89

注：金沙江、雅砻江等江上的跨省电站，其装机容量和年发电量均按一半计入本省。

资料来源：2004 年全国第三次水力资源普查。

四川省充分利用水能资源这一特大优势，进行大规模开发，建成中国超大型水电基地。四川水电建设，已经建成的大型电站有铜街子（60 万千瓦）、龚咀（73 万千瓦）、宝珠寺（70 万千瓦）、紫坪铺（76 万千瓦）、二滩（330 万千瓦）、瀑布沟（330 万千瓦）、深溪沟（66 万千瓦）、龙头石（70 万千瓦）、溪洛渡（630 万千瓦）、向家坝（300 万千瓦）等。正在兴建的还有锦屏一级

（360 万千瓦）、锦屏二级（480 万千瓦）、官地水电站（240 万千瓦）、桐子林水电站（60 万千瓦）、猴子岩（170 万千瓦）、长河坝（260 万千瓦）、黄金坪（85 万千瓦）、泸定（92 万千瓦）、大岗山（260 万千瓦）等大型水电站（见图 8–5）。

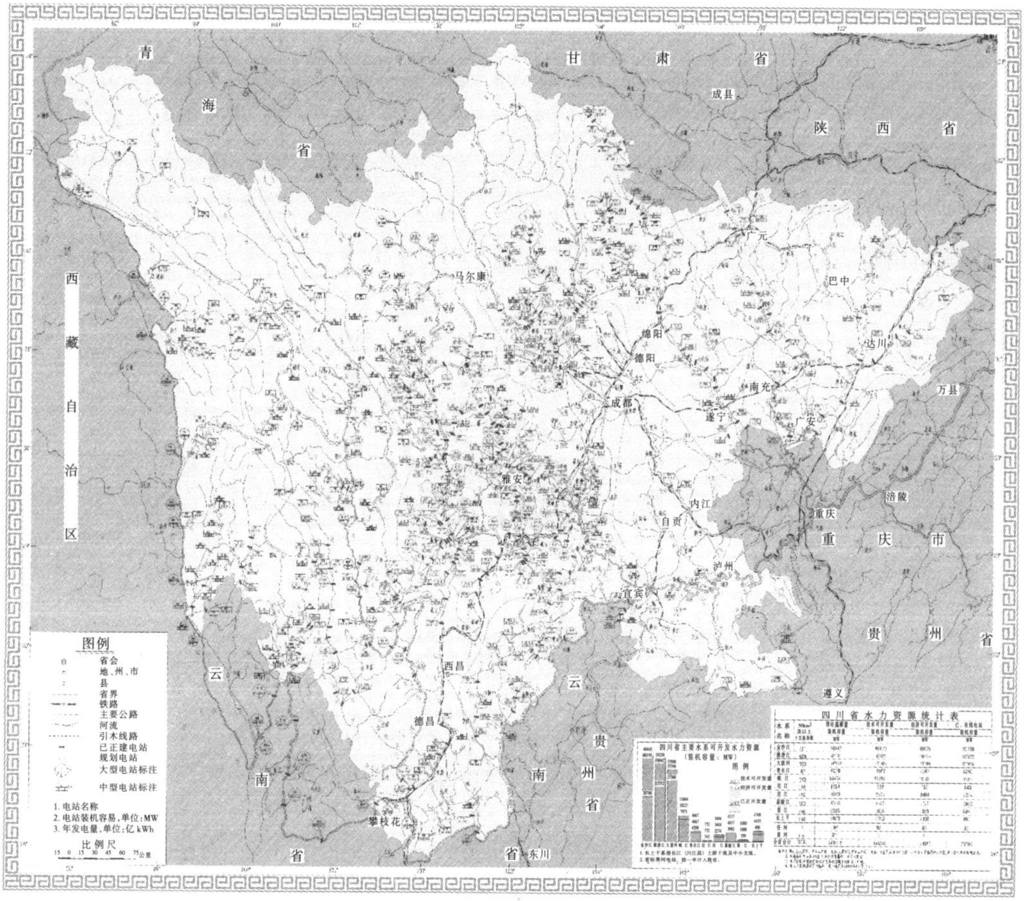

图 8–5　四川省水电站分布图

资料来源：四川省地图集［M］. 成都：成都地图出版社，2013.

把四川省建成中国超大型水电基地，“西电东送”是中国的重大能源战略决策。根据有关设计院的规划，四川省大型、特大型水电站，如全面开发，其总装机容量可达到 8800 万千瓦，从而形成四川省独有的特大型水电基地。各大江规划建设的水电基地有：

雅砻江：雅砻江水电基地规划有 23 个大型和特大型梯级电站，共 29098 万千瓦。

金沙江：金沙江承接雅砻江，在宜宾与岷江汇流后注入长江。金沙江是我国西南第一大河，也是我国特大型水电站集中之地，是水电“富矿”。目前，金沙江干流共规划20个梯级电站，共2995.5万千瓦。

大渡河：大渡河是岷江水系的最大支流，源头为四川、青海交界的雪山草原，经大金川、丹巴，接纳小金川后称大渡河，流入乐山草鞋渡接纳青衣江到乐山注入岷江，全长852千米，总落差达2788米，流域面积7.7万平方千米。目前，大渡河干流双江口以下河段共规划25个梯级电站，共2470.5万千瓦。

岷江上游：岷江是长江上游最大的一条支流，岷江上游河流川西高原与四川盆地西部边缘山区，河谷地貌以高山峡谷为主，水流湍急。松潘至都江堰市段为岷江上游段，此段也是地震多发地区。岷江上游段落差大，蕴藏着很大的水能资源，理论蕴藏量428万千瓦。目前，岷江上游干流共规划14个梯级电站，共312.65万千瓦。

“十三五”时期，四川省以金沙江、大渡河、雅砻江“三江”水电开发为重点，优先建设龙头水库电站，重点抓好金沙江乌东德、白鹤滩、苏洼龙、叶巴滩、拉哇、巴塘、旭龙，大渡河双江口、猴子岩、长河坝、硬梁包、金川、丹巴、巴拉、雅砻江两河口、楞古、杨房沟、卡拉、孟底沟、牙根二级等“三江”流域大型水电站建设，建成全国最大水电开发基地。

（二）天然气资源开发与布局

2014年四川省天然气基础储量11708.56亿立方米，占全国的23.68%。随着地勘工作更大广度和深度的发展，特别是近十年，四川省天然气资源探明储量有新的突破，发现了新的大气田，尤其是达州市的普光气田、广元市的元坝气田、仪陇的龙岗气田的发现和建设，展示了四川天然气的巨大潜力。天然气资源开发的基本布局是：

自贡区块：这个区块包括自流井、贡井、邓井关、圣灯山、杨家山等，其开发利用天然气资源有悠久的历史，20世纪80年代以前天然气主要用作燃料生产食盐，绝大多数是不到1000米深的浅层气，主要是中小气井，以后逐步用于化工等产业。曾经辉煌一个多世纪的自流井、邓井关、圣灯山等气田的生产已近尾声。目前，主要的气田是威远和黄家场气田。

川南区块：这个区块位于宜宾—赤水—纳溪一线，都是中小气井，天然气中硫化氢含量较少，一般不经过净化直接供应用户，主要供应泸天化、云天化、赤天化三大化工厂用气。由于较长期超负荷运行，气井衰竭较快，将来将从川东区块输入。

川西南区块：这个区块位于内江、简阳、仁寿、乐山、马边一带，都为中小气井，且气井都有底水，气田排出的地层水中含有多种食用矿物质，但大部分回注地层中，未予利用。此区块生产能力下降较快。

成都区块：成都市的邛崃，是世界上第一口天然气井的所在地。但本区天然气开发利用发展缓慢，主要原因是成都平原范围的地质构造上下变异非常大，地质构造复杂。矿区西部的龙门山、邛崃山是迭瓦式的逆掩式断层带，勘探较为困难。位于德阳市的新场气田，是成都区块开发利用最充分的气田，就近供应成都居民用气。

达州区块：这个区块位于达州的普光气田，是近年来探明的四川省特大气田之一，据 2011 年 6 月报道，探明储量已达 6600 亿立方米，是我国仅次于新疆塔里木、内蒙古鄂尔多斯气田的最具开发潜力的气田，具有高产、高压、高硫的特性。有的气井硫化氢含量高达 17%左右。据规划，2015 年达州天然气附产硫黄达 450 万吨，占全国硫黄产量的一半，成为亚洲最大的硫黄生产基地。

广元区块：这个区块位于广元、苍溪的元坝气田，是近年来新探明的特大气田之一，第 1 期探明 1592 亿立方米，气田的主气藏埋深达 7000 米左右，相比国内多个大气田埋深更深 1000~2000 米。地底温度达 140 多度。最深的 122 井侧，井埋深达 7480 米。开采难度大。据 2011 年 9 月报道，已探明天然气三级地质储量 8000 多亿立方米。元坝气田为酸性气田，按中石化的规划，第 1 期将在 2013 年达到年产 17 亿立方米净化气生产能力。到 2015 年再新建 17 亿立方米生产能力，即达到 34 亿立方米的生产能力，成为四川省最大的生产气田。第 1 期将新建气站场 11 座，铺设管道 130 多千米，部署开发 14 口，平均单井的天然气日产量能力达到 40 万立方米左右。还将在苍溪县建一座元坝天然气净化厂，日处理能力达到 600 万立方米。

龙岗区块：龙岗气田位于仪陇县，探明储量达 3000 亿立方米，预计将是全省继普光、元坝气田后的第三个大气田。

（三）煤炭资源及煤炭工业

四川煤炭资源在全国居第 14 位。但在能源生产结构和消费结构中，煤炭仍处于主导地位。在今后相当长的时期内，煤炭将仍然是四川省的主导能源。煤炭工业的发展与布局，很大程度上取决于煤炭资源的丰度、质量、贮存条件、分布状况、勘探程度和开发利用条件。

2014 年四川省煤炭基础储量 54.1 亿吨，居全国第 14 位。四川煤炭主要分布在川南煤田的筠连矿区、古叙矿区、川西南煤田、广旺煤田、华蓥山煤田五大煤田和资（中）威（远）含煤区、乐（山）犍（为）含煤区、雅（安）荥

(经) 含煤区、龙门山含煤区、西昌含煤区 5 个煤区。分述如下：

川南煤田（含筠连矿区、古叙矿区、芙蓉矿区）：川南煤田主要分布在高县、珙县、筠连、兴文、长宁、叙永、古蔺等 8 个县境内。本区北邻长江，南靠云贵高原，东屏重庆，西接贵州习水煤田；地处以成、渝两地为轴心的工业地带；既是长江上游航运起点，又是川、黔、滇三省物资交流的集散地。川南煤田是本省资源集中的大型煤田，以无烟煤为主体，是动力煤。它的开发远景同全省煤炭发展和水电建设远景紧密联系在一起，积极开发川南煤田，将形成川南强大的水电、火电基地，从而将改善全省能源工业布局和结构，为振兴四川经济创造有利条件。

川西南煤田（含盐源矿区、红泥矿区、宝鼎矿区）：川西南煤田位于川西南盐源红泥一带，分为盐源矿区、红泥矿区、宝鼎矿区三个矿区，西至王家堡、北以大滥坝和金沙江为界、南至金龟塘—磨盘山一带。矿区专用铁路在三堆子车站与成昆铁路接轨，三堆子车站距格里坪车站 35 千米。本区探明储量 4.6 亿吨，分布在宝鼎区与格里坪—龙洞区。本矿区保有储量 6 亿吨，煤质以低灰、低硫焦煤和瘦煤为主，有部分气、肥、贫煤分布，是本省炼焦煤较集中的煤田。

广旺矿区：广旺煤田位于四川盆地北缘、米仓山南麓，属中、低山地形，长 210 千米，宽 10~60 千米，面积约 8700 平方千米，分布于广元、旺苍、南江、通江一带。宝成铁路横贯本区西部，其支线由广元可达旺苍，嘉陵江及其支流可行 15 吨级木船，交通便利。

华蓥山矿区：华蓥山矿区位于渠江边华蓥山脉中段，背斜两翼，面积约 1000 平方千米，西有襄渝铁路，距重庆市仅 20 余千米。华蓥山煤田储量仅次于川南煤田，是全省第二大煤田区。

（四）新能源开发与布局

四川省太阳能、风能、地热能等新能源较为丰富，但由于地理位置、开发条件等因素，目前在四川省能源资源中所占比重很小，核能资源铀、钍有一定的储量。而且，四川省是核工业研发的重要基地，建设核电厂有相当的技术、制造、资源等有利条件。

1. 太阳能

四川省太阳能资源分布很不平衡，大致以龙门山脉、邛崃山脉和大凉山为界，东部少，西部多，尤其是川西高原，是四川省乃至我国太阳能资源的主要分布区（见图 8-6）。

四川省太阳能资源最丰富的地区年总辐射量达 6000MJ/m^2 以上，年日照时数在 2400~2600 小时，主要的地区包括石渠、德格、甘孜、理塘、稻城、攀枝

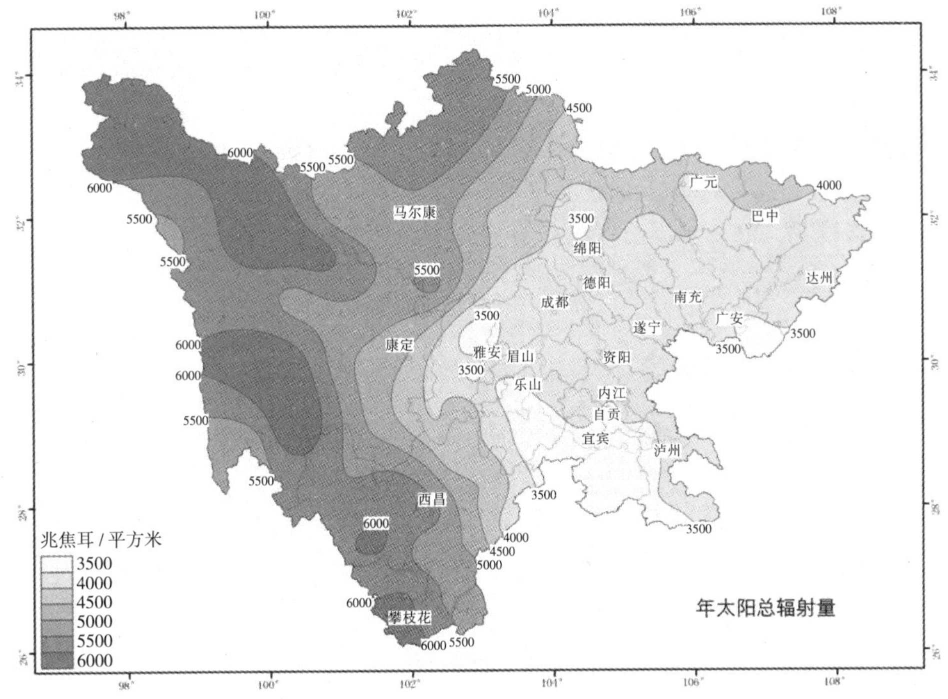

图 8-6　四川省太阳能分布图

资料来源：四川省地图集［M］. 成都：成都地图出版社，2013.

花、西昌、阿坝、红原；太阳能较丰富的地区年总辐射量基本在 5000MJ/m² 以上，大部分地区年日照时数在 1800 小时以上，全区覆盖面较大，主要地区包括炉霍、色达、康定、雅江、若尔盖、盐源等；太阳能较贫乏的地区主要是川西高原向盆地过渡地区，年总辐射量 4000MJm²~5000MJ/m²，大部分地区年日照时数在 1700 小时以下；盆地区是四川省及我国太阳能最弱区，其总辐射量基本在 4000MJ/m² 以下，日照时数也少，太阳能利用价值有限。从面积分布来看，年总辐射量在 5000MJ/m² 以上的面积占全省面积 48.5 万平方千米的近一半。

四川省年太阳能理论蕴藏量约为 2.33×1021 焦耳，其中太阳能资源最丰富的三州一市（甘孜州、阿坝州、凉山州、攀枝花市）地区约 1.67×1021 焦耳，占全省的 72%。全省平均每平方米太阳能资源理论蕴藏量约 1335 千瓦·时，相当于 466 千克标准煤，太阳能资源开发利用前景较为广阔。经初步估算，全省实际可用于太阳能发电建设的面积约占三州一市荒地、沙地以及沙化板结草地面积的 4%，总面积约 1430 平方千米，按每平方千米装机 3 万千瓦计，全省太阳能发电实际可利用量约 4290 万千瓦。

2. 风能

在全省土地总面积 48.5 万平方千米上风能储量为 8835 万千瓦，潜在开发量约为 1500 万千瓦，年理论发电小时按 2000 小时计，折标煤约 1020 万吨。四川省风能资源主要分布在川西高原和盆周山区，海拔 1000~3000 米，这两个区域 50 米高度多年平均风速均在 5 米/秒以上（见图 8-7），具体地区包括三州地区、攀枝花，以及盆周山区的广元、巴中、达州、广安、雅安等。

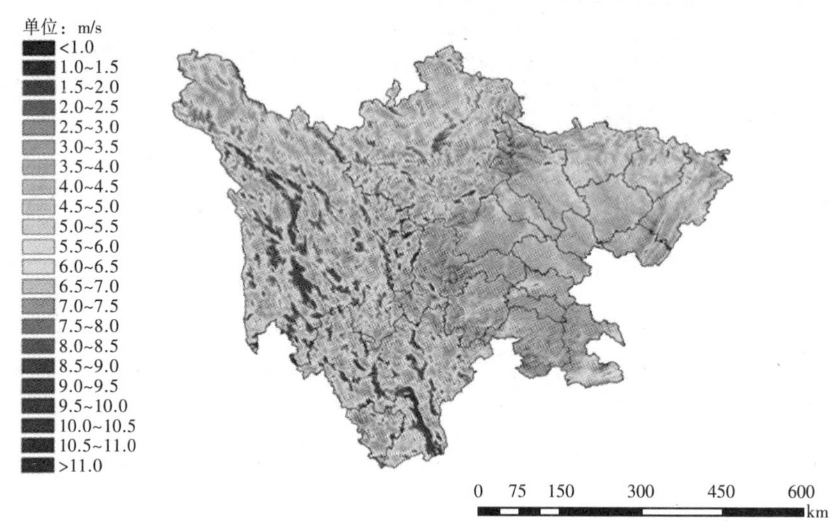

图 8-7 四川省风能资源分布图

资料来源：四川省地图集［M］. 成都：成都地图出版社，2013.

四川省风能资源主要集中在冬春季节，即每年 11 月到次年 5 月，基本是河流的枯水期。因此，大力开发风能资源恰好能够补充四川省水力发电在枯水期的出力不足。据目前的实地踏勘和调查结果，包括凉山州、甘孜州、阿坝州、攀枝花，以及盆周山区的广元、巴中、达州、广安、雅安等地区都具有可开发风能资源。

3. 生物质能

四川省生物质能源主要包括农作物秸秆、畜禽粪便、城市垃圾、芭蕉芋、粉葛、小桐子等。四川省年产秸秆量 40 万吨及以上的县有 31 个，年产秸秆量在 20 万~40 万吨的县有 37 个。秸秆资源主要分布在四川盆地及四周山区。

4. 地热能

四川省地热资源丰富，分布广泛。据统计，水温大于 25℃的温、热泉（25℃~40℃为温泉，高于 40℃为热泉）共计 305 处，居全国第二位，温、热泉放热总量为 5531013 焦耳，居全国第四位。四川省已开发的地热点，大多含有

多种矿物质，有较好的疗养价值。地热水大多出露和分布在构造断裂带，特别是晚近期活动断裂带上，如甘孜、巴塘、义敦、理塘、康定等；同时河谷地带也往往是地热水聚集的区域。

四、规划与展望

“十三五”时期，四川省提出要“加快清洁能源产业发展，推进能源网络建设”①。

（一）大力推进国家优质清洁能源基地建设

以金沙江、雅砻江、大渡河“三江”水电开发为重点，优先建设龙头水库电站，加快建设乌东德、白鹤滩、两河口、双江口等一批大型水电项目，建成全国最大水电开发基地。科学有序推进风能、太阳能等新能源开发。加大川东北、川中及川西特大型、大型气田勘探开发，建成全国重要天然气生产基地。创新页岩气勘探开发模式，积极推进长宁—威远、富顺—永川、昭通（筠连、叙永、古蔺）等重点区块的勘探开发，建设川南国家级页岩气勘查开发试验区。以筠连、古叙国家规划矿区为重点，加大煤层气勘探开发力度，建设矿区资源综合协调开发利用示范区。继续做好核电论证、厂址规划和保护。

（二）推进能源网络建设

以建设跨区域电力输送网络、省内骨干电网、输气管网等为重点，推动能源输送网络建设。加快建设川渝电网第三通道、第四回特高压直流外送通道，建成省际间电力电量交换枢纽，有效促进四川水电省外消纳。进一步巩固和完善省内 500 千伏、220 千伏骨干网架，完善 110 千伏及以下城乡输配电网络。加快推进城镇配网建设和农村电网升级改造，促进以分布式能源为主的能源互联网建设。构建北接西气东输管道、东接川气东送管道、南接中缅输气管道的省内骨干输气管网，加快楚雄—攀枝花等天然气长输管道建设，延伸和完善支线网络，形成“三横三纵三环”输气管网体系。完善成品油管道和煤炭输送通道，提高油品和煤炭输送能力（见图 8-8）。

① 四川省国民经济和社会发展第十三个五年规划纲要［EB/OL］. 四川省人民政府网，http：//www.sc.gov.cn/10462/10464/10797/2016/3/18/10373221.shtml.

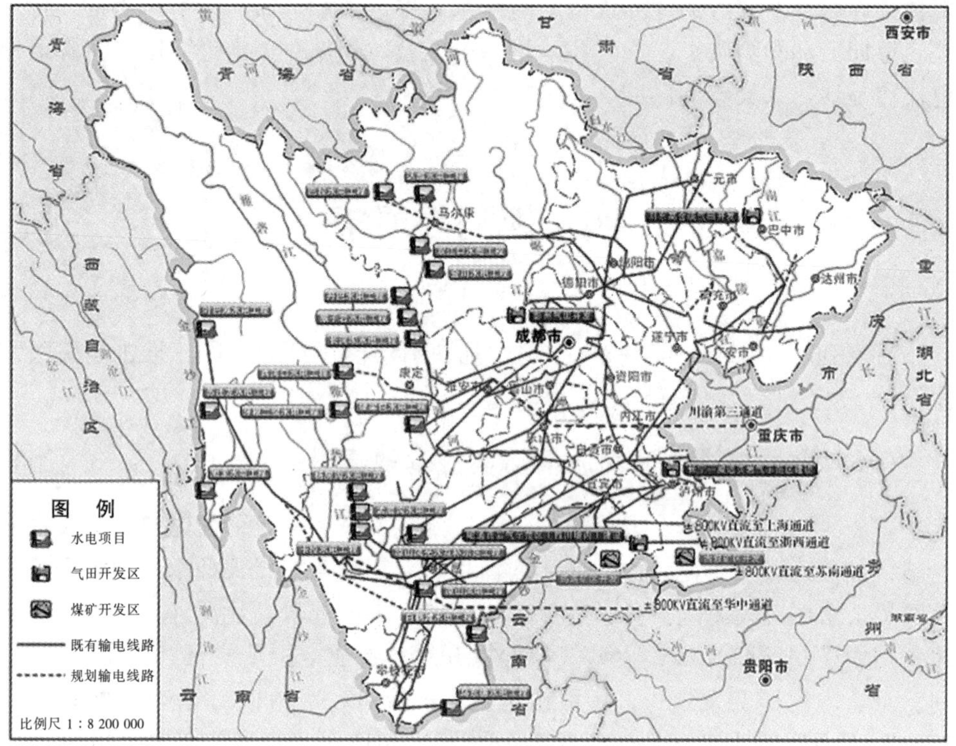

图 8-8 “十三五”时期四川省能源项目示意图

资料来源：四川省国民经济和社会发展第十三个五年规划纲要［EB/OL］. 四川省人民政府网，http：//www.sc.gov.cn/10462/10464/10797/2016/3/18/10373221.shtml.

第九章　交通运输经济地理

交通运输与经济活动的空间分布有着天然的联系，在很大程度上影响和决定着一个地区经济社会发展的历史进程和经济地理格局。中华人民共和国成立以来，经过多次大规模的交通会战，四川省“蜀道难，难于上青天”的交通状况得到根本改善。

一、改革开放以来交通运输的发展

到 1978 年，四川省（含重庆市）铁路营业里程 2866 千米，占全国的 5.54%，公路总里程 8.2 万千米，占全国的 9.21%，铁路网和公路网基本形成。

（一）运输线路成倍增长，以成都为中心的综合交通枢纽基本形成

改革开放以来，四川省交通运输业发展进一步提速（见图 9-1）。20 世纪 70 年代末到 1990 年，四川省各种运输方式发展较为均衡。这期间，相继完成了宝成铁路（1975 年）、成渝铁路（1985 年）的电气化改造，新建了襄渝铁路和支线铁路，襄渝铁路成为继宝成线、川黔线、成昆线之后进出四川的第四条铁路，成为进出四川东向铁路通道。国家干线公路建设步伐加快，省内大部分干线公路改造为柏油路面。1984 年全省最后一个不通公路的甘孜州德荣县通车，四川省实现县县通公路；江河干支流整治全面展开，航运工具及设备的机械化、现代化进程加快。双流机场进行两次扩建。至 1983 年，全省铁路已建成六条干线和九条支线，营运里程达 2638 千米，占全国铁路营运总里程的 5.1%；公路通车里程达到 84624 千米，占全国公路总里程的 9.2%，在全国各省、市、自治区中居第一位；通航河流 99 条，通航里程达到 8774 千米，占全国内河航道总里程的 8%。以成都为中心、呈放射状的国家干线公路网初具雏形。以成都为起点或经过成都的有川陕、川黔、川藏、成渝、成阿、唐巴 6 条国家干线公路，初步形成了以成都为中心、呈放射状的国家干线公路格局，成

都的综合交通枢纽地位开始凸显①。

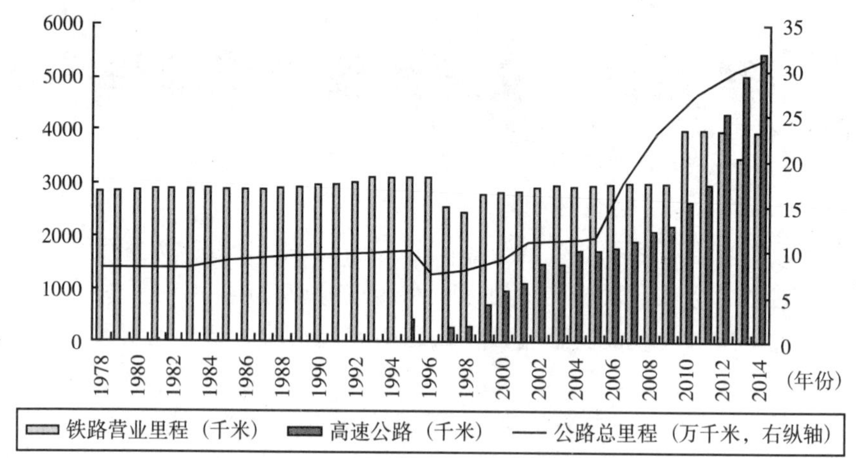

图 9-1 改革开放以来四川省铁路与公路里程的变化

注：1978~1995 年包含重庆市的数据。

资料来源：《新中国六十年统计资料汇编》、《四川改革开放 30 年》、《中国统计年鉴》(2015)、《四川统计年鉴》(2015)。

20 世纪 90 年代，以成渝高速公路建设为标志，四川省掀起了高速公路的建设热潮，至 2005 年四川省高速公路达到 1759 千米，居全国第五位，全省公路里程也由 1997 年的 7500 千米增加到 2005 年的 11500 千米，净增 4 万千米，基本形成以成都为中心，由国道主干线、国家干线公路、一般国道、省道为骨架，连接城乡，贯通相邻省区的公路网。铁路方面，四川省开工建设了达成铁路等干支线 7 条。成都双流国际机场经过 1994~2001 年的改扩建，旅客吞吐量、货邮吞吐量、起降架次一直稳居全国第六位，居中西部领先位置。

“八五”至“十五”时期，四川省交通运输发展呈现以下特征：高速公路迅猛发展，以成都为中心形成放射状的高速公路布局，连接全省主要城市的高速公路网初步形成，并代替铁路成为全省新的现代化骨干交通网；公路成为全省重要的中短途运输方式；形成 K 字形的铁路路网；内河航运不断衰落。

“十一五”时期，尤其是四川省实施建设西部综合交通枢纽战略以来，全省交通基础设施建设掀起了前所未有的高潮，交通运输布局发生了根本性的变化，初步形成铁路、公路、内河水运、航空和管道运输相结合的综合运输体系。四川省先后开工建设了绵成乐、成渝、兰渝等 23 个铁路项目，总里程超过 2500 千米；先后开工建设广陕、广甘、达陕等 30 个高速公路项目，总里程

① 刘清泉，高宇天. 四川经济地理［M］. 成都：四川科学出版社，1985.

达 3137 千米；内河航道和港口加快建设；民用机场建设加速推进，双流机场成为全国第六个旅客吞吐量超 2000 万人次和第四个启用第二跑道的区域性枢纽机场，干支机场体系和航线网络初具规模。

“十二五”时期，四川省交通基础设施建设的重点是“加快建设西部综合交通枢纽”，加快进出川综合运输大通道和交通枢纽建设，完善综合交通运输体系，初步建成了以成都主枢纽为中心，以区域性次级枢纽和节点城市为重要支撑，以进出川大通道为纽带的西部综合交通枢纽。在综合运输大通道建设方面，加快客运专线、快速铁路、高速公路和高等级航道建设，融入国家快速铁路网和高速公路网，形成畅通周边省市，通达京津冀、长三角、珠三角、北部湾等经济区的快捷运输通道。开辟新的航线，架设内陆对外开放的空中桥梁。“十二五”时期，四川省交通建设的重点项目如图 9-2 和图 9-3 所示。

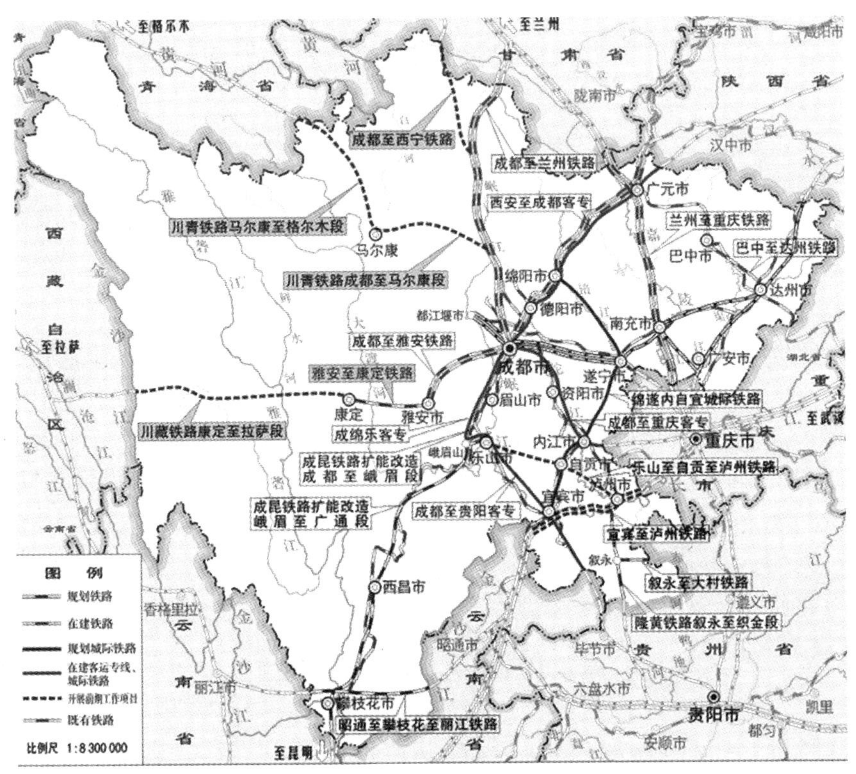

图 9-2 “十二五”时期四川省铁路重点项目示意图

资料来源:《四川省“十二五”综合交通建设规划》，四川省发展和改革委员会，2011 年 10 月，http://www.scdrc.gov.cn/more1_fzgh.htm。

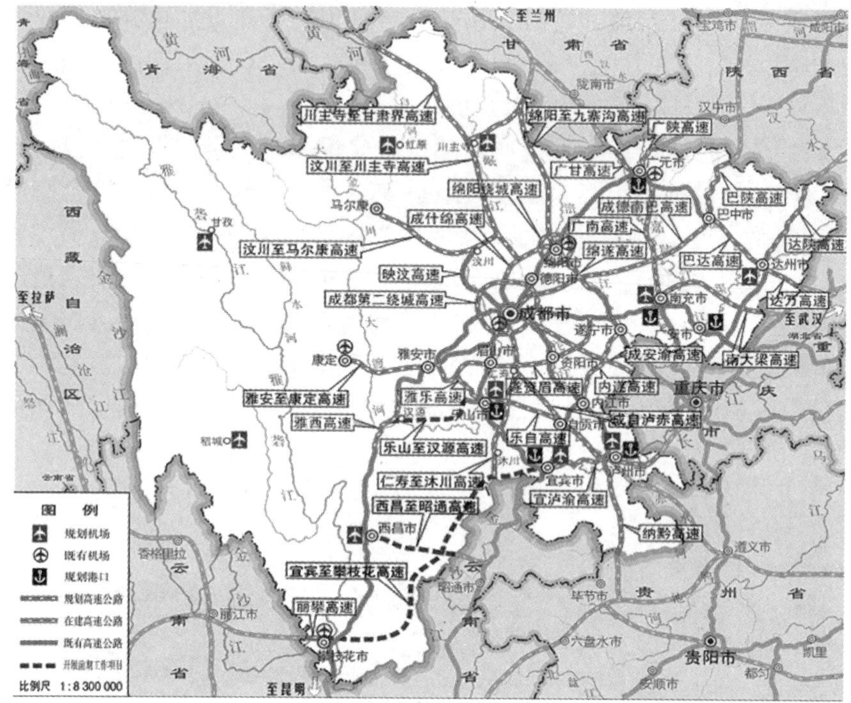

图 9-3 “十二五”时期四川省高速公路、港口、机场重点项目示意图

资料来源:《四川省“十二五”综合交通建设规划》，四川省发展和改革委员会，2011 年 10 月，http://www.scdrc.gov.cn/more1_fzgh.htm。

到 2014 年，四川省铁路营业里程 3976 千米，占全国的 3.56%，居全国第 15 位，公路里程 309742 千米，占全国的 6.94%，居全国第一位，其中等级公路 257027 千米，占全国的 6.59%，居全国第二位，高速公路 5506 千米，占全国的 4.92%，居全国第四位，内河航道 10720 千米，占全国的 8.49%，居全国第四位。表 9-1 列出了改革开放以来主要年份四川省交通运输业的发展情况，从增长率看，1996~2014 年四川省高速公路年均增长率超过 27%，其次是公路，为 8.22%，内河航道为 3.19%。

表 9-1 四川省交通运输业的发展

指标		1978 年	1994 年	1995 年	1996 年	2000 年	2005 年	2010 年	2014 年	年增长率(1996~2014 年)(%)
运输线路长度(千米)	铁路营业	2866	3113	3113	3113	2856	2960	3549.2	3976.0	1.37
	公路	82391	100002	74320	74754	90875	114694	266082	309742	8.22
	高速公路				70	1000	1758	2682	5506	27.44
	内河航道	8546	7904	6089	6089	6291	11725	10720	10720	3.19

续表

指标		1978 年	1994 年	1995 年	1996 年	2000 年	2005 年	2010 年	2014 年	年增长率（1996~2014 年）（%）
客运量（万人）	合计	15572	134961	191972	114688	143072	170383	242732	141899	1.19
	铁路	3490	4614	4190	3630	3161	5122	6829	8778	5.03
	公路	9725	124525	180914	108471	136729	160130	230988	126691	0.87
	水运	2334	5300	6226	1918	2523	3843	2733	2677	1.87
	民用航空	23	522	642	669	659	1288	2182	3752	10.05
旅客周转量（亿人千米）	合计	93	645	590	497	599	879	1235	1539	6.48
	铁路	48	187	138	120	101	153	221	277	4.76
	公路	34	361	330	285	407	550	802	630	4.51
	水运	9	29	49	3	3	3	2	3	0.00
	民用航空	2	68	73	89	88	173	209	629	11.48
货运量（万吨）	合计	13443.8	17586	18000	51715	54943	70364	133364	157703	6.39
	铁路	4186	6937	7026	7458	5645	7335	7093	7165	-0.22
	公路	6638	7728	7982	43100	47058	60022	121017	142132	6.85
	水运	2619	2911	2981	1144	2224	2986	5218	8361	11.68
	民用航空	0.8	10	11	13	16	21	36	45	7.09
货物周转量（亿吨千米）	合计	248.1	782	865	649	597	898	1710	2351	7.41
	铁路	177	366	436	452	354	553	642	678	2.28
	公路	23	331	285	177	229	310	985	1511	12.65
	水运	48	84	142	18	12	32	75	154	12.67
	民用航空	0.1	1	2	2	2	3	8	9	8.72

注：1978~1994 年包含重庆市的数据。

资料来源：《新中国六十年统计资料汇编》、《四川改革开放 30 年》、《中国统计年鉴》（2015）、《四川统计年鉴》（2015）。

（二）各运输方式发展相对均衡，形成多种运输方式相结合的交通运输格局

交通运输线路的增长、经济的发展和人口流动活跃程度的增强，使四川省客货运输发展迅速，如表 9-1 所示，重庆直辖后，四川省旅客周转量 1996~2014 年年均增长率 6.48%，货物周转量年均增长率 7.41%。

在各种运输方式客货运输的构成方面，以某种单一运输方式为主的局面有所减小，铁路、公路、水运、航空发挥各自的技术经济优势，在客货运输方式中均占有一定的比例（见表 9-2 和表 9-3）。重庆直辖前，四川省客运量中，1978 年铁路占 22.41%，公路占 62.45%，水运占 14.99%，民用航空占 0.15%，到 1995 年，铁路、公路、水运、民用航空的比例分别为 2.18%、94.24%、

3.24%和0.33%；旅客周转量中，铁路、公路、水运、民用航空的比例1978年分别为51.61%、36.56%、9.68%和2.15%，1995年分别为23.39%、55.93%、8.31%和12.37%。货运量中，铁路、公路、水运、民用航空的比例1978年分别为31.14：49.38：19.48：0.01，1995年为39.03：44.34：16.56：0.06；货物周转量构成的变化为，铁路、公路、水运、民用航空的比例1978年分别为71.34：9.27：19.35：0.04，1995年分别为50.40：32.95：16.42：0.23。因此，公路主要承担短途运输，铁路主要承担长途运输，水运的重要性下降，民用航空的比例在上升。

表9–2 四川省客运构成

年份	客运量（万人）				旅客周转量（亿人千米）			
	铁路	公路	水运	民用航空	铁路	公路	水运	民用航空
1978	22.41	62.45	14.99	0.15	51.61	36.56	9.68	2.15
1980	17.00	69.93	12.94	0.13	47.37	42.11	8.27	2.26
1985	9.07	82.39	8.43	0.12	39.11	50.55	7.01	3.32
1990	6.80	86.03	6.98	0.19	30.09	55.87	7.16	6.88
1995	2.18	94.24	3.24	0.33	23.39	55.93	8.31	12.37
1996	3.17	94.58	1.67	0.58	24.14	57.34	0.60	17.91
2000	2.21	95.57	1.76	0.46	16.86	67.95	0.50	14.69
2005	3.01	93.98	2.26	0.76	17.41	62.57	0.34	19.68
2010	2.81	95.16	1.13	0.90	17.93	64.96	0.19	16.91
2014	6.19	89.28	1.89	2.64	18.00	40.94	0.19	40.87

资料来源：《新中国六十年统计资料汇编》、《四川改革开放30年》、《中国统计年鉴》(2015)、《四川统计年鉴》(2015)。

表9–3 四川省货运构成

年份	货运量（万吨）				货物周转量（亿吨千米）			
	铁路	公路	水运	民用航空	铁路	公路	水运	民用航空
1978	31.14	49.38	19.48	0.01	71.34	9.27	19.35	0.04
1980	34.42	48.10	17.47	0.01	71.68	9.30	18.98	0.04
1985	35.56	50.25	14.18	0.01	72.15	9.53	18.24	0.08
1990	50.33	26.08	23.57	0.02	59.83	23.35	16.70	0.12
1995	39.03	44.34	16.56	0.06	50.40	32.95	16.42	0.23
1996	14.42	83.34	2.21	0.03	69.65	27.27	2.77	0.31
2000	10.27	85.65	4.05	0.03	59.30	38.36	2.01	0.34
2005	10.42	85.30	4.24	0.03	61.58	34.52	3.56	0.33
2010	5.32	90.74	3.91	0.03	37.56	57.61	4.39	0.44
2014	4.54	90.13	5.30	0.03	28.84	64.27	6.55	0.38

资料来源：《新中国六十年统计资料汇编》、《四川改革开放30年》、《中国统计年鉴》(2015)、《四川统计年鉴》(2015)。

重庆直辖后，各种运输方式在客货运输中的构成如图 9-4 所示，在客运量的构成中，基本格局是公路占绝对优势，占 90%左右，其次是铁路和民用航空，再次是水运。在旅客周转量的构成中，公路占一半左右，其次是民用航空和铁路。在货运量方面，公路运输增长较快，目前占 90%左右，铁路运输有所下降，1996 年占比超过 14%，目前不足 5%，水运的占比有所上升，占比 5%左右；在货物周转量方面，公路的重要性日渐增加，由 1996 年的 27.27%提高到 2014 年的 64.27%，铁路的占比下降，由 1996 年的近 70%下降到 2014 年的不足 30%，水运有所恢复，占比从 1996 年的 2.77%提高到 2014 年的 6.55%。在货运方面，航空运输占比比较稳定。进入 21 世纪第二个 10 年，随着高速铁路的建设，铁路不仅承担长途运输，短途运输的重要性也在增加。在货运方面，随着“蓉欧”货运班列的开通和规律化，铁路货运的重要性也将得到进一步提升。

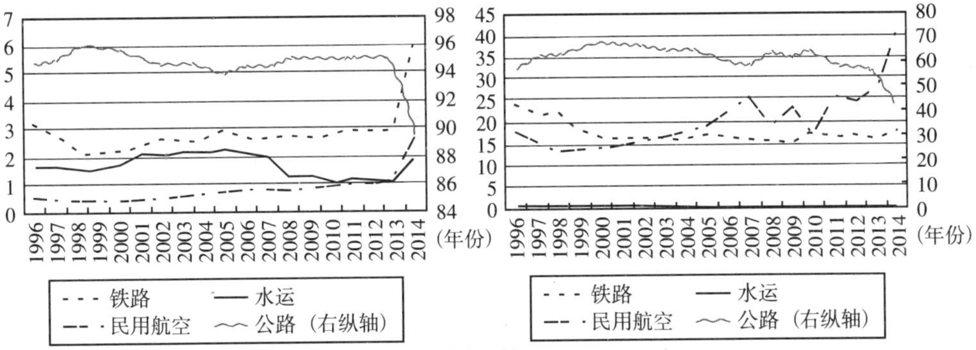

A 旅客运输

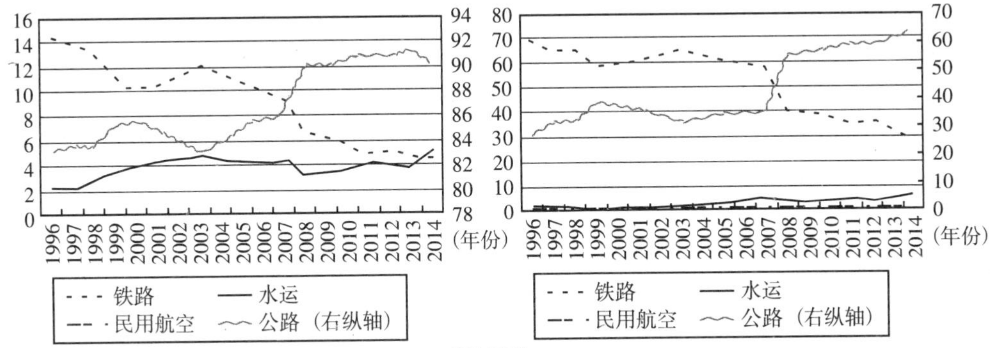

B 货物运输

图 9-4　四川省客货运输的构成

资料来源：《新中国六十年统计资料汇编》、《四川改革开放 30 年》、《中国统计年鉴》(2015)、《四川统计年鉴》(2015)。

二、交通运输布局

（一）铁路运输

四川铁路运输自新中国成立之后经历了从无到有、从少到多、从弱到强的逐步发展过程。20 世纪 50 年代是四川铁路建设的第一次高潮，开工建设了成渝、宝成、内宜、川黔、成昆五条干线铁路，初步奠定了四川铁路的发展格局。成渝铁路是新中国成立后我国修建的第一条铁路，宝成铁路是我国第一条电气化铁路。至今，成渝、宝成、成昆仍是四川主要的出省铁路大通道。20 世纪 70~80 年代，四川铁路新线建设基本处于停滞状态，除襄渝铁路和支线铁路等少数新线建设外，铁路建设的重点主要放在对既有线路的技术改造和设备更新上，完成了宝成铁路、成渝铁路的全线电气化改造。20 世纪 90 年代，铁路建设开始逐步复苏，开工建设了隆黄、达成、金筠、达万 4 条干支线铁路。进入 21 世纪后，四川再次掀起了铁路建设的新高潮，尤其是四川实施建设西部综合交通枢纽战略之后，铁路建设步伐进一步加快，先后开工建设了 40 个铁路项目。目前，四川已形成了以成都铁路枢纽为节点，以干线铁路为骨干，以支线铁路为辅助，覆盖全省 12 个市州主要城市，连接全国各地，贯通相邻渝、陕、云等省区的铁路运输网络（见表 9-4）。

表 9-4　1998~2014 年四川省铁路生产运输指标及占全社会运输量比重

年份	客运量（万人）	比重（%）	旅客周转量（亿人千米）	比重（%）	货运量（万吨）	比重（%）	货物周转量（亿吨千米）	比重（%）
1998	2720	2.09	128	22.78	6983	13.35	444	66.27
1999	2948	2.17	99	17.71	5452	10.87	338	58.89
2000	3161	2.21	101	16.86	5645	10.27	354	59.30
2001	3138	2.31	104	16.46	5720	10.57	399	61.57
2002	3841	2.67	113	16.52	6547	11.43	443	62.93
2003	3476	2.46	106	17.32	6937	12.13	463	66.24
2004	4112	2.59	124	15.76	7634	11.64	506	62.94
2005	5122	3.01	153	17.41	7335	10.42	553	61.58
2006	5113	2.61	149	16.74	7289	9.82	532	59.71
2007	5365	2.58	153	15.74	7597	9.50	575	58.73
2008	5774	2.80	191	16.09	7681	6.71	610	40.32

续表

年份	客运量（万人）	比重（%）	旅客周转量（亿人千米）	比重（%）	货运量（万吨）	比重（%）	货物周转量（亿吨千米）	比重（%）
2009	5738	2.59	195	15.33	7454	6.31	611	40.04
2010	6829	2.81	221	17.93	7093	5.32	642	37.56
2011	7482	2.93	252	16.22	7651	4.97	673	35.23
2012	7997	2.85	303	17.40	8867	5.08	818	36.28
2013	8240	2.82	310	16.12	8994	4.74	820	33.65
2014	8778	6.19	277	18.00	7165	4.54	678	28.84

资料来源：《新中国六十年统计资料汇编》、《四川改革开放 30 年》、《中国统计年鉴》(2015)、《四川统计年鉴》(2015)。

（二）公路运输布局

四川公路建设始于 1912 年修筑的成都至康定军路成都至新津段。抗战时期，在内河航运因战争受阻的情况下，公路运输得到较快发展，公路总里程达 8038 千米，111 个县通公路，专业营运汽车 5000 余辆。新中国成立后，先后修建了康藏、成阿、宜西、渝南等骨干公路和一批高等公路、县乡公路。1983 年全省公路通车里程达到 8.46 万千米。1984 年，全省最后一个不通公路的甘孜州德荣县通车，四川实现县县通公路。20 世纪 90 年代，四川掀起高速公路建设的热潮，修建了成渝、绵广、成绵、成雅、成南等高速公路。至 2000 年底，行政区划调整后的新四川，公路总里程达 10.85 万千米，居全国第二位，建成高速公路 1000 千米，居全国第六位，西部第一位。进入 21 世纪以后，尤其是实施建设西部综合交通枢纽战略以来，四川公路建设步伐进一步加快。2014 年，全省公路通车里程位居全国第一。国省干线公路二级及以上公路比重由 47.5%增加到 82.98%，全省路网密度达到每平方千米 0.64 千米。公路客运量、旅客周转量、货运量和货物周转量持续上升，在综合运输体系中居重要地位（见表 9-5）。目前，全省公路路网结构渐趋合理，以高速公路为主骨架构成的一级公路网已初具规模，以国省干线及重要经济干线公路为主体的二级路网改造深入开展，以县乡村农村公路为主体的三级路网建设不断完善；基本形成了以成都为中心，由高速公路、国省干线及重要经济干线公路、县乡村农村公路为骨架，连接城乡，贯通相邻省区的公路网。

表 9-5 1998~2014 年四川省公路生产运输指标及占全社会运输量比重

年份	客运量（万人）	比重（%）	旅客周转量（亿人千米）	比重（%）	货运量（万吨）	比重（%）	货物周转量（亿吨千米）	比重（%）
1998	124829	95.88	353	62.81	43697	83.57	212	31.64
1999	130182	95.73	374	66.91	42801	85.36	222	38.68
2000	136729	95.57	407	67.95	47058	85.65	229	38.36
2001	129000	95.05	428	67.72	46000	84.96	235	36.27
2002	136153	94.67	454	66.37	48154	84.04	242	34.38
2003	133782	94.78	400	65.36	47466	82.98	219	31.33
2004	150000	94.54	517	65.69	55000	83.87	272	33.83
2005	160130	93.98	550	62.57	60022	85.30	310	34.52
2006	184852	94.54	531	59.66	63719	85.87	311	34.90
2007	197033	94.63	568	58.44	68667	85.90	343	35.04
2008	196055	95.12	757	63.77	103068	90.01	828	54.73
2009	211288	95.23	771	60.61	106472	90.16	851	55.77
2010	230988	95.16	802	64.96	121017	90.74	985	57.61
2011	242615	94.90	901	57.89	139771	90.86	1139	59.66
2012	266338	95.03	1005	57.73	158396	90.80	1325	58.80
2013	276871	94.90	1068	55.51	173329	91.41	1485	60.94
2014	126691	89.28	630	40.94	142132	90.13	1511	64.27

资料来源：《新中国六十年统计资料汇编》、《四川改革开放 30 年》、《中国统计年鉴》(2015)、《四川统计年鉴》(2015)。

专栏：四川省的高速公路

四川省高速公路建设始于 20 世纪 90 年代，1995 年建成通车的成渝高速公路是四川省第一条高速公路，此后又建成了成绵、成乐（雅）、内宜、隆纳(隆昌—泸州段）以及成都机场高速公路。到“九五”期末，全省高速公路通车里程达到 1000 千米，成都至市、州的高速公路通车主骨架雏形基本形成。进入 21 世纪后，四川省高速公路建设步伐加快，先后建成了成灌、隆纳（泸州—纳溪段）、泸黄、广邻、成南、南广、遂渝等高速公路。2008 年实施建设西部综合交通枢纽战略以来，四川高速公路建设步伐进一步加快，建成了西攀、南渝、攀田、邻垫、广巴、乐宜、雅西、广陕、绵遂等高速公路。到 2014年底，全省建成通车高速公路总里程 5506 千米，跃升至全国第四，初步实现了与相邻省（市）的高速公路连接，对外交通的瓶颈制约得到明显改善，“蜀道难”变“蜀道通”逐步成为现实。

（三）内河运输

四川省是我国水运资源大省，有河流 1400 多条，以长江为主干，天然成网。长江干流及主要支流水量大、河床深、水量较稳定，发展航运具有得天独厚的条件。在唐代，四川航运已相当发达。19 世纪末至 20 世纪 50 年代，内河航运一直都是四川省最主要的长距离、大运量运输方式。1950 年内河货运量和货物周转量分别占全省的 75%和 81.6%，客运量和旅客周转量分别占到全省的 43.8%和 12.2%。新中国成立以来，川江、岷江、大渡河等航道经过多次整治，川江实现了航标灯电气化。“十五”期间，实施了嘉陵江航道梯级开发、渠江渠化、南充港和宜宾菜园沱码头建设。但随着铁路和公路的兴建，内河水运在全省综合运输体系中的地位不断削弱，发展停滞不前，其丰富的水运资源优势没有得到充分的发挥。1996 年四川省内河水运客货运量占全省的比重分别仅为 1.7%和 2.2%[①]。四川省实施建设西部综合交通枢纽以来，内河水运的作用重新受到重视，航道整治和港口建设步伐加快，到 2014 年四川省内河水运客运量占全省的 1.89%，旅客周转量占 0.19%，货运量占 5.3%，货物周转量占 6.55%。由长江、岷江、嘉陵江、渠江和泸州港、宜宾港、乐山港、广安港、南充港、广元港组成的“四江六港”建设布局全面展开并加快实施。目前已初步形成了以长江干线、嘉陵江和岷江为骨架的“一横两纵”的基本格局（见表 9-6）。

表 9-6 1998~2014 年四川省内河水运生产运输指标及占全社会运输量比重

年份	客运量（万人）	比重（%）	旅客周转量（亿人千米）	比重（%）	货运量（万吨）	比重（%）	货物周转量（亿吨千米）	比重（%）
1998	2048	1.57	3	0.53	1596	3.05	12	1.79
1999	2224	1.64	4	0.72	1874	3.74	11	1.92
2000	2523	1.76	3	0.50	2224	4.05	12	2.01
2001	2876	2.12	4	0.63	2406	4.44	12	1.85
2002	2992	2.08	3	0.44	2579	4.50	16	2.27
2003	3134	2.22	2	0.33	2782	4.86	15	2.15
2004	3487	2.20	3	0.38	2928	4.46	23	2.86
2005	3843	2.26	3	0.34	2986	4.24	32	3.56
2006	4084	2.09	3	0.34	3167	4.27	44	4.94
2007	4106	1.97	3	0.31	3644	4.56	56	5.72
2008	2739	1.33	3	0.25	3736	3.26	70	4.63
2009	2897	1.31	3	0.24	4136	3.50	57	3.74
2010	2733	1.13	2	0.19	5218	3.91	75	4.39
2011	3083	1.21	3	0.17	6367	4.14	90	4.72

① 不含重庆市。

续表

年份	客运量（万人）	比重（%）	旅客周转量（亿人千米）	比重（%）	货运量（万吨）	比重（%）	货物周转量（亿吨千米）	比重（%）
2012	3276	1.17	3	0.16	7151	4.10	103	4.59
2013	3228	1.11	3	0.16	7247	3.82	124	5.09
2014	2677	1.89	3	0.19	8361	5.30	154	6.55

资料来源：《新中国六十年统计资料汇编》、《四川改革开放 30 年》、《中国统计年鉴》(2015)、《四川统计年鉴》(2015)。

（四）航空运输

四川省航空运输发展始于抗战时期。在内河航运因战争受阻的情况下，军用航空得到较快发展。新中国成立后，四川民用航空有了长足的发展，成都双流国际机场先后进行过多次大规模扩建，1975 年建成西昌青山机场，20 世纪 90 年代初建成泸州蓝田机场和宜宾菜坝机场。进入 21 世纪后，四川民用航空机场建设步伐进一步加快，先后建成了绵阳南郊机场、九寨黄龙机场、攀枝花保安营机场、南充高坪机场和甘孜康定机场。2014 年底全省共有干线机场 1 个（成都双流国际机场）、支线机场 12 个，全省开通国际、国内航线近 200 条，民航成为连接省内外和国家最为重要的快速运输方式，所承担的客货运输量在综合运输体系中的比重逐步增加（见表 9-7），基本形成以成都双流国际机场为枢纽、支线机场为节点的航空网体系。

表 9-7　1998~2014 年四川省民用航空运输指标及占全社会运输量比重

年份	客运量（万人）	比重（%）	旅客周转量（亿人千米）	比重（%）	货运量（万吨）	比重（%）	货物周转量（亿吨千米）	比重（%）
1998	592	0.45	78	13.88	13	0.02	2	0.30
1999	631	0.46	82	14.67	15	0.03	3	0.52
2000	659	0.46	88	14.69	16	0.03	2	0.34
2001	706	0.52	96	15.19	15	0.03	2	0.31
2002	836	0.58	114	16.67	17	0.03	3	0.43
2003	757	0.54	104	16.99	15	0.03	2	0.29
2004	1066	0.67	143	18.17	18	0.03	3	0.37
2005	1288	0.76	173	19.68	21	0.03	3	0.33
2006	1487	0.76	207	23.26	26	0.04	4	0.45
2007	1713	0.82	248	25.51	32	0.04	5	0.51
2008	1553	0.75	236.0	19.88	28	0.02	5	0.34
2009	1947	0.88	303.0	23.82	32	0.03	7	0.46
2010	2182	0.90	209	16.91	36	0.03	8	0.44

续表

年份	客运量（万人）	比重（%）	旅客周转量（亿人千米）	比重（%）	货运量（万吨）	比重（%）	货物周转量（亿吨千米）	比重（%）
2011	2485	0.97	400	25.72	37	0.02	8	0.40
2012	2645	0.94	430	24.72	37	0.02	7	0.32
2013	3410	1.17	543	28.22	41	0.02	8	0.33
2014	3752	2.64	629	40.87	45	0.03	9	0.38

资料来源：《新中国六十年统计资料汇编》、《四川改革开放 30 年》、《中国统计年鉴》(2015)、《四川统计年鉴》(2015)。

（五）管道运输

（1）天然气管道运输。四川省是我国使用管道运送天然气最早的省区，也是天然气管道运输较为发达的地区。四川有采用竹管输送天然气和卤水的悠久历史。到 10 世纪末期，四川自流井输送天然气的竹管道已达 10 多条，总长达两三百千米。新中国成立后，1963 年修建的巴渝输气管道从四川石油沟到重庆，全长 55.6 千米，是我国第一条天然气管道。以后随着气田的陆续开发，天然气管道也不断发展，先后修建了威成线、泸威线、卧渝线、合两线，至 1983 年形成以川东垫江县卧龙河—重庆—泸州—威远—成都—德阳—中坝为干线的输气管道，并相应建设了一些支线管道，天然气管道总长 2200 千米。1989 年修建从渠县经南充、蓬溪、射洪、遂宁等地至成都的半环输气干线，全长 330 千米。四川省天然气环形管网的形成，成为我国第一个区域性环形管网系统。川气东送输气管道起于达州宣汉普光气田，经重庆输往华中、华东地区，管道全长 2170 千米，自西向东跨越四川、重庆、湖北、江西、安徽、江苏、浙江、上海 8 个省市。

（2）石油管道运输。兰—成—渝成品油管道始于甘肃省兰州市，途经陕西、四川，到达重庆，干线全长 1250 千米，2002 年 9 月建成营运，是目前我国口径最大、压力最高的成品油运输管道，年输油能力达到 600 万吨。兰州—成都原油管道是我国西北能源战略通道的重要组成部分，也是关系到国家能源产业布局的国家重点工程项目，起于兰州，经陕西入川，途经广元、绵阳、德阳，终于成都市，线路全长 882 千米。

三、公路运输地理

（一）公路网密度

2014 年四川省公路通车里程 309742 千米。在市州中，公路通车里程最长的是甘孜州，达到 29584 千米，占全省的 9.55%，在 2 万千米以上的市州还有凉山州、成都市和南充市，最短的是攀枝花市，公路通车里程为 4728 千米，在 1 万千米以下的市州还有遂宁市、德阳市、眉山市、自贡市和雅安市。比较动态地看，2000~2014 年，四川省公路通车里程年均增长率为 9.16%，增长率最快的是达州市，年均增长率为 17.56%，其次是南充市（14.74%），再次是资阳市（12.83%），增长率最低的是雅安市，增长率为负（-0.93%），广安市、德阳市、成都市、眉山市、阿坝州、凉山州、泸州市、攀枝花市的增长率低于全省平均水平。如图 9-5 所示。

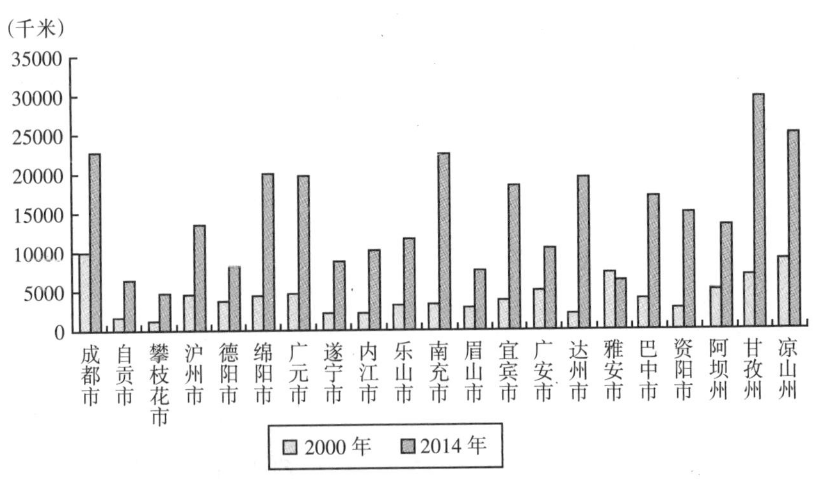

图 9-5　2000~2014 年四川省公路通车里程的变化

资料来源：《四川改革开放 30 年》、《四川统计年鉴》（2015）。

从公路网密度看，2000 年四川省公路密度为 0.19 千米/平方千米，到 2014 年提高到 0.64 千米/平方千米，是 2000 年的 3.37 倍。在 21 个市州中，2014 年公路密度最大的是成都市，为 1.88 千米/平方千米，在 1.8 千米/平方千米以上的市州还有内江市、资阳市、南充市；密度最低的是阿坝州（0.16 千米/平方千米），其次是甘孜州（0.2 千米/平方千米）、凉山州（0.41 千米/平方千米）。从增长看，2014 年与 2000 年相比，达州市公路密度增长了 8.83 倍，其次是南充市（5.92 倍），雅安市的密度有所下降。如表 9-8 所示。

表 9-8　四川省各市州公路密度的变化

单位：千米 / 平方千米

	2000 年	2005 年	2010 年	2011 年	2012 年	2013 年	2014 年
全省	0.19	0.24	0.55	0.58	0.60	0.62	0.64
成都市	0.82	0.97	1.68	1.76	1.83	1.86	1.88
自贡市	0.39	0.48	1.32	1.37	1.44	1.47	1.47
攀枝花市	0.19	0.25	0.60	0.62	0.63	0.63	0.64
泸州市	0.37	0.58	0.99	1.06	1.07	1.08	1.10
德阳市	0.63	0.61	1.26	1.31	1.37	1.37	1.38
绵阳市	0.22	0.30	0.76	0.90	0.96	0.97	0.98
广元市	0.29	0.28	0.92	0.95	1.05	1.11	1.20
遂宁市	0.42	0.45	1.56	1.62	1.64	1.65	1.65
内江市	0.41	0.56	1.79	1.82	1.86	1.86	1.88
乐山市	0.25	0.33	0.68	0.71	0.73	0.91	0.92
南充市	0.26	0.44	1.56	1.63	1.65	1.71	1.80
眉山市	0.40	0.50	0.99	1.02	1.03	1.04	1.05
宜宾市	0.29	0.34	1.00	1.27	1.36	1.38	1.38
广安市	0.78	0.38	1.48	1.52	1.54	1.58	1.63
达州市	0.12	0.48	1.11	1.15	1.16	1.17	1.18
雅安市	0.48	0.18	0.37	0.39	0.41	0.41	0.42
巴中市	0.32	0.34	1.12	1.28	1.31	1.35	1.38
资阳市	0.34	0.45	1.49	1.81	1.83	1.84	1.86
阿坝州	0.06	0.07	0.14	0.15	0.15	0.16	0.16
甘孜州	0.05	0.07	0.16	0.17	0.18	0.19	0.20
凉山州	0.15	0.25	0.36	0.37	0.38	0.38	0.41

资料来源：《四川改革开放 30 年》、《四川统计年鉴》(2015)。

考虑公路密度不仅要考虑土地面积，还要考虑人口状况。这里计算了各市州公路综合密度，公路综合密度定义为

$$公路综合密度 = 公路通车里程/\sqrt{面积 \cdot 人口}$$

计算结果见表 9-9。

表 9-9　四川省各地区公路综合密度

单位：千米 / 平方千米

	2000 年	2005 年	2010 年	2011 年	2012 年	2013 年	2014 年
成都市	2.85	3.26	5.44	5.68	5.89	5.95	5.95
自贡市	1.44	1.79	4.85	5.02	5.27	5.36	5.37

续表

	2000年	2005年	2010年	2011年	2012年	2013年	2014年
攀枝花市	1.61	2.05	4.89	5.06	5.12	5.12	5.20
泸州市	1.92	2.92	4.88	5.23	5.27	5.32	5.42
德阳市	2.50	2.40	4.92	5.11	5.31	5.32	5.36
绵阳市	1.37	1.85	4.64	5.47	5.85	5.89	5.97
广元市	2.11	2.04	6.64	6.91	7.63	8.08	8.68
遂宁市	1.60	1.68	5.84	6.04	6.16	6.18	6.19
内江市	1.47	1.99	6.37	6.47	6.61	6.61	6.69
乐山市	1.49	1.97	4.10	4.23	4.37	5.46	5.48
南充市	1.10	1.84	6.36	6.60	6.68	6.95	7.29
眉山市	1.83	2.29	4.49	4.60	4.65	4.68	4.74
宜宾市	1.46	1.71	4.96	6.26	6.70	6.76	6.75
广安市	2.98	1.42	5.46	5.59	5.67	5.81	5.99
达州市	0.63	2.42	5.45	5.65	5.69	5.76	5.78
雅安市	4.77	1.79	3.68	3.87	3.99	4.01	4.09
巴中市	1.91	2.00	6.29	7.22	7.34	7.60	7.81
资阳市	1.39	1.80	5.96	7.21	7.25	7.31	7.37
阿坝州	1.88	2.28	4.33	4.49	4.67	4.77	4.78
甘孜州	1.92	2.94	6.00	6.36	6.68	6.98	7.25
凉山州	1.80	2.93	3.99	4.10	4.14	4.16	4.51

资料来源：《四川改革开放30年》、《四川统计年鉴》(2015)。

从公路线路质量看，2014年四川省等级公路占比82.98%，但各市州不平衡，超过全省平均水平的有成都、德阳、遂宁等12个市州，最高的是巴中，等级公路占比达到97.15%，其次是阿坝州（94.89%）；等级公路占比低于全省平均水平的9个市州中，最低的是内江（65.06%），不足70%的还有攀枝花和绵阳（见表9-10）。进入21世纪以来，2014年与2000年比，成都、泸州、德阳、广元、内江等市等级公路占比有所下降，而阿坝、甘孜、凉山、巴中、资阳等市州等级公路占比增长快，增长幅度超过30个百分点。目前，各市州中除甘孜州尚无高速公路外，其余市州均有高速公路相通。

表9-10　四川省各市州等级公路比重

	等级公路占比（%）				2014年高速公路（千米）
	2000年	2005年	2010年	2014年	
成都市	94.52	95.45	88.24	91.97	677
自贡市	60.21	60.37	71.31	80.28	183

续表

	等级公路占比（%）				2014 年高速公路（千米）
	2000 年	2005 年	2010 年	2014 年	
攀枝花市	62.2	64.29	60.97	69.73	195
泸州市	81.1	80.98	58.98	70.67	389
德阳市	93.33	93.64	88.03	89.99	185
绵阳市	66.74	68.55	59.68	69.49	318
广元市	73.3	74.12	59.82	71.24	374
遂宁市	75.51	75.91	85.6	87.31	298
内江市	65.82	65.99	59.9	65.06	232
乐山市	68.5	72.18	83.94	90.53	212
南充市	68.96	70.79	79.54	90.71	433
眉山市	77.66	79.62	77.16	77.67	301
宜宾市	56.25	57.05	85.27	83.8	178
广安市	72.37	74.17	83.88	86.68	183
达州市	61.98	63.34	84.67	87.85	374
雅安市	83.1	83.59	88.09	92.05	257
巴中市	67.26	67.5	89.53	97.15	239
资阳市	45.94	51.53	71.32	77.1	214
阿坝州	57.47	58.93	89.47	94.89	51
甘孜州	52.24	62.82	81.07	86.32	
凉山州	42.97	46.03	69.14	74.69	213

资料来源：《四川统计年鉴》（2001、2006、2011、2015）。

（二）公路运输周转量地理

表 9-11 列出了进入 21 世纪以来典型年份四川省公路运输客货周转量的分布。可以看出，成都的占比始终是最高的，旅客周转量 2000 年为 23.28%，到 2010 年上升至 32.89%，之后有所下降，2014 年为 19.54%。货运周转量方面，成都的占比虽然在各市州中最高，但占比在稳步下降，2000 年为 20.43%，2005 年为 18.55%，2010 年为 17.76%，2014 年为 15.37%。其余市州客货周转量的占比，有的在上升，有的在下降，有的相对稳定。

表 9-11　四川省公路运输周转量的分布

	公路旅客周转量分布（%）				公路货运周转量分布（%）			
	2000 年	2005 年	2010 年	2014 年	2000 年	2005 年	2010 年	2014 年
成都市	23.28	28.17	32.89	19.54	20.43	18.55	17.76	15.37
自贡市	3.87	3.75	2.81	2.91	2.8	2.85	3.94	3.59

续表

	公路旅客周转量分布（%）				公路货运周转量分布（%）			
	2000年	2005年	2010年	2014年	2000年	2005年	2010年	2014年
攀枝花市	1.28	1.32	1.2	1.24	3.02	3.16	4.45	3.7
泸州市	9.8	8.39	7.54	10.18	3.4	3.86	4.96	8.05
德阳市	2.75	0.26	2.92	3.46	5.51	4.72	4.58	3.58
绵阳市	2.74	6.86	5.58	5.35	3.71	5.58	4.24	4.47
广元市	3.06	2.92	3.01	2.91	3.55	3.67	4.64	4.32
遂宁市	6.07	3.41	2.45	3.2	4.67	3.8	3.68	2.95
内江市	4.26	4.3	3.11	4.96	4.69	4	4.35	2.14
乐山市	4.96	4.01	3.1	3.93	5.52	3.85	6.32	7.33
南充市	7.03	7.43	6	7.41	6.46	7.55	3.7	5.59
眉山市	7.28	3.11	2.59	2.88	5.3	2.8	3.58	3.45
宜宾市	6.21	5.17	5.1	5.25	8.38	4.9	2.88	3.43
广安市	1.46	3.12	2.35	2.41	3.95	3.53	2.43	1.82
达州市	2.21	5.08	3.14	3.83	3.64	6.21	8.57	7.68
雅安市	0.99	1.25	1.08	1.69	0.74	3.5	4.09	4.21
巴中市	0.81	2.4	2.87	3.76	0.4	2.08	1.71	2.36
资阳市	2.56	4.26	3.48	4.83	1.93	4.96	4	3.17
阿坝州	3.03	2.07	2.4	4.04	3.78	5.67	4.19	4.01
甘孜州	2.78	0.93	2.7	2.27	3.59	1.69	0.55	1.34
凉山州	3.57	1.81	3.68	3.96	4.53	3.05	5.37	7.44

资料来源：《四川统计年鉴》(2001、2006、2011、2015)。

四、交通运输与区域发展

（一）交通运输与四川经济发展

区域经济与交通运输的发展是密不可分的，两者相互促进、相互制约。图9-6和图9-7分别反映的是运输线路（全省铁路营业里程与公路通车里程的和）、运输量和运输周转量与人均地区生产总值及地区生产总值间的关系，发现四川省交通运输与经济发展间呈现出显著的同步性。

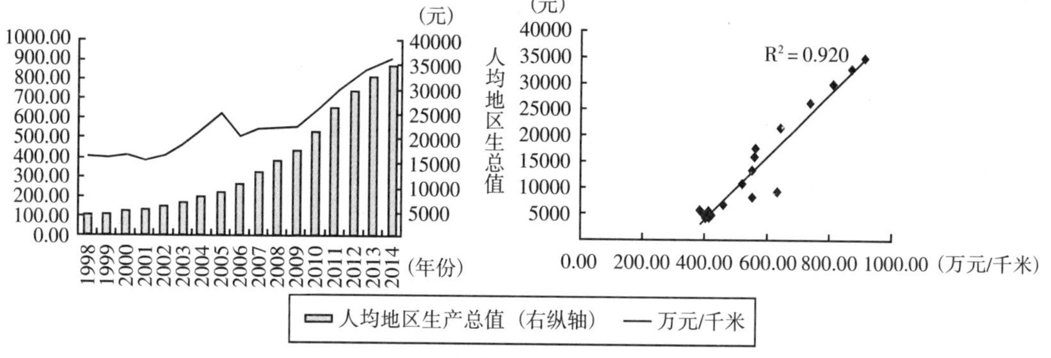

图 9-6 四川省运输线路与经济发展

资料来源：根据《四川统计年鉴》(2015) 计算。

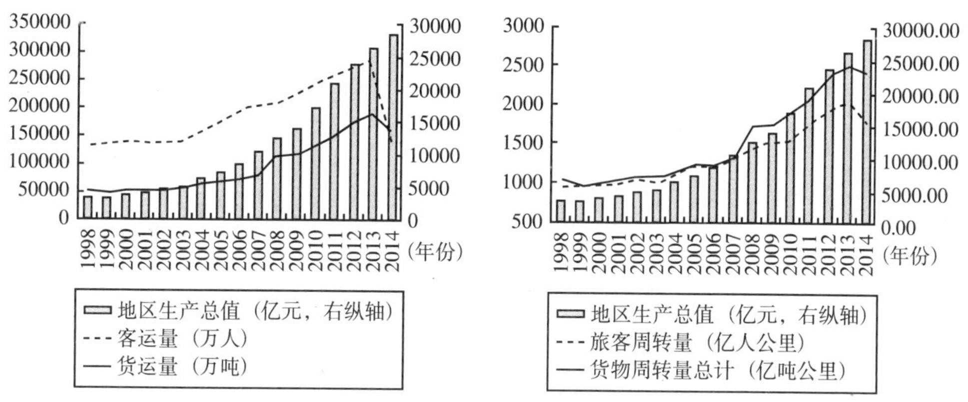

图 9-7 四川省交通运输与经济发展

资料来源：根据《四川统计年鉴》(2015) 计算。

以地区生产总值和第一产业、第二产业及第三产业增加值代表经济发展，运量及周转量代表交通运输发展指标，对四川省 1998~2014 年经济发展和交通运输指标的相关性进行分析，如表 9-12 所示，整体来看，经济发展与交通运输间呈现出强的正相关关系，其中客运方面铁路和民用航空的发展与经济发展相关性最强，货运方面公路、水运和民用航空的发展与经济发展相关性最强；水运在货运方面的积极作用最强，而与客运的相关性为负。

弹性系数分析就是根据交通运输的发展速度与区域经济发展速度之间的弹性系数，来判断交通运输与区域经济之间的相互关系，从而判定交通运输与国民经济发展的适应水平。就交通运输与经济发展之间的弹性系数一般规律来看，在区域工业化初期交通运输作为先行的基础设施其弹性系数大于 1，随着区域经济发展水平逐步提高、区域产业结构优化、产品附加值提升等原因，

表 9-12 四川省交通运输与经济发展相关系数

	运量					周转量				
	客运									
	合计	铁路	公路	水运	民航	合计	铁路	公路	水运	民航
地区生产总值	0.7193	0.9787	0.6942	0.0887	0.9862	0.9666	0.9777	0.8595	-0.2135	0.9685
第一产业	0.7675	0.9875	0.7437	0.1571	0.9762	0.9766	0.9774	0.8889	-0.2273	0.9553
第二产业	0.7395	0.9752	0.7158	0.0731	0.9785	0.9709	0.9829	0.8733	-0.2120	0.9588
第三产业	0.6675	0.9724	0.6402	0.0903	0.9919	0.9483	0.9610	0.8217	-0.2097	0.9782
	货运									
	合计	铁路	公路	水运	民航	合计	铁路	公路	水运	民航
地区生产总值	0.9761	0.6966	0.9739	0.9915	0.9601	0.9891	0.9164	0.9837	0.9849	0.9452
第一产业	0.9769	0.7446	0.9744	0.9772	0.9742	0.9845	0.9420	0.9704	0.9781	0.9511
第二产业	0.9826	0.6973	0.9809	0.9893	0.9545	0.9906	0.9185	0.9859	0.9763	0.9456
第三产业	0.9571	0.6742	0.9543	0.9902	0.9554	0.9793	0.8971	0.9756	0.9909	0.9343

资料来源：根据《四川改革开放 30 年》、《四川统计年鉴》(2015) 相关数据计算绘制。

其弹性系数一般会小于 1。四川省 1998 年以来分时期交通运输弹性如表 9-13 所示。

表 9-13 四川省运输弹性系数

	运输线路	客运量	旅客周转量	货运量	货物周转量
1999~2014 年	0.57	0.02	0.36	0.42	0.53
"十五"时期	0.37	0.27	0.67	0.40	0.72
"十一五"时期	1.43	0.47	0.45	0.99	1.00
2000~2010 年	0.84	0.31	0.48	0.64	0.84

资料来源：根据《四川改革开放 30 年》、《四川统计年鉴》(2015) 相关数据计算绘制。

（二）交通运输与四川区域空间结构

1. 四川省经济发展的交通指向

四川省区域经济发展空间结构表现出明显的交通网络指向性（见表 9-14）。在历史上，内河水运是四川最为重要的交通运输方式，由此吸引了人口与城镇的沿江集聚，长江、岷江、嘉陵江、沱江等沿江地带形成了一批以商贸和手工业为主的城镇节点，但规模不大、点面分离。经济活动以小地域范围内的孤立、分散、封闭状态为特征，成都平原以发达的农业文明优于其他地区，省域空间结构处于离散、低质的相对均衡形态。到了近代，轮船的出现促进了内河

航运的发展，长江成为四川大宗货物进出川的主要通道，并由此引致了近代工业和商贸流通在沿江城镇，尤其是沿长江和岷江的川南地区的集聚，形成了泸州、宜宾、自贡、内江、乐山等一批具有相当规模的城市，川南沿江地区成为四川近代工业的集聚地。省域内部的区域发展差异逐步显现，全省形成成都平原和川南沿江一线两个经济相对发达的产业和城镇密集区，省域空间结构开始出现地域集聚形态。

新中国成立后的“一五”至“三五”时期，随着大规模的铁路建设，四川现代工业以成都为中心，沿宝成铁路、成渝铁路、成昆铁路生成，全省经济重心向成都平原倾斜。1970 年，成都市的工业总产值已占全省的 32.47%。全省经济重心以成都平原为主、川南为次，省域空间结构呈现“中心—边缘”的特征。“四五”到“七五”时期，各种运输方式发展较为均衡，以成都为中心、呈放射状的国家干线公路网初具雏形，川中盆地公路已达到相当密度，出现了绵阳、德阳等新兴工业城市。成都平原在全省的经济地位进一步提升。1983 年，成都、德阳、绵阳三市工业总产值已占全省的 47.5%，川南五市工业总产值占全省的 29.5%。但总体而言，省域空间结构以成都平原为主、川南为次的“中心—边缘”的特征仍然没有改变，只是成都平原的核心作用开始显现。

20 世纪 90 年代以来，高速公路的飞速发展改善了各地交通和区位条件，引导产业布局沿高速公路进一步向省域内更为广阔的区域延伸，经济社会活动在更大的空间范围内展开，由此带来省域空间结构出现三个新特点：①成都在全省中的经济中心地位进一步强化。高速公路快速发展、路网骨架的形成以及交通枢纽功能的提升强化了区域性中心城市的吸聚作用，成都作为西部地区最大的铁路、公路和航空枢纽，其集聚作用得到强化和提升，四川省域内的人口、产业、资本、技术、信息与人才向成都高度集中。②成都平原、川南两大传统经济密集区在全省的地位有所下降。尽管成都在全省的经济中心地位仍然稳步提升，但随着经济活动在全省更大范围内的展开以及受成都吸聚作用的影响，德阳、绵阳两市在全省的经济地位逐渐降低。③“单中心—边缘”结构特征更为明显。随着成都经济地位的上升，德阳、绵阳以及川南地区经济地位的下降，省域空间呈现出典型的以成都为中心的单极核型结构，即由单个强大的中心城市与相对落后的中小城市和外围地区组成，区域空间结构的演进尚处于空间极化阶段。

表 9-14 交通运输发展与四川省域空间结构的演变

交通运输	省域空间结构
传统水运为主	离散、低质的相对均衡型
以轮船为代表的近代航运为主，沿江内河港口兴起	“一块一线”的地域集聚型

续表

交通运输	省域空间结构
现代铁路为主，铁路枢纽出现	以成都平原为主、川南为次的“中心—边缘”型
铁路、公路、水运相对均衡，综合运输枢纽形成	以成都平原为主、川南为次的“中心—边缘”结构型进一步强化
高速公路大发展，铁路、公路路网骨架形成，综合运输枢纽地位突出	以成都为中心的单极核型

资料来源：《重塑四川经济地理》第 10 章及作者整理。

2. 交通运输与产业集聚

四川省交通运输对现代产业尤其是现代机器大工业的集聚有重要影响。在铁路、公路大规模出现之前，内河水运，特别是长江航道是四川省主要的货运通道，因此四川省近代工业布局几乎唯一地指向沿江一带，大多数工厂都集中在省内几条主要河流一带的城镇附近。“抗战”时期是四川现代工业发展的重要阶段。沿海大批工厂内迁和大量官僚资本、民族资本的涌入，使四川的现代工业得以迅速发展，它们主要也是沿江布局，仅重庆一地就占有全川工厂的63.7%。

新中国成立以后，铁路、公路交通快速发展，现代工业集聚于沿江的格局逐步得到改变，开始向铁路沿线集聚，特别是成渝、宝成、内宜和成昆铁路干线的建成，使得在这些铁路线布局了大量的工业企业，形成了沿铁路线的工业集聚带（见表 9-15）。20 世纪 90 年代以来，高速公路的飞速发展缩小了盆周地区与中心城市的时空距离，改善了各地交通和区位条件，工业布局沿高速公路进一步向省域内更为广阔的区域延伸，形成星罗棋布的产业园区。尤其在 2003 年以后，全省工业布局明显呈分散化趋势，工业空间集中度下降。图 9-8 绘出的是 2014 年四川省县域公路密度与产业集聚指标间的关系，这里的产业集聚指标用的是各县域的就业区位商和工业总产值密度。可以看出，公路密度与第一产业区位商呈现出负相关，而与第二产业就业区位商、第三产业就业区位商和工业总产值密度间呈现出正相关关系。

表 9-15 新中国成立以后四川沿铁路干线形成的工业区

铁路干线	工业区
宝成铁路	广元电子工业区、江油机械工业区、绵阳电子工业区、德阳重型装备工业区、成都电子机械工业区
成渝铁路	简阳—资阳机械工业区、内江工业区、隆昌工业区、双河工业区、江津工业区、重庆工业区
内宜铁路	自贡工业区、宜宾工业区
成昆铁路	眉山工业区、峨眉工业区、西昌工业区、攀枝花工业区

资料来源：《重塑四川经济地理》第 10 章。

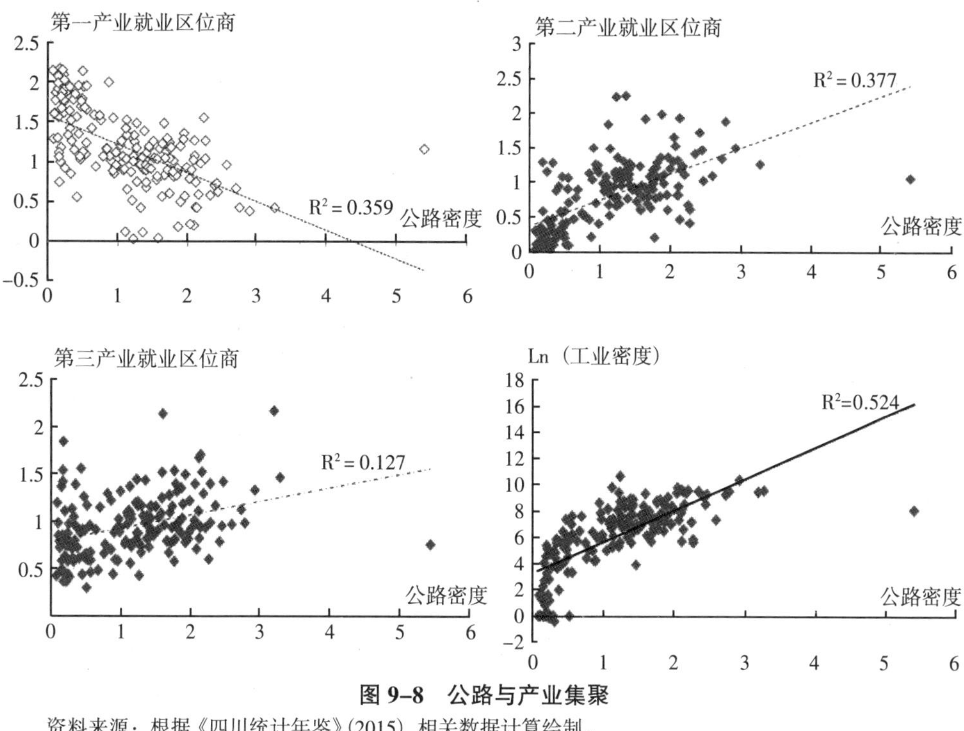

图 9-8 公路与产业集聚

资料来源：根据《四川统计年鉴》(2015）相关数据计算绘制。

五、规划与展望

“十三五”时期，四川省提出加强以进出川综合运输大通道为重点的现代化基础设施建设，完善网络体系，提升保障能力和水平①。

（一）全面畅通进出川交通大通道

首先要加快铁路大通道建设。加快完善以成都铁路枢纽为中心，连通京津冀、长三角、珠三角三大经济圈，融入“一带一路”国际运输大通道的铁路运输干线网络。合理布局铁路路网，推进成兰铁路、西成客专、成贵客专、川藏铁路、成昆铁路扩能改造等建设，加快成都至格尔木铁路等项目前期工作。加

① 四川省国民经济和社会发展第十三个五年规划纲要［EB/OL］. 四川省人民政府网，http：//www.sc.gov.cn/10462/10464/10797/2016/3/18/10373221.shtml.

快构建向北成都经达州、经西安至京津冀，向西成都经西宁、经兰州至中西亚、经格尔木至西亚和经拉萨至南亚，向南成都经宜宾、经攀枝花至东南亚、经贵阳至珠三角，向东成都经重庆至长三角 10 条铁路大通道（见图 9-9）。

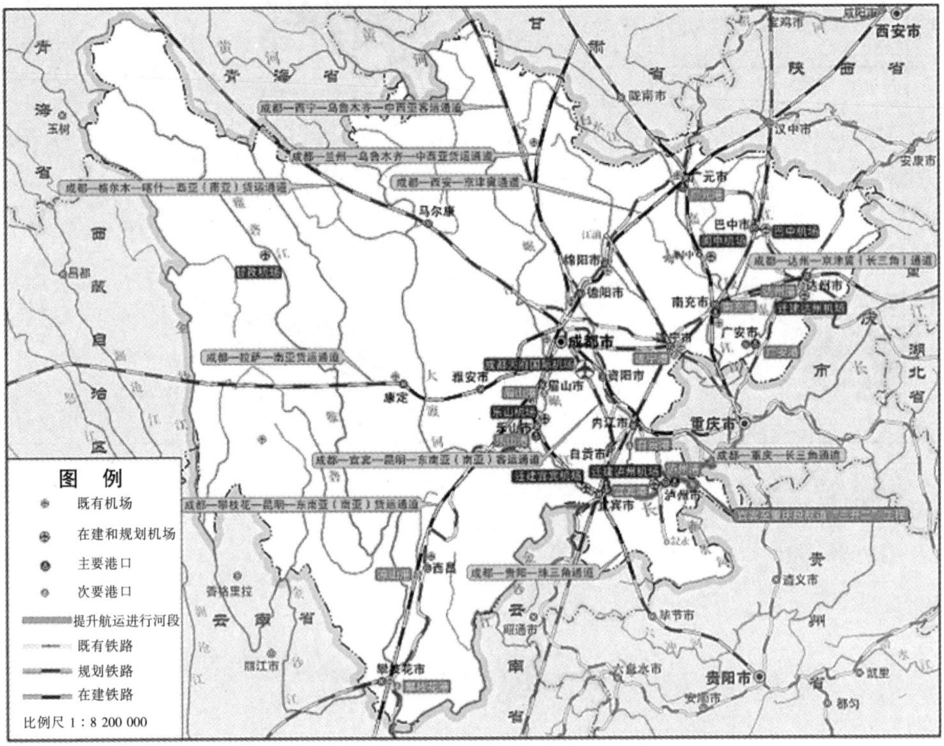

图 9-9 “十三五”时期铁路航空水运项目示意图

资料来源：四川省国民经济和社会发展第十三个五年规划纲要［EB/OL］. 四川省人民政府网，http：//www.sc.gov.cn/10462/10464/10797/2016/3/18/10373221.shtml.

其次，推进高速公路通道建设。以构建长江经济带综合立体交通走廊、推进省际间互联互通等为重点，加快高速公路通道建设，新增 7 条高速公路通道，跨区域通达条件和运输能力显著提升。加快建设绵阳至九寨沟高速公路，建成巴中至桃园高速公路，向北经陕西、甘肃对接欧亚大陆桥。建成宜宾至习水、彝良高速公路和攀枝花至大理高速公路，开辟西南大通道。加快建设泸州至荣昌、成都天府国际机场经资阳至潼南等高速公路，建成成都经安岳至重庆、巴中经广安至重庆等高速公路，扩大向东交通通道。加快建设马尔康至久治等高速公路，建成汶川至马尔康、雅安至康定高速公路，向西连接通往中亚和巴基斯坦的经济走廊（见图 9-10）。

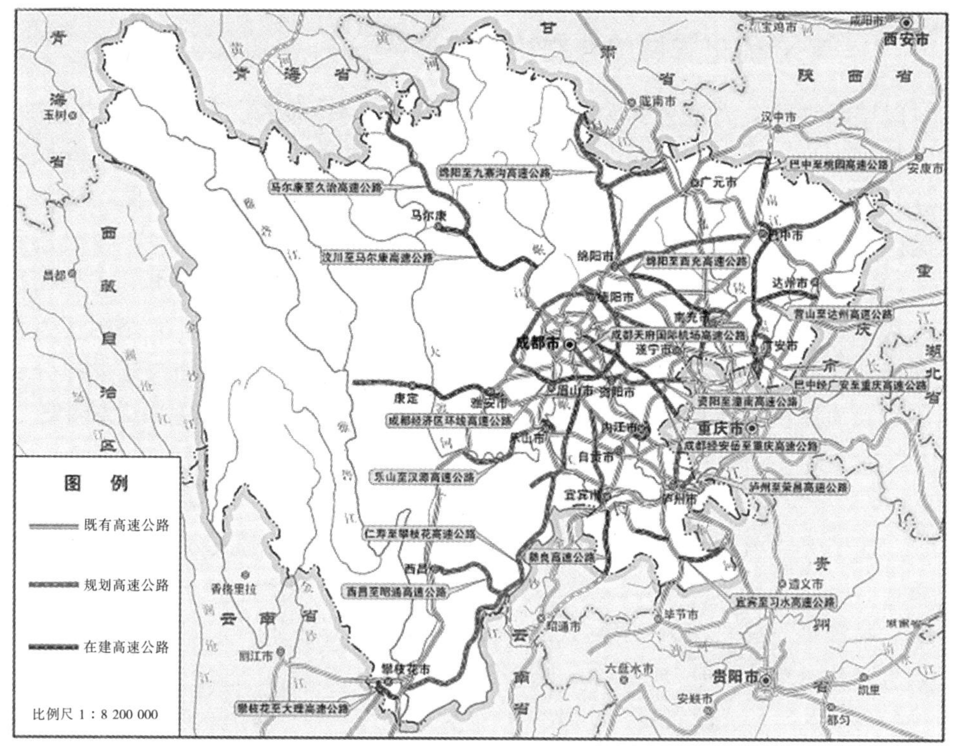

图 9-10　“十三五”时期四川省高速公路项目示意图

资料来源：四川省国民经济和社会发展第十三个五年规划纲要［EB/OL］. 四川省人民政府网，http：// www.sc.gov.cn/10462/10464/10797/2016/3/18/10373221.shtml.

再次，拓展国际国内航线。全力推进成都国家级国际航空枢纽建设，建成成都天府国际机场，优化成都双流机场，巩固航空第四城地位。扩展国际航线网络，增加至北美、欧洲、澳洲航线，加强现有航线对中亚、西亚、东南亚等地区辐射，拓展洲际 10 小时航程圈和亚洲 5 小时航程圈。完善省际航线网络和国内大中城市干线网络，形成干支结合、与通用机场相衔接的航空运输体系。

最后，提升长江等内河航运能力。全面提升长江黄金水道通行能力，完善内河航道体系和现代化港口体系。重点推进长江川境段航道等级提升，改善提升岷江、渠江、嘉陵江等航道条件，加快金沙江、沱江、涪江等支线航道建设，实施长江宜宾至重庆段航道三级升二级等工程，加快岷江港航电综合开发。提升港口吞吐能力，强化泸州港、宜宾港的枢纽地位，拓展乐山港、广元港、南充港、广安港等重点港口功能，推进达州港、凉山港、攀枝花港、眉山港、遂宁港、自贡港建设。

（二）整合优化省域综合交通网络体系

以城际铁路、高速公路为骨干，国省干线公路为支撑，农村公路为基础，客货运枢纽为集散中心，推进现代综合交通运输体系建设。加快建设川南城际铁路、绵遂内铁路、德阳至都江堰高速公路、仁寿至攀枝花高速公路、成都天府国际机场高速公路等城际快速通道，稳步推进高速公路拥挤路段扩容改造和复线建设。以一、二级公路为主体，深入推进普通国省道提档升级，着力构建高等级干线公路网。深入实施农村公路改善提升工程，进一步扩大路网覆盖范围和通达深度，实现所有乡镇和具备条件的建制村通硬化路。加快建设部分支线机场和通用机场，构建以民航运输为主、通用航空为补充的航空服务网络。

专栏：《中长期铁路网规划》中的四川铁路建设

2016年7月，国家发展和改革委员会印发了《中长期铁路网规划》（以下简称《规划》），《规划》是对2004年国务院批准实施《中长期铁路网规划》的修编，规划期为2016~2025年，远期展望到2030年。《规划》中涉及四川省的铁路建设包括：

高速铁路网：京昆通道，北京—石家庄—太原—西安—成都（重庆）—昆明高速铁路，包括北京—张家口—大同—太原高速铁路，连接华北、西北、西南地区，贯通京津冀、太原、关中平原、成渝、滇中等城市群；包（银）海通道，包头—延安—西安—重庆—贵阳—南宁—湛江—海口（三亚）高速铁路，包括银川—西安以及海南环岛高速铁路，连接西北、西南、华南地区，贯通呼包鄂、宁夏沿黄、关中平原、成渝、黔中、北部湾等城市群；兰（西）广通道，兰州（西宁）—成都（重庆）—贵阳—广州高速铁路，连接西北、西南、华南地区，贯通兰西、成渝、黔中、珠三角等城市群；沿江通道，上海—南京—合肥—武汉—重庆—成都高速铁路，包括南京—安庆—九江—武汉—宜昌—重庆、万州—达州—遂宁—成都高速铁路（其中成都至遂宁段利用达成铁路），连接华东、华中、西南地区，贯通长三角、长江中游、成渝等10个城市群。

拓展区域铁路连接线：绵阳—遂宁—内江—自贡。

发展城际客运铁路：成渝城市群，建成城际铁路网。

普速铁路网：京津冀—西南通道，利用京广、沪昆、南北同蒲、西康、襄渝、成昆、内昆等铁路，构建北京—西安（长沙）—川、渝、黔、滇通道，连接京津冀与滇中城市群；长三角—成渝通道，利用京沪、宁西、宁启、铜九、武九、武襄渝、达成、成渝等铁路，实施南京—芜湖—铜陵—

九江铁路等扩能改造，建设九江—岳阳—常德、黔江—遵义—昭通—攀枝花—大理铁路，规划研究沿江货运铁路，构建上海—南京（合肥）—武汉—重庆—成都沿江通道，连接长三角、长江中游、成渝城市群；西北—西南通道，利用兰新、陇海、宝成、包西、兰渝、西康、襄渝、渝黔、成昆、内昆等铁路，建设库尔勒—格尔木、格尔木—成都等铁路，构建西北（含呼包鄂榆）至西南地区通道。

促进脱贫攻坚和国土开发铁路：扩大路网覆盖面，建设黔江—遵义—昭通—攀枝花—大理、汉中—巴中—南充、泸州—遵义等铁路；完善进出西藏、新疆通道，建设川藏铁路雅安—昌都—林芝段、成都—格尔木，形成进出西藏、新疆、青海及四省藏区的便捷通道。

强化铁路集疏运系统：以资源富集区、主要港口及物流园区为重点，规划建设地区开发性铁路以及疏港型、园区型等支线铁路，形成干支有效衔接、促进多式联运的现代铁路集疏运系统，畅通铁路运输的“最先一公里”和“最后一公里”。

综合交通枢纽：构建成都综合铁路枢纽。

资料来源：《中长期铁路规划》。

第五篇　区域、城市与可持续发展

第十章　区域经济空间格局与区域差异

一、区域空间格局的演进[①]

（一）新中国成立之前的四川区域空间格局

以农业、手工业和传统商贸业为基础的农业文明主导着古代四川的区域空间格局，经济活动以小地域范围内的孤立、分散、封闭状态为特征，呈面状形态展开，省域空间结构处于离散、低质的相对均衡状态。四川盆地农业发展历史悠久，广泛分布于四川盆地内的平原、丘陵与盆周山区，尤以都江堰惠及的成都平原农业最为发达。农业的发展和发达的内河水运带动了手工业和商贸的发展，引致了城镇和人口的沿江集聚，长江、岷江、嘉陵江、沱江等沿江地带形成了一批以商贸和手工业为主的城镇，其中，成都先后七次成为封建割据王朝的都城，城市规模较大，商贸和手工业较为发达，是古蜀的经济中心、政治中心和商贸中心。除成都外，古代的四川城镇规模普遍不大，城镇之间没有形成明显的从属关系和等级之分，点面分离，缺乏联系，经济发展水平相对较低。

到了近代，轮船的出现促进了四川内河航运的发展和近代工业的兴起，近代工业和内河航运开始主导近代四川的区域空间格局（见表 10-1）。重庆等沿江城市开埠通商，长江成为四川大宗货物进出川的主要通道，由此引致近代工业和商贸流通在沿江城镇尤其是沿长江和岷江一线的集聚，形成了重庆、万州、涪陵、泸州、宜宾、自贡、内江、乐山等一批具有一定规模的城市，沿长江上游一线成为四川近代工业的集聚地。重庆成为四川重要的近代工业和商贸中心，区域经济发展开始出现明显的地域集聚，逐渐形成由成都、重庆两个增

① 本节主要参考《重塑四川经济地理》第 14 章，第 642-653 页。

长点和沿长江上游一线近代工业城镇构成的“两点一线”的空间格局。

“抗战”时期，沿海等地一大批工厂内迁和大量官僚资本、民族资本的涌入，使四川现代工业出现了短暂的繁荣，工厂和资本急剧增加。在空间上，工业主要集中于重庆以及沿江城镇，在重庆的工厂数占了四川工厂总数的63.7%。在此阶段，遂宁、乐山集中了全省大部分的丝绸、纺织业，自贡是制盐业的集中区。川西北广大地区工业甚少，成都仅有几家中小型纺织、造纸、面粉、电线和机械修理工厂。而在其他地区，经济活动的分布呈自然分散状态，农村以粮食生产为主，城市仅有一些为当地服务的手工业和商业，基本上没有什么现代工业。现代工业在城市的集聚，强化了城市的生产职能和经济影响力，促进了城市等级规模系列的形成。抗战时期由于重庆政治地位和经济地位的提升，四川省域内“两点一线”的空间格局进一步强化。

总之，新中国成立之前的四川形成了重庆、成都两个规模较大的城市，沿长江上游一线及主要支流出现了一批工业生产职能较强的城市，形成“两点一线”的区域空间格局。但重庆、成都的经济集聚作用尚不十分突出，其他城镇规模较小、职能单一、等级均衡，沿江一线点轴系统尚属雏形，城镇之间缺乏现代交通工具连接，以上下等级之间的行政、商贸联系为主，省域空间结构整体处于孤立、分散的离散状态。

表 10-1　近代四川省城镇等级体系

中心城市（Ⅰ级）	区域城市（Ⅱ级）	主要的地方城市（Ⅲ级）
重庆（成都）	重庆	涪陵、彭水、广安、合州、荣昌、内江
	成都	简阳、邛州、灌县、广汉、绵州
	乐山	雅安、青神、洪雅、眉山、井研、仁寿
	宜宾	屏山、庆符、筠连、南溪、长宁、江安、（犍为）
	广元	昭化（另有陕南部分地区）
	泸州	江安、隆昌、荣昌、永川、江津、合江、叙永
	南充	阆中、西充、岳池、遂宁、渠县、南部、三台
	万县	巫山、奉节、云阳、开县、梁平、忠县、石柱、丰都、垫江、（涪陵）

资料来源：刘晓鹰，戴宾. 四川小城镇发展与土地资源配置研究［M］. 北京：中国三峡出版社，2003.

（二）新中国成立以来的四川区域空间格局

新中国成立后，四川省开启了现代工业化、城镇化的进程。受国家宏观经济布局、铁路和高速公路发展以及行政区划调整的影响，四川省区域空间格局与空间结构发生了一系列重大变化。

1."一五"至"二五"时期

"一五"期间，成都、重庆两市是四川省工业建设和生产力布局的重点，实施了以成、渝两市为重点的集中式工业布局。全国 156 项重点工程中电子工业共 9 个项目，其中就有 4 个布局在成都。在成都新建了全国三大工具厂之一的成都量具刃具厂，以生产化肥为主的重点化工企业四川化工厂，以及成都机车车辆厂、成都木材综合加工厂、四川制药厂等骨干企业和其他一些国防军工企业，初步奠定了成都的工业基础。"二五"时期，四川省交通运输布局发生了巨变，成渝、宝成、内宜三条铁路干线建成通车，对四川省区域空间格局产生了重要的影响。这一时期，四川省生产力布局的原则和重点是依托成、渝两市，沿铁路干线实行"渐进式"和"阶梯式"的布局。成都新建了无缝钢管厂、四川第一棉纺织印染厂；重庆新建了仪表总厂、红岩机器厂等一批骨干项目。在宝成铁路沿线集中布局了三个工业区：以德阳第二重型机器厂、东方电机厂、东方汽轮机厂为主的德阳重型装备工业区；以电子为主的四川第二个电子工业区——绵阳工业区；以长城钢厂、江油水泥厂、江油矿山机械厂等为主的江油工业区。在成渝、内宜铁路的枢纽——内江市建设了由内江机床厂、内江锻压设备厂、内江棉纺厂等骨干企业组成的内江工业区。在川南建设了泸州天然气化工厂、自贡鸿鹤化工厂、邓关盐厂等化工、制盐企业。

"一五"至"二五"期间，四川省生产力布局以重庆、成都为重点集中布局并逐步向沿铁路干线上的重要节点渐进拓展，内河航运及其轴线功能则不断衰落，省域空间格局发生了较大的改变，形成了由成都和重庆两大增长极、成渝和宝成两条发展轴线以及川南地区组成的"两极两线一片"的空间格局。省域空间结构由两个强大的经济中心与相对落后的边缘地区组成，形成了"中心—边缘"结构。

2. 三线建设至"八五"时期

从 1964 年下半年起，四川省作为全国三线建设的重点地区之一，开始了新一轮的重工业和军事工业布局。随着三线建设的全面展开和一大批企业的内迁，四川省生产力布局沿铁路干线进一步强化和延伸。在宝成线上新建了包括青川、旺苍在内的以电子工业为主的广元工业区；在成渝线上新建了由四川空分设备厂、四川手扶拖拉机厂、资阳内燃机车厂等企业组成的简阳—资阳机械工业区，以电子、国防工业为主的隆昌工业区；在川南的自贡、泸州以及乐山地区新建了东方锅炉厂、自贡硬质合金厂、长江起重机厂、长江挖掘机厂、峨眉水泥厂、峨眉铁合金厂、眉山车辆厂等一批重点骨干企业。随着成昆铁路的建成通车以及攀枝花钢铁公司、矿山公司及其与之相配套的一批工业企业的建设，在川西南的边远地区形成了以攀枝花为中心的钢铁工业基地。省域空间格局在“两极两线一片”的基础上进一步演变为了“两极两线两片”，即成都和重庆两大增长极、成渝和宝成（包括成昆线的一部分）两条发展轴线以及川南、攀西两个片区。

3.“九五”至“十五”时期

1997年3月重庆成为直辖市，四川省行政区划发生重大调整，全省位置西移，成都成为四川省唯一的超大中心城市。随着成渝、成绵、成雅（乐）、成南、成灌、成温邛等高速公路的建成运营，成都对周边地区的吸聚作用不断增强，成为全省经济社会发展的核心。西部大开发战略实施以来，四川决定建立成都、德阳、绵阳高新技术产业带，发布了《构建成都、德阳、绵阳高新技术产业带实施方案》，旨在充分发挥成都、德阳、绵阳三市经济、科技和生产力布局优势。以上布局方案的实施，加快了成、德、绵地区的发展进程，成都平原经济圈开始形成。2002年成都市GDP、第二产业增加值、工业增加值以及第三产业增加值占全省的比重均在1/3以上，成、德、绵地区则占到全省的一半。与此同时，攀西、川南的资源开发和老工业城市改造进一步加快，形成了一定的区域特色，增强了全省发展的后劲。丘陵地区、盆周山区和民族地区开始作为特殊类型的经济区域加以扶持。

在行政区划调整的背景下，四川区域空间格局又一次发生较大改变，形成了由成都发展核、成渝和宝成—成昆（部分）两条发展轴线以及成都平原、川南、攀西构成的“一核两线三片”的空间格局。

4.“十一五”时期

“十一五”时期，四川省更加重视经济活动的空间组织与协调，坚持经济布局、人口分布、资源环境三位一体的空间均衡原则，促进城乡区域协调发展，新的区域空间格局初步形成。根据资源条件、地理区位和发展潜力，通过发展经济和人口转移，初步形成了成都、川南、攀西、川东北、川西北生态五大经济区。坚持城镇化与工业化相互促进，优化城镇结构和城镇布局，着力构建特大城市、大城市、中小城市和小城镇协调发展的城镇体系，初步形成了成都平原、川南、川东北和攀西四大城市群。根据资源环境承载能力和现有开发密度，构建主体功能区，确定了优化开发、重点开发、限制开发和禁止开发4类主体功能区。成都依靠其强大的集聚力，对四川省乃至周边省区形成了强大的吸引作用，城市扩张迅速，综合经济实力和城市竞争力不断增强。受成都辐射带动以及交通条件改善的影响，次级中心城市发展提速，初步形成了以铁路和高速公路为轴线的绵成乐、成遂（南）、成内（渝）三条发展带。与此同时，随着内河航运受到重新重视以及航道条件改善和港口建设的加快，沿长江、岷江的发展带也得以恢复和重构。

5.“十二五”时期

“十二五”时期，四川把“促进区域协调发展和城镇化健康发展”作为区域发展的总体战略。实施主体功能区战略，依据资源环境承载能力，按照优化开发、重点开发、限制开发、禁止开发的方式，分类推进城市化地区、农产品主产区、重点生态功能区发展，逐步形成人口、经济和环境资源相协调的空间开发格局。加快五大经济区发展，成渝经济区四川部分“一极一轴一区块”建设推进加快。民族地区、革命老区和贫困地区的发展加快。积极稳妥推进新型城镇化，以大城市和区域性中心城市为依托、大中城市为骨干、小城镇为基础，培育发展四大城市群，促进大中小城市和小城镇协调发展。到“十二五”时期末，四川省初步构建起了优势互补、分工协作、城乡互动、各具特色的区域协调发展格局。

综上所述，新中国成立以来，大规模的工业建设使成都、重庆两个中心城市迅速崛起，促进了省域内人口、产业、资本、技术向成渝两市集中，成为四川省国民经济的支柱和增长极核，奠定了“双核”型省域空间结构的基本构架。成渝、宝成、成昆线的建成营运，使四川省生产力布局开始沿铁路干线集聚和延伸，出现了川南和攀西两个新兴工业集中区域，形成了“两极两线两片”的省域空间发展格局。重庆从四川分立后，成都在全省的中心地位进一步提升，其集聚作用更加显著，省域城镇体系的首位分布特征更为明显。高速公路的兴起引致全省生产力布局向更为广阔的地域延伸，在一定程度上促进了其他城市的发展，省域内次级中心城市发展提速，交通轴线功能和省域空间的区域性特征开始显现，逐步形成了“一核（成都发展核）四带（绵成乐、成南遂（渝）、成内（渝）和沿江四条点轴发展带）五区（成都经济区、川南经济区、川东北经济区、攀西经济区和川西北经济区）四群（成都城市群、川南城市群、川东北城市群和攀西城市群）”的省域空间发展格局。民族地区、革命老区和贫困地区成为省内三大政策扶持区。

四川省区域空间格局的演进如表 10-2 所示。

表 10-2　四川省区域空间格局的演进

时期		区域空间格局	特征
新中国成立前	古代	离散、低质的相对均衡状态	成都平原农业发达。省域经济活动以小地域范围内的孤立、分散、封闭状态为特征
	近代	两点一线	省域经济发展开始出现明显的地域集聚，逐渐显现由成都、重庆两个增长点和沿长江一线近代工业城镇构成的“两点一线”的空间格局
	抗战时期	两点一线	重庆的政治地位和经济地位进一步提升，沿长江及主要支流的城镇得到较快发展，省域内“两点一线”的空间格局进一步强化

续表

时期		区域空间格局	特征
新中国成立后	“一五”至“二五”时期	两极两线一片	省域空间发展格局发生较大改变，形成了成都和重庆两大增长极、成渝和宝成两条发展轴线以及川南地区组成的“两极两线一片”的空间格局
	三线建设至“八五”时期	两极两线两片	生产力布局沿铁路干线进一步强化和延伸，在川西南的边远地区形成了以攀枝花为中心的钢铁工业基地。形成“两极两线两片”的空间格局，即成都和重庆两大增长极、成渝和宝成（包括成昆线的一部分）两条发展轴线以及川南地区和攀西地区
	“九五”至“十五”时期	一核两线三片	成都对周边地区的吸聚作用不断增强，在全省的核心地位凸显，成都平原经济圈开始形成。形成了由成都发展核、成渝和宝成—成昆（部分）两条发展轴线以及成都平原经济区、川南地区、攀西地区构成的“一核两线三片”的空间格局
	“十一五”至“十二五”时期	一核四带五区四群	中心城市的集聚效应和城市群聚效应进一步凸显，产业向高等级点和轴线集中，形成点轴形态。形成由成都发展核，绵成乐、成南（遂）、成内（渝）以及沿江四条发展带，成都、川南、川东北、攀西、川西北五大经济区和成都平原、川南、川东北和攀西四大城市群构成的“一核四带五区四群”的空间格局

资料来源：《重塑四川经济地理》（第 644 页）及作者整理。

二、区域经济差异

四川省是一个大省，各地区的区位条件、自然条件和自然资源禀赋差异明显，经济社会发展表现出很大的地区不平衡性和地区差异。

（一）区域差异的基本态势

改革开放以来，四川省的经济发展和全国一样，一方面，从时间趋势看，高速增长使得四川省的经济总量每隔几年上一个台阶；另一方面，这种增长在空间上是不平衡的，表现为向核心区的集聚，而且增长和集聚是同时发生的。如图 10-1 所示，四川省地区生产总值在空间上的分布，1978 年以来总体上呈现出不平衡扩大的趋势，这种不平衡扩大趋势具有阶段性特点：1978~2000 年前后不平衡是扩大的；在 2002 年左右不平衡达到最大，之后随着西部大开发战略效应的显现，不平衡趋势下降；汶川大地震以来，不平衡趋势又呈现出上升的态势。

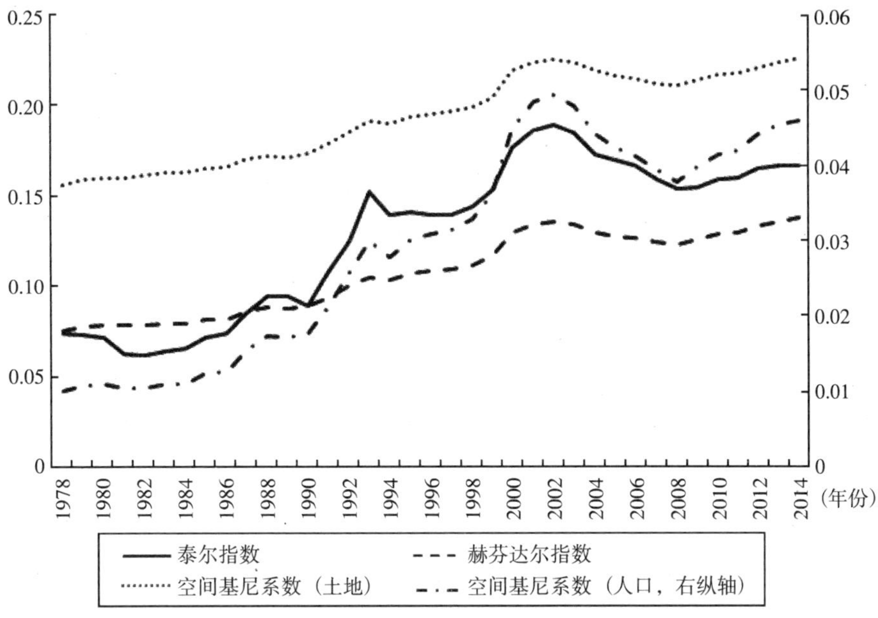

图 10-1　四川省经济活动的空间分布：地区生产总值

资料来源：根据《四川改革开放 30 年》和《四川统计年鉴》相关数据计算绘制。

图 10-2 所示为四川省市州人均地区生产总值的空间变化，1978 年以来人均地区生产总值的区域差异先下降，在 1985 年前后开始增大，在 1990 年前后变小，之后又增大，1994 年前后达到一个峰值，之后又开始变小，1999 年前后又开始增大，在 2003 年左右达到峰值，之后又缓慢变小。图 10-3 所示为 2014 年各市州人均地区生产总值的分布情况。对变异系数进行 H-P 滤波分解（见图 10-4），发现变异系数的趋势线，1978~1985 年是下降的，表明这段时期人均地区生产总值的地区差距是缩小的，1985~2014 年，变异系数的趋势线呈现为“倒 U 型”，表明这段时期四川省人均地区生产总值的地区差距先扩大，在 2003 年左右达到最大，之后开始缩小。这符合空间库兹涅茨曲线（威廉姆森曲线）描述的区域经济差异变化的趋势。

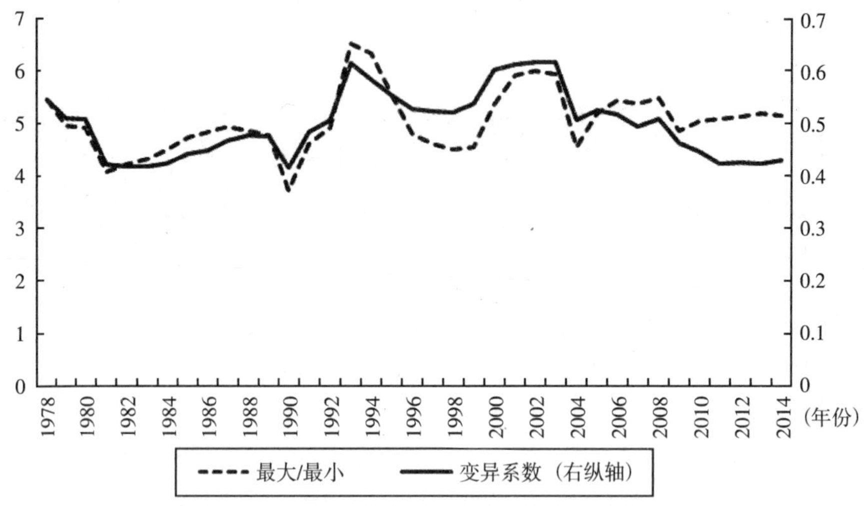

图 10-2 四川省人均地区生产总值的区域差异

资料来源：根据《四川改革开放 30 年》和《四川统计年鉴》相关数据计算绘制。

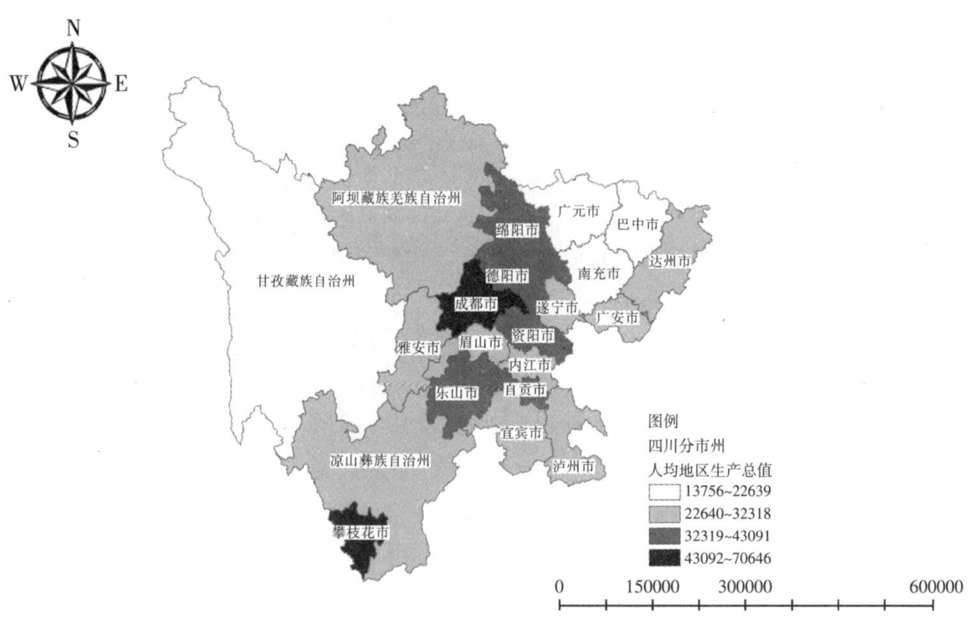

图 10-3 2014 年四川省人均地区生产总值分布图

资料来源：《四川统计年鉴》(2015)。

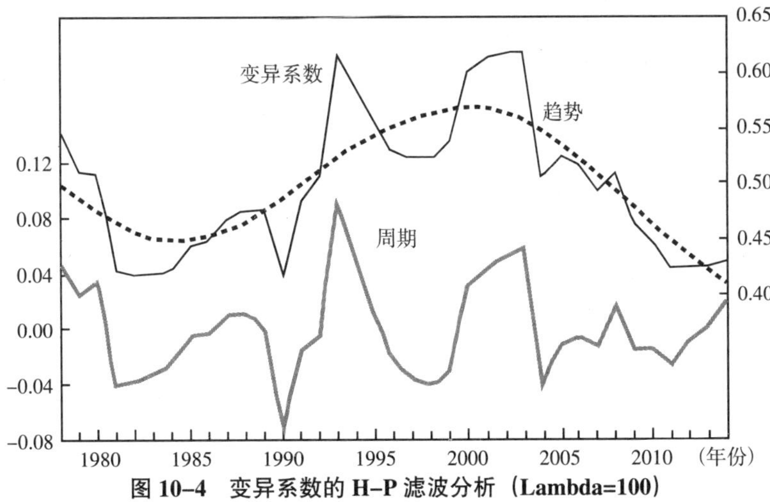

图 10-4　变异系数的 H-P 滤波分析（Lambda=100）

资料来源：根据《四川改革开放 30 年》和《四川统计年鉴》相关数据计算绘制。

（二）区域差异的空间结构

本节从如下几个空间尺度考察四川省经济的区域差异。首先从成都市与其余市州间的差异开始。成都市作为四川省的首府、首位城市和超大城市，一直是四川省的核心区域，它和其他市州形成了典型的核心—边缘结构（见图 10-5）。成都市面积占四川省的 2.5%，2014 年人口占四川省的 13.22%，而地区生产总值占四川省的比例，1978 年为 19.43%，到 2014 年增加到 33.45%。可以看出，改革开放以来成都市的集聚作用日渐增大。

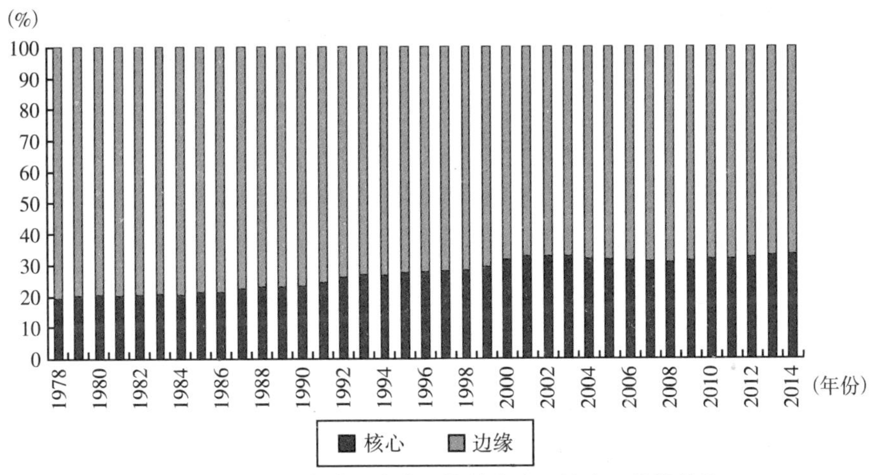

图 10-5　四川省地区生产总值的分布：核心—边缘结构

资料来源：根据《四川改革开放 30 年》和《四川统计年鉴》相关数据计算绘制。

其次，《四川省国民经济和社会发展第十一个五年规划纲要》中，根据四川省的资源条件、地理区位和发展潜力，将四川省划分为成都、川南、攀西、川东北、川西北生态五大经济区，这种区域划分一直延续到“十三五”规划纲要。这五大经济区所覆盖的范围为：

成都经济区：包括成都、德阳、绵阳、眉山、资阳 5 市。

川南经济区：包括自贡、宜宾、泸州、内江、乐山 5 市。

攀西经济区：包括攀枝花市、凉山州、雅安市 3 个市（州）。

川东北经济区：包括南充、遂宁、达州、广安、巴中、广元 6 市。

川西北生态经济区：包括甘孜、阿坝两个州。

表 10-3 所示为 2014 年四川省五大经济区经济发展的基本数据。可以看出，成都经济区密度最大，占四川省 10.98%的地域、1/3 多的人口，集中了四川省 50%以上的地区生产总值、1/3 以上的就业。川西北生态经济区是四川省密度最低的区域。

表 10-3　2014 年四川省五大经济区

经济区	面积		人口		地区生产总值		就业		人均地区生产总值（元）	密度		
										人口	经济	就业
	平方千米	占比（%）	万人	占比（%）	亿元	占比（%）	万人	占比（%）		（人/平方千米）	（万元/平方千米）	（人/平方千米）
成都经济区	53377	10.98	2921.47	35.89	15292.62	50.86	1748.77	36.64	52345.63	547.33	2865.02	327.63
川南经济区	47991	9.87	1844.84	22.66	6141.3	20.42	1116.82	23.40	33289.07	384.41	1279.68	232.71
攀西经济区	82742	17.02	739.57	9.09	2647.56	8.81	459.3	9.62	35798.64	89.38	319.98	55.51
川东北经济区	69327	14.26	2427.5	29.82	5531.86	18.40	1331.43	27.90	22788.30	350.15	797.94	192.05
川西北经济区	232616	47.86	206.82	2.54	454.6	1.51	116.31	2.44	21980.47	8.89	19.54	5.00
合计	486053	100.00	8140.2	100.00	30067.94	100.00	4772.63	100.00	36937.59	167.48	618.61	98.19

资料来源：《四川统计年鉴》（2015）。

动态地看，改革开放以来，地区生产总值向成都经济区集中，1978 年成都经济区只占四川省地区生产总值的 39.14%，2014 年这一比重提高到 50.86%，在成都经济区占比提高的同时，其他经济区的占比均出现不同程度的下降（见图 10-6）。

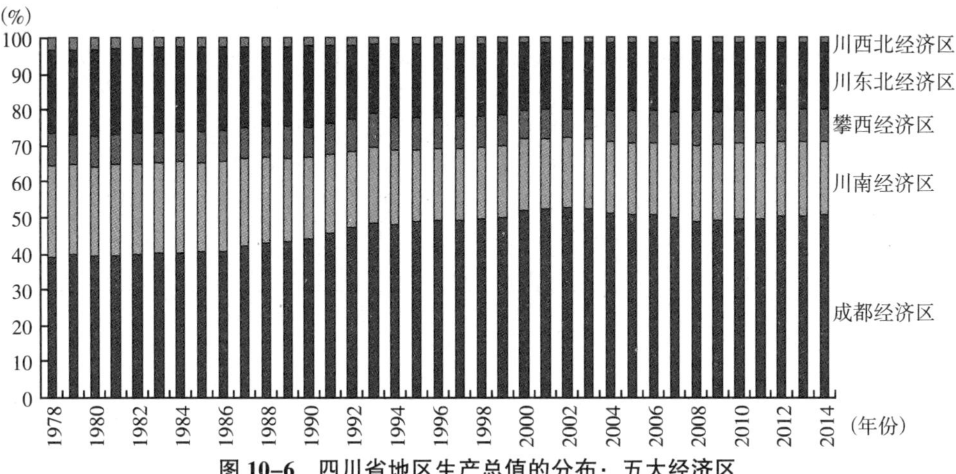

图 10-6　四川省地区生产总值的分布：五大经济区

资料来源：根据《四川改革开放 30 年》和《四川统计年鉴》相关数据计算绘制。

从 21 个地市州看，表 10-4 给出了 1978 年以来主要年份四川省各市州人均地区生产总值，图 10-7 绘出了各年人均地区生产总值的最大值和最小值。可以看出，改革开放以来各市州经济快速发展，但发展不平衡，人均地区生产总值的绝对值差距还在扩大。

表 10-4　四川省人均地区生产总值的区域差异

	1978年	1980年	1985年	1990年	1995年	2000年	2005年	2010年	2011年	2012年	2013年	2014年
成都市	446	565	1008	2123	6700	13020	19627	41253	49438	57624	63977	70019
自贡市	294	373	654	1241	3011	4825	9924	23613	29102	32787	36745	39145
攀枝花市	850	941	1383	2304	8160	11184	21969	43959	53054	60391	65001	70646
泸州市	254	292	549	862	2174	3578	6753	16698	21339	24317	26848	29655
德阳市	311	376	660	1492	4194	6889	12593	25335	31562	35945	39573	43091
绵阳市	268	324	597	1239	3714	6122	9774	20053	25755	29080	31237	33558
广元市	221	273	506	953	2469	2857	5268	12313	16225	18672	20443	22117
遂宁市	174	213	377	758	2146	3169	5789	14498	18528	20908	22517	24691
内江市	233	281	497	839	2121	3454	6432	18022	23062	26341	28735	31024
乐山市	281	345	623	1252	2859	4226	9116	22490	28339	31942	34863	37125
南充市	166	225	394	751	1623	2492	5409	13212	16388	18757	21059	22639
眉山市	170	196	342	741	2393	3678	8012	18586	22791	26168	28934	31664
宜宾市	306	340	484	845	2121	3963	7890	19499	24433	27865	30093	32318
广安市	178	208	360	736	2140	2901	6566	15588	20572	23410	25933	28489
达州市	208	253	416	685	2016	3040	6063	14623	18474	20685	22632	24411
雅安市	263	318	608	1066	2900	4949	8310	18881	23153	26157	27317	30052

续表

	1978年	1980年	1985年	1990年	1995年	2000年	2005年	2010年	2011年	2012年	2013年	2014年
巴中市	156	192	293	621	1469	2438	4237	8717	10438	11823	12556	13756
资阳市	216	247	410	788	1910	2924	6014	16644	22931	27283	30514	33592
阿坝州	523	601	913	1463	3054	4288	8488	14662	18710	22525	25728	27043
甘孜州	429	485	630	1161	2516	2797	5439	11659	13889	15753	17809	18096
凉山州	213	251	453	921	2350	3630	6934	17560	22044	24668	26556	28556

资料来源：根据《四川改革开放 30 年》和《四川统计年鉴》相关数据计算绘制。

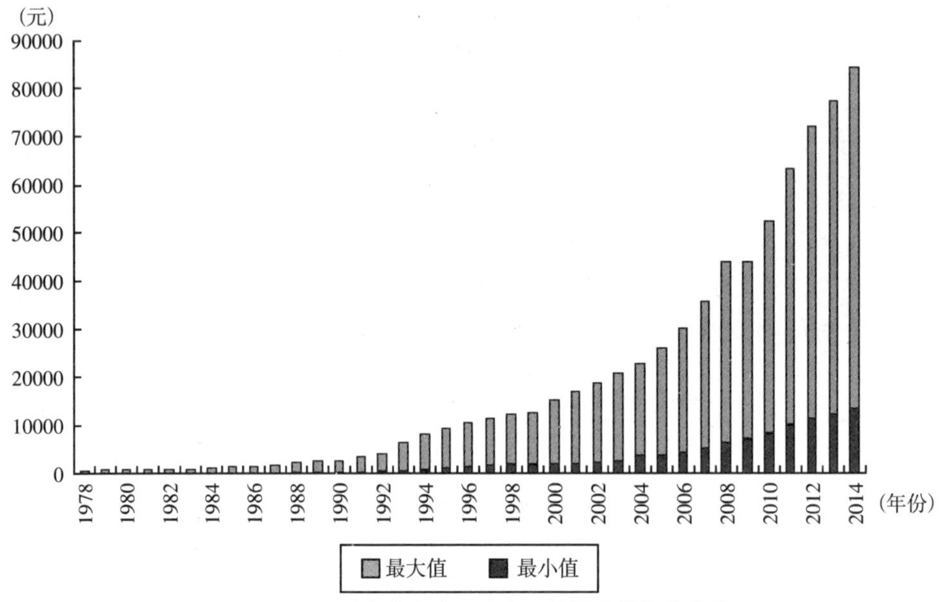

图 10-7　四川省人均地区生产总值最大值与最小值

资料来源：根据《四川改革开放 30 年》和《四川统计年鉴》相关数据计算绘制。

再次，从县域层面分析四川经济的区域差异。2014 年四川省人均地区生产总值为 35128 元，根据各县域人均地区生产总值与四川省平均水平的比较，可以把四川省县域划分为如下几个类型区（见图 10-8）：

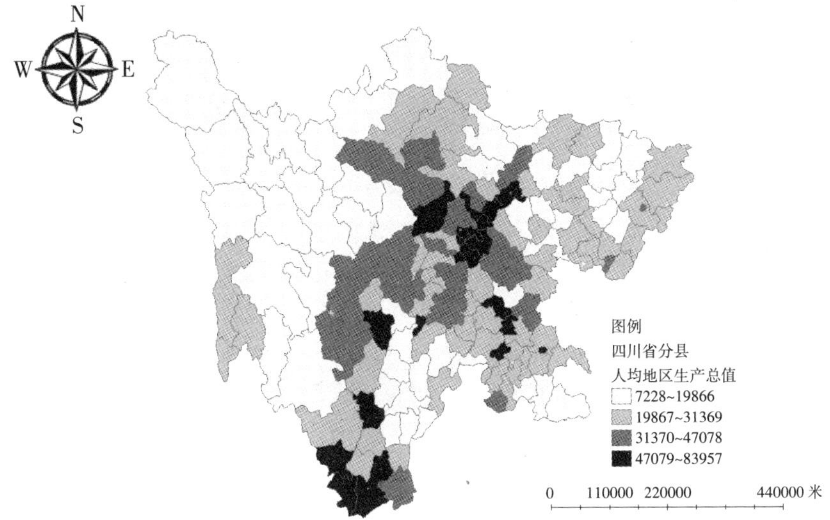

A. 四川省县域人均地区生产总值分布（2014 年）

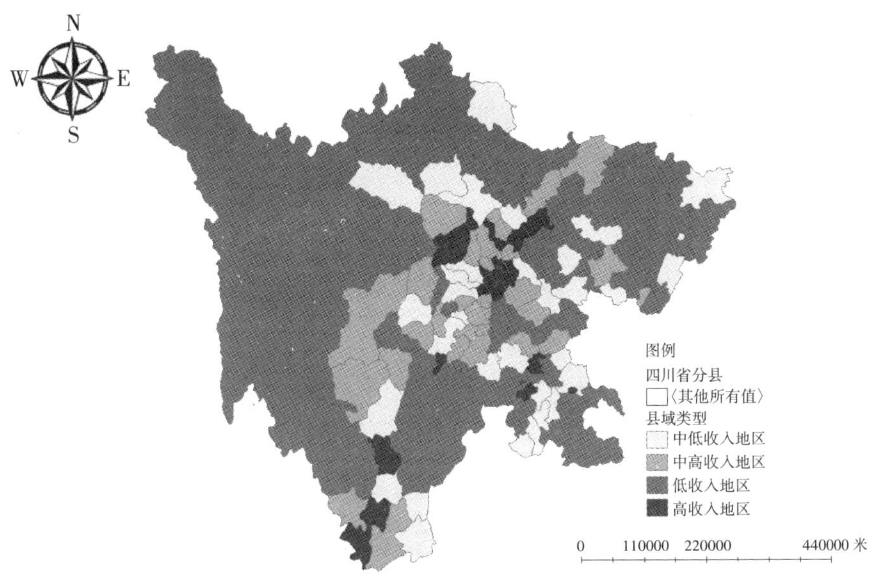

B. 县域经济发展类型

图 10–8 四川省县域经济发展类型分布

资料来源：作者绘制。

高收入地区：人均地区生产总值为四川省平均水平的 1.5 倍以上，有 26 个县，占 183 个县域的 14.21%。

中高收入地区：人均地区生产总值相当于四川省平均水平的 1~1.5 倍，有 35 个县，占 19.13%。

中低收入地区：人均地区生产总值相当于四川省平均水平的 0.75~1 倍，有 35 个县，占 19.13%。

低收入地区：人均地区生产总值相当于四川省平均水平的 0.75 以下，有 87 个县，占 47.54%。

最后，从城乡经济的区域差异看，如表 10-5 所示，四川省城市经济总量（市辖区地区生产总值）占全省的比重由 2000 年的 42.43%提高到 2013 年的 51.47%，说明城市的经济集聚效应增强。从各市市辖区经济总量占各市地区生产总值的比例看，攀枝花、成都、自贡、泸州等市市辖区提供了全市经济总量的 60%以上，城市集聚作用最弱的达州、广安、德阳市辖区提供的经济总量占全市的比重不足 30%；从变化趋势看，攀枝花、遂宁、南充和巴中，与 2000 年相比，2013 年市辖区地区生产总值占全市比重在下降，其余市市辖区的占比都在上升。

表 10-5　市辖区占全市地区生产总值的比重

单位：%

	2000年	2001年	2002年	2003年	2004年	2005年	2006年	2007年	2008年	2009年	2010年	2011年	2012年	2013年
四川省	42.43	42.95	45.80	46.36	45.96	47.75	49.98	47.46	50.15	50.00	50.71	50.47	50.96	51.47
成都市	51.02	52.11	60.43	61.17	61.81	64.02	69.93	62.93	70.20	69.73	70.84	69.77	70.42	71.16
自贡市	59.78	59.22	59.10	58.69	58.82	64.44	65.62	65.23	65.58	65.07	65.36	65.28	65.09	64.78
攀枝花市	81.50	79.08	76.11	76.17	75.34	75.68	76.32	78.48	78.29	77.69	76.73	74.70	73.55	73.54
泸州市	49.54	50.07	50.93	51.14	51.36	51.60	51.98	51.74	51.52	51.35	51.69	51.35	51.29	51.52
德阳市	21.95	22.40	22.40	22.51	22.72	24.07	24.22	24.35	28.11	28.15	30.92	30.59	29.84	29.50
绵阳市	43.79	42.30	43.17	47.06	44.70	44.79	45.56	44.86	46.49	47.24	47.56	47.55	46.45	48.08
广元市	40.18	46.76	45.94	44.69	44.85	45.01	45.35	44.80	44.80	45.09	46.72	47.99	48.01	47.79
遂宁市	41.37	41.37	41.35	41.52	39.77	40.37	40.49	40.45	39.74	39.54	38.85	39.93	39.07	40.72
内江市	36.36	36.26	36.17	36.04	35.83	37.97	37.94	37.77	37.47	36.89	36.83	36.65	36.66	36.54
乐山市	42.02	42.48	42.64	42.21	43.46	44.30	45.72	46.02	46.80	48.00	48.20	48.54	48.84	49.00
南充市	38.51	38.19	39.13	39.27	38.10	36.84	36.78	36.18	35.90	35.94	36.28	36.23	36.49	35.87
眉山市	31.74	31.89	31.98	31.39	30.42	30.84	31.38	31.81	31.61	32.79	33.73	34.11	34.47	34.17
宜宾市	36.10	36.63	37.27	38.58	39.13	43.93	44.36	43.23	41.86	39.40	37.44	41.38	41.29	41.55
广安市	25.34	26.24	26.71	26.77	25.81	28.61	28.80	28.99	29.55	29.15	29.25	29.23	29.19	29.32
达州市	13.69	13.80	13.86	13.87	13.30	14.35	14.34	14.14	14.07	14.99	14.90	14.68	13.99	14.73
雅安市	32.33	33.25	27.72	27.80	26.46	29.02	28.12	29.25	28.64	28.68	28.66	28.67	40.61	40.63
巴中市	42.20	41.95	41.54	41.61	38.58	39.06	39.29	38.84	38.36	37.82	37.54	36.94	34.49	33.56
资阳市	29.89	30.39	28.86	29.53	29.50	30.42	30.95	31.93	32.17	32.38	32.65	32.36	32.26	32.21

资料来源：《四川统计年鉴》。

三、经济发展地区差距的分解

为了准确反映四川省经济区之间及经济区内部经济发展的差异程度，以及总差异中有多大份额是由五大经济区间的差异引起的，有多大份额是由经济区内部的差异引起的，这里利用泰尔指数的可加分解特性，对四川省经济的区域差异进行了分解分析。泰尔指数是最近学者们研究区域差异时使用较多的一个指数。设 Y_i 是第 i 个地区的地区生产总值，Y 是全省的地区生产总值，P_i 是第 i 个地区的人口，P 是全省总人口，则泰尔指数可定义为：

$$T=\sum_i\left[\frac{Y_i}{Y}\cdot Ln\left(\frac{Y_i/Y}{P_i/P}\right)\right]$$

泰尔指数的大小表明所考察范围内各地区经济发展差异性的大小，并且利用泰尔指数的时间序列可以清楚地看到各年份差异变化的动态过程。根据泰尔指数的可加分解特性，泰尔指数可以按区域内差异和区域间差异进行分解，即总体差异等于区域内差异加上区域间差异。

利用上述方法，对四川省地区生产总值的地区差异按五个经济区进行分解，结果如表 10-6 和图 10-9 所示。从对区域差异的贡献率看（见图 10-10），1996 年前经济区区内差异的贡献率超过一半，之后区间差异和区内差异的贡献率差不多，各占 50%。

表 10-6　四川省经济发展区域差异的经济区分解

年份	总的泰尔指数	经济区区间差异	经济区区内差异					
			区内差异	成都经济区	川南经济区	攀西经济区	川东北经济区	川西北经济区
1978	0.0740	0.0321	0.0420	0.0568	0.0049	0.1853	0.0078	0.0050
1979	0.0728	0.0305	0.0423	0.0627	0.0073	0.1653	0.0061	0.0034
1980	0.0718	0.0276	0.0442	0.0684	0.0054	0.1649	0.0064	0.0060
1981	0.0628	0.0267	0.0361	0.0638	0.0026	0.0953	0.0086	0.0016
1982	0.0617	0.0257	0.0360	0.0622	0.0023	0.1051	0.0072	0.0027
1983	0.0640	0.0264	0.0376	0.0641	0.0030	0.1086	0.0080	0.0054
1984	0.0655	0.0272	0.0383	0.0636	0.0043	0.1105	0.0087	0.0101
1985	0.0716	0.0285	0.0431	0.0715	0.0070	0.1091	0.0104	0.0178
1986	0.0739	0.0290	0.0449	0.0731	0.0088	0.1193	0.0091	0.0129
1987	0.0854	0.0348	0.0506	0.0830	0.0122	0.1220	0.0075	0.0148

续表

年份	总的泰尔指数	经济区区间差异	经济区区内差异					
			区内差异	成都经济区	川南经济区	攀西经济区	川东北经济区	川西北经济区
1988	0.0939	0.0406	0.0533	0.0845	0.0175	0.1246	0.0075	0.0130
1989	0.0939	0.0417	0.0522	0.0803	0.0234	0.1125	0.0070	0.0109
1990	0.0889	0.0414	0.0474	0.0789	0.0187	0.0797	0.0067	0.0074
1991	0.1080	0.0510	0.0570	0.0883	0.0189	0.1215	0.0081	0.0080
1992	0.1247	0.0612	0.0635	0.0993	0.0166	0.1201	0.0106	0.0136
1993	0.1519	0.0737	0.0782	0.1089	0.0120	0.2035	0.0195	0.0130
1994	0.1394	0.0673	0.0720	0.0978	0.0123	0.1952	0.0218	0.0059
1995	0.1408	0.0701	0.0708	0.1021	0.0140	0.1574	0.0191	0.0055
1996	0.1394	0.0707	0.0687	0.1032	0.0131	0.1365	0.0163	0.0067
1997	0.1394	0.0718	0.0676	0.1049	0.0109	0.1239	0.0136	0.0037
1998	0.1437	0.0739	0.0699	0.1096	0.0110	0.1245	0.0117	0.0054
1999	0.1529	0.0779	0.0750	0.1200	0.0106	0.1222	0.0096	0.0144
2000	0.1767	0.0926	0.0841	0.1391	0.0067	0.1120	0.0048	0.0225
2001	0.1861	0.0957	0.0905	0.1511	0.0067	0.1071	0.0052	0.0244
2002	0.1892	0.0979	0.0913	0.1515	0.0075	0.1095	0.0054	0.0236
2003	0.1843	0.0948	0.0895	0.1468	0.0085	0.1190	0.0054	0.0249
2004	0.1723	0.0878	0.0844	0.1376	0.0100	0.1192	0.0075	0.0274
2005	0.1696	0.0853	0.0843	0.1330	0.0132	0.1336	0.0086	0.0283
2006	0.1665	0.0849	0.0817	0.1283	0.0141	0.1289	0.0094	0.0251
2007	0.1592	0.0800	0.0792	0.1260	0.0144	0.1218	0.0103	0.0175
2008	0.1541	0.0758	0.0783	0.1262	0.0128	0.1249	0.0108	0.0013
2009	0.1546	0.0769	0.0777	0.1305	0.0104	0.0996	0.0105	0.0049
2010	0.1593	0.0784	0.0808	0.1355	0.0101	0.1011	0.0118	0.0074
2011	0.1598	0.0796	0.0802	0.1350	0.0086	0.0975	0.0117	0.0100
2012	0.1649	0.0822	0.0827	0.1379	0.0081	0.1044	0.0116	0.0144
2013	0.1669	0.0821	0.0847	0.1402	0.0088	0.1086	0.0125	0.0137
2014	0.1668	0.0829	0.0839	0.1385	0.0076	0.1091	0.0113	0.0170

资料来源：根据《四川改革开放 30 年》和《四川统计年鉴》相关数据计算绘制。

此外，这里还对四川省区域差异指标（泰尔指数）进行了市州的分解（见表 10-7），分析发现，市州间的差异对四川省区域差异的贡献率在 55%以上，余下的是市州内差异的贡献。

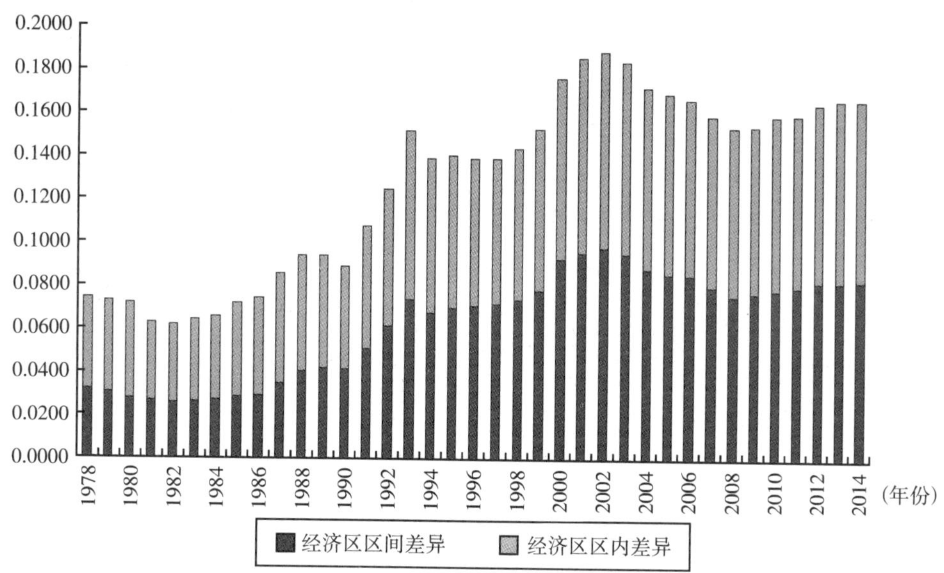

图 10-9　四川省经济发展区域差异分解：经济区

资料来源：根据《四川改革开放 30 年》和《四川统计年鉴》相关数据计算绘制。

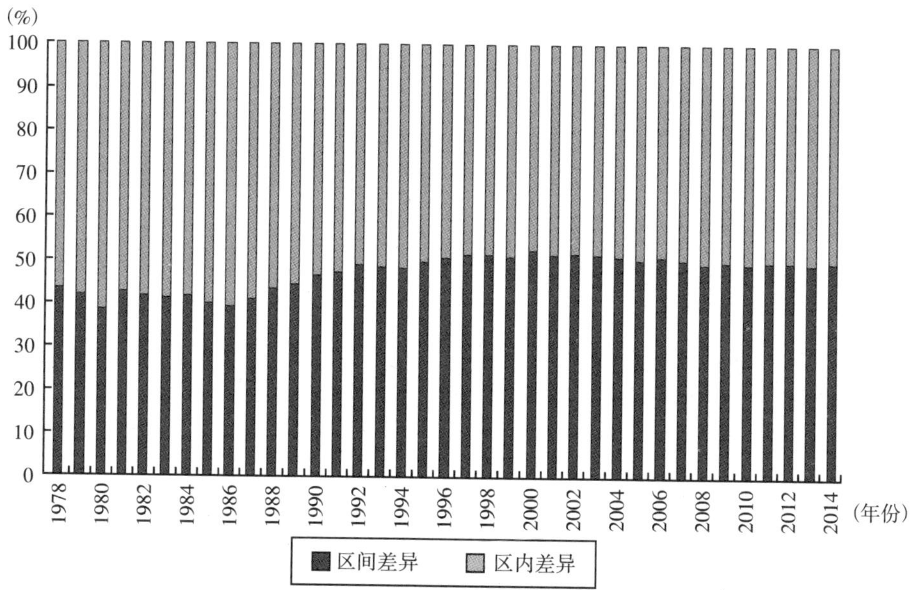

图 10-10　四川省经济发展区域差异的贡献率构成

资料来源：根据《四川改革开放 30 年》和《四川统计年鉴》相关数据计算绘制。

表 10-7 四川省经济发展的市州分解

年份	合计	区域差异		贡献率（%）	
		区间差异	区内差异	市州间	市州内
2000	0.2792	0.1641	0.1151	58.7660	41.2340
2001	0.2861	0.1711	0.1150	59.8005	40.1995
2002	0.2900	0.1757	0.1143	60.5891	39.4109
2003	0.3079	0.1730	0.1349	56.1831	43.8169
2004	0.2780	0.1623	0.1157	58.3784	41.6216
2005	0.3004	0.1585	0.1419	52.7595	47.2405
2006	0.2960	0.1533	0.1427	51.7914	48.2086
2007	0.2828	0.1466	0.1362	51.8441	48.1559
2008	0.2701	0.1392	0.1309	51.5430	48.4570
2009	0.2647	0.1332	0.1315	50.3135	49.6865
2010	0.2716	0.1429	0.1287	52.6153	47.3847
2011	0.2513	0.1296	0.1217	51.5790	48.4210
2012	0.2549	0.1360	0.1189	53.3647	46.6353
2013	0.2510	0.1368	0.1142	54.5005	45.4995
2014	0.2453	0.1350	0.1103	55.0302	44.9698

资料来源：根据《四川改革开放 30 年》和《四川统计年鉴》相关数据计算绘制。

四、经济发展地区差异的形成

形成区域经济发展不平衡的机理或原因是极其复杂的，往往是多种因素长期、综合作用的结果。

（一）禀赋与发展：密度—距离—分割

考察一个地区的禀赋结构与区域发展的关系有多个视角，本节利用世界银行《2009 年世界发展报告》提出的密度—距离—分割框架，分析四川省禀赋结构与区域发展的关系。《2009 年世界发展报告》的主题是“重塑世界经济地理”，根据发展在空间上的非均衡性，提出经济发展在空间上可以密度（Density）、距离（Distance）和分割（Division）三个特征来界定[①]。密度指的是单位陆地面积经济活动的强度，反映了经济的集中程度；距离是指商品、服务、劳务、资本、信息和观念穿越空间的难易程度，它虽与物理距离有关，但

① 世界银行. 2009 年世界发展报告：重塑世界经济地理［M］. 北京：清华大学出版社，2009.

主要指的是与发达地区、经济核心区和市场的距离，包括时间距离、交易成本等；分割指地区之间商品、资本、人员和知识流动的限制因素，也就是阻碍经济一体化的有形和无形的障碍，虽与边界相关，但不是全部，区域经济一体化过程中的各种障碍（或经济壁垒）是造成分割的主要因素。

（1）密度。密度反映了单位土地面积上经济活动的强度，可以用单位面积上的地区生产总值、单位面积上的人口与就业等来刻画。2000 年和 2014 年四川省及各市州的相关密度见表 10-8。可以看出，随着经济发展和人口增长，四川省密度 2000~2014 年增长较大，不过各地区差异显著（见图 10-11），四川省的经济核心区（成都市、德阳市和绵阳市）密度最高。把 2014 年四川省各县级行政单位的经济密度、就业密度、人均地区生产总值和人口密度相拟合（见图 10-12），可以发现，三者间具有显著的正向拟合关系。

表 10-8　2000~2014 年四川省及各市州密度的变化

市（州）	2000 年				2014 年			
	人口密度（人/平方千米）	人均地区生产总值（元）	经济密度（万元/平方千米）	就业密度（人/平方千米）	人口密度（人/平方千米）	人均地区生产总值（元）	经济密度（万元/平方千米）	就业密度（人/平方千米）
全省	174	4805	83	91	167	35128	587	99
成都市	818	13020	1060	458	1190	70019	8298	680
自贡市	720	4825	347	361	627	39145	2450	450
攀枝花市	139	11184	154	73	166	70646	1177	98
泸州市	379	3578	135	215	347	29655	1030	204
德阳市	637	6889	437	384	594	43091	2565	371
绵阳市	256	6122	157	137	234	33558	780	149
广元市	186	2857	53	91	158	22117	347	101
遂宁市	697	3169	222	313	617	24691	1521	304
内江市	779	3454	269	393	693	31024	2148	324
乐山市	270	4226	114	146	255	37125	949	145
南充市	568	2492	142	311	508	22639	1148	236
眉山市	473	3678	174	244	419	31664	1323	264
宜宾市	383	3963	151	218	337	32318	1088	237
广安市	691	2901	199	337	510	28489	1450	343
达州市	374	3040	113	168	333	24411	813	198
雅安市	99	4949	48	54	103	30052	307	68
巴中市	281	2438	68	137	270	13756	371	137
资阳市	613	2924	179	305	446	33592	1502	279
阿坝州	10	4288	4	5	11	27043	30	6
甘孜州	6	2797	2	3	8	18096	14	4
凉山州	67	3630	24	38	77	28556	218	47

资料来源：《四川统计年鉴》（2001、2015）。

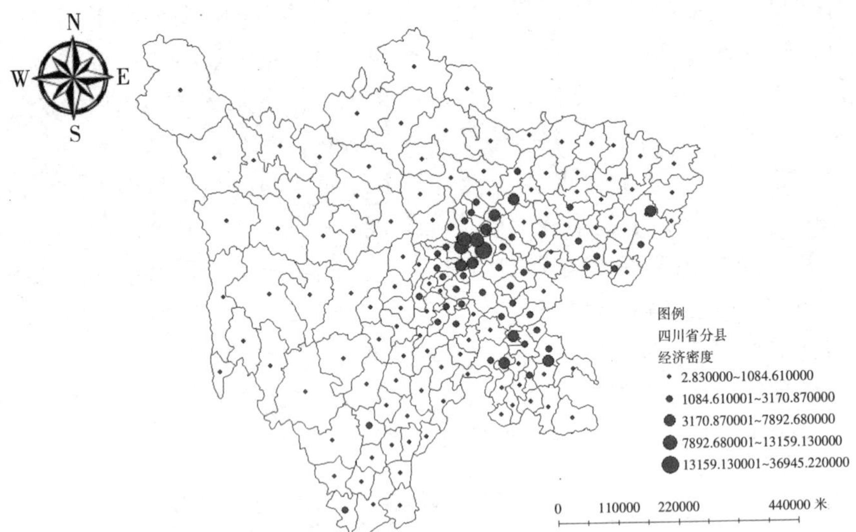

图 10-11　四川省县域经济密度图

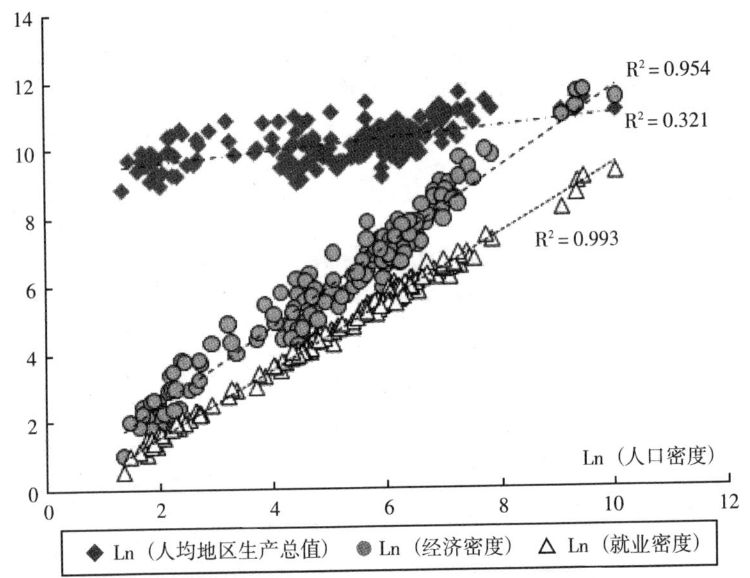

图 10-12　四川省县域经济密度、就业密度与人均地区生产总值的拟合关系

注：图中横纵坐标均为对数值，横坐标为人口密度的自然对数，纵坐标为密度的自然对数。

资料来源：根据《四川统计年鉴》(2015) 计算绘制。

(2) 距离。距离实际上反映的是一个地区与另一个地区在空间上的区位关系，包括位置关系、地缘政治关系、地缘经济关系以及交通、信息关系等。相应地，就有物理距离、政治距离、经济距离、信息距离等。从经济距离看一个

地区与另一个地区间的区位关系，重点在于这个地区与发达地区和经济中心的距离关系。如果一个地区远离经济中心，意味着交通落后，信息闭塞，远离大市场，市场潜力小；相反，如果一个地区接近经济中心和大市场，则意味着交通方便，运输成本低，市场潜力大。简单地把各县城（区）首府距成都的距离与其经济发展水平指标（人均地区生产总值）进行拟合（如图 10-13 所示），来看与政治经济核心区的距离，确实能在一定程度上解释一个地区的发展水平：距离核心区近，则能够及时获得来自核心区的发展溢出（Development Spillover），促进本地区的发展。

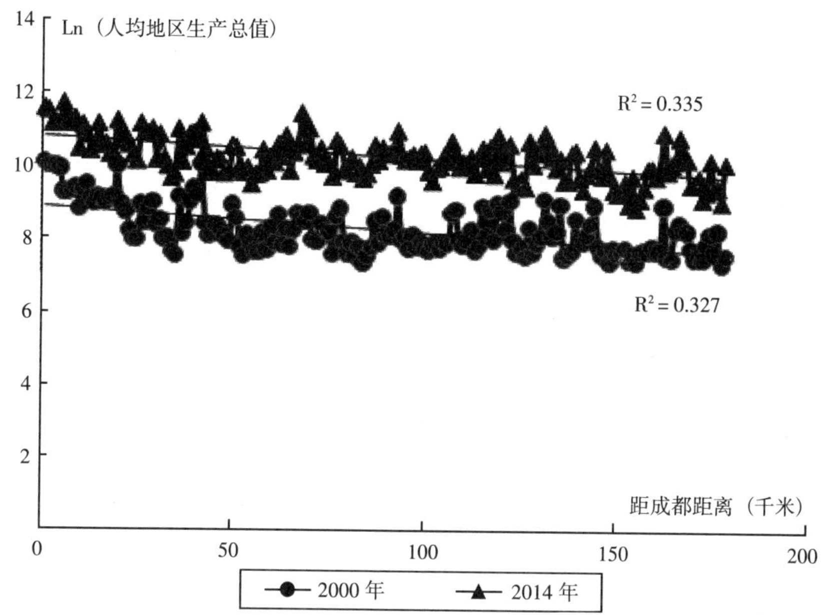

图 10-13　四川省各县域距成都的公路里程与经济发展间的拟合关系

资料来源：作者绘制。

（3）分割。四川省川西北高原和盆周山区，与盆地平原区比较，自然地理环境复杂、破碎。例如，高原藏区集中分布的川西北高原，海拔 4000~5000 米，90%以上是山地和高原。秦巴山区和乌蒙山区位于盆地边缘地区，以海拔 1500~3000 米的中低山地为主。这样的地表结构，使得这些地区的区域开发成本很高。例如，在山区修公路，每千米的成本是平原地区的 5~10 倍。海拔高度对经济发展有重要影响。研究表明，陆地海拔每升高 1000 米，人体劳动能力就会因缺氧而下降 10%左右，正常人在海拔 4000 米以上地区工作时的劳动能力比在近海平原处工作时下降 39.7%；海拔每升高 1000 米，内燃机功率就下降 8%~13%，油耗增加 6%。由此带来的是随着海拔升高，经济活动的强度下降。图 10-14 绘出了四川省各县域海拔高度与县域人均地区生产总值间的关系，从中可以看出发展水平与海拔高度间的关系。

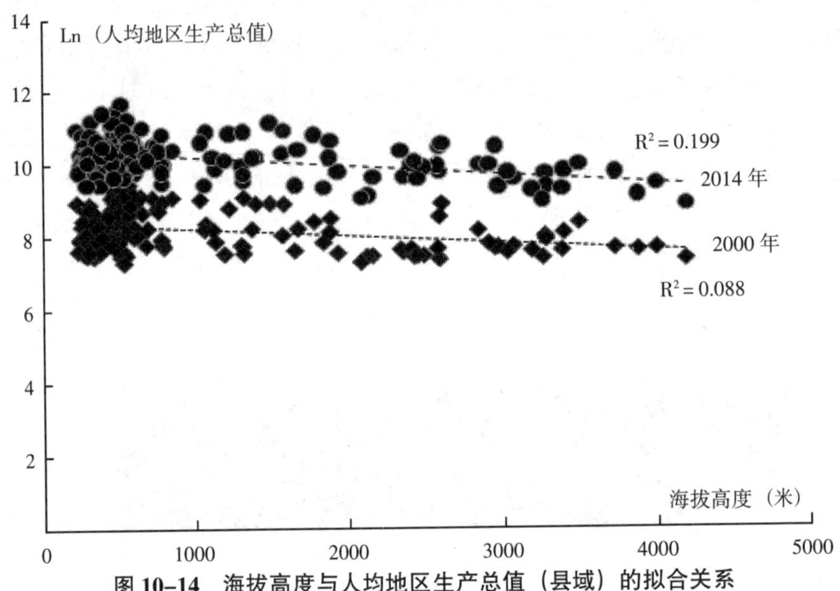

图 10-14 海拔高度与人均地区生产总值（县域）的拟合关系

资料来源：作者绘制。

分割的另一个表现是各地区区内平均距离，区内平均距离越大，分割越严重。区内平均距离的计算公式是：

$$d_{ii}=0.75\cdot\sqrt{A_i}$$

A_i 是区域 i 的面积。计算结果表明，由于地域辽阔，四川省大多数县域区内平均距离大，例如石渠县区内距离达 118 千米，远大于四川省平均县域内的距离（34 千米）。简单地把四川各县域内部距离与经济发展水平指标（人均 GDP、经济密度）进行回归（见图 10-15），可以看出，它们之间具有显著的对数负相关关系，随着内部距离的扩大，人均 GDP 和经济密度逐渐变小。

此种地理上的分割带来经济上的分割。据全国第二次农业普查资料，四川省有乡镇 4400 个（乡 2588 个，镇 1812 个），其中民族乡镇 232 个，丘陵乡镇 2067 个，山区乡镇 2061 个，扶贫重点县的乡镇 1229 个。只有 5.5%的乡镇有火车站，10.2%的乡镇有码头，27.3%的乡镇有二级及以上公路通过，乡政府所在地距县城在一小时车程内的乡镇占 60.6%。位于四川盆周山区和高原藏区的乡镇，绝大多数没有火车站、没有码头、没有二级公路通过，离一级公路或高速公路出入口的距离大于 50 千米，有许多乡镇，特别是民族地区的乡镇，到达县政府的时间大多在一小时以上，有的乡镇甚至达两小时以上。

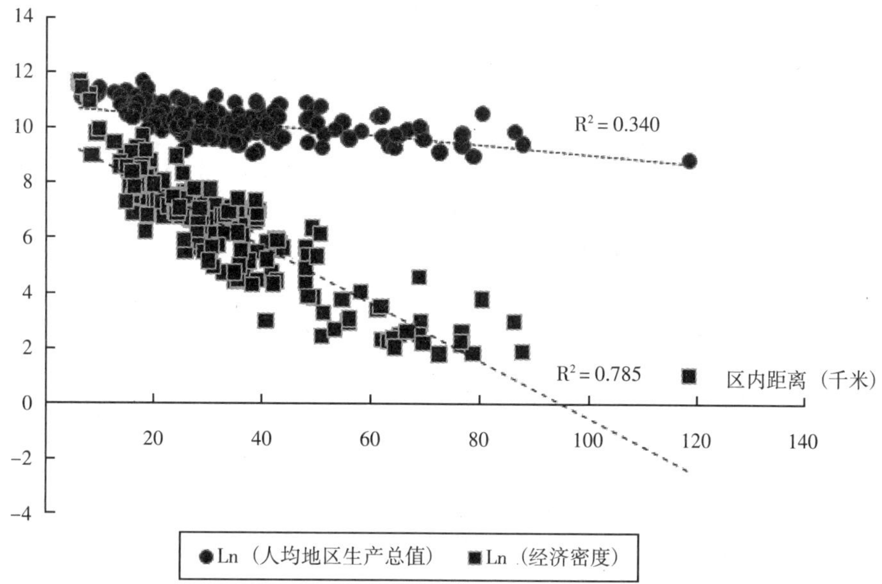

图 10-15 四川省各县域内部距离与经济发展间的关系

资料来源：作者绘制。

（二）交通网与发展

现代区域经济的开放性，表现为区域之间、城市之间、区域内部之间物质、能量、信息的交流越来越大。轴线和网络，即区域中的交通、邮电通信线网既是区域经济的一面镜子，又对区域经济发展起着极其重要的作用，它们是区域联系的通道，是区域活力所在。其中，交通轴网起着主要的作用。交通轴网包括公路、铁路、水运、航空、管道等多种形式，而又以公路、铁路轴网最为重要。

四川省公路网密度最大的是丘陵和平原，在 0.5 千米/平方千米以上，盆周山地和川西南山地其次，川西北高原最低。图 10-16 绘出了 2014 年四川省县域的公路密度与经济发展间的关系。可以看出，两者有显著的正相关关系，公路网密度越高的县域，经济发展水平越高。

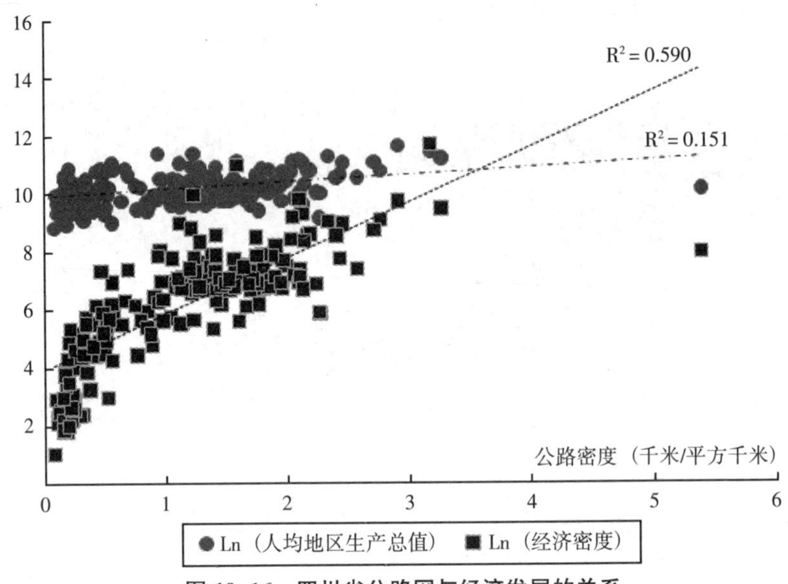

图 10-16　四川省公路网与经济发展的关系

资料来源：作者绘制。

从铁路网密度看，平原区最高，其次是丘陵区，盆周山地和川西南山区依次递减，占全省面积近一半的川西高原没有铁路分布。

轴线是网络中的主要交通干线，在区域经济联系中起着主要作用，四川省的主要一级轴线有：沿成渝铁路、成渝高速公路的成都—内江主轴线，分别是四川省建成的第一条铁路和高速公路；沿宝成铁路、成绵广高速公路的成都—德阳—绵阳主轴线；沿成昆铁路、成乐高速公路的成都—乐山主轴线；沿成达铁路、成南高速公路的成都—南充主轴线。此外是一些二级轴线，如成雅线、内宜线、隆泸线、广达线等。成内主轴线是新中国成立以来至改革开放初期发展最快的轴线，成德绵主轴线和成乐主轴线后来居上，改革开放以来发展水平超过了成内线。

(三) 区域人力资本与创新能力

区域经济发展和区域人力资本水平与科技创新能力密切相关。因此，区域间人力资本水平和科技创新能力的差异是解释区域经济发展水平差异的重要因素。图 10-17 报告了四川省县域人力资本水平与经济发展间的关系，显然经济发展水平与平均受教育年限、技能劳动力占比显著正相关，而与文盲率有很强的负相关关系。这说明，受教育水平高、文盲率低、拥有大专及以上文凭比例高的县域，发展水平高；相反，受教育程度低，特别是技能劳动力占比低、文盲率又高的县域，经济发展水平低。

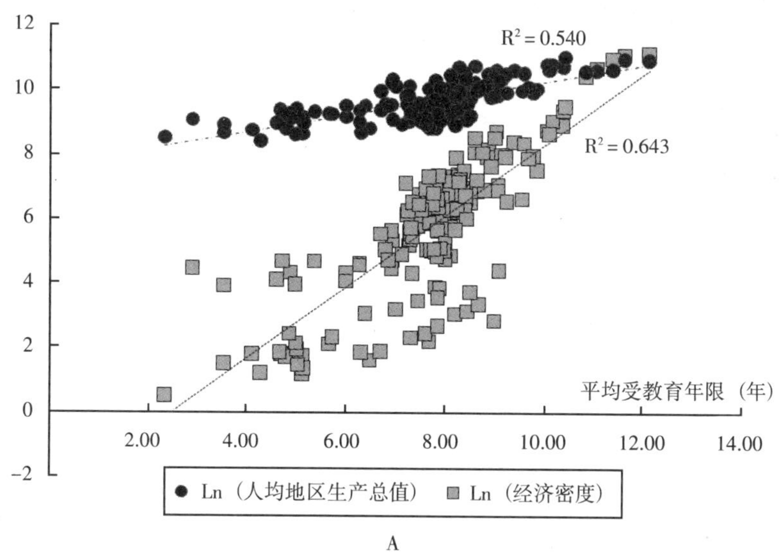

A

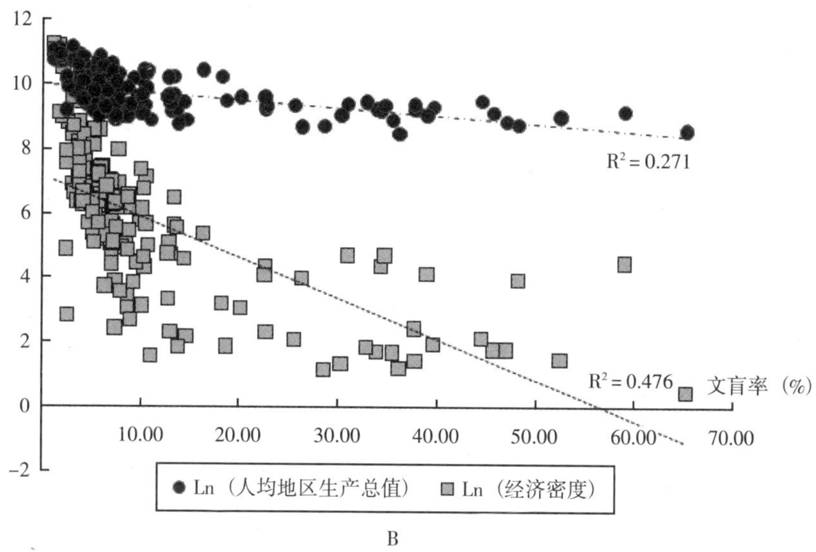

B

图 10-17 四川省县域人力资本与区域发展的关系

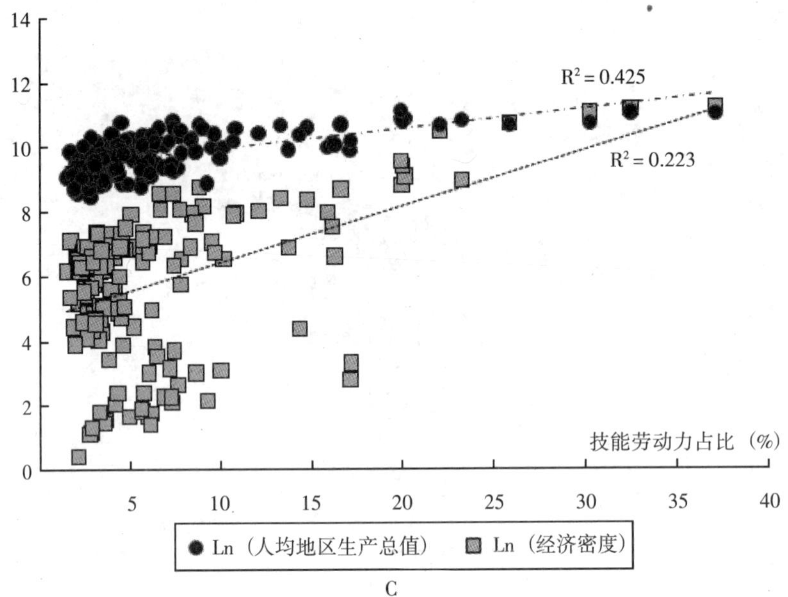

图 10-17　四川省县域人力资本与区域发展的关系（续图）

资料来源：作者绘制。

（四）企业家的空间配置与经济发展

在现代区域经济发展过程中，企业家是特别重要的人力资本，区域拥有的企业家数量具有至关重要的甚至是决定性的作用。作为一种稀缺的人力资本，企业家能对自然资本、生产资本、人力资本和社会资本等生产要素进行组织，以形成具体的生产经营过程。同时，企业家是区域创新的主要发动者，企业家的创新活动可以促进区域发展。

工业是一个地区经济赶超的主要动力产业。工业企业家是工业发展最重要的决定因素。因此，一个地区的工业企业密度与经济发展间存在非常显著的关系，图 10-18 显示的是四川省 2014 年县域工业企业密度（个/万人），图 10-19 揭示了四川省县域工业企业密度与经济发展指标间的关系，两者正相关性显著。

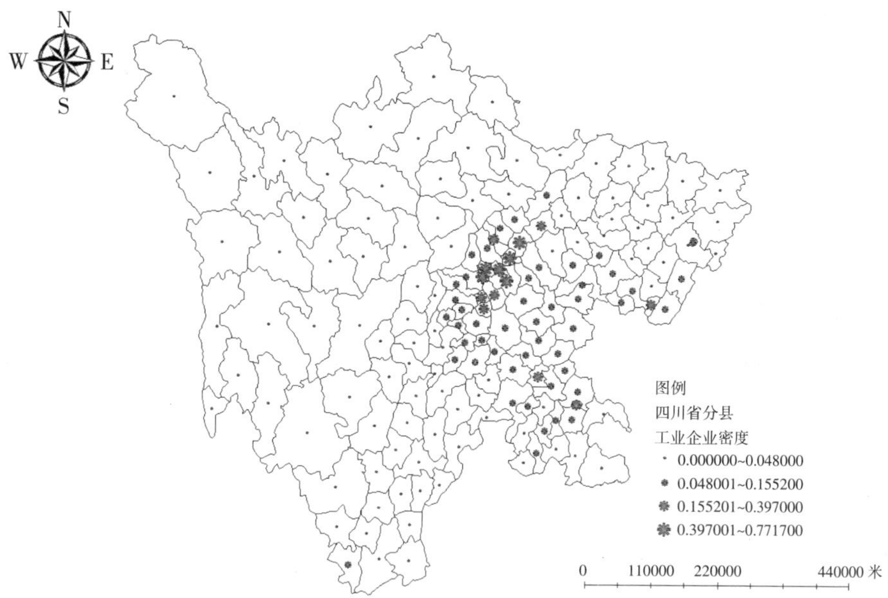

图 10-18　四川省县域工业企业密度（个/万人）

资料来源：《四川统计年鉴》(2015)。

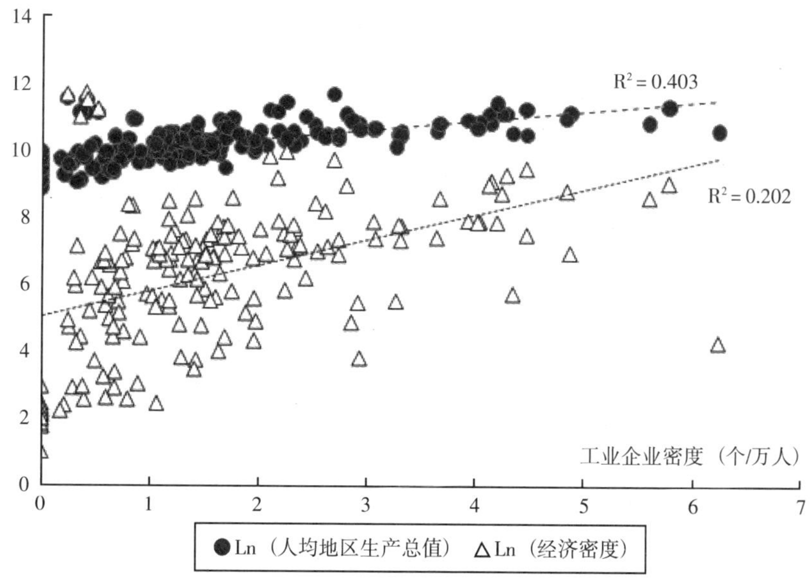

图 10-19　四川省县域工业企业密度与经济发展的关系

资料来源：作者绘制。

（五）区域经济发展历程和基础的影响

新中国成立以来至改革开放初期区域经济的发展为改革开放以来区域经济不平衡发展奠定了基础。经过三年恢复时期，“一五”、“二五”和三年调整时期，大规模的三线建设时期，四川省十分落后的工业、农业和交通运输业的物质技术状况得到了根本改善，同时也为改革开放后区域经济的不平衡发展奠定了基础。首先，经济建设向成都平原和攀西地区推进。新中国成立以来成都平原一带经济发展较快，1952~1982 年，成都、德阳、乐山、眉山、雅安五地市年均递增率为 6.87%，工农业总产值占全省的比重由 1952 年的 20.53%上升为 1982 年的 27.19%。攀西地区则主要是在三线建设中兴建了攀枝花钢铁基地，工农业总产值年均递增率为 7.43%，占全省的比重由 3.99%上升到 6.16%。盆南（自贡、泸州、宜宾、内江、资阳）工农业总产值年均增速为 5.59%，略高于全省平均水平，占全省的比重略有下降，由 25.75%下降为 23.72%。盆北（绵阳、广元、遂宁、南充、巴中、达县、广安）年均增速最低，为 4.88%，占全省的比重由 37.83%下降到 28.50%。西北（阿坝、甘孜）年均增速为 4.96%，占全省的比重由 2.45%下降为 1.90%。其次，市区和铁路沿线一带已成为经济重点区，大中型工业企业多布局于市区和铁路沿线。包含重庆直辖市在内的原四川省，成都、重庆、自贡、攀枝花、泸州、德阳、乐山、雅安、内江、宜宾、涪陵、万县、达县、南充、绵阳、西昌 16 个市市区发展较快，1952~1982 年，市区工农业总产值年平均增长 9.95%，占全省的比重由 12.56%上升为 39.00%；而非市区的县，年平均增长率仅为 4.6%，占全省的比重由 87.44%下降为 61.00%。铁路的修建，促进了铁路沿线经济的较快发展。包含重庆在内的原四川沿成渝、宝成、成昆、襄渝、内宜铁路沿线 58 个县（市、区）工农业总产值年平均增长 7.21%，比重由 39.56%上升为 57.68%，其中沿成渝线的 17 个县（市、区）增长最快，年均增长 7.99%，比重由 20.86%上升为 37.82%。不沿铁路线的 117 个县（市、区）年均增长仅为 4.63%，所占比重由 60.44%降到 42.32%。这主要是因为，在计划经济时期，国家工业重点在市区和铁路沿线布局。1982 年，全省的 434 个大中型企业，有 241 个在市区，有 316 个在铁路沿线，固定资产分别占全省大中型企业的 57.73%和 77.56%。

（六）区域发展战略和政策

区域发展战略和发展政策对区域经济不平衡发展有重要作用。四川省在改革开放和国民经济的发展过程中，20 世纪 80 年代提出了“依靠盆地、开发两翼”的战略布局，90 年代初，更明确地将这一战略布局改称为“两点两线两

冀”。“两点”指成都、重庆两个特大城市；“两线”指的是川西一条线和成渝沿线；“两冀”指攀西和川南两冀。四川省尤其将重点放在了“一条线”的发展上。“一条线”是指以成都为中心，向北、南延伸的江油—峨眉一条线，最初包括 10 个县（市、区），从 1992 年开始实施，以什邡县、新都县、双流县、德阳市中区、绵竹县、峨眉市、江油市、广汉市、绵阳市、涪城区、都江堰市为重点，加强了这一地带经济的超前发展。政府给予更优惠的区域政策和投资，加快了城市化、工业化进程，大力扶持主导产业和发展第三产业，使这一地带经济发展进入了市场经济的快车道；后扩大到 16 个县（市、区），1995 年，16 个重点县（市、区）国内生产总值 514.1735 亿元，比 1991 年增长 91%，1992~1995 年年平均增长 30%，高于全省同期增长水平，财政收入由 1991 年的 16.25 亿元增加到 1995 年的 19.54 亿元。

“九五”期间，重庆直辖市从四川省析出，依据新的形势，四川省在“九五”时期，区域经济建设的总体部署相应地调整为：依托一点（成都）、构建一圈（成都平原经济圈）、开发两片（攀西片、川南片）、扶持三区（丘陵区、盆周山区、川西北地区），推动全省社会经济共同发展和全面发展。20 世纪 90 年代初的“一条线”进一步扩大为一个面——以成都为中心的成都平原经济圈，其在区域经济发展中的首要地位进一步被突出，发展水平进一步提高。以攀枝花市为中心的攀西片区是国家重点投资的资源转化型经济区，发展速度亦很快。这一区域战略实际上降低了成渝沿线（四川段）的发展地位，包括成渝沿线（四川段）在内的川南片区实际是处于区域经济战略的第二层次，发展速度减缓，与一线区的差距逐渐拉大。处于第三层次的三区，实际包括盆地中部北部丘陵区、盆周山区及川西北地区，虽然采取了扶贫政策，部分地区发展较快，但由于底子薄，总体发展水平仍然较低。

成都平原经济圈在经济总量、人均经济量、经济增长速度等方面都大大领先于全省平均水平，除了成都平原地区自身的比较优势、竞争优势在市场经济条件下独领风骚以外，区域经济发展战略和政策起到了极大的催化作用，地区差距亦呈现加大态势。

五、经济区划

（一）四川省经济区划沿革与演进

新中国成立之后，四川省行政区划几经调整，直至1955年10月撤销西康省，将金沙江以东各县并入四川省、以西的昌都地区划归西藏自治区，四川省的行政区划才得以稳定。"一五"、"二五"以及三线建设时期，按照全国经济的宏观布局，一方面，四川省着手进行现代生产力的布局和地域配置，社会劳动的地域分工格局尚在建构过程中，开展经济区划的条件尚不成熟。另一方面，在传统计划经济体制束缚下，全省经济建设基本上是以行政区划和行业领导为主，各地区、各行业各搞一套，自成体系，成为封闭型经济。因此，改革开放之前四川省基本上没有开展经济区划，尤其是综合经济区划工作。

20世纪80~90年代，随着改革开放的不断深入，加快经济体制改革、调整产业结构、改善生产力布局和地域配置成为四川省经济发展的战略重点。计划经济体制向社会主义市场经济的过渡，极大地促进了全省商品经济、市场经济的发展，围绕中心城市形成了一定的分工与专业化协作关系，区域内部经济社会联系日益密切，社会劳动的地域分工日益明显，开展全省经济区划的条件日渐成熟。20世纪80年代初期，一些研究机构着手进行了四川农业、资源等部门经济区划的研究工作。80年代中后期林凌、刘清泉、黄炳康等提出了将四川划分为五大经济区的若干区划方案[①]。重庆从四川分立后，1998年吴传钧提出了将四川盆地划分为四大经济区的设想[②]。这些区划方案和构想为后来的全省经济区划工作奠定了理论基础。

"九五"后期，四川调整全省区域发展的总体部署，依托一点（成都），构建一圈（成都平原经济圈），开发两片（攀西、川南），扶持三区（丘陵地区、盆周山区和民族地区）。"十五"期间，四川省进一步加快成都平原地区发展，推进攀西地区资源综合开发，加强川南地区的建设和发展，继续扶持丘陵地区、盆周山区和民族地区。经济圈、资源开发区以及不同类型区的提出、培育

① 刘清泉，高宇天. 四川经济地理［M］. 成都：四川科学出版社，1985；黄炳康，傅绥宁. 四川省经济区划［M］. 成都：四川科学出版社，1989；刘清泉. 四川省经济地理［M］. 北京：新华出版社，1993.

② 吴传钧. 中国经济地理［M］. 北京：科学出版社，1998.

和发展，强化了全省区域性的专业化分工协作，促进了现代生产力的布局和地域配置，区域发展特色开始凸显，为全省经济区划工作奠定了现实基础。

“十一五”时期，四川省根据资源条件、地理区位和发展潜力，把全省划分为成都、川南、攀西、川东北、川西北生态五大经济区。“十二五”和“十三五”时期，四川省进一步明确了五大经济区的发展定位。

划分五大经济区是四川省历史上的第一次综合经济区划。五大经济区划在尊重历史传统、汲取既有研究成果的基础上，充分考虑了全省不同区域内部自然、经济、社会条件的相似性和区际差异性以及生态建设与保护的一致性，统筹兼顾新中国成立以来所形成的地域专业分工格局、中心城市的辐射影响范围与城市的群聚性、经济区与行政区边界的一致性，勾勒出了四川省经济发展的总体区划格局，基本体现了全省区域发展的概貌、区域内部的经济联系以及区域之间的差异性，揭示了各经济区的发展特征，明确了发展方向，也为制定经济区发展规划及保证规划实施的各项政策法规提供了重要依据。

（二）五大经济区发展概览①

1. 成都经济区

成都经济区位于四川省东部地区、四川盆地的盆底，包括成都、德阳、绵阳、眉山、资阳5市。成都经济区以成绵乐高铁和高速公路等交通线为纽带，是四川省经济实力最为雄厚、人口密度最大、工业化程度最高、城镇化水平最高的区域，也是四川省发展基础最好、潜力最大的重点开发区域。作为引领四川省经济发展的核心经济区域，成都经济区正在形成中国西部新的经济增长极。

成都经济区区位特点表现为如下“三性”：密集性——四川盆地盆底及其周边，自然地理条件优越，是全省人口、经济、城市最密集的地区；核心性——该区是以区内唯一的超大城市成都为核心，通过经济辐射吸引、带动周围城市和乡村联动发展的单核经济区；枢纽性——从全国角度看，该区是连接西南和西北两大经济区的中心地带，是内地省区通往西藏的重要陆地通道和空中通道，是长江上游成渝经济区的重要一极，因而该区是我国西部地区最重要的经济增长中心、经济交流中心和与全国陆上、水上、空中联系的重要纽带。

“十三五”时期，四川将推动成都平原经济区领先发展。发挥成都平原经济区在全省经济发展中的重要引擎作用，着力扩大对外开放合作和实施创新驱动，推动成都建设现代化、国际化大都市，打造西部经济核心增长极。推进成

① 经济区的范围以《四川省国民经济和社会发展第十一个五年（2006~2010年）规划纲要》为准。

都平原城市群同城化，建成区域协同发展的样板区。积极推进成都自主创新示范区、绵阳科技城军民融合创新驱动集中发展区建设，加快培育高端成长型产业和新兴先导型产业。深入推进统筹城乡综合配套改革，建成统筹城乡改革发展的示范区和全面小康先行区。加强国际合作和对外交流，积极争取扩大 72 小时免签城市范围，建成西部内陆开放门户。

2. 川南经济区

川南经济区位于长江上游四川盆地南部，毗邻云贵高原，是川、滇、黔、渝三省一市的接壤地带，包括自贡、宜宾、泸州、内江、乐山 5 市，是四川省人口密度较高、经济实力较强、工业化进程较快、城镇化水平较高的区域，也是四川省发展基础好、潜力大的重点开发区域。

川南经济区地处长江上游，是全国最重要的高密度经济走廊——长江经济带的重要组成部分；位于成渝经济区腹地，受成都平原城市群和重庆都市圈双向辐射，是成、渝两地的水陆交通和经济联系的重要走廊；毗邻渝、滇、黔，是四川南向出川，联系南贵昆、泛珠三角，走向东南亚的重要门户。同时，川南经济区还是国家"两横三纵"城市化战略中西南战略节点，国家南北交通干线和长江黄金水道在此交汇，区位优势独特，战略地位重要。

该经济区是四川省农产品的主产区，同时也是重工业化产业基地，机械、化工等制造类产业为其着重发展的优势产业。"十三五"时期，四川省将加快川南经济区一体化发展。依托长江黄金水道，完善沿江立体交通运输体系，大力发展临港经济和通道经济，加快川南城市群一体化建设，打造率先实现次级突破的新兴增长极。加快全域互通的高铁路网建设，全面实施长江航道等级提升工程，大力发展港口集疏运体系，优化岸线使用效率，打造长江上游区域航运中心和川滇黔渝结合部综合交通枢纽。优化沿江产业布局，加快发展节能环保装备制造、页岩气开发利用、再生资源综合利用等新兴产业，建设"中国白酒金三角"核心区和川滇黔渝结合部物流商贸中心。积极发展川南生态旅游和文化旅游。推动中心城市分工协作，加快建设多中心城市群。加强与滇黔渝等毗邻地区合作，建成四川沿江和南向开放的重要门户。

3. 攀西经济区

攀西经济区包括攀枝花市、凉山州、雅安市 3 个市（州）。攀西地区是我国西南地区大型钢铁、钒钛冶炼基地和水电基地，同时也是四川省的蔗糖基地。攀西地区是一个多山的区域，在四川盆地与青藏高原、云贵高原的过渡地带，地势西北高、东南低，北高南低，地貌复杂，类型众多，山地占总面积的 90%以上。复杂的地形，巨大的高差，造成了区内多样的气候类型。从河谷到山顶，有南亚热带、中亚热带、山地暖温带、山地寒温带和山地亚寒带，形成

山地气候垂直带谱。攀西地区是一个资源非常丰富的地区，区内有三大资源体系。第一是矿产资源。该区是矿产资源聚宝地，已发现的矿种有70种，探明储量的有50多种，其中钒和钛的储藏量分别占全国的80%和90%以上，占世界储藏量的一半。第二是举世瞩目的水能资源，其富集程度为世界罕见。第三是丰富的生物资源。复杂的地貌，独特的光、热、水、土资源及良好的生态环境，为各种动植物的生长、繁衍提供了极为有利的条件，使生态系统具有多样性。攀西地区是我国内陆海拔最高的唯一的南亚热带作物适宜区，也是农业立体带状分布特征最为明显的资源优势区。

"十三五"时期，四川省将着力打造攀西特色经济区。加快建设攀西国家级战略资源创新开发试验区（专栏），积极发展以战略资源开发为特色的区域经济。发展清洁能源产业，建设国家重要的水能开发基地，培育发展太阳能、风能、生物质能、地热能等新能源。大力发展特色立体农业，重点发展早春蔬菜、优质水果等特色农产品，积极发展特色干果、名贵药材等农产品深加工，建设四川亚热带特色农业基地。积极融入大香格里拉旅游圈和丝绸之路旅游圈，加快发展阳光生态旅游业，建设全国知名的阳光康养旅游度假胜地。畅通沿金沙江通道和南向国际大通道，打造川滇黔结合部重要的交通枢纽。

4. 川东北经济区

川东北经济区位于四川省东北部，东、南面紧邻重庆市，西面与成都经济区的绵阳市和德阳市接壤，北与陕西和甘肃毗连，包括南充、遂宁、达州、广安、巴中、广元6市。川东北经济区地形表现为丘陵、盆地和盆缘山地，其浅丘区域是四川省重要的人口聚集区，深山区和深丘区是四川省自然资源富集区。川东北经济区是集革命老区、贫困地区、秦巴山区、嘉陵江流域和秦巴生态区于一体的特殊区域，区内不但人口密集、资源丰富、灾害频发，而且经济社会发展仍然比较滞后，发展也极不平衡。

按国际上通行的标准来衡量，从总体上看，川东北经济区的经济发展水平仍然处于工业化中期阶段。"十三五"时期，四川省将培育壮大川东北经济区。依托天然气、农产品等优势资源发展特色产业，建设川陕革命老区，振兴发展示范区和川渝陕甘结合部区域经济中心。加快北向和东向进出川综合运输大通道建设，完善区域内部交通网络，构建四川联动中西部发展的区域综合交通枢纽。以城市防洪排涝为重点，加强渠江、嘉陵江流域防洪减灾体系建设。推动天然气资源就地加工转化，延长油气化工产业链，加快建设国家天然气创新开发利用示范区。培育发展新能源汽车及配套产业。加快石墨资源开发利用。加快发展现代农业，建设一批粮油、畜禽、茶叶、水果、丝麻、中药材等特色优质农产品生产和深加工基地。推进秦巴山区旅游资源开发，大力发展生态文化旅游和红色旅游。推进嘉陵江流域综合开发和生态文明先行示范区建设。

5. 川西北生态经济区

川西北生态经济区位于四川省西北部、青藏高原东南缘，包括甘孜、阿坝两个州，幅员面积 23.68 万平方公里，占全省面积的 48.8%，是我国羌族主要聚居区和除西藏以外的第二大藏区。川西北生态经济区地处川、藏、滇、青、甘五省区结合部，与西藏具有特殊的地缘政治和社会宗教关系，素有“汉藏走廊”、“治藏依托”之称和“稳藏必先安康”之说，对西藏乃至全国的稳定和发展具有重要的地缘战略意义。在地缘生态上，该区属长江、黄河上游生态屏障的重要区域，是世界级水源涵养地。从地缘经济上看，一方面，这里距经济中心城市甚远，区内 31 县的政府所在地与成都平均距离 580 公里，处于四川省经济地理格局中的边缘区。另一方面，该区域幅员面积广阔，优势资源突出。据统计，川西北民族地区水资源总量、水能资源理论蕴藏量和可开发量分别占全省的 47.2%、43%和 41%。因此，川西北经济区的发展与稳定关系四川省，也关系国家政治和生态全局利益。

川西北经济区地势高亢险峻、自然环境复杂，生存条件恶劣。其经济地理特征是：密度低——包括人口密度与经济密度；距离远——包括运输成本与信息沟通成本；分割重——主要指山高谷深、地表破碎。经济社会发展总体滞后，农牧民生活水平较低，生态环境十分脆弱，基础设施落后，基本公共服务薄弱，贫困人口数量大。

根据川西北的禀赋特点和在四川省主体功能区中的功能定位，“十三五”时期，川西北经济区的发展定位是：坚持走依托生态优势实现可持续发展的特色之路，积极发展生态经济，建设国家生态文明先行示范区。实施交通攻坚，推动川甘青、川滇藏结合部互联互通，着力解决畅乡通村交通问题。大力实施重点民生工程，加强就业扶持力度，扩大医疗保险、养老保险覆盖面，完善社会救助体系。积极发展生态文化旅游、特色农牧业等适宜产业，有序开发水电、矿产等资源，支持发展飞地经济。加强高原生态安全屏障建设，有效修复和提升生态功能。重点打造一批藏羌特色村落，引导农牧民适度集中居住。

第十一章　城镇化

一、城镇化进程

（一）城市化水平

城镇化是经济发展过程中，生产要素由农村向城镇或城市集聚的过程，城市化的结果表现为城镇的数量和规模不断扩大，城镇人口在总人口中的比重不断上升。四川省的城镇化进程和全国一样，改革开放以后，四川省的城镇化进程彻底摆脱了长期起伏、徘徊不前的局面，城镇化水平不断上升。1978 年四川全省设市城市只有 12 个，建制镇 310 个，市镇人口为 557.6 万人，到 2014 年，全省设市城市 32 个（其中地级市 18 个，县级市 14 个），建制镇 1937 个，市镇人口 3769 万人，市镇人口占总人口的比率也从 1978 年的 7.88%上升为 46.3%。不过和全国相比，四川省的城镇化水平仍偏低（见表 11-1）。从城镇化的速度看，1982~1990 年和 2000~2014 年，四川省的城镇化速度快于全国平均水平，而在 20 世纪 90 年代，四川省的城镇化速度低于全国平均水平。

四川省城镇化进程如图 11.1 所示，其中城镇化率是年末常住人口中城镇人口占比，同时给出了户籍人口中非农业人口占比的变化。可以看出，一直到 20 世纪末，非农业人口占比高于城镇人口比例，不过二者变化趋势基本一致。进入 21 世纪，四川省城镇人口占比快速增加，常住人口的城镇化高于户籍人口的城镇化。1978 年四川省非农业人口占总人口的比率只有 11.09%，城镇化人口占比 7.88%，2014 年非农业人口占比 29.64%，而城镇化率为 46.3%，超过非农业人口占比 16.66 个百分点。

如果重点分析改革开放以后四川省的城镇化进程，根据图 11-1 可以发现，改革开放以后，四川省的城镇化进程大体上可以划分为四个阶段：一是 1978~1985 年的波动增长阶段。在这一阶段，由于农村土地制度改革加之改革开放

表 11-1　四川省城镇化与全国城镇化的比较

	城镇化率（%）								城镇化率年均增长率（%）				
年份	1953	1964	1982	1990	2000	2005	2010	2014	1953~1964	1964~1982	1982~1990	1990~2000	2000~2014
全国	13.26	18.3	20.60	26.23	36.22	42.99	49.95	54.77	2.97	0.66	3.07	3.24	3
四川	9.1	13.9	14.2	20.25	26.69	33	40.22	46.3	3.93	0.12	4.54	2.80	4.01

注：城镇化率是城镇人口占总人口的比例。重庆 1953 年、1964 年、1982 年和 1990 年并入四川。

资料来源：1953 年、1964 年和 1982 年的数据来自胡焕庸、张善余编著《中国人口地理》（上），表 67，华东师范大学出版社，1984 年，第 304 页。2000 年的数据来自《中国人口统计年鉴》（2001），表 2-3，中国统计出版社，2001 年，第 41 页。1990 年的数据来自顾朝林等著《中国城市地理》，表 24，商务印书馆，2002 年，第 142 页。

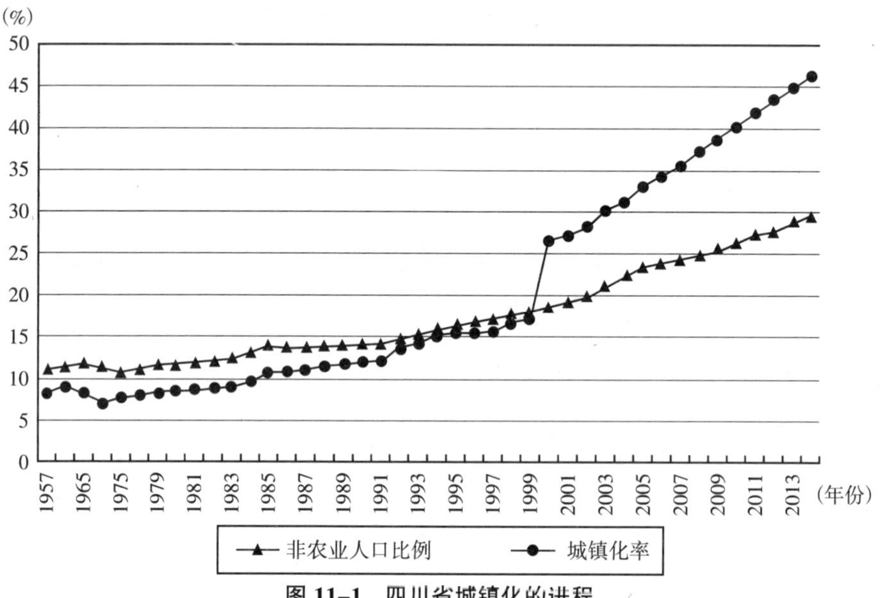

图 11-1　四川省城镇化的进程

资料来源：根据《四川改革开放 30 年》、《四川统计年鉴》相关数据绘制。

政策的实施，剩余的农业劳动力有了外出打工的自由和机会，越来越多的农民涌入城市，特别是大城市和沿海城市。非农业人口占总人口的比率由 1978 年的 11%上升到 1985 年的 13.8%。二是 1985~1991 年的低速增长阶段。由于受国家宏观政策的影响，乡镇企业的发展受到抑制，对农村劳动力的吸纳减少，结果四川省的非农业人口增长缓慢，非农业人口占总人口的比率稳定在 13.8%~14.0%。三是 1991~1999 年的稳定增长阶段。这一阶段，四川省非农业人口占总人口的比率的增长率稳定在 2.5%左右。四是 1999~2014 年。这一时期，由于国家积极的宏观调控政策和西部大开发战略的实施，四川省的城镇化进程在波动中加速，城镇人口占比年均增长率在 4%以上。

纵观四川省的城镇化发展的历程，其与世界城镇化的S型模式基本相符。世界各国城市化的历史过程表明，城市化发展大体都表现为S型，即由慢到快、由快到慢，直至停滞不前的曲线发展过程，是典型的“否定之否定”三阶段（见图11-2）。

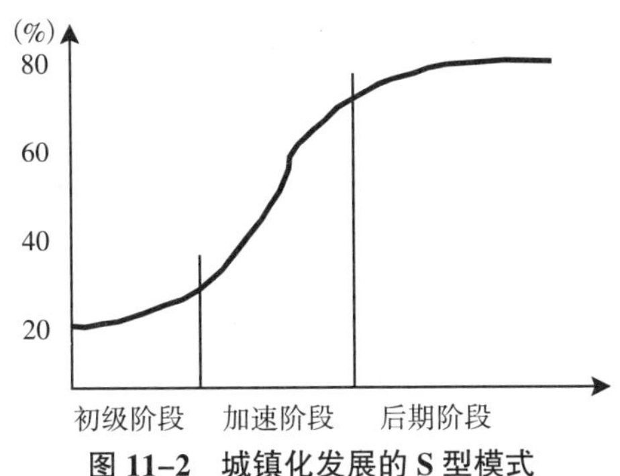

图11-2 城镇化发展的S型模式

资料来源：郑长德. 发展经济学与地区经济发展——以四川省为例［M］. 中国财政经济出版社，2007.

按照美国著名经济地理学家诺瑟姆的观点，城镇化发展进程S型曲线的形成，与各国经济社会的发展水平密切相关。当一国经济处在起步阶段时，一方面，农业生产率低下，需要大量的劳动力从事农业耕作；另一方面，工业发展缓慢，提供的就业机会有限，这使得该国的城市化处在初期阶段，城镇人口一般占总人口的10%左右，这时的城市化进程是相当缓慢的。而当一国经济进入高速发展时期时，大量农业剩余的涌现，对农村剩余劳动力的转移形成“推动效应”，与此同时，工业突飞猛进的发展创造了大量的就业机会，城市丰富的物质精神生活吸引了大量劳动力的流入，从而形成城市化的“拉动效应”，这两种力量的作用将使城市化步入一个高速发展的时期。到第三阶段，即城镇人口达到70%以后，城市与农村的差别日趋缩小，城市化进程呈现出停滞甚至是下降的趋势。据此来分析四川省的城镇化进程，其目前大致已走完了第一阶段，正处于第二阶段的初期。

（二）城镇化的结构分解

“城镇”是城市和镇的合称，以非农业产业和非农业人口为主，具有一定规模工商业的居民点。在中国的统计标准中，县及县以上机关所在地，或常住人口在2000人以上、10万人以下，其中非农业人口占50%以上的居民点，都是城镇。第五次和第六次全国人口普查区分出了城市和镇。根据第六次人口普查数据，2010年全国有城市人口403760040人，镇人口2662455506人，城市和镇合计（城镇人口）人口670005546人，占全国总人口的50.27%，其中城市人口占城镇人口的60.26%，镇人口占城镇人口的39.74%。因此，中国主要是由城市而非镇容纳了城镇人口。对于四川省而言，2010年城市对城镇化的贡献率为49.21%，镇对城镇化的贡献率为50.79%。从边际贡献看，2000~2010年全国城镇人口增量中，城市占52.61%，镇占47.39%；同期四川省城镇人口增量中，城市占比为36.93%，镇占比为63.07%（见表11-2）。

表11-2 四川省城镇化率的构成

年份		人口（万人）			城镇化率（%）	对城镇化贡献率（%）	
		城镇	城市	镇		城市	镇
2000	全国	458770983	292632692	166138291	36.92	63.79	36.21
	四川	22310379	12210543	10099836	27.09	54.73	45.27
2010	全国	670005546	403760040	266245506	50.27	60.26	39.74
	四川	32344428	15915660	16428768	40.22	49.21	50.79

资料来源：中国人口普查资料。

动态地看，2010年与2000年比较，市对城镇化的贡献率，从全国来看有所下降，四川省下降较多，市的贡献率从2000年的54.73%下降到2010年的49.21%，下降了5.52个百分点。市的贡献率下降的另一面就是镇对城镇化贡献率的上升。这说明，西部大开发以来，四川省的镇是吸纳城镇人口的主体。这和四川省地形起伏大、地表破碎密切相关。

在空间层上，如表11-3所示，2010年四川省各市州中，除成都、攀枝花、德阳、绵阳、乐山等市的城镇化中市的贡献大以外，其余市州以镇的贡献为主。在边际贡献方面，2000~2010年各市州城镇化率的提高主要是镇的贡献，因此，镇的发展是四川省进入21世纪以来城镇化推进的主要路径。

表11-3 2000~2010年四川省各市州城镇化：市与镇的贡献率

单位：%

	2000年			2010年			边际贡献	
	城镇化率	市的贡献率	镇的贡献率	城镇化率	市的贡献率	镇的贡献率	城	镇
四川省	27.09	54.73	45.27	40.22	49.21	50.79	36.93	63.07
成都市	53.72	75.29	24.71	65.75	71.56	28.44	64.76	35.24
自贡市	28.36	62.75	37.25	41.02	49.62	50.38	2.27	97.73
攀枝花市	55.94	88.87	11.13	60.10	82.89	17.11	52.25	47.75
泸州市	26.50	52.57	47.43	35.26	39.22	60.78	3.00	97.00
德阳市	31.74	56.12	43.88	41.32	57.09	42.91	61.08	38.92
绵阳市	32.59	57.49	42.51	39.85	60.70	39.30	95.73	4.27

续表

	2000年			2010年			边际贡献	
	城镇化率	市的贡献率	镇的贡献率	城镇化率	市的贡献率	镇的贡献率	城	镇
广元市	24.01	38.41	61.59	32.98	40.14	59.86	55.33	44.67
遂宁市	25.67	39.52	60.48	36.88	38.46	61.54	35.39	64.61
内江市	28.58	54.55	45.45	37.84	36.80	63.20	-62.81	162.81
乐山市	26.04	54.17	45.83	39.47	50.46	49.54	42.64	57.36
南充市	20.99	44.67	55.33	35.91	37.24	62.76	25.00	75.00
眉山市	18.79	33.04	66.96	33.06	26.83	73.17	16.82	83.18
宜宾市	24.60	32.76	67.24	33.55	34.23	65.77	40.14	59.86
广安市	16.64	33.73	66.27	29.07	31.97	68.03	27.05	72.95
达州市	15.45	32.46	67.54	32.71	23.50	76.50	14.52	85.48
雅安市	23.32	36.71	63.29	34.62	35.53	64.47	33.02	66.98
巴中市	12.35	40.33	59.67	28.47	34.95	65.05	30.81	69.19
资阳市	16.61	55.03	44.97	30.72	43.42	56.58	17.20	82.80
阿坝州	18.01	0	100.00	30.10	0	100.00	0	100.00
甘孜州	14.90	0	100.00	19.22	0	100.00	0	100.00
凉山州	14.65	33.74	66.26	27.52	25.51	74.49	17.93	82.07

资料来源：中国人口普查资料。

（三）城镇化的空间差异

四川省的城镇化在区域间的推进是不平衡的，城镇化水平区域差异显著。从21个市州看，2014年成都市城镇化率最高，达到70.37%，甘孜州最低，只有26.87%，不足最高水平的40%；城镇化率超过四川省平均水平的还有攀枝花市（64.03%）、德阳市（47.27%）、自贡市（46.62%）和绵阳市（46.51%），其余13个市州的城镇化水平低于全省平均水平（见表11-4）。

表11-4 四川省市州城镇化率

	2000年	2005年	2010年	2011年	2012年	2013年	2014年	年均增长率（%）（2000~2014年）
全省	27.09	33.0	40.18	41.83	43.53	44.90	46.30	3.90
成都市	53.72	59.9	65.51	67.00	68.44	69.40	70.37	1.95
自贡市	28.36	35.0	41.02	42.69	44.44	45.52	46.62	3.61
攀枝花市	55.94	56.6	60.10	61.64	63.01	63.43	64.03	0.97
泸州市	26.5	34.0	38.80	39.92	41.73	43.29	44.84	3.83
德阳市	31.74	35.8	41.32	42.99	44.79	45.86	47.27	2.89
绵阳市	32.59	36.4	39.85	41.84	43.64	45.09	46.51	2.57

续表

	2000 年	2005 年	2010 年	2011 年	2012 年	2013 年	2014 年	年均增长率（%）（2000~2014 年）
广元市	24.01	27.4	32.98	34.66	36.42	37.80	39.33	3.59
遂宁市	25.67	31.7	38.38	39.95	41.71	43.11	44.61	4.03
内江市	28.58	34.7	39.36	40.23	41.84	42.67	44.21	3.17
乐山市	26.04	34.5	39.48	41.20	42.97	44.53	45.93	4.14
南充市	20.99	28.3	35.91	37.55	39.34	40.89	42.43	5.16
眉山市	18.79	26.0	34.11	35.77	37.57	38.95	40.46	5.63
宜宾市	24.6	28.3	38.00	39.35	41.08	42.45	43.85	4.22
广安市	16.64	19.8	29.07	30.93	32.91	34.29	35.81	5.63
达州市	15.45	25.5	32.71	34.31	36.10	37.80	39.39	6.91
雅安市	23.32	29.3	34.62	36.56	38.30	39.80	41.30	4.17
巴中市	12.35	21.6	29.31	31.26	33.22	34.77	36.12	7.97
资阳市	16.61	23.7	32.73	34.45	36.15	36.89	38.20	6.13
阿坝州	18.01	27.9	30.10	31.65	33.37	34.59	35.69	5.01
甘孜州	14.9	17.6	20.53	22.39	24.41	25.81	26.87	4.30
凉山州	14.65	24.5	27.52	28.16	29.57	30.57	31.44	5.61

资料来源：《四川统计年鉴》。

从县域看，如图 11-3 所示，县域单位的城镇化率差异就更大了。2014 年成都市的几个市辖区，城镇化率达到 100%，而城镇化率最低的美姑县，只有 8.3%。四川省 2014 年全省城镇化率为 46.3%，据此可以把 183 个县域单位划分为如下几类（见图 11-4）：

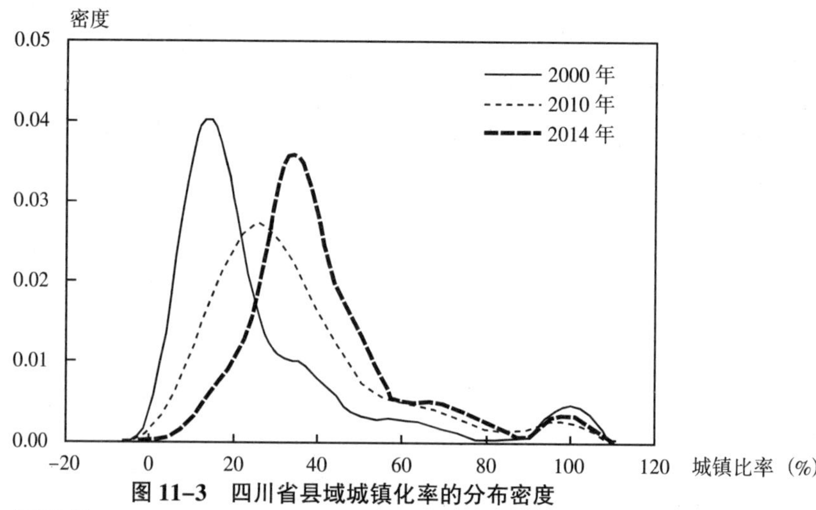

图 11-3　四川省县域城镇化率的分布密度

资料来源：作者绘制。

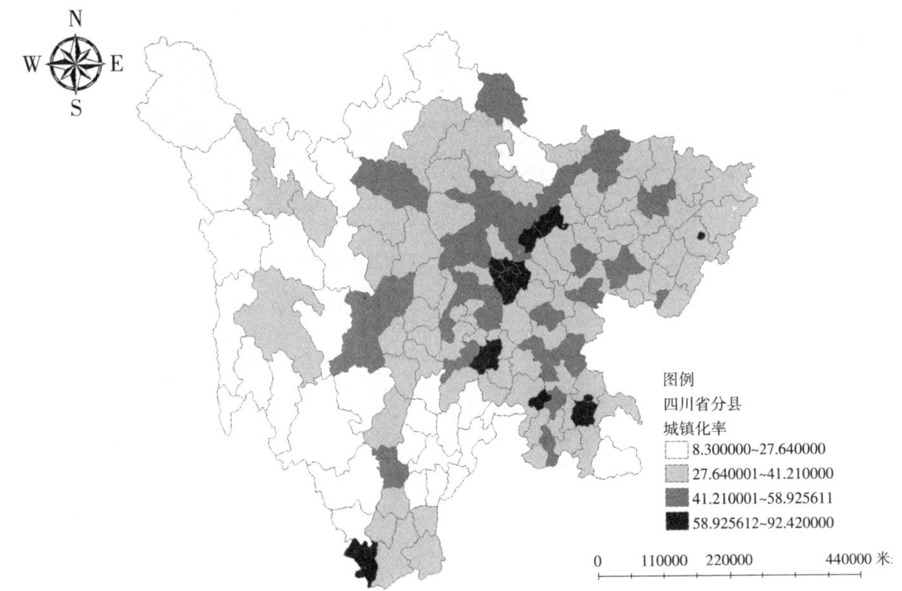

图 11-4 2014 年四川省县域城镇化地图

高城镇化县域：城镇化率在全省平均水平的 1.5 倍以上，即 69.45%以上，包括 15 个市辖区，分别为锦江区、青羊区、金牛区、武侯区、成华区、东区、西区、自流井区、顺庆区、船山区、利州区、龙马潭区、涪城区、江阳区、翠屏区。

中高城镇化县域：城镇化率在 46.3%~69.45%区间，有 37 个县域，包括温江区、乐山市中区、纳溪区、双流县、旌阳区、通川区、郫县、龙泉驿区、新都区、巴州区、雨城区、西昌市、内江市中区、都江堰市、峨眉山市、新津县、江油市、东坡区、五通桥区、青白江区、隆昌县、康定县、南溪区、彭山县、广汉市、游仙区、大安区、沙湾区、贡井区、马尔康县、九寨沟县、雁江区、什邡市、东兴区、射洪县、珙县、仁和区。

中低城镇化县域：城镇化率在 23.25%~46.3%区间，即为全省平均水平的 0.5~1 倍，涉及 113 个县域，包括金口河区、绵竹市、华蓥市、高坪区、威远县、汶川县、茂县、安县、广安区、大邑县、邛崃市、嘉陵区、江安县、罗江县、简阳市、石棉县、崇州市、长宁县、彭州市、泸定县、会理县、宝兴县、达川区、荥经县、南部县、蒲江县、米易县、阆中市、洪雅县、沿滩区、大竹县、夹江县、金堂县、冕宁县、天全县、峨边县、丹棱县、万源市、富顺县、青神县、高县、旺苍县、宣汉县、蓬安县、中江县、荣县、泸县、大英县、营山县、开江县、名山区、松潘县、筠连县、会东县、仪陇县、北川县、理塘县、资中县、犍为县、合江县、芦山县、井研县、梓潼县、盐亭县、德昌县、西充县、汉源县、乐至县、理县、邻水县、武胜县、三台县、兴文县、小金县、黑水县、岳池县、渠县、仁寿县、宜宾县、蓬溪县、剑阁县、安岳县、红原县、朝天区、昭化区、苍溪县、平昌县、宁南县、南江县、叙永县、青川县、金川县、通江县、沐川县、甘孜县、前锋区、炉霍县、丹巴县、恩阳区、盐源县、平武县、巴塘县、道孚县、盐边县、雷波县、若尔盖县、乡城县、古蔺县、屏山县、越西县、阿坝县、安居区、马边县。

低度城镇化县域：城镇化率在23.25%以下，有18个县域，主要分布于西部凉山州和甘孜州，分别为喜德县、稻城县、普格县、色达县、雅江县、壤塘县、九龙县、昭觉县、得荣县、甘洛县、布拖县、白玉县、德格县、石渠县、金阳县、新龙县、木里县、美姑县。

（四）城市等级—规模结构变化

2014年四川省地级及以上城市18个，其中市辖区年末总人口在400万人以上的有1个，100万~200万人的12个，50万~100万人的5个。从市辖区年末人口规模看，2013年18个地级及以上城市总人口2538.3万人，其中400万人以上的占22.26%，100万~200万人的占60.41%，50万~100万人的占17.34%（见表11-5）。

表11-5　2014年四川省地级及以上城市体系的规模结构

地区		合计	按城市市辖区年末总人口分组					
			400万人以上	200万~400万人	100万~200万人	50万~100万人	20万~50万人	20万人以下
全国地级及以上城市		292	17	35	91	98	47	4
四川	城市数	18	1		12	5		
	城市名称		成都市		南充市、遂宁市、自贡市、泸州市、内江市、巴中市、广安市、宜宾市、绵阳市、乐山市、资阳市、广元市	眉山市、德阳市、攀枝花市、雅安市、达州市		

资料来源：《四川统计年鉴》(2015)。

按行政区划等级划分，2014年四川省有地级市18个、县级市14个、镇1937个。表11-6给出了四川省城镇等级体系的变化。

表 11-6　四川省的城镇等级体系

年份	地级市	县级市	镇
1999	14	4	1705
2000	18	14	1790
2001	18	14	1888
2002	18	14	1937
2003	18	14	1934
2004	18	14	1882
2005	18	14	1865
2006	18	14	1821
2007	18	14	1821
2008	18	14	1821
2009	18	14	1821
2010	18	14	1821
2011	18	14	1816
2012	18	14	1831
2013	18	14	1853
2014	18	14	1937

资料来源：《中华人民共和国行政区划手册》、《中国建制镇统计年鉴》（2012）。

城市人口首位度是一国或地区最大城市与第二大城市人口的比值，是衡量城市规模分布状况的一种常用指标，反映了城市人口的集聚程度。首位度越高，区域城镇人口越相对集中于首位城市。据研究，在一般情况下，一个国家或地区最大城市的人口是第二大城市人口的两倍左右，即城市首位度为 2①。四川省城市首位度的变化如图 11-5 所示，2013 年四川省城市人口首位度 2.87，就业首位度 15.41，经济首位度（地区生产总值）9.26。区域城市首位度过大，一方面说明该地区大城市数量偏少，城市人口和经济活动过度集中于一个城市，可能会导致城乡差距扩大，影响城乡协调发展；另一方面，四川省的各级城市间，特别是特大城市、大城市与周边区域间缺乏中小城市作为纽带和桥梁，削弱了大城市对周边地区的辐射力，也不利于周边地区经济社会活动向特大城市的集聚。

城市位序与规模间的关系用齐普夫（Zipf's Law）描述，公式为：

$$LnRank = A - aLnSize$$

其中，Rank 为城市的位序，Size 为城市的人口规模，A 和 a 为大于零的常

① 许学强，周一星，宁越敏. 城市地理学［M］. 北京：高等教育出版社，2003.

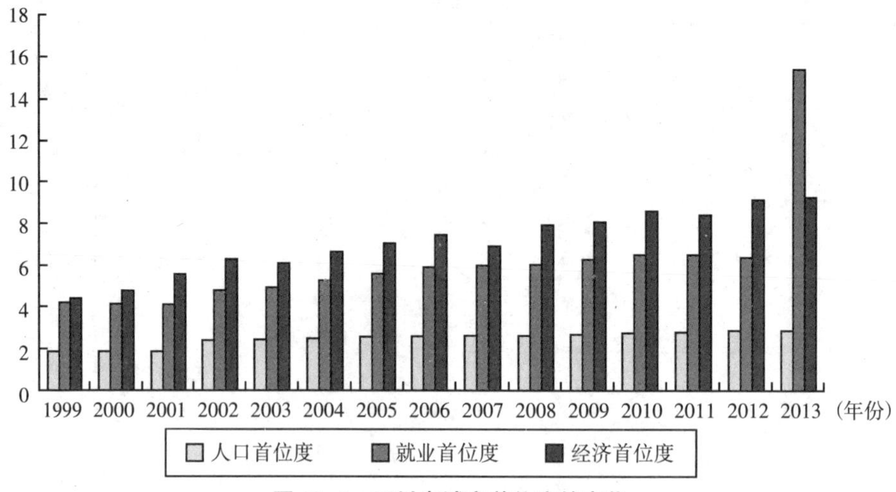

图 11-5　四川省城市首位度的变化

资料来源：根据《四川改革开放 30 年》、《四川统计年鉴》相关数据绘制。

数，且 a 为城市规模分布的帕累托指数。a 值越小，城市规模分布越不均匀，城市规模差异越大；反之，城市规模分布越平均，城市规模差异越小。四川省城市位序—规模如图 11-6 所示，a 值分别为 2000 年的 0.634、2005 年的 1.098、2010 年的 0.780、2014 年的 0.766。

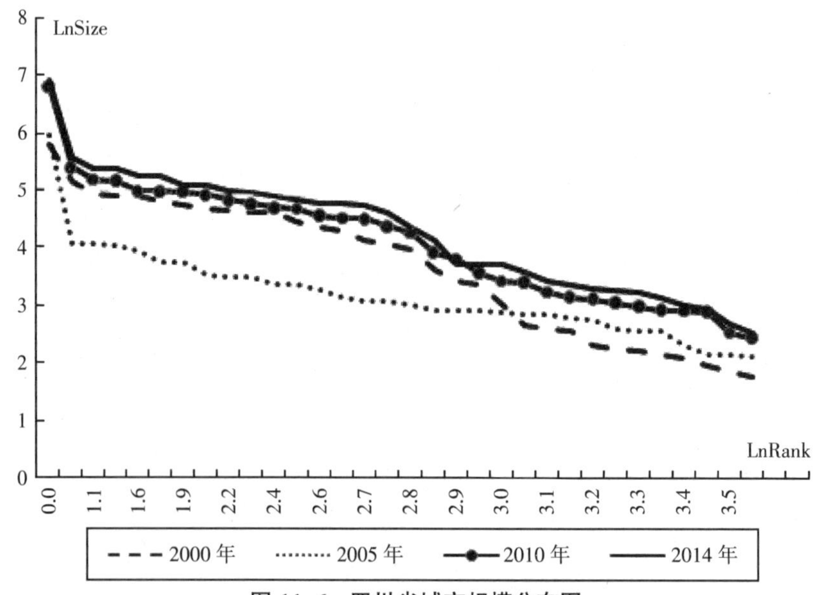

图 11-6　四川省城市规模分布图

资料来源：根据《四川改革开放 30 年》、《四川统计年鉴》相关数据绘制。

（五）城镇化的动因

城镇化作为一个涉及人口、经济、社会、文化等多方面的复杂的社会经济转变过程，是多种因素综合作用的结果。对于四川省的城镇化而言，地理禀赋、历史基础和经济发展共同影响着城镇化进程。

一个地区的禀赋结构对城镇化有着重要影响。图 11-7 绘出了四川省县域城镇化与禀赋结构的关系。这些图说明，和人口密度一样，四川省的人口城镇化水平亦呈现出垂直分布的特点，即随海拔的升高，城镇化水平下降。距离成都的远近也是解释四川省城镇化县域间差异的重要因素。县域人口密度与城镇化间呈现出正相关关系。

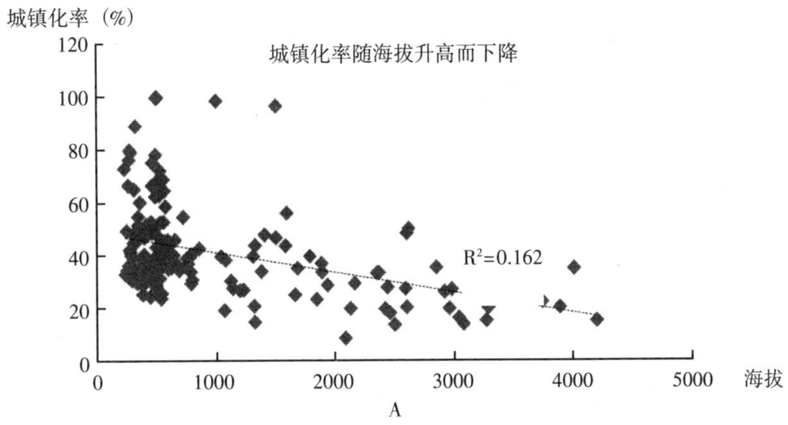

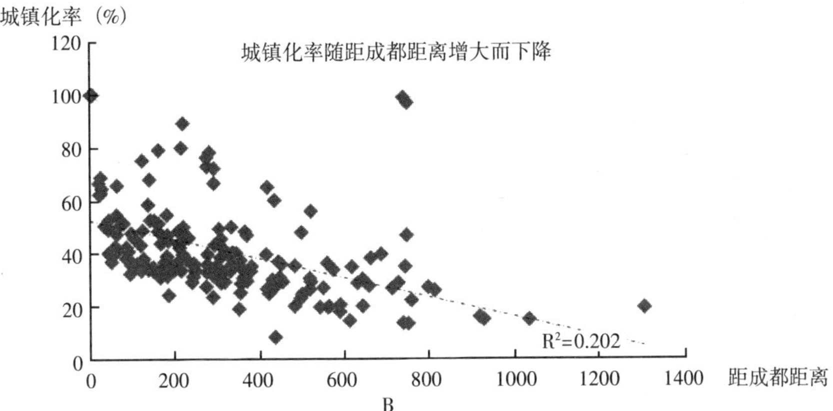

图 11-7 四川省县域禀赋结构与城镇化的关系

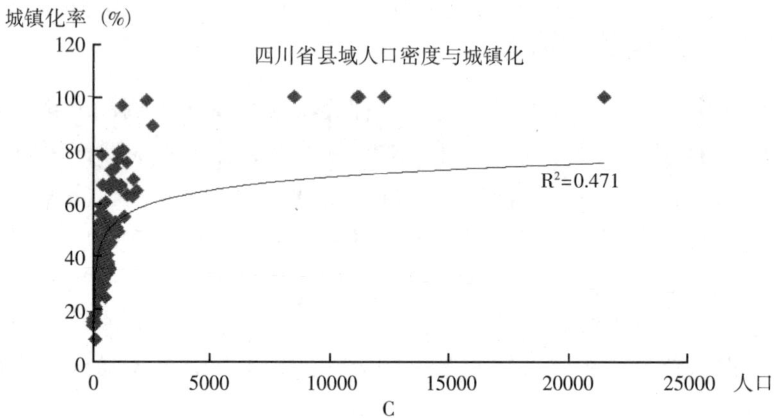

图 11-7　四川省县域禀赋结构与城镇化的关系（续图）

资料来源：根据《四川统计年鉴》(2015) 相关数据计算得到。

经济发展与城镇化间是相互促进的，一方面，经济发展伴随的是空间集聚性非农产业的发展，产业的集聚带来人口的集聚，促进城镇化；另一方面，人口的集聚带来需求的集聚和规模报酬递增，从而进一步促进非农产业的集聚与发展，进而推动经济发展。图 11-8 显示了四川省县域城镇化与人均地区生产总值间的联系，两者呈现出很强的正相关关系。

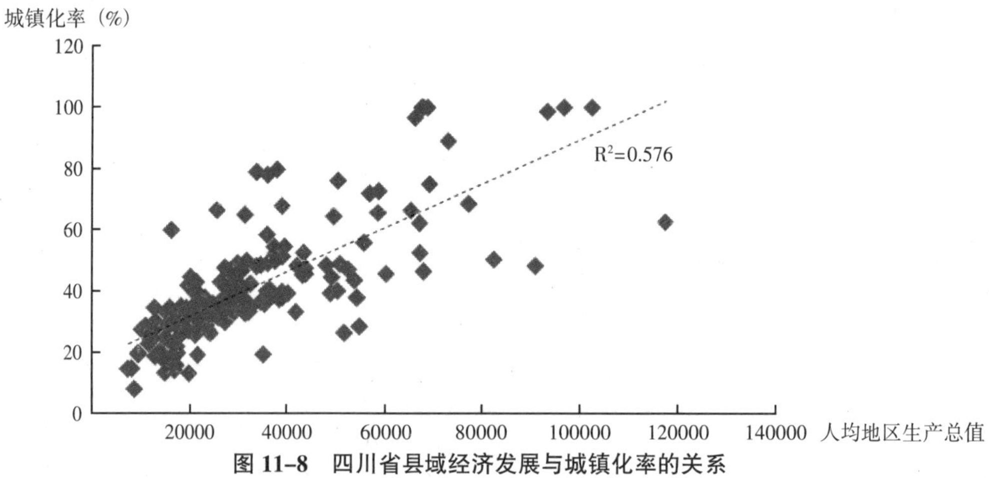

图 11-8　四川省县域经济发展与城镇化率的关系

资料来源：根据《四川统计年鉴》(2015) 相关数据计算得到。

从产业结构与城镇化的关系看，包括第二产业和第三产业在内的非农产业的发展主要表现为空间集聚的特点，理论上非农产业增加值在地区生产总值中的比例和非农就业在总就业中的比例，和城镇化率间应该是正相关关系。

图 11.8 显示了四川省县域地区生产总值结构与城镇化间的关系，可以看出，第一产业产值与城镇化率间负相关关系显著。

从就业结构看，城镇化率与第一产业就业比重负相关关系很强，与第二产业就业和第三产业就业正相关关系显著（见图 11-9）。比较产值结构和就业结构可以发现，就业结构的非农化是推动城镇化的主要结构因素。

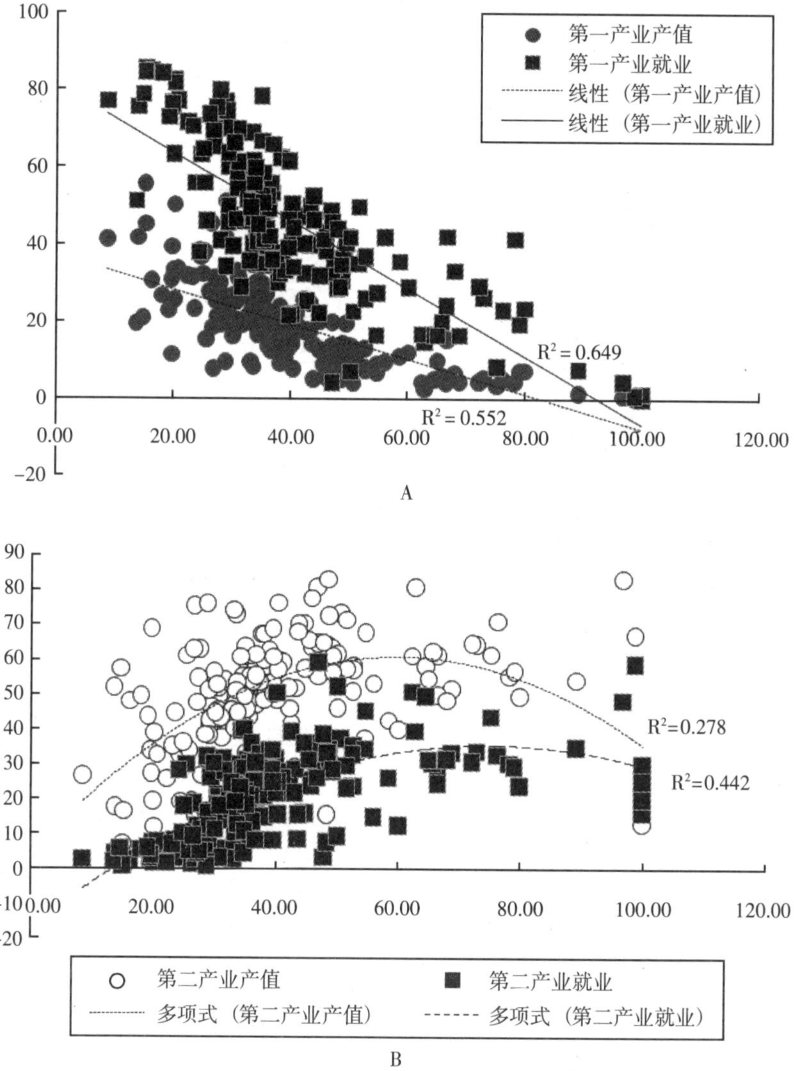

A

B

图 11-9　四川省城镇化与地区生产总值结构及就业结构的关系

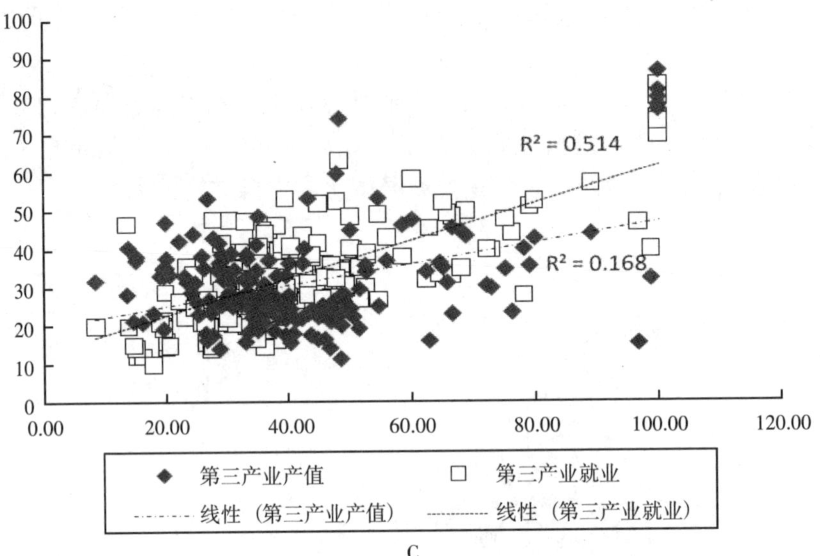

C

图 11–9　四川省城镇化与地区生产总值结构及就业结构的关系（续图）

资料来源：根据《四川统计年鉴》（2015）相关数据计算得到。

综合地区生产总值结构与劳动力就业结构，可以得到反映经济发展方式的技术系数，定义为技术系数=非农就业/非农产值。若系数为 1，表明非农产业的发展与对就业的吸收呈 1∶1 的；若该比值大于 1，说明非农产业的发展主要是劳动力密集型；若该比值小于 1，说明非农产业的发展对就业的吸纳有限。图 11–10 显示的是四川省县域技术系数与城镇化率间的关系。两者间正相关关系非常明显。

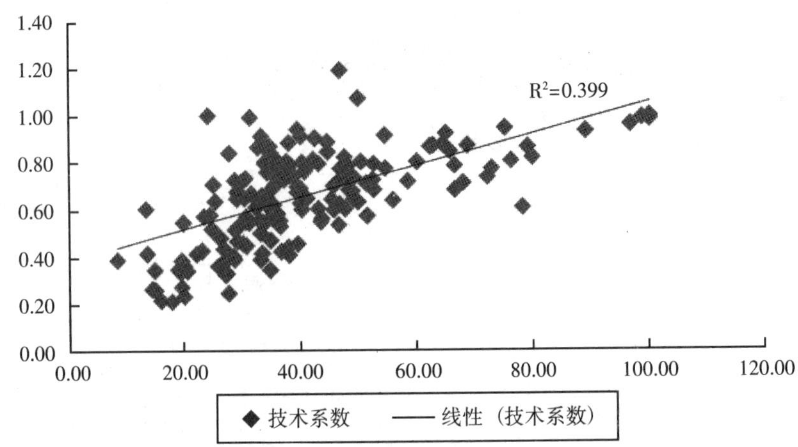

图 11–10　经济发展方式与城镇化：四川省县域数据

资料来源：根据《四川统计年鉴》（2015）相关数据计算得到。

人口受教育程度是城镇化的重要因素，一般地，受教育程度高的人口，在城镇能够获得更多的发展机会，更能够接受新思想、新观念，更能够适应城镇的生活方式，因此城镇化水平和人口受教育程度间应存在正相关关系；不仅平均受教育程度影响城镇化水平，而且人力资本的结构（技能劳动力和非技能劳动力的比重）也影响城镇化水平，接受过大学专科、本科和研究生教育的技能劳动力，更容易被城镇化（实际上在中国，考上了大学专科及以上的人口，其户口会被自然转为城镇户口），所以技能劳动力占比和城镇化水平正相关。这些关系在四川省同样成立。如图 11-11 所示，平均受教育年限和技能劳动力占比显然与城镇化正相关，而文盲率显然和城镇化负相关。

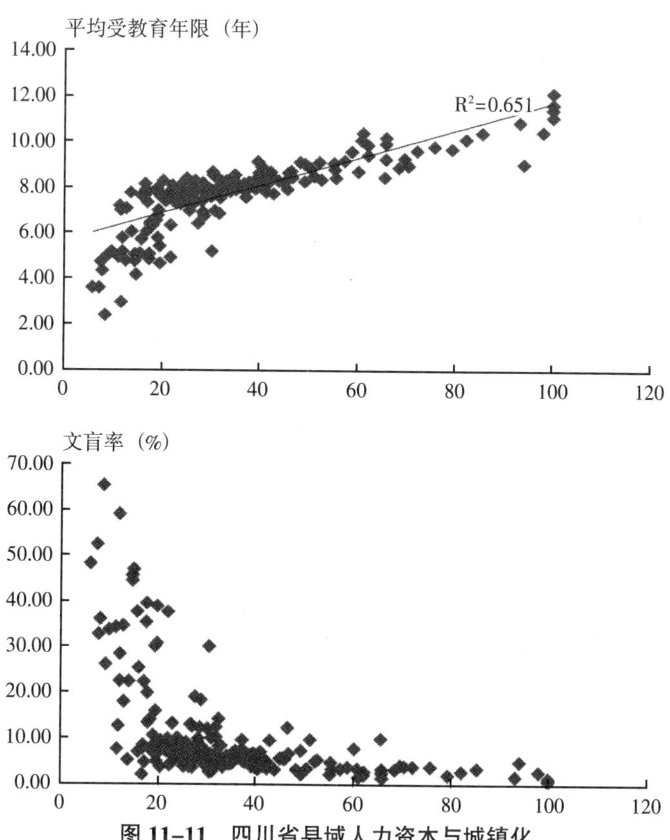

图 11-11　四川省县域人力资本与城镇化

资料来源：根据《中国 2010 年人口普查分县资料》相关数据计算得到。

二、城市群

城市群是在城镇化过程中，在特定的城镇化水平较高的地域空间里，以区域网络化组织为纽带，由若干个密集分布的不同等级的城市及其腹地通过空间相互作用而形成的城市—区域系统。四川省在“十一五”和“十二五”时期，重点打造成都平原城市群、川南城市群、攀西城市群和川东北城市群“四大城市群”，加快建立以成都特大城市为核心，区域大城市为骨干，中小城市和小城镇为基础的城镇体系，培育新的经济增长极。

（一）成都城市群

成都城市群由成都、绵阳、德阳、资阳、雅安、眉山、乐山、遂宁等18个大中城市及小城市组成[①]，以盆西平原[②]为自然地理依托，是全省人口和产业最为密集、城镇化水平最高的城镇密集区；以占全省16%的国土面积，集中了全省56.3%的城市和43.2%的建制镇，城市密度2.3个/万平方千米，建制镇密度101个/万平方千米；集中了全省总人口的40.69%、城镇人口的53.99%、GDP的58.5%、第二产业增加值的56.3%、工业增加值的59.6%、第三产业增加值的68.73%。也即，成都城市群以占全省1/6的国土面积承载了全省40%的总人口、1/2以上的城镇人口、1/2以上的经济总量和1/2以上的城市，城镇化水平高出全省平均水平近9个百分点。该城市群以超大城市成都为核心，具有都市圈的典型形态，空间聚合性好；城市群发育相对较早，正处于快速成长阶段；达到大型城市群的集聚规模，具备跻身全国城市群体系的基础。

专栏：成都：建设国家中心城市

2016年4月12日国务院发布了《关于成渝城市群发展规划的批复（国函〔2016〕68号）》，2016年5月4日国家发展与改革委员会正式发布《成渝城市群发展规划》（以下简称《规划》），《规划》指出：“成渝城市群是西部大开发的重要平台，是长江经济带的战略支撑，也是国家推进新型城

① 成都城市群空间范围以《成渝经济区区域规划》为基础加以划定，包括成都、绵阳、德阳、资阳、雅安、眉山、遂宁七市以及乐山市的市中区、五通桥区、沙湾区、峨眉市、夹江县。

② 包括涪江冲积平原、成都平原、眉夹平原。

镇化的重要示范区。”“培育发展成渝城市群，发挥其沟通西南西北、连接国内国外的独特优势，推动‘一带一路’和长江经济带战略契合互动，有利于加快中西部地区发展、拓展全国经济增长新空间，有利于保障国土安全、优化国土布局。”《规划》提出的成渝城市群建设的主要目标是：到2020年，基本建成经济充满活力、生活品质优良、生态环境优美的国家级城市群。到2030年，重庆、成都等国家中心城市的辐射带动作用明显增强，城市群一体化发展全面实现，同城化水平显著提升，创新型现代产业支撑体系更加健全，人口经济集聚度进一步提升，国际竞争力进一步增强，实现由国家级城市群向世界级城市群的历史性跨越。《规划》提出，构建“一轴两带、双核三区”空间发展格局，重点建设成渝发展主轴、沿长江和成德绵乐城市带，促进川南、南遂广、达万城镇密集区加快发展，进一步提高空间利用效率。

《规划》提出，成都要提升核心功能，以建设国家中心城市为目标，增强成都西部地区重要的经济中心、科技中心、文创中心、对外交往中心和综合交通枢纽功能（四中心一枢纽），加快天府新区和国家自主创新示范区建设，完善对外开放平台，提升参与国际合作竞争层次。强化城市规划建设管理，发挥自然因素在城市风貌特色塑造中的基础作用，提升城市形象。充分发挥成都的核心带动功能，加快与德阳、资阳、眉山等周边城市的同城化进程，共同打造带动四川、辐射西南、具有国际影响力的现代化都市圈。

（二）川南城市群

川南城市群由自贡、宜宾、泸州、内江4个大中城市组成[①]，是全省仅次于成都平原的又一城镇密集区，也是目前全省人口、产业较为密集的区域；以占全省8.9%的国土面积，集中了1个大城市、3个中等城市、390个建制镇；城市密度0.92个/万平方千米，建制镇密度90个/万平方千米；集中了全省总人口的21.8%、城镇人口的19.6%、GDP的18.5%、第二产业增加值的21.3%、工业增加值的23.1%。该城市群具有多中心块状城市群的典型空间形态特征，城市群的空间聚合度好；城市群发育相对较早，具有中小型城市群的规模特征，但发展过程较为缓慢，仍处于发育阶段。

① 川南城市群空间范围以《成渝经济区区域规划》为基础加以划定，包括自贡、宜宾、泸州、内江4市以及乐山市的金口河区、井研县、犍为县、沐川县、峨边县、马边县。

（三）川东北城市群

川东北城市群由南充、广安、达州、广元、巴中五市的八个城市组成，是全省人口较为密集的区域，集中了1个大城市、4个中等城市、3个小城市、527个建制镇，城市密度1.1个/万平方千米，建制镇密度82个/万平方千米。川东北城市群区域面积和人口总量较大，但经济总量偏小，工业化、城镇化水平不高。该城市群城市规模整体偏小，核心城市中心性不强，交通轴线等级不高，尚未形成网络，由此导致城市群的空间形态特征发育不太明显，尚处于发育阶段。从未来发展趋势看，川东北城市群可能发育成为以南充为核心城市，达州、广元、广安、巴中为重要城市节点，以达成、兰渝高速铁路为主轴线，依托南充至广安、达州、广元、巴中的多条交通轴线，形成“一核两轴三通道”的单中心放射型城市群空间形态。

（四）攀西城市群

攀西城市群主要由攀枝花、西昌等城市组成，以安宁河谷地区为自然地理依托，集中了1个大城市、1个中等城市、96个建制镇，城市密度0.3个/万平方千米，建制镇密度14.1个/万平方千米。攀西地区沿安宁河谷和成昆铁路一线初显点轴结构的空间态势，但人口规模和经济规模不大，沿线大多数城镇节点规模太小，轴线空间距离较长、等级不高，经济活动难以沿轴线向城镇节点集聚，呈相对分散状态，点面分离，经济活动联系不强，区域空间结构仍于相对分散无序的状态。

三、新型城镇化

（一）四川省城镇化过程中的问题

西部大开发以来，四川省的城镇化水平有了大幅度提升，城镇化率从2000年的26.69%，提高到2014年的46.3%。伴随城镇化的推进，四川省人均收入水平也快速提升。不过，与全国城镇化水平相比，四川省的城镇化水平总体上偏低。同时，四川省在城镇化推进过程中，还存在不协调、不平衡、不可持续等问题。

1. 与全国比较，四川省城镇化水平偏低

2014 年全国城镇人口占总人口的比例为 52.57%，有研究认为，这一城镇化率偏低，与中国的人均收入水平不相匹配[①]。同年，四川省这一比例为 43.53%，低于全国平均水平 9.04 个百分点。2014 年全国城镇化水平为 54.77%，四川省低于全国水平 8.47 个百分点。以全国平均水平作为参照，目前四川省的城镇化水平还较低，滞后于全国和东部地区，不过，我们认为目前四川省的城镇化水平与其经济发展水平基本适应。图 11-12 是根据 2014 年的数据绘出的，反映了大陆各省级行政区比较人均地区生产总值（与全国平均人均地区生产总值的比值）与比较城镇化率（与全国平均水平的比值）间的关系，可以看出两者间呈现出很强的正线性关系。

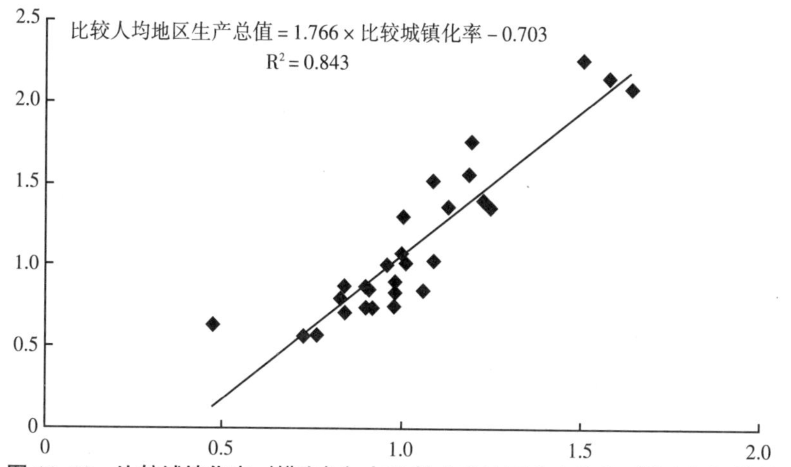

图 11-12　比较城镇化率（横坐标）与比较人均地区生产总值（纵坐标）的关系

资料来源：根据《中国统计年鉴》（2015）相关数据计算绘制。

2. 人的城镇化与土地的城镇化

城镇化一方面表现为农业人口的非农化和居住区位由农村向城镇的转移，另一方面表现为农业用地向非农业用地特别是城镇用地的转化，前者不妨称之为人口的城镇化，后者称之为土地的城镇化。中国的城镇化快速推进是与市场经济体制的建立和完善相伴随的，在这个过程中，由于一些制度障碍，特别是城乡分隔的户籍制度与土地制度，土地由农业用地向非农业用地的转化产生出巨额的租金差异，这种土地用途转化的巨额租金差成为许多地方政府收入的重

① The World Bank，Development Research Center of the State Council，the People's Republic of China，2014，Urban China：Toward Efficient，Inclusive，and Sustainable Urbanization，www.worldbank.org.

要来源，形成了所谓地方政府的“土地财政”，而改变城乡户籍，使进入城镇的农民获得城镇居民的身份，并享有和城镇居民同等的基本公共服务，不仅不会带来直接的收益，还会支付很大的成本，因此，在城镇化推进过程中，地方政府偏好土地的城镇化，而不愿意把进城的农民市民化。

上述论述在统计上表现为土地城镇化速度快于人口城镇化速度，如图 11-13 所示。图 11-12 反映的是 2001~2014 年四川省及各市建成区面积的年均增长率和市区人口的年均增长率，可以看出，四川省各市建成区面积的增长率大大高于市区人口的增长率。

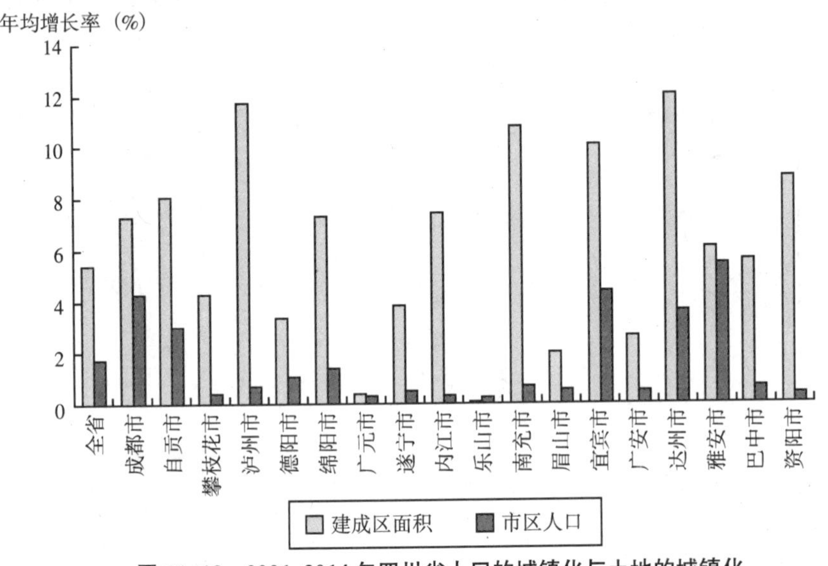

图 11-13　2001~2014 年四川省人口的城镇化与土地的城镇化

资料来源：《四川统计年鉴》（2001）和（2015）。

3. 常住居民的城镇化与户籍人口的城镇化

2010 年第 6 次人口普查数据表明，2010 年全国城镇人口的城镇化率为 50.27%，而非农业户口人口比重为 29.14%，相差 21.13 个百分点。同年，四川省的基本态势类似，城镇化率与非农业户口人口比重相差 13.37 个百分点（见图 11-4、表 11-7）。在中国，常住人口的城镇化率并不能真实地反映城镇化的质量，由于城乡间的户口隔离，有部分人成为城镇的常住人口，但并未获得与有城镇户籍的人口同质、同价的城镇基本公共服务，不能均等地分享城镇化提供的机会。常住人口城镇化与非农业户口人口比重间的差异反映了中国城镇化的包容性是比较低的。

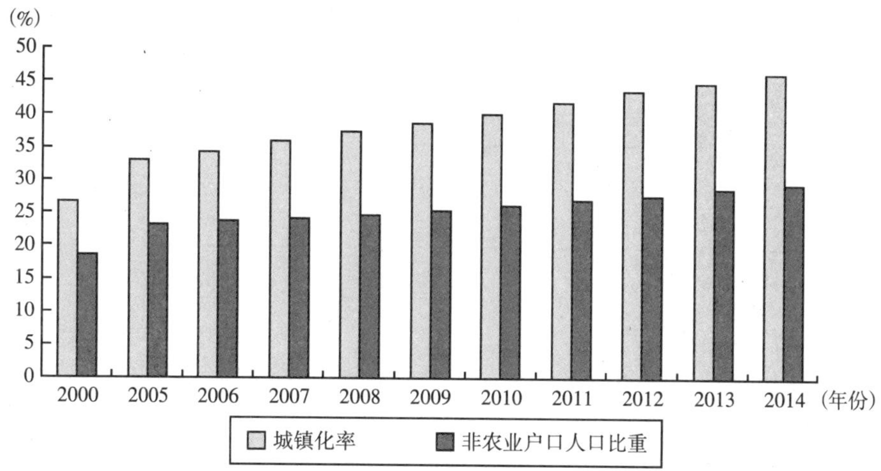

图 11–14　四川省城镇化：常住人口的城镇化和户籍人口的城镇化

资料来源：《四川统计年鉴》。

表 11–7　四川省城镇化：常住人口的城镇化和户籍人口的城镇化

单位：%

	2005 年		2010 年		2014 年	
	城镇化率	非农业户口人口比重	城镇化率	非农业户口人口比重	城镇化率	非农业户口人口比重
全省	33.0	23.3	40.18	26.17	46.30	29.41
成都市	59.9	50.27	65.51	56.64	70.37	62.43
自贡市	35.0	29.22	41.02	32.33	46.62	34.3
攀枝花市	56.6	53.7	60.10	53.37	64.03	53.17
泸州市	34.0	17.2	38.80	18.28	44.84	30.26
德阳市	35.8	21.39	41.32	26.57	47.27	30.73
绵阳市	36.4	23.8	39.85	26.83	46.51	29.7
广元市	27.4	19.86	32.98	22	39.33	23.7
遂宁市	31.7	19.25	38.38	22.6	44.61	26.08
内江市	34.7	19.03	39.36	20.8	44.21	22.86
乐山市	34.5	24.92	39.48	30.45	45.93	33.85
南充市	28.3	19.74	35.91	21.94	42.43	23.6
眉山市	26.0	23.39	34.11	26.07	40.46	28.5
宜宾市	28.3	17.43	38.00	18.72	43.85	19.52
广安市	19.8	14.19	29.07	17.61	35.81	19.95
达州市	25.5	16.67	32.71	18.82	39.39	20.96
雅安市	29.3	21.58	34.62	24.21	41.30	27.74
巴中市	21.6	16.42	29.31	17.58	36.12	20.67
资阳市	23.7	13.07	32.73	15.92	38.20	17.88

续表

	2005 年		2010 年		2014 年	
	城镇化率	非农业户口人口比重	城镇化率	非农业户口人口比重	城镇化率	非农业户口人口比重
阿坝州	27.9	20.33	30.10	22.47	35.69	22.56
甘孜州	17.6	16.16	20.53	15.27	26.87	14.56
凉山州	24.5	12.88	27.52	12.19	31.44	11.97

资料来源：《四川统计年鉴》。

4. 城镇产业：第二产业主导

2000 年以来，四川省市区地区生产总值的产业结构中，第一产业占比大幅度下降，第二产业占比上升较多，很多市州第三产业占比有所下降。全省地级市市辖区地区生产总值在三次产业间的分布 2000 年为 11.2:45:43.7，2013 年为 5.50:53.84:40.66（见表 11-8）。这种第二产业主导的产业结构与四川省推行的工业强省战略密切相关，在工业强省战略的支持下，通过建设“工业园区”、“经济技术开发区”等实现第二产业的集聚发展。随着城镇化发展质量的全面提升，人口集聚必定需要产业集聚支撑，传统第二产业主导的产业支撑也将面临产业结构的调整与转型升级。

表 11-8　四川省城镇市区地区生产总值结构的变化

单位：%

地区	2000 年			2005 年			2013 年		
	第一产业	第二产业	第三产业	第一产业	第二产业	第三产业	第一产业	第二产业	第三产业
四川省	11.2	45.0	43.8	9.18	46.59	44.23	5.50	53.84	40.66
成都市	3.2	43.1	53.7	3.03	41.62	55.35	1.26	45.41	53.33
自贡市	7.5	54.0	38.5	11.78	49.57	38.65	6.94	63.74	29.32
攀枝花市	2.7	73.1	24.2	2.02	71.41	26.57	1.56	75.41	23.03
泸州市	15.5	47.4	37.1	14.42	46.95	38.63	7.64	65.88	26.48
德阳市	15.5	45.4	39.1	12.71	52.24	35.05	6.57	64.56	28.87
绵阳市	9.4	51.1	39.5	9.32	50.65	40.03	6.26	61.11	32.63
广元市	25.7	35.2	39.1	18.68	39.57	41.75	10.47	54.87	34.66
遂宁市	35.4	32.0	32.6	32.67	32.01	35.32	18.27	50.87	30.86
内江市	21.6	31.2	47.2	19.96	42.28	37.76	14.11	62.01	23.88
乐山市	15.8	50.5	33.7	10.99	58.05	30.96	6.74	67.10	26.16
南充市	19.2	32.3	48.5	18.35	39.61	42.04	14.87	54.41	30.72
眉山市	22.9	41.4	35.7	17.15	52.14	30.71	13.41	58.14	28.45
宜宾市	7.6	62.0	30.4	5.78	68.36	25.86	7.10	65.93	26.97
广安市	32.2	24.4	43.4	23.1	38.24	38.66	14.46	53.54	32.00

续表

地区	2000 年			2005 年			2013 年		
	第一产业	第二产业	第三产业	第一产业	第二产业	第三产业	第一产业	第二产业	第三产业
达州市	14.3	39.1	46.6	12.34	50.48	37.18	10.19	56.23	33.58
雅安市	13.3	46.8	39.9	15.2	41.24	43.56	16.52	48.31	35.17
巴中市	51.3	15.9	32.8	41.07	17.09	41.84	18.60	35.05	46.35
资阳市	27.5	39.9	32.6	22.37	50.44	27.19	14.29	64.97	20.74

资料来源：《四川统计年鉴》。

5. 城镇体系：成都市一市独大，中等城市和小城市发展薄弱，城市规模体系不完善

在全省 32 个城市中，400 万人以上的城市只有 1 个，100 万~200 万的有 12 个，50 万~100 万的 5 个。城市规模在 200 万~400 万人，及 20 万~50 万人档次的城市缺乏或不足。目前，成都市在四川省的城镇体系中一市独大，无论人口还是经济规模，如果对四川省城市进行排序的话，成都之后均呈现出断崖式下降趋势（见图 11-15）。这种结构对于城镇化进程的不良影响，在于中心城市的辐射作用不能通过城市网络依次有序地逐级扩散到整个体系，一定程度上削弱了中心城市辐射带动作用的发挥。

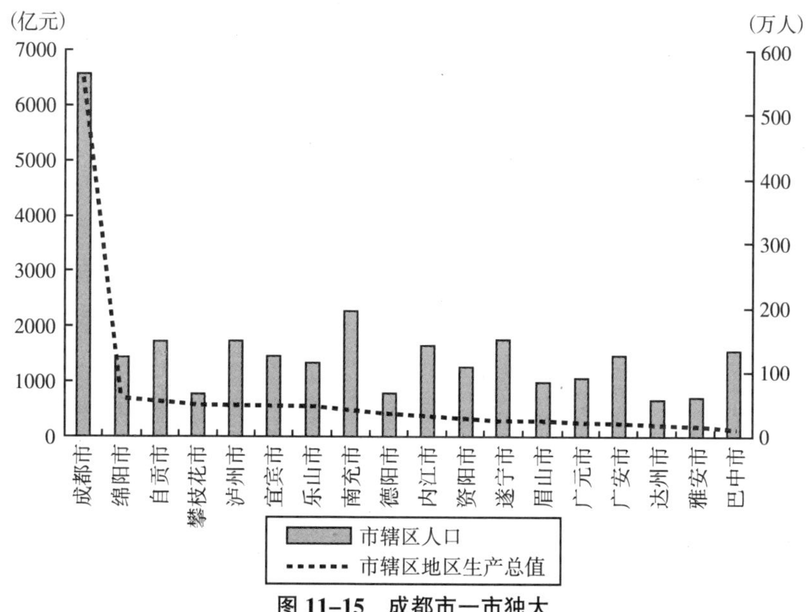

图 11-15　成都市一市独大

资料来源：《四川统计年鉴》（2015）。

6. 城镇化与人口及经济活动的集聚

据统计，按行政区划 2014 年四川省有地级市 18 个，占全国地级市总数的 6.25%；县级市 14 个，占全国县级市总数的 3.88%；市辖区 49 个，占全国市辖区的 5.46%；镇 1937 个，占全国镇的 9.49%。四川省城市与镇的数量及密度的变化如表 11-9 所示。可以看出，与全国比较，四川省地级市密度基本与全国相适应，而县级市数量少、密度低，镇的密度高过全国平均水平。聚落规模小、密度低，从两个方面制约着发展：一是聚落规模越小，对外交易机会越少、交易成本越高，从而限制了发展；二是聚落规模小，无法有效实现内部规模经济和外在规模经济，从而规模报酬递增程度低，而报酬递增是发展的重要引擎。

表 11-9 四川省城市与镇的变化

		2000 年				2014 年			
		地级市	县级市	市辖区	镇	地级市	县级市	市辖区	镇
全国	数量（个）	259	400	787	19700	288	361	897	20401
	密度（个/万平方千米）	0.27	0.42	0.82	20.52	0.30	0.38	0.93	21.25
	密度（个/百万人）	0.20	0.32	0.62	15.56	0.21	0.26	0.66	14.91
四川	数量（个）	18	14	40	1790	18	14	49	1937
	密度（个/万平方千米）	0.37	0.29	0.82	36.91	0.37	0.29	1.01	39.85
	密度（个/百万人）	0.21	0.17	0.48	21.29	0.22	0.17	0.60	23.80

资料来源：《中国统计年鉴》（2001）（2015）。

（二）新型城镇化

目前，中国已进入上中等收入国家之列，正在向高收入国家行列迈进，四川省从总体上看，也已进入上中等收入经济体之列，正在向高收入经济体迈进。在未来一段相当长的时期内，四川省将处于城镇化的快速发展阶段。城镇化的实现方式转变，是经济发展方式转变的重要内容。四川省在城镇化的实现过程中，应更加注重以人为本，更加注重城镇化效率的提升，更加注重基本公共服务的均等供给，使全体人民共享发展成果，更加注重城镇化的可持续性，走新型城镇化之路。

《国家新型城镇化规划（2014~2020 年）》指出，中国特色新型城镇化道路的基本特征是：以人为本、四化同步、优化布局、生态文明、文化传承（见专栏）。根据《四川省新型城镇化规划（2014~2020 年）》，符合四川实际的新型城

镇化道路的基本特征是“形态适宜、产城融合、城乡一体、集约高效”，以人的城镇化为核心，以城市群为主体形态，以综合承载能力为支撑，以体制机制创新为保障，构建以四大城市群为主体形态、大中小城市和小城镇协调发展的城镇化新格局。

（1）有序推进农业转移人口市民化，城镇化质量和水平明显提升。到2020年，常住人口城镇化率达到54%左右，户籍人口城镇化率达到38%左右，改造约470万人居住的城镇危旧房和棚户区。确保农业转移人口享有基本公共服务。

（2）城镇化布局和形态更加优化。优化与资源环境承载能力相匹配的城镇布局，以成都平原城市群、川南城市群、川东北城市群和攀西城市群四大城市群为主体形态，基本形成结构更加完善、定位更加清晰、大中小城市和小城镇发展更加协调的“一轴三带、四群一区”的城镇化发展格局（见图11-16、图11-17）。

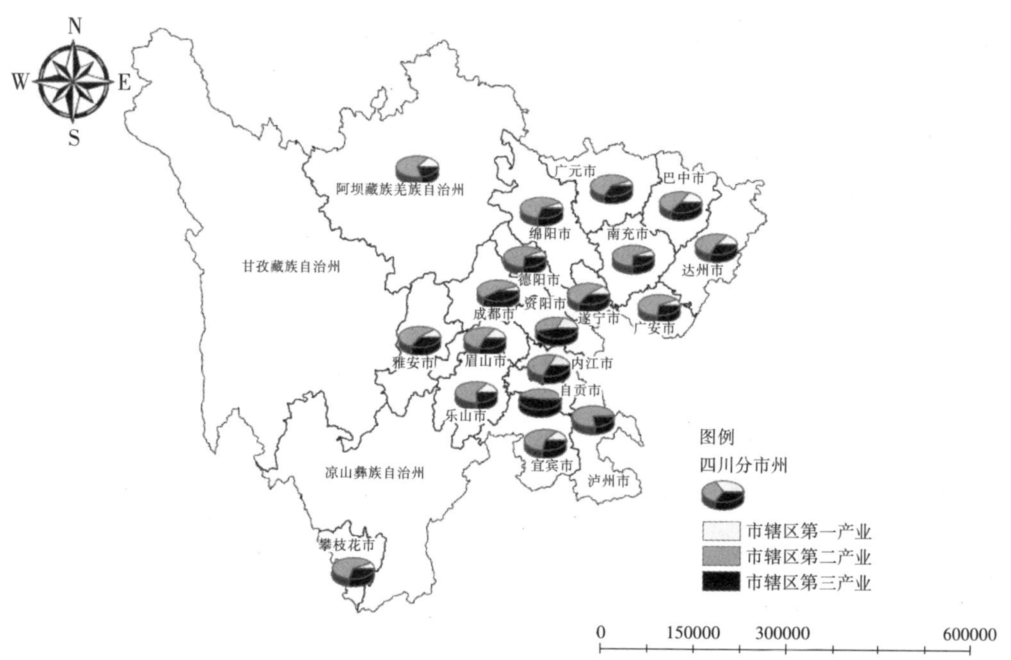

图11-16　2013年四川省市辖区产业结构图

资料来源：《四川统计年鉴》（2015）。

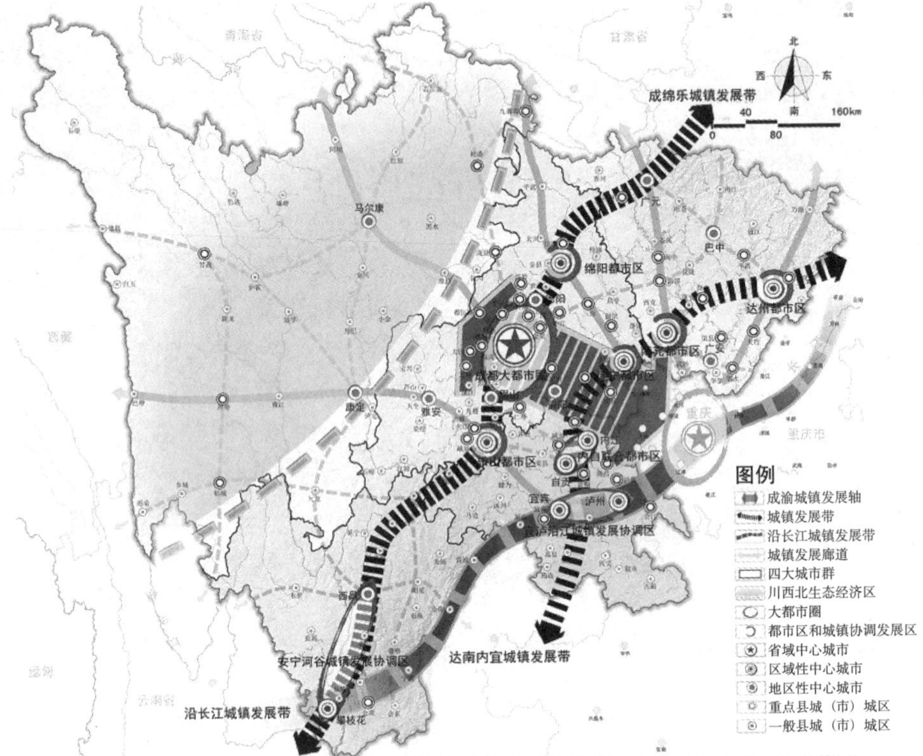

图 11-17　四川省城镇发展带

资料来源：《四川省新型城镇化规划（2014~2020 年）》。

（3）城镇可持续发展能力明显增强。人均建设用地控制在 100 平方米以内，城镇发展模式和用地布局结构更加合理。基础设施和公共服务设施不断完善，城镇综合承载能力不断增强。

（4）城镇化和新农村建设更加协调。开展以县为单位的多规合一规划，全域空间实现有序利用。小城镇带动农村发展的能力明显增强，新农村建设水平大幅提高。

（5）城镇化体制机制更加完善。人口、土地、财政、投融资、社会保障和行政区划等制度改革取得重大进展，阻碍城镇化健康发展的体制机制障碍基本消除。

（6）促进大中小城市和小城镇协调发展。推动成都转型发展，大力发展区域中心城市，做强做优县城，加快发展小城镇。

专栏：新型城镇化的基本要义

——以人为本，公平共享。以人的城镇化为核心，合理引导人口流动，有序推进农业转移人口市民化，稳步推进城镇基本公共服务常住人口全覆盖，不断提高人口素质，促进人的全面发展和社会公平正义，使全体居民共享现代化建设成果。

——四化同步，统筹城乡。推动信息化和工业化深度融合、工业化和城镇化良性互动、城镇化和农业现代化相互协调，促进城镇发展与产业支撑、就业转移和人口集聚相统一，促进城乡要素平等交换和公共资源均衡配置，形成以工促农、以城带乡、工农互惠、城乡一体的新型工农、城乡关系。

——优化布局，集约高效。根据资源环境承载能力构建科学合理的城镇化宏观布局，以综合交通网络和信息网络为依托，科学规划建设城市群，严格控制城镇建设用地规模，严格划定永久基本农田，合理控制城镇开发边界，优化城市内部空间结构，促进城市紧凑发展，提高国土空间利用效率。

——生态文明，绿色低碳。把生态文明理念全面融入城镇化进程，着力推进绿色发展、循环发展、低碳发展，节约集约利用土地、水、能源等资源，强化环境保护和生态修复，减少对自然的干扰和损害，推动形成绿色低碳的生产生活方式和城市建设运营模式。

——文化传承，彰显特色。根据不同地区的自然历史文化禀赋，体现区域差异性，提倡形态多样性，防止千城一面，发展有历史记忆、文化脉络、地域风貌、民族特点的美丽城镇，形成符合实际、各具特色的城镇化发展模式。

资料来源：《国家新型城镇化规划（2014~2020 年）》。

四、天府新区

天府新区规划建设是在 2010 年 9 月 1 日四川省深入实施西部大开发战略工作会议上提出的，该规划致力于打造一个以现代制造业为主、高端服务业聚集、宜商宜业宜居的国际化现代新城区，力争再造一个“产业成都”①。

天府新区的规划范围是以成都高新技术开发区（南区）、成都经济技术开发区、彭山经济开发区、双流经济开发区，龙泉湖、三岔湖和龙泉山（两湖一山），以及仁寿视高经济开发区为主体，主要包括成都市高新区南区、龙泉驿区、双流县、新津县，资阳市的简阳市，眉山市的彭山县、仁寿县，一共涉及 3 市 7 县（市、区）37 个乡镇，规划总面积为 1578 平方千米。

根据《四川省成都天府新区总体规划（2010~2030)》，天府新区建设要围绕再造产业成都这一核心目标，把天府新区建设成为以现代制造业为主、高端服务业集聚、宜业宜商宜居的国际化现代新城区。功能定位是：构建西部科学发展的先导区、西部内陆开放的重要门户、城乡一体化发展示范区、具有国际竞争力的现代产业高地、国家科技创新和产业化基地以及国际化现代新城区。天府新区的核心功能包括“一门户、两基地、两中心”。“一门户”指内陆开放门户；“两基地”指高新技术产业基地和高端制造业基地；“两中心”指国家自主创新中心和西部高端服务业中心。在空间布局上，本着山水环绕、组合布局，产城融合、三位一体，集约高效、低碳智能，城乡统筹、生态智能的空间布局理念，将天府新区的空间结构规划为“一带两翼、一城六区”。“一带”指居中的高端服务功能集聚带；“两翼”指东西两翼的产业功能带，以现有成眉乐产业走廊为基础打造成眉高技术和战略新兴产业聚集带，以现有经开区和成资工业园为基础打造高端制造产业功能带；“一城”指天府新城；“六区”是依据主导产业和生态隔离划定的六个产城综合功能区，包括成眉战略新兴产业功能区、空港高级产业功能区、龙泉高端制造产业功能区、创新研发产业功能区、南部现代农业科技功能区以及两湖一山国际旅游文化功能区。

① 天府新区部分内容参考《四川省成都天府新区总体规划（2010~2030)》。

第十二章　生态建设与可持续发展

一、四川省在全国的生态地位

四川省地处我国地形第一阶梯向第二阶梯的过渡地带，属于长江、黄河上游地区，跨青藏高原、横断山脉、云贵高原、秦巴山地和四川盆地几大地貌单元，地貌类型多样，生态环境复杂，生物多样性丰富。这种特殊的地质地理环境和生态功能，对维护三峡工程和长江流域生态安全、促进四川乃至长江流域经济社会可持续发展具有举足轻重的作用①。

（一）四川省九千万人口的生存与发展基础

四川省是一个幅员广阔的大省，面积 48.5 万平方千米，人口 9058.4 万人，其中四川盆地平均每平方千米人口密度达 500 人以上，与黄淮平原、长江下游平原同为全国人口稠密区。全省拥有耕地面积 398.38 万公顷（占全国的 4.89%），人均耕地面积 0.044 公顷，远低于全国平均水平。但是，依靠良好的气候条件，四川省生产的粮食基本满足了全省九千万人的口粮需求。全省有林地 1923 万公顷，占全国林地面积的 7.23%，是我国三大林区之一，也是长江上游生态屏障的重要构成部分，为九千万人口的生存和发展提供保障。四川省拥有亚热带为主体的优越气候条件，降水丰富、热量充足、雨热同季，适宜生物资源生长、繁殖，拥有丰富的生物资源、旅游资源、水能资源、矿产资源，其中钒、钛及稀土矿在全国占有突出地位。这些资源都为四川省的发展提供了良好的条件。

① 本节主要参考《重塑四川经济地理》，第 12 章，第 572~574 页。

（二）长江上游生态屏障的主体与黄河上游水源涵养区

四川省地处长江上游，全省 96.5%的土地面积属于长江水系，是全国生态环境建设的重点地区。保护和建设好生态环境，不仅是四川省经济社会发展的客观需要，而且对于三峡库区、长江中下游地区的经济、社会发展都具有非常重要的意义。其中，川西广阔的森林和草地是长江水源涵养、水质保护的生态屏障。随着长江中下游地区社会经济开发对长江水量、水质和其他功能的要求越来越高，四川省的生态环境建设显得越发重要和迫切。

长江沿江经济带是我国经济发达地区之一，在全国占有极为重要的地位；三峡工程是在长江进行的控制性水利工程。它们的安全与发展均与长江上游的生态质量息息相关。四川省处于长江上游中心地带，长江由西向东横贯全省，川江河段长 1030 千米，支流有雅砻江、岷江、沱江、嘉陵江等。金沙江、嘉陵江是长江泥沙的主要来源，搞好生态环境建设，减少水土流失，降低江河泥沙含量，对三峡工程及中下游地区生态安全发挥着关键作用。

（三）中国生物多样性最丰富的地区之一

四川省地处我国地形第一阶梯向第二阶梯的过渡地带，拥有青藏高原、横断山脉、秦巴山地和四川盆地等几大地貌单元，是我国东部季风与西南季风交汇区，垂直地带变化明显，气候类型多样，为生态系统多样性和生物种类多样性创造了良好条件，特别是横断山脉和盆周山地山高谷深，有效抵御了第四纪冰川的入侵和影响，成为动植物的避难所和南北生物的交换走廊，既保存有种类繁多的生物，又保存了不少古老孑遗种和特有种，是全国生物多样性最丰富的地区之一，也是全球生物多样性热点地区之一。其中，有脊椎动物 1229 种，占全国总数的 40%；哺乳类 225 种，鸟类 615 种，鱼类 232 种，两栖类 89 种，爬行类 77 种。野生高等植物 10000 多种，占全国植物种类的 1/3，其中被子植物 8450 余种，蕨类植物 730 余种，裸子植物 88 种，高等真菌 800 余种，还有种类繁多的苔藓地衣类植物。四川省的动植物种，属于国家重点保护的野生动物有 144 种，占全国总数的 39.6%，居全国之冠；属于四川省有益或有重要经济、科学研究价值的陆生野生动物 818 种；列入国家珍稀濒危物种保护的植物有 84 种，占全国的 21.6%。与此相对应，四川省在天然生物资源开发与保护、天然生物资源人工培育等方面，在全国也具有重要的战略地位；植被类型多样，是我国乃至世界珍贵的生物基因库，为我国三大林区、五大牧区之一。

（四）全国著名风景名胜区与自然保护区荟萃之地

四川省特殊的地貌类型和优越的自然条件，使之成为著名风景名胜区、自然保护区荟萃之地。全国现有自然保护区中，四川省有23处，是全国拥有量最多的省份；全国重点风景名胜区中，四川省有峨眉山—乐山大佛、九寨沟、黄龙、四姑娘山、西岭雪山、青城山—都江堰、蜀南竹海、贡嘎山、海螺沟、剑门蜀道等。

四川省从1963年建立第一个自然保护区以来，到2011年底已建成各类自然保护区166处，其中，国家级自然保护区23处，省级自然保护区67处，使全省60%~80%的珍稀野生动植物及其栖息地得到有效保护，同时，还建有各级各类风景名胜区66个，森林公园6处，有列入世界“人与生物圈保护区网”的卧龙自然保护区和九寨沟自然保护区，列入世界自然文化遗产名录的九寨沟、黄龙、峨眉山、峨眉山—乐山大佛、都江堰—青城山、大熊猫栖息地等。

（五）在全国水资源和水环境中具有不可替代的战略地位

四川河流众多，水量充沛，多年平均径流量2547.5亿立方米，约占长江径流量的1/4，相当于黄河径流量的4倍多，加上过境外来水942.2亿立方米，还有可开发地下水资源115亿立方米，是全国水资源最为丰富的地区之一。流域面积在1000平方千米以上的河流就有146条，有利于农业灌溉。主要河流上游地区天然水质良好，是我国重要的优质水资源供应基地。四川河流特别是川西和盆周地区的河流比较大，水情变化快，又是暴雨区。水文变化直接影响着四川自身和长江中下游的安全，而四川盆地是全省的经济中心，水质变化对产业和社会发展的影响极大，直接影响重庆市和中下游地区的发展和生态安全。

二、经济发展与环境保护：环境库兹涅茨曲线

（一）四川省环境污染态势

各类排放是环境污染的重要原因。图12-1绘出了四川省1985年以来工业排放物（废水、二氧化硫、烟（粉）尘、固体废物）的变化趋势。可以看出，总体上，四川省通过推进工程减排、结构减排和管理减排，强化减排三大体系

建设，取得了显著成效，各类排放物总量除了在 20 世纪末、21 世纪初有所上升外，其余时段均处于不断下降的状态。例如，2013 年，工业废水中化学需氧量（COD）排放量 10.65 万吨，较之 2005 年的 29.77 万吨，减少了 19.12 万吨；2013 年工业二氧化硫排放量比 2005 年下降了 39.46 万吨。

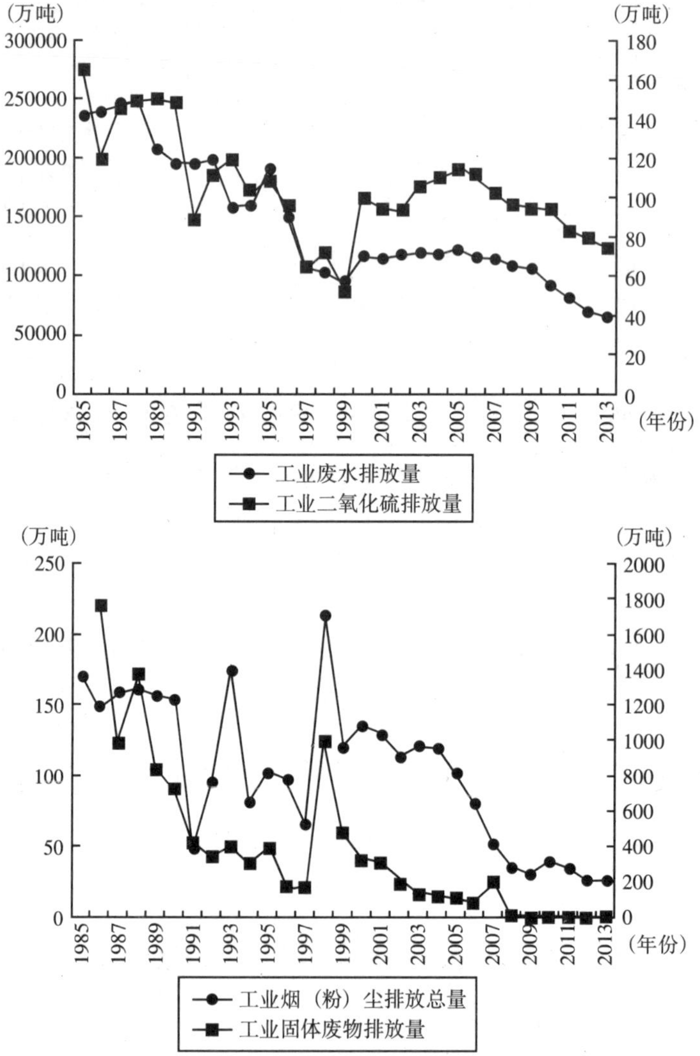

（万吨） （万吨）
300000 250000 200000 150000 100000 50000 0
180 160 140 120 100 80 60 40 20 0
1985 1987 1989 1991 1993 1995 1997 1999 2001 2003 2005 2007 2009 2011 2013（年份）
工业废水排放量
工业二氧化硫排放量

（万吨） （万吨）
250 200 150 100 50 0
2000 1800 1600 1400 1200 1000 800 600 400 200 0
1985 1987 1989 1991 1993 1995 1997 1999 2001 2003 2005 2007 2009 2011 2013（年份）
工业烟（粉）尘排放总量
工业固体废物排放量

图 12-1 四川省工业三废排放态势

资料来源：《四川省统计年鉴》。

（二）环境库兹涅茨曲线

1993 年，Grossman 和 Krueger（1993）在分析北美自由贸易协定对环境的可

能影响时，利用简化型回归模型首次进行了人均收入与环境质量之间关系的实证分析，他们发现在人均收入与环境退化之间存在一个“倒 U 型”的关系，并且，当一国人均收入达到 4000~5000 美元（1985 年的美元价格）的转折点时，经济增长趋向于减轻环境污染问题。1995 年，Grossman 和 Krueger（1995）又研究了 66 个国家的经济增长和环境的关系，发现经济增长带来初期阶段的环境恶化，随后随着经济的进一步增长，环境会改善，转折点对不同的环境污染指标是不同的，但在多数情况下，转折点会在人均 8000 美元时到来。Grossman 和 Krueger 发现的经济增长和环境的这一关系，和西蒙·库兹涅茨在 20 世纪 50 年代研究经济发展和收入分配时发现的倒 U 型曲线（即库兹涅茨曲线）类似，因此称之为环境库兹涅茨曲线假设（Environmental Kuznets Curve，EKC hypothesis）。

为了更清楚地认识四川省经济增长和环境污染间的关系，这里也分析了四川省的环境库兹涅茨曲线，如图 12-2 所示。

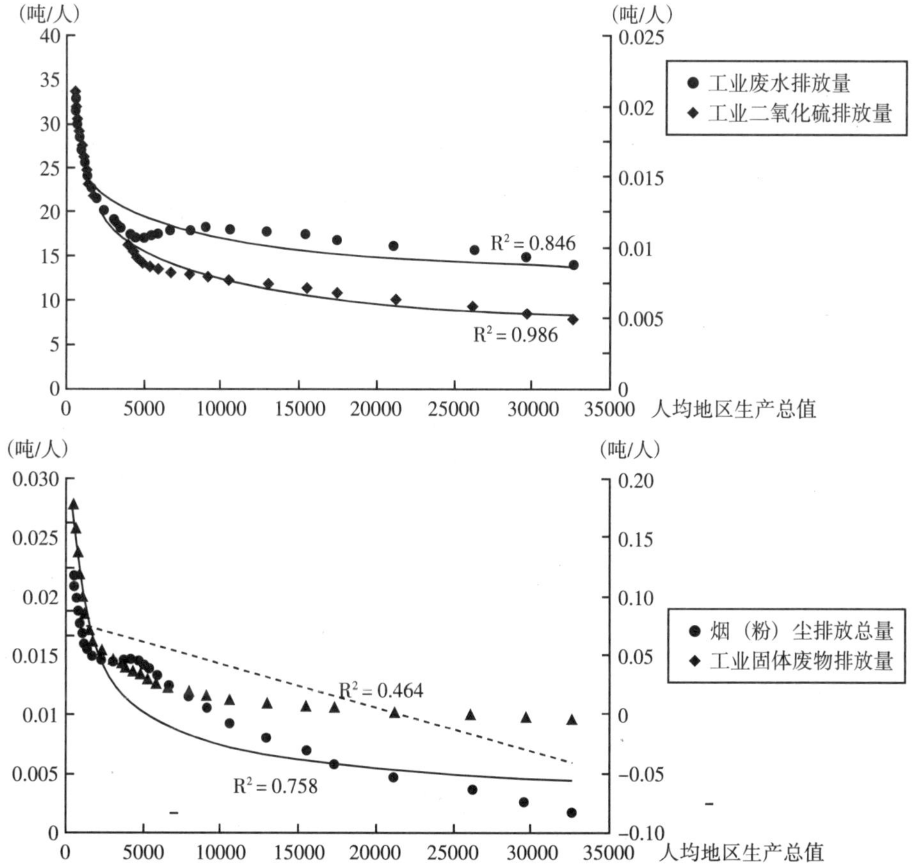

（吨/人）　（吨/人）

● 工业废水排放量
◆ 工业二氧化硫排放量

$R^2 = 0.846$

$R^2 = 0.986$

人均地区生产总值

（吨/人）　（吨/人）

● 烟（粉）尘排放总量
◆ 工业固体废物排放量

$R^2 = 0.464$

$R^2 = 0.758$

人均地区生产总值

图 12-2　1985~2013 年四川省经济发展与工业排放趋势间的关系

资料来源：《四川省统计年鉴》。

由于 2005 年后《四川统计年鉴》没有报告各市州的环境污染情况，这里选取四川省 21 个市州 1999~2005 年的面板数据，沿着 Grossman 和 Krueger 的思路，采用固定效应模型进行估计：

$$P_{it}=\alpha_{0i}+\alpha_1 y_{it}+\alpha_2 y_{it}^2+\alpha_3 y_{it}^3+\varepsilon_{it}$$

式中，P_{it} 代表环境污染指标，这里选取各地市州的工业废水排放量、工业废气排放量作为环境污染水平的代理变量，y_{it} 代表各地区人均地区生产总值，α_{0i} 为常数项，α_1、α_2、α_3 分别是各次解释变量的系数，ε_{it} 代表误差项。

估计结果如表 12-1 所示。可以看出，四川省各市州经济增长和环境的关系是比较复杂的。固定效应模型估计表明，各市州经济增长和环境的关系是不同的，差异明显。本章所考虑的工业废水和废气排放量这两个环境污染指标，和人均地区生产总值的关系也不相同。从工业废水排放量看，方程的二次项和三次项系数都很小，一次项系数小于零，说明随着经济增长，废水排放量在下降。而从人均废水排放量看，二次项和三次项系数都很小，一次项系数虽然大于零，但数值很小。从废气排放量看，无论是总量还是人均废气排放量，方程中一次项系数大于零，二次项系数小于零，三次项系数非常小，因此可以认为经济增长和废气排放量之间存在“倒 U 型”关系，符合环境库兹涅茨曲线假设，也就是说，当经济发展到一定程度后，经济增长将有利于空气环境质量的改善。

表 12-1　1999~2005 年四川省经济增长与环境：面板数据估计

	废水排放量	废气排放量	人均废水排放量	人均废气排放量
变量	系数	系数	系数	系数
y	-2.075842 (-1.395924)	734.3376 (1.353933)	0.008885 (1.875442)*	12.34833 (2.382912)
y^2	0.000341 (2.214797)**	-0.011954 (-0.213023)	-6.59E-07 (-1.343873)	-0.000840 (-1.567072)
Y^3	-1.01E-08 (-2.173543)**	3.48E-07 (0.204790)	1.68E-11 (1.134311)	2.30E-08 (1.415557)

注：括号内为 t 检验值。
资料来源：作者计算。

研究一个既定国家或地区的经济增长与环境质量之间的关系，需要考虑对环境质量起决定作用的如下一些因素：① 人均收入（即人均 GDP）；②人口密度；③技术；④工业结构；⑤禀赋，如气候、地理条件和资源禀赋等。四川省各地区禀赋的差异对经济增长和环境关系有重要影响。如前所述，不同地区常数项存在较大差异，反映了四川省各地区的气候、地理条件存在较大差异，此种差异必然会对其经济增长和环境质量产生基础性的影响。

技术条件能够直接影响环境质量，随着技术进步，经济增长质量会得到提高，导致向环境排放的污染物质减少，同时治理环境污染的技术的发展，也会减少向环境排放的污染物。技术对经济增长和环境关系的影响，在环境库兹涅茨曲线的时间趋势中反映出来。

下面重点分析人口密度和工业结构的影响。采用固定效应回归模型：

$P_{it}=a+b\cdot D+\varepsilon$ 和

$P_{it}=c+d\cdot ID+\varepsilon$

其中，P 代表环境污染指标，这里除了考虑前面的几个指标外，又增加了两个指标——每百元生产总值的废水排放量和每百元废气排放量，D 代表人口密度，ID 代表重工业和轻工业产值的比值，即霍夫曼比率。分析结果如表 12-2 和表 12-3 所示。因此，对于所考虑的环境污染指标，引入人口密度的模型的拟合优度在 25%~56%区间，拟合优度较高，特别是对人均废水排放量，解释力在 56%以上，显著水平在 1%的水平上。由此看来，人口密度能够在一定程度上解释各地的环境污染水平。

表 12-2　四川省经济增长与环境：人口密度的影响

	废水排放量	废气排放量	人均废水排放量	人均废气排放量	每百元产值废水排放量	每百元产值废气排放量
D	7.849311 (3.383488)**	-888.7125 (-0.877497)	-0.008594 (-1.30258)	-29.63083 (-3.853914)**	-0.000200 (-3.220675)**	-0.263637 (-5.25042)**
调整的 R^2	0.127891	0.186904	0.494139	0.208160	0.129118	0.120099
Durbin-Watson stat	2.124394	2.535137	2.914544	2.545540	2.945801	2.123685

注：** 代表 $P<0.01$。

资料来源：作者计算。

表 12-3　四川省经济增长与环境：工业结构的影响

	废水排放量	废气排放量	人均废水排放量	人均废气排放量	每百元产值废水排放量	每百元产值废气排放量
ID	-89.01165 (-2.663135)**	50819.00 (3.718969)**	0.151657 (1.627674)	960.5098 (12.49476)	0.001153 (1.266474)	5.212302 (8.230669)**
R^2	0.228710	0.369347	0.570132	0.662732	0.202740	0.403692
调整的 R^2	0.099133	0.263397	0.497914	0.606071	0.068800	0.303512
Durbin-Watson stat	1.835632	2.397024	2.957260	2.634533	2.876330	2.250846

注：** 代表 $P<0.01$。

资料来源：作者计算。

为了分析工业结构对环境污染的影响，这里采用了重工业产值和轻工业产值的比率，即霍夫曼比率，从表 12-3 的拟合优度和显著性水平可以看出，工业结构也是解释各地环境污染水平的重要因素。

综合来看，四川省各地市州经济增长和环境的关系，受到各地的地理条件、气候、禀赋、经济发展水平、工业结构和技术条件等多方面的影响。

三、自然灾害地理

四川省位于中国西南内陆腹地，地跨青藏高原、云贵高原、横断山脉、秦巴山地、四川盆地，受地形、地貌、地质构造条件和暴雨、地震等诱发因素频发影响，属于自然灾害的多发区和易发区，是全国自然灾害最重的省份之一。四川省自然灾害具有类型多、发生频率高、活动强度大、分布地域广等特点，而且往往以突发、群发、并发等形式造成许多重大灾害事件。

（一）自然灾害的类型和分布特点

四川省自然灾害种类繁多，除火山、海洋等少数灾种外，都有不同程度的发生[①]，类型上包括气象类灾害、地质类灾害和生物类灾害，灾种主要有 12 种，分别是暴雨洪涝、干旱、绵雨、低温霜冻、大风冰雹、雪灾、地质灾害、地震、有害生物、森林（草原）火灾以及大雾和霾[②] 等，地理分布上由于境内自然地理环境及气候千差万别而各有特点[③]。

1. 气象类灾害

各种气象类灾害中，尤以旱灾和洪涝灾害对四川省影响最深（见图 12-3）。

（1）干旱。干旱是四川省的一个常见的气象类灾害。干旱常见区夏旱发生频率占到 80%，春旱和伏旱大致为 70%，冬干和秋旱约为 40%和 20%，常年因干旱而缺水的农田占到全省耕地总面积的 60%以上。全省干旱灾害主要分布在长江中下游的平原地带和川中盆地部分地区，川西南山地的安宁河谷下游的

① 国家科委全国重大自然灾害综合研究组. 中国重大自然灾害及减灾对策（总论）[M]. 北京：科学技术出版社，1994.

② 2005 年 1 月四川省气象局首次启用突发气象灾害预警信号方案，其中包含大雾预警。2007 年底，四川省政府应急办开始考虑将大雾和霾划入全省主要自然灾害类型之中。2011 年 3 月 28 日四川省人民政府办公室引发的《四川省气象灾害应急预案》通知中，正式将大雾和霾列入气象类灾害。

③ 本节主要参考《重塑四川经济地理》，第 13 章，第 612~616 页。

春旱相对严重。

（2）洪涝。四川省历来是一个洪涝灾害频繁且严重的省区，常年 5~9 月都有发生，又以盛夏 7、8 两月最为集中，洪水对滨河耕地、城镇公共设施以及人民的生命财产都有重大危害，并会引发山地灾害，造成巨额的经济损失。在空间分布上，四川省境内的暴雨洪涝多发生于盆地周边及丘陵地区。处于盆地和周边的三台、射洪、中江、金堂、简阳、仁寿等地区，频发的洪涝灾害在省内最为严重。资阳、资中以及内江等地的危险性也相对较高。

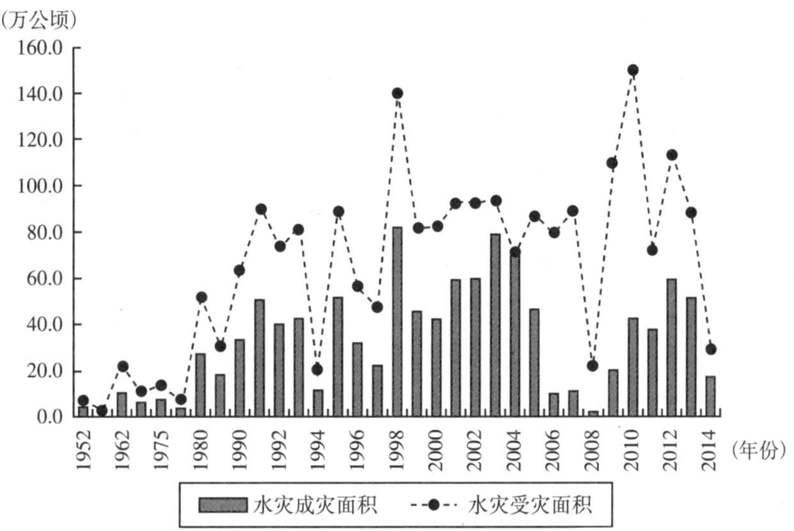

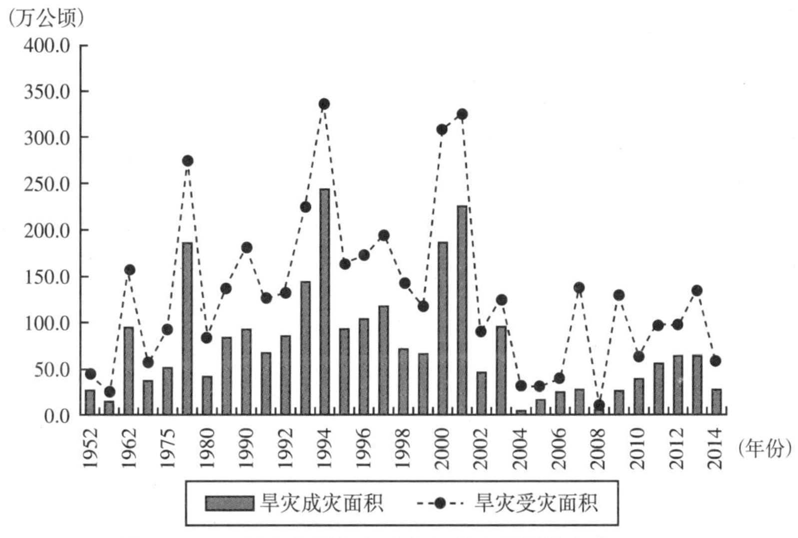

图 12-3　四川省水旱灾害受灾与成灾面积的变化

资料来源：根据《四川统计年鉴》（2015）相关数据计算绘制。

2. 地质类灾害

四川省是新构造运动十分活跃、地震活动极其强烈的地区，岷江上游地区、青藏高原边缘地区以及西昌周边地区是境内三大地震频繁发生区域。“5·12”汶川大地震是新中国成立以来国内最大级别的地震。同时，四川省也是国内地质灾害易发、多发、高危省份之一，全省的地质灾害也呈现点多面广、规模大、成灾快、暴发频率高、延续时间长等特点。

（1）地震灾害。全省范围内地震发生的高危地区主要位于龙门山断裂带、鲜水河断裂带和安宁河断裂带所属地区及其周边缓冲地带。该地区在行政区划上主要包括位于龙门山地区的九寨沟、北川、汶川、都江堰、理县和大渡河上游的小金、康定、天全，以及安宁河流域的石棉、泸定、冕宁、西昌、德昌等县（市、区）。另外，位于甘孜州的理塘和雅江也属于地震频发区。20 世纪 70 年代以来，四川境内发生了多次影响较大的地震。

（2）地质灾害。四川省地质灾害主要类型为滑坡和泥石流等，是全国地质灾害易发、多发、高危省份之一。据最新统计，目前全省已查明的地质灾害隐患 3.4 万余处，占全国 15%左右，威胁 30 余万户 190 余万人的生命和 640 亿元资产的安全①。其中，泥石流发生的高危地区主要分布在黑水河流域、杂谷脑河流域、大渡河流域以及安宁河流域、岷江流域、金沙江流域；滑坡危险性最高的地区除了黑水河和大渡河以外，安宁河下游河谷聚集了较多的滑坡发生条件。

3. 生物类灾害

四川省生物类灾害主要有农作物病虫害、草原病虫害等。据调查②，四川省农业害虫 10 目、158 科、1143 种，分布于全省的农业种植区域，可造成水稻、小麦、玉米、棉花、蔬菜等作物经济损失的有 110 种。四川省的鼠害较为严重，遍及农业种植区和草原地区，整体发生范围和程度仅次于新疆、内蒙古，列全国第三位。四川省的牧草病害主要是纹枯病、锈病、枯萎病、黑斑病，主要发生于甘孜和阿坝两州的草原牧区。近些年来，四川畜牧业受到的疫病威胁较大，如高致病性禽流感、口蹄疫、高致病性猪蓝耳病、猪瘟等疫病的威胁。

① 参见四川省人民政府网：《四川省人民政府关于加强地质灾害防治工作的实施意见》，川府发〔2011〕43 号，http：//www.sc.gov.cn/10462/11555/11562/2012/2/10/10198379.shtml，访问时间：2011 年 12 月 20 日。

② 参见四川省农业科学院植物保护研究所、西南农学院、四川省农牧厅植保植检站等编写的《四川省农业害虫及天敌资源调查（1980~1982）》，网址 http：//www.cqagri.gov.cn/detail.asp？pubID=212097，访问时间：2012 年 11 月 11 日。

（二）自然灾害特征

首先，四川省自然灾害具有显著的地域性和周期性。四川省土地辽阔，地区间自然条件存在着较显著的差异，使得致灾因子和成灾环境也存在着明显的不同，各类灾害的分布具有显著的地域性。东部地区，旱涝灾害较为严重，对农业的威胁也最大；川西高原牧业区，雪灾的危害最为突出；东部盆周山地区与西部山区，地质构造复杂，山高谷深，是地震、滑坡、泥石流等地质灾害的活跃地区。盆地西部主要受到洪涝灾害的威胁，而盆地中部地区则干旱灾害甚为严重，各地区间呈现出显著的差异性。

在灾害发生的时间上，从历史资料分析可以看出，四川省的自然灾害仍然具有一定的震荡周期性。盆地中部地区的旱灾周期大致为 6 年，盆地西部地区的洪涝灾害周期大致为 10 年，近些年有缩短的趋势；至于地震，则具有比较典型的周期性活动的特点，地震活动强弱交替，形成不同时间尺度的地震期、地震幕。四川处于喜马拉雅山—地中海地震带上，1988 年至今是地震活跃期，2008 年汶川地震正是印度洋板块向亚欧板块俯冲，造成构造应力能量在龙门山脉—映秀地区释放的结果，此次地震给四川省造成了巨大的经济损失。

其次，灾害组合具有链带性和群发性。由于灾害具有很强的诱发性，常常一些灾害的发生会引发其他自然灾害，产生灾害的叠加，引起多灾并发、频发。如四川盆地西部，其地震、洪涝就常诱发滑坡、坍塌、泥石流等灾害的发生；而盆地中部地区的旱灾，又常诱发疫病、虫灾、林火等灾害，造成灾害链带发生。同时，四川省自然灾害还具有群发性的特点。据史料记载，四川省大多年份均会出现旱涝交替、多灾并发的现象。这种灾害的链带和群发性造成了巨大的经济损失。

最后，自然灾害影响面大，所造成的人口和经济损失大。70%以上县（市、区）位于自然灾害威胁严重的区域内。据统计，2010~2014 年四川省自然灾害造成的直接经济损失累计 2660.7 亿元，占全国同期自然灾害直接经济损失累计的 12.20%，平均每年直接经济损失 532.14 亿元。自然灾害造成的直接经济损失占地区生产总值的比重，2010~2014 年全国平均为 0.85%，四川省高达 2.31%。表 12-4 显示了最近 5 年四川省自然灾害所造成的损失情况，可以看出，受灾人口和灾害直接经济损失占全国的比重都大大高于四川省人口和地区生产总值占全国的比重。

表 12-4 四川省自然灾害损失

年份	农作物受灾面积		农作物绝收面积		受灾人口		直接经济损失		
	千公顷	占全国百分比（%）	千公顷	占全国百分比（%）	万人次	占全国百分比（%）	亿元	占全国百分比（%）	占当年地区生产总值百分比（%）
2010	2324.0	6.21	177.8	3.66	4326.4	10.15	489.9	9.17	2.85
2011	1528.2	4.71	183.8	6.36	4652.4	10.75	360.4	11.64	1.71
2012	943.9	3.78	47.5	2.60	3655.1	12.42	402.4	9.61	1.69
2013	1602.9	5.11	102.6	2.67	4555.5	11.74	1202.6	20.70	4.56
2014	919.3	3.69	80.9	2.62	1611.9	6.62	205.4	6.09	0.72

资料来源：根据《中国统计年鉴》（2015）、《四川统计年鉴》（2015）相关数据计算绘制。

从更长时期看，如图 12-4 和图 12-5 所示，四川省农作物受灾面积和成灾面积年际变化大，总体上呈现出显著增加的趋势，尤其在 20 世纪 90 年代以后较为严重，最高受灾面积达到 444.9 万公顷，占农业播种面积的 46.87%；受灾人口也有明显增加，在 2006 年受灾人口最高达到 5488.7 万人次，占四川总人口的 62.9%。在受灾强度方面，进入 20 世纪 80 年代以后，与 20 世纪五六十年代相比，盆西旱灾发生频率增加 35%，洪灾频率增加 31%，同期农业严重受灾频率增加 35%。

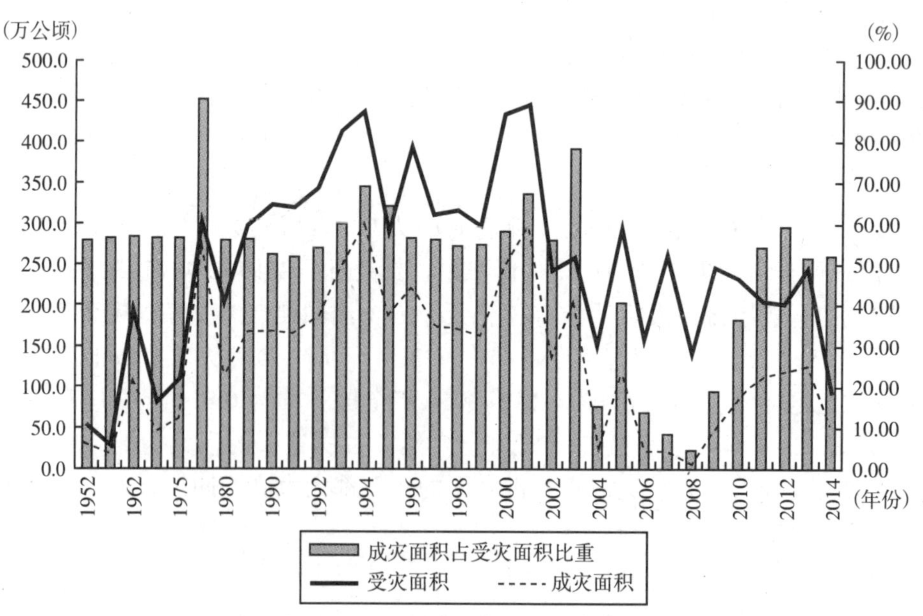

图 12-4 四川省受灾面积和成灾面积

资料来源：根据《四川统计年鉴》（2015）相关数据计算绘制。

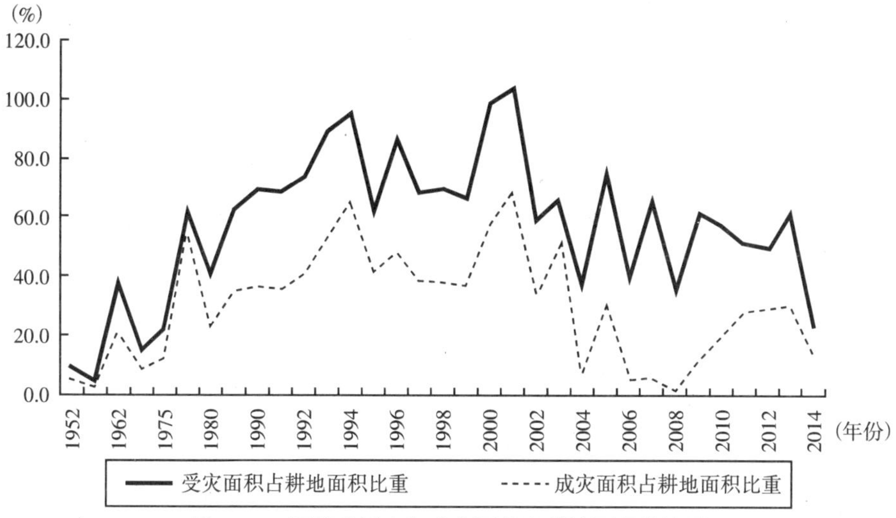

图 12-5　四川省受灾与成灾面积占耕地面积的比重

资料来源：根据《四川统计年鉴》（2015）相关数据计算绘制。

（三）自然灾害危险性区划

于欢、孔博、陶和平、李璇琼（2012）① 通过对四川省境内地震、泥石流、滑坡、洪涝和干旱 5 种主要自然灾害进行数据分析，运用综合评价模型，对四川省自然灾害危险度进行了综合评价与区划。《四川省主体功能区规划》基于于欢等的研究，将全省自然灾害危险性空间划分为了高危险区、次高危险区、中高危险区、轻度危险区和基本无危险区（见图 12-6）。

四川省高危险区总面积 2.11 万平方千米，占全省面积的 4.3%，主要分布于龙门山活动断裂带、安宁河流域和大渡河上游区。

次高危险区作为高度危险区的缓冲区，也是中高危险区之间的隔离带，总面积 5.67 万平方千米，占全省的 11.6%，分布位置与高度危险区相似，主要分布在三个断裂带的缓冲地带，包括汶川、茂县、北川、平武、青川、冕宁、喜德、昭觉、德昌、会理、宁南、康定、天全、荥经、汉源等大部分地区。

中度危险区总面积 17.1 万平方千米，占全省面积的 35%，主要分布在横断山区及周边，处于山区与平原、平原与丘陵交界地区，区内呈连续状分布或分散分布，是各种危险级别中面积比例最高的区域。

① 于欢，孔博，陶和平，李璇琼. 四川省自然灾害危险度综合评价与区划［J］. 地球与环境，2012（3）.

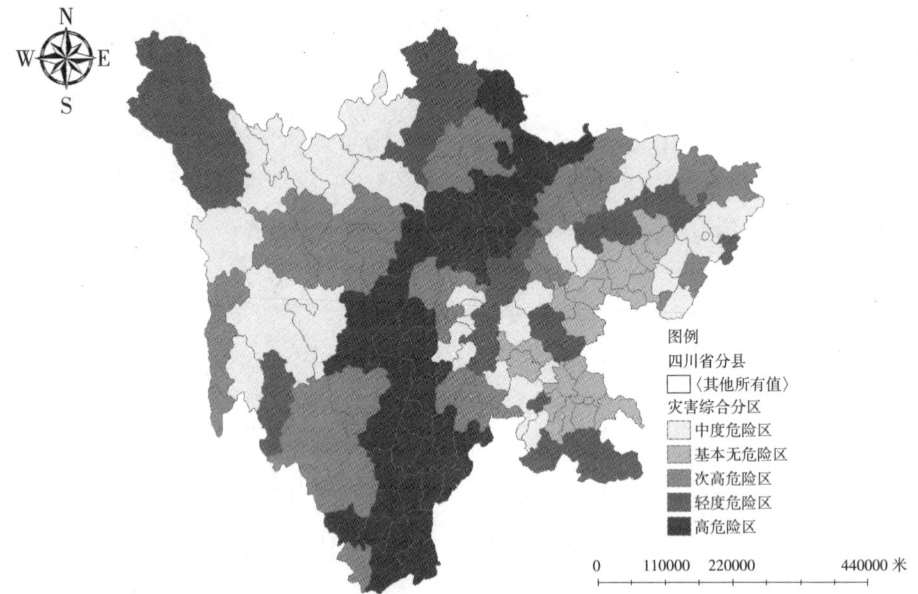

图 12-6　四川省自然灾害危险评价

资料来源：根据《四川省主体功能区规划》绘制。

轻度危险区占全省面积的 27%，主要分布在川东丘陵地区和川西高原东部。

基本无危险区总面积 10.2 万平方千米，占全省面积的 21%，主要分布在川西高原北部和中部。

四、国土空间规划

（一）主体功能区划

主体功能区规划是国民经济和社会发展总体规划在空间开发和布局方面的体现，是其他各类规划在空间开发和布局方面的基本依据。根据《全国主体功能区规划》及相关文件的要求，四川省编制了《四川省主体功能区规划》，该《规划》是全省科学开发国土空间的行动纲领和远景蓝图，是全省辖区国土空间开发的战略性、基础性、约束性规划，是省级其他空间性规划和其他省级规划空间开发和布局的基本依据。《规划》将全省国土空间分为以下主体功能区：按开发方式，分为重点开发区域、限制开发区域和禁止开发区域（见表 12-5、图 12-7）；按开发内容，分为城市化地区、农产品主产区和重点生态功能区；按层级，分为国家和省级两个层面。如图 12-8 所示。

表 12–5　四川省主体功能区划

主体功能区类型	主体功能区层级	幅员面积（万平方千米）	占全省幅员面积比重（%）
重点开发区域	国家层面重点开发区域	3.97	8.16
	省级层面重点开发区域	6.12	12.59
	点状开发城镇（国家）	0.06	0.13
	点状开发城镇（省级）	0.16	0.32
	合计	10.31	21.20
限制开发区域（农产品主产区）	国家层面农产品主产区	6.52	13.42
限制开发区（重点生态功能区）	国家层面重点生态功能区	28.65	58.95
	省级层面重点生态功能区	3.12	6.42
	合计	31.77	65.37
禁止开发区域（分散于三类主体功能区内）	国家层面禁止开发区域	7.98	16.4
	省级层面禁止开发区域	5.21	10.7
	合计	11.5	23.6

注：（1）表中重点开发区域、限制开发区域面积未扣除其中的基本农田。

（2）重点开发区域和限制开发区域面积均未扣除其中分散的禁止开发区域面积。

（3）农产品主产区和重点生态功能区已扣除点状开发城镇面积。

（4）禁止开发区域面积合计数已扣除部分相互重叠面积。省级以下各级各类自然文化资源保护区域、重要水源地以及其他省级人民政府根据需要确定的禁止开发区域暂未纳入统计。

资料来源：根据《四川省主体功能区规划》整理。

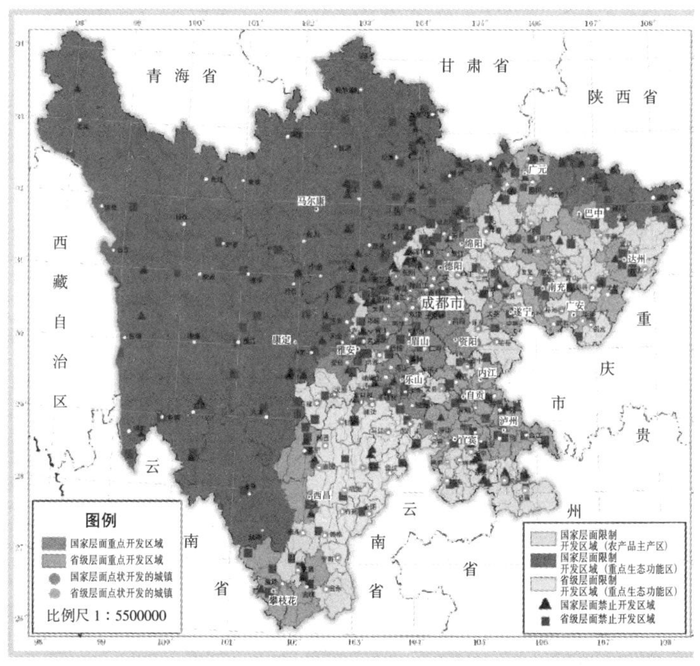

图 12–7　四川省主体功能区划图

资料来源：《四川省主体功能区规划》。

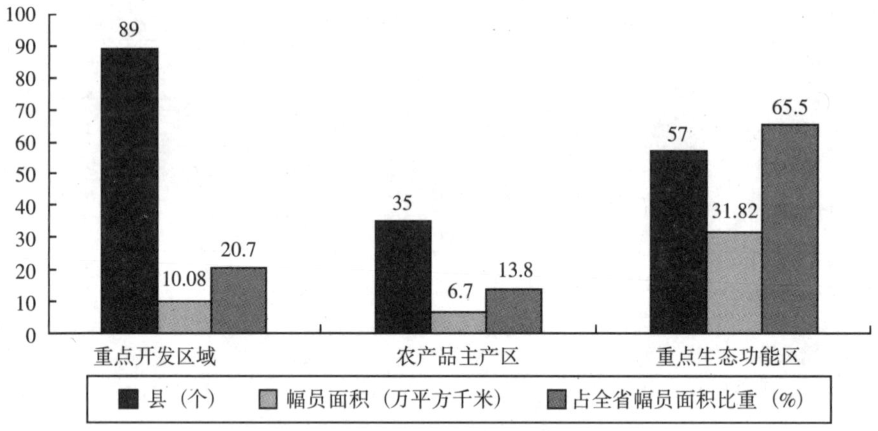

图 12-8　四川省主体功能区概况

注：（1）国土面积按照国土资源厅提供的最新土地利用现状。

（2）重点开发区域、限制开发区域（农产品主产区和重点生态功能区）面积均未扣除基本农田面积。

（3）重点开发区域和限制开发区域（农产品主产区和重点生态功能区）面积均未扣除其中分散的禁止开发区域面积。

（4）重点开发区域未加上点状开发城镇的面积，限制开发区域未扣除点状开发城镇的面积。

资料来源：根据《四川省主体功能区规划》整理。

重点开发区域、限制开发区域和禁止开发区域，是基于不同区域的资源环境承载能力、现有开发强度和未来发展潜力，以是否适宜或如何进行大规模高强度工业化城镇化开发为基准划分的。

城市化地区、农产品主产区和重点生态功能区，是以提供主体产品的类型为基准划分的。城市化地区是以提供工业品和服务产品为主体功能的地区，也提供农产品和生态产品；农产品主产区是以提供农产品为主体功能的地区，也提供生态产品、服务产品和部分工业品；重点生态功能区是以提供生态产品为主体功能的地区，也提供一定的农产品、服务产品和工业品。重点开发区域是有一定经济基础、资源环境承载能力较强、发展潜力较大、集聚人口和经济的条件较好，从而应该重点进行工业化城镇化开发的城市化地区。

限制开发区域分为两类：一类是农产品主产区，即耕地较多、农业发展条件较好，尽管也适宜工业化城镇化开发，但从保障国家农产品安全以及中华民族永续发展的需要出发，必须把增强农业综合生产能力作为发展的首要任务，从而应该限制进行大规模高强度工业化城镇化开发的地区；另一类是重点生态功能区，即生态系统脆弱或生态功能重要，资源环境承载能力较低，不具备大规模高强度工业化城镇化开发的条件，必须把增强生态产品生产能力作为首要任务，从而应该限制进行大规模高强度工业化城镇化开发的地区。

禁止开发区域是依法设立的各级各类自然文化资源保护区域，以及其他禁止进行工业化城镇化开发、需要特殊保护的重点生态功能区。国家层面禁止开发区域，包括国家级自然保护区、世界文化自然遗产、国家森林公园、国家地质公园、国家级风景名胜区、国家重要湿地和国家湿地公园等。省级层面的禁止开发区域，包括省级及以下各级各类自然文化资源保护区域、重要水源地以及其他省级人民政府根据需要确定的禁止开发区域。

（二）主体功能区

1. 重点开发区域

全省重点开发区域包括成都平原、川南、川东北和攀西地区 19 个市（州）中的 89 个县（市、区），以及与之相连的 50 个点状开发城镇，该区域面积 10.3 万平方千米，占全省幅员面积的 21.2%。其中，国家层面重点开发区域包括成都平原地区 45 个县（市、区），以及与之相连的 14 个点状开发城镇(0.06 万平方千米)，该区域面积 4.0 万平方千米，占全省幅员面积的 8.3%；省级层面重点开发区域包括川南、川东北和攀西地区的 44 个县（市、区），以及与之相连的 36 个点状开发城镇（0.16 万平方千米），该区域面积 6.3 万平方千米，占全省幅员面积的 12.9%。

全省重点开发区域的主体功能定位是：支撑全省经济增长的重要支撑区，实施加快推进新型工业化新型城镇化的主要承载区，是全省经济和人口密集区。重点开发区域应在保护生态环境、降低能源资源消耗、控制污染物排放总量、提高经济效益的前提下，坚持走新型工业化道路，推进产业结构优化升级，提高自主创新能力，增强产业竞争能力，大力发展战略性新兴产业和先进制造业，发展壮大特色优势产业，加快发展现代服务业和现代农业，推动经济持续快速发展；坚持走新型城镇化发展道路，完善城镇体系，优化空间布局，增强城镇集聚产业、承载人口、辐射带动区域发展的能力，提升城镇化质量和水平，大力发展区域性中心城市，促进大中小城市和小城镇协调发展。如表 12–6 所示。

表 12–6　四川省重点开发区域的功能定位

重点开发区域	功能定位
成都平原地区	西部地区重要的经济中心，全国重要的综合交通枢纽、商贸物流中心和金融中心，以及先进制造业基地、科技创新产业化基地和农产品加工基地
川南地区	成渝经济区重要的经济带，国家重要的资源深加工和现代制造业基地，成渝经济区重要的特大城市集群，川滇黔渝结合部综合交通枢纽，四川沿江和南向对外开放门户，长江上游生态屏障建设示范区
川东北地区	我国西部重要的能源化工基地，农产品深加工基地，红色旅游基地，川渝陕结合部的区域经济中心和交通物流中心，构建连接我国西北、西南地区的新兴经济带

续表

重点开发区域	功能定位
攀西地区	中国攀西战略资源创新开发试验区、全国重要的钒钛和稀土产业基地、全国重要的水电能源开发基地、全省重要的亚热带特色农业基地
点状开发城镇	区域性中心城市产业辐射和转移的重要承接区，农产品、劳动力等生产要素的主要供给区，农产品深加工基地，周边农业和生态人口转移的集聚区，使其成为集聚、带动、辐射乡村腹地的经济社会发展中心

资料来源：根据《四川省主体功能区规划》整理。

2. 限制开发区域（农产品主产区）

全省农产品主产区包括盆地中部平原浅丘区、川南低中山区、盆地东部丘陵低山区、盆地西缘山区和安宁河流域5大农产品主产区，共35个县（市），面积6.7万平方千米，扣除其中重点开发的县城镇及重点镇规划面积1750平方千米，占全省幅员面积的13.4%。该区域为国家层面农产品主产区，是国家"七区二十三带"为主体的农业战略格局的重要组成部分，是长江流域农产品主产区中的优质水稻、小麦、棉花、油菜、畜产品和水产品产业带，是国家重要的粮食、油料、生猪等主产区。

全省农产品主产区的主体功能定位是：国家优质商品猪战略保障基地，现代农业示范区，现代林业产业基地，优势特色农产品加工业发展的重点区域，农民安居乐业的美好家园。农产品主产区应着力保护耕地，加强农业基础设施建设，稳定粮食生产，发展现代农业，增强农业综合生产能力，保障全省主要农产品有效供给，增加农民收入，加快社会主义新农村建设。

3. 限制开发区域（重点生态功能区）

全省重点生态功能区共57个县（市），总面积31.8万平方千米，扣除其中省级重点生态功能区中重点开发的县城镇及重点镇规划面积，占全省幅员面积的65.4%。其中国家层面的重点生态功能区，包括若尔盖草原湿地生态功能区、川滇森林及生物多样性生态功能区、秦巴生物多样性生态功能区，共42个县，面积28.65万平方千米，占全省面积的58.95%；省级层面的重点生态功能区包括大小凉山水土保持和生物多样性生态功能区，共15个县，面积3.17万平方千米，扣除其中重点开发的县城镇及重点镇规划面积，实际占全省面积的6.42%。如表12-7所示。

重点生态功能区的主体功能定位是：国家青藏高原生态屏障和长江上游生态屏障的重要组成部分，国家重要的水源涵养、水土保持与生物多样性保护区域，全省提供生态产品的主体区域与生态财富富集区，保障国家生态安全的重要区域，生态文明建设、人与自然和谐相处的示范区。重点生态功能区以保护和修复生态环境、提供生态产品为首要任务，因地制宜开发利用优势特色资

表 12-7 四川省重点生态功能区的功能定位

区域	层级	幅员面积（平方千米）	功能定位
若尔盖草原湿地生态功能区	国家级	28724	水源涵养、水文调节以及维系生物多样性、保持水土和防治土地沙化等功能
川滇森林及生物多样性生态功能区	国家级	240060	大熊猫、羚牛、金丝猴等重要珍稀生物的栖息地，国家乃至世界生物多样性保护重要区域，全省重要的生物多样性、涵养水源、保持水土、维系生态平衡的主要区域
秦巴生物多样性生态功能区	国家级	17757	四川省重要的原始森林、野生珍稀物种栖息地与生物多样性保护的关键地区和生态屏障区域；全国生物多样性、涵养水源与土壤保持重要区，最大的天然生物种质的“基因库”，世界同纬度地区重要的绿色宝库
大小凉山水土保持和生物多样性生态功能区	省级	31697	长江上游水土保持的重点区域，四川省生物多样性保护的重点区域，长江上游生态屏障的重要组成部分

资料来源：根据《四川省主体功能区规划》整理。

源，发展资源环境可承载的适宜产业，加强基本公共服务能力建设，引导超载人口逐步有序转移。

4. 禁止开发区域

四川省禁止开发区域点状分布于城市化地区、农产品主产区、重点生态地区。国家级禁止开发区域包括国家级自然保护区、世界文化自然遗产、国家级风景名胜区、国家森林公园、国家重要湿地、国家湿地公园和国家地质公园；省级禁止开发区域包括省级及以下各级各类自然文化资源保护区域、重要饮用水水源地以及其他省级人民政府根据需要确定的禁止开发区域。截至 2011 年 12 月 31 日，全省共有禁止开发区域 317 处，总面积 11.5 万平方千米，占全省幅员面积的 23.6%；重要饮用水水源地 246 处（见表 12-8）。今后新设立的世界文化自然遗产、国家和省级自然保护区、湿地公园、风景名胜区、森林公园、地质公园等自动进入禁止开发区域名录。市（州）及市（州）以下依法设立的自然保护区、森林公园、地质公园、风景名胜区和水源保护区按禁止开发区域管理，不再单列。根据《全国主体功能区规划》要求，基本农田也按禁止开发区域管理。

表 12-8 四川省禁止开发区域

类型	个数	面积（万平方千米）	占国土面积比重（%）
一、国家和省级自然保护区	91	5.92	12.18
国家级自然保护区	27	2.84	5.84
省级自然保护区	64	3.08	6.34
二、世界自然文化遗产	5	1.10	2.26

续表

类型	个数	面积（万平方千米）	占国土面积比重（%）
三、国家和省级森林公园	88	0.74	1.52
国家级森林公园	33	0.64	1.32
省级森林公园	55	0.10	0.20
四、国家和省级地质公园	24	0.49	1.0
国家地质公园	16	0.39	0.8
省级地质公园	8	0.10	0.2
五、重要湿地和湿地公园	19	1.11	2.27
国家重要湿地	3	1.08	2.22
国家湿地公园	7	0.012	0.02
省级湿地公园	9	0.017	0.03
六、国家和省级风景名胜区	90	3.95	8.13
国家风景名胜区	15	1.91	3.93
省级风景名胜区	75	2.04	4.20
合　计	317	11.5	23.6

注：(1) 截至 2011 年 12 月 31 日。

(2) 6 类禁止开发区中有重复，总面积已扣除部分相互重叠面积。

(3) 重要水源涵养地基本处于上述各类禁止开发区域内，不再单列重要水源涵养地面积。

资料来源：根据《四川省主体功能区规划》整理。

全省禁止开发区域的主体功能定位是：保护自然文化资源的重要区域，森林、湿地生态、生物多样性和珍稀动植物基因资源保护地，重要水土保持区域与重要饮用水水源保护地。在严格保护生态环境的前提下，合理开发优势特色旅游资源，发展生态旅游产业。禁止开发区域要严格控制人为因素对自然生态的干扰，严禁不符合主体功能区定位的开发活动，引导人口逐步有序转移，实现污染物“零排放”，提高环境质量，提高可持续发展能力。自然保护区、文化自然遗产、风景名胜区、森林公园、湿地公园、地质公园，要逐步达到各类区域规定的执行标准。

（三）推进形成主体功能区的区域政策

《四川省主体功能区规划》提出的保障措施，是国土空间开发的各项政策及其制度安排的基础，主要指明政策措施和制度安排的方向。

财政政策：完善财政转移支付制度，探索建立地区间横向援助机制。

投资政策：加大政府投资支持，根据主体功能定位积极引导社会资本投资方向。

产业政策：强化空间引导，完善进退机制，加强分类指导。

土地政策：实施差别化的土地政策，统筹城乡区域建设用地，保障重点开发区域用地需求，进一步严格土地用途管理。

农业政策：加大农业农村投入，完善强农惠农政策，健全农业补贴制度，支持发展农产品加工。

人口政策：引导人口合理迁徙，推进户籍综合配套改革，探索建立人口评估机制。

环境政策：严格污染物排放标准和总量控制指标，严格产业准入环境标准，完善保护环境的市场机制，完善环境评价和生态修复机制，加强水资源和水环境保护，加强土壤环境保护与综合治理。

应对气候变化政策：城市化地区要积极发展循环经济，实施重点节能工程；农产品主产区要加强农业基础设施建设和农业气候资源的合理开发利用，推进农业结构和种植制度调整，加强新品种新技术开发，增强农业生产适应气候变化不利影响的能力；重点生态功能区要根据主体功能定位推进天然林资源保护、退耕还林还草、退牧还草、风沙源治理、防护林体系建设、野生动植物保护、湿地保护与恢复等，增强陆地生态系统的固碳能力。积极发展风能、太阳能、生物质能，充分利用清洁、低碳能源；开展气候变化对水资源、农业和生态环境等的影响评估，建立重大项目自然灾害风险评估制度。增强人工影响天气适应气候变化的能力，提高极端天气气候事件监测预警能力，加强自然灾害的应急和防御能力建设。

民族政策：落实支持民族地区发展的政策，促进民族地区经济社会跨越式发展。

第六篇　收入分配、减贫与发展

第十三章　收入分配地理

本章从空间的视角研究了四川省的收入不平等现象，即经济活动和福利的不平衡分布。近年来，收入分配愈益受到经济学家的关注（安东尼·阿特金森，2016），收入分配问题很复杂，这种复杂性不仅体现在理论层面，而且体现在实践层面，甚至实践层面的复杂性超过了理论层面。本文把重点放在四川省收入不平等的事实描述上，从国民收入的初次分配到城乡居民的收入差距和工资差距，再到收入和工资差距的空间分布，最后利用 H-P 滤波方法对收入差距指数进行了分解，简单讨论了收入差距指数的趋势项与经济发展水平间的关系。

一、国民收入的要素分配

（一）国民收入分配问题的基本概念

国民收入的分配包括初次分配和再分配，初次分配是各部门按要素对国民收入进行分配，是生产活动形成的净成果在参与生产活动的生产要素的所有者及政府之间的分配。生产活动的净成果是增加值。生产要素包括劳动力、土地、资本。劳动力所有者因提供劳动而获得劳动报酬；土地所有者因出租土地而获得地租；资本所有者因资本的形态不同而获得不同形式的收入：借贷资本所有者获得利息收入，股权所有者获得红利或未分配利润，政府因直接或间接介入生产过程而获得生产税或支付补贴。初次分配的结果是形成各个机构部门的初次分配总收入。各部门的初次分配总收入之和产生了国民总收入的概念，它等于国内生产总值加上来自国外的净要素收入。

在我国的国民收入核算体系中，按收入法核算的生产总值由四部分组成：劳动者报酬、固定资产折旧、生产税净额和营业盈余。

其中，劳动者报酬指劳动者因从事生产活动所获得的全部报酬，包括劳动者获得的各种形式的工资、奖金和津贴，既包括货币形式的，也包括实物形式的，还包括劳动者所享受的公费医疗和医药卫生费、上下班交通补贴、单位支付的社会保险费和住房公积金等。对于个体经济来说，其所有者所获得的劳动报酬和经营利润不易区分，这两部分统一作为劳动者报酬处理。

生产税净额指生产税减生产补贴后的余额。生产税指政府对生产单位从事生产、销售和经营活动以及因从事生产活动使用某些生产要素（如固定资产、土地、劳动力）所征收的各种税、附加费和规费。生产补贴与生产税相反，指政府对生产单位的单方面转移支出，因此被视为负生产税，包括政策亏损补贴、价格补贴等。

固定资产折旧指一定时期内为弥补固定资产损耗按照规定的固定资产折旧率提取的固定资产折旧，或按国民经济核算统一规定的折旧率虚拟计算的固定资产折旧。它反映了固定资产在当期生产中的转移价值。各类企业和企业化管理的事业单位的固定资产折旧是指实际计提的折旧费；不计提折旧的政府机关、非企业化管理的事业单位和居民住房的固定资产折旧是按照统一规定的折旧率和固定资产原值计算的虚拟折旧。原则上，固定资产折旧应按固定资产当期的重置价值计算，但是目前我国尚不具备对全社会固定资产进行重新估价的基础，所以暂时只能采用上述办法。

营业盈余指常住单位创造的增加值扣除劳动者报酬、生产税净额和固定资产折旧后的余额。它相当于企业的营业利润加上生产补贴，但要扣除从利润中开支的工资和福利等。

国民收入再分配是以初次分配总收入为起点，以收入税、经常转移支付等形式在各部门间发生资金转移，最后得到国民可支配收入。

（二）四川省国民收入的要素分配结构

在国民收入初次分配阶段，各部门按要素分配，通过分析初次分配可以得到要素分配关系。所以，国民经济核算的初次分配探讨的内容包含要素分配。本节利用《中国国内生产总值核算历史资料 1952~2004》及《中国统计年鉴》提供的各地区收入法生产总值构成项目数据，分析四川省国民收入的要素分配结构。

图 13-1 显示了 1993~2014 年四川省地区生产总值的要素收入结构。可以看出，劳动者报酬比例在下降，由 1993 年的 57.92%下降到 2014 年的 44.37%，生产税净额由 1993 年的 11.64%增加到 15.87%，固定资产折旧由 1993 年的 11.69%变化为 2014 年的 12.49%，营业盈余由 1993 年的 18.75%上升到 2014 年的 27.28%。因此，劳动收入份额自 1993 年以来处于不断下降的状态，而资本收入份额则处于不断上升的态势。

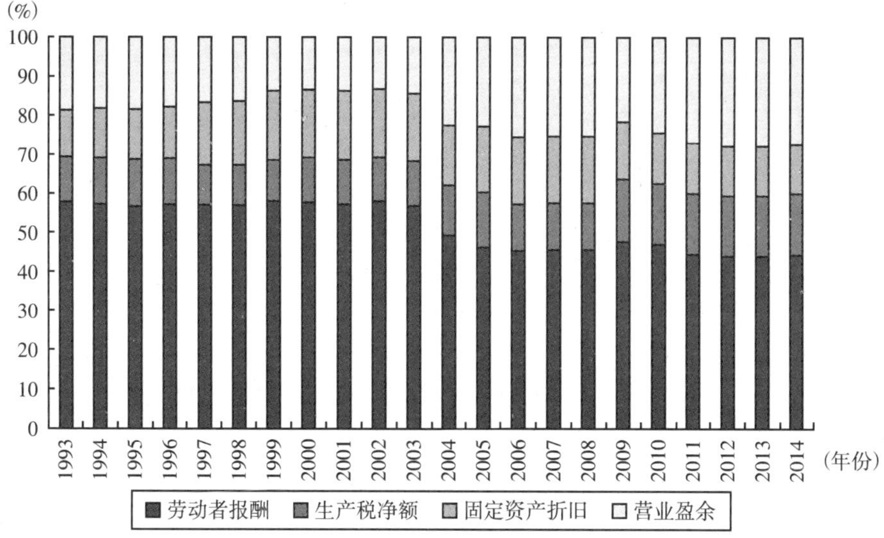

图 13–1　四川省国民收入的分配

资料来源：根据《四川经济普查国内生产总值历史资料（1952~2005）》、《四川统计年鉴》相关数据计算绘制。

如果不考虑生产税金额，把营业盈余和固定资产折旧合并，就可以得到国民收入在劳动和资本间的分配关系。如图 13–2 所示，可以看到，2003 年以后，四川省劳动收入份额下降的趋势显著，到 2014 年为 52.74%。

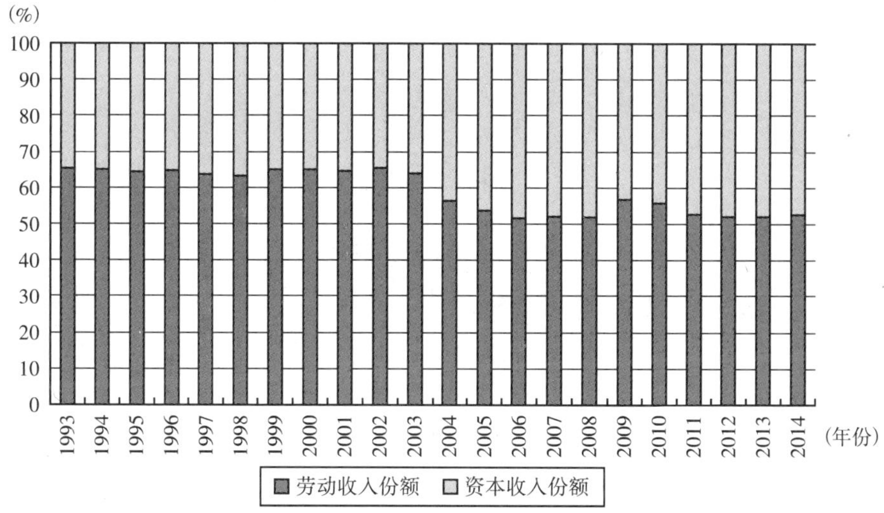

图 13–2　劳动收入份额与资本收入份额的变化

资料来源：根据《中国国内生产总值核算历史资料 1952~2004》和《中国统计年鉴》数据计算绘制。

二、城乡居民收入差距

（一）居民收入的增长

分析了四川省国民收入的初次分配后，现在分析国民收入的再分配。我们从居民收入的增长开始。

图 13-3 列出了四川省相关收入指标的增长情况。其中城镇居民收入是指城镇居民家庭人均可支配收入，农村居民收入是农村居民家庭人均纯收入，加权居民收入是各地区城镇居民收入、农村居民收入用各地区城镇人口比例、乡村人口比例加权平均得到的收入。图中还给出了四川省人均地区生产总值的增长情况。

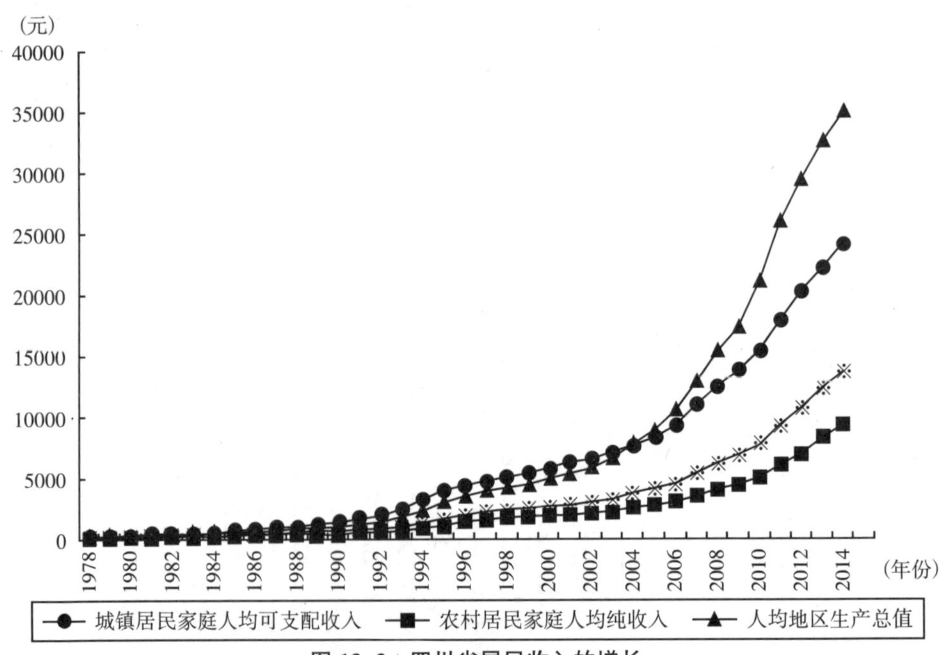

图 13-3　四川省居民收入的增长

资料来源：根据《四川统计年鉴》相关数据计算绘制。

图 13-3 的内容很丰富。第一，它表明改革开放以来，随着人均地区生产总值的快速增长，无论是农村居民还是城镇居民，其收入都有了较大幅度提

高。第二，四川省居民收入的增长不是同步的，特别是从 20 世纪 90 年代初开始，城镇居民收入和农村居民收入增长的差异快速扩大，两者呈现出喇叭口状。第三，比较人均地区生产总值和居民收入的增长发现，人均地区生产总值的增长快于居民收入的增长，尤其快于农村居民收入的增长，2003 年以来也快于城镇居民收入的增长。这些事实进一步证实了城乡居民，尤其农村居民在经济发展成果分享方面存在的问题。

（二）城乡差距的变化

改革开放以来，四川省城乡居民收入增长的非均衡导致城乡差距。1978 年四川省城镇居民家庭平均每人可支配收入和农村居民家庭平均每人纯收入的比例（CR）为 2.66，比全国的 2.57 要大，到 2014 年四川省的城乡差距（CR）为 2.59，低于全国的 2.97 的水平。如图 13-4 所示。

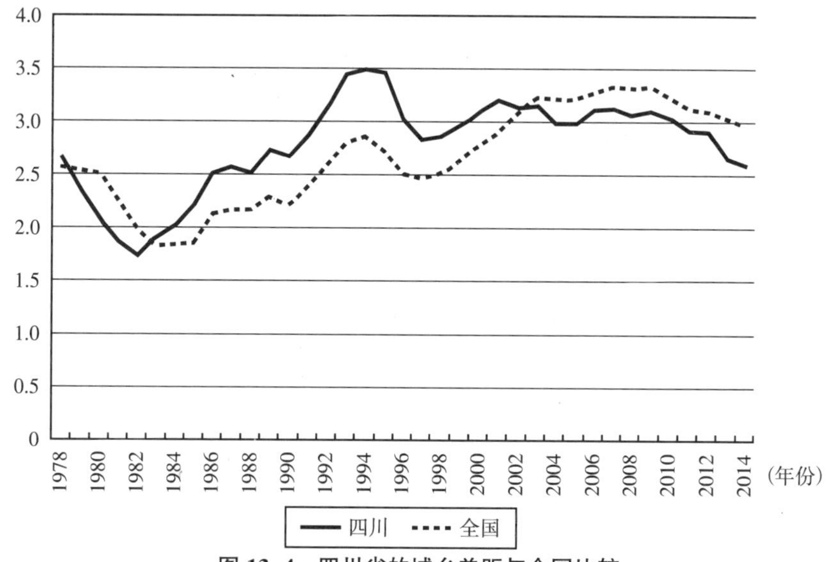

图 13-4　四川省的城乡差距与全国比较

资料来源：根据《四川统计年鉴》相关数据计算绘制。

从全国来看，改革开放 30 年来，城乡差距的变化大体以 20 世纪 80 年代中期为界划分为两个阶段。第一阶段是 1978 年到 1985 年前后，城乡居民收入差距由 1978 年的 2.57 缩小到 1983 年的 1.2 左右。此阶段的经济增长具有收入均等化效应，这是因为这一阶段农村经济体制改革对农民和农村发展产生了极大的正向激励，农民的努力程度大大提高，带来农民收入的快速增长，而同时，城市经济体制改革尚未全面启动。第二阶段是 20 世纪 80 年代中期以后，我国城乡居民收入差距总体上处于扩大的状态，特别是90年代后期以来，城乡收入差距呈现加速扩大的态势，经济增长不具有收入均等化效应，尽管在80年代末和90年代中期，城乡居民收入差距曾有些微的下降。

四川省城乡差距的动态变化基本和全国同步，总体上可以1982年为界，划分为两个阶段。第一阶段是1978年到1982年前后。此阶段四川省城乡居民收入差距随着经济的发展和时间的演进在逐步缩小。第二阶段是1982年以后，四川省的城乡居民收入差距总体上处于扩大的状态，特别是20世纪90年代后期以来，城乡收入差距呈现加速扩大的态势，经济增长不具有收入均等化效应，和全国一样，尽管在80年代末和90年代中期，城乡居民收入差距曾有些微的下降。

（三）阶层收入差距

在统计上我们把城乡居民按收入划分为五等份，按收入高低从低到高划分为低收入户、中低收入户、中等收入户、中高收入户和高收入户，每个等份的人口数相等，占总人口的20%。四川省城乡居民不同收入阶层收入的增长如图13-5和表13-1所示。

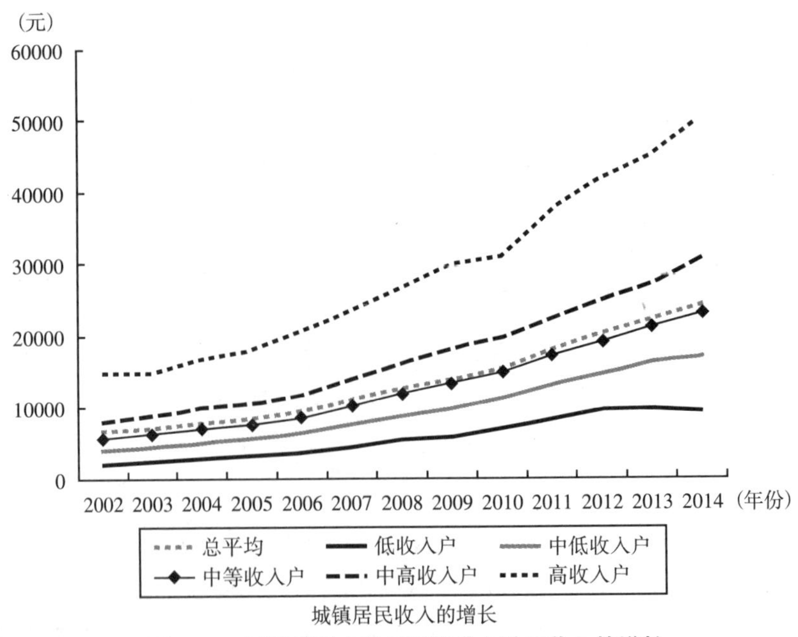

图 13-5　四川省城乡居民不同收入阶层收入的增长

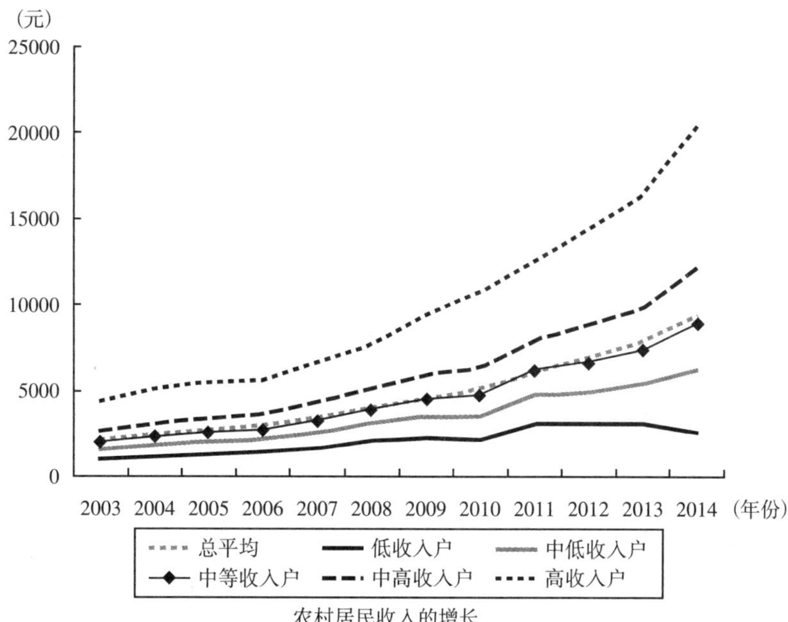

农村居民收入的增长

图 13-5　四川省城乡居民不同收入阶层收入的增长（续图）

资料来源：根据《四川统计年鉴》计算绘制。

表 13-1　四川省不同收入阶层收入的名义增长率

单位：%

年份	人均地区生产总值增长率	城镇						农村					
		总平均	低收入户	中低收入户	中等收入户	中高收入户	高收入户	总平均	低收入户	中低收入户	中等收入户	中高收入户	高收入户
2004	19.21	9.49	14.20	13.83	12.40	11.25	13.02	15.71	15.33	15.76	15.57	15.77	16.02
2005	14.76	8.77	16.14	11.87	9.46	6.50	7.17	8.62	8.85	8.20	10.11	10.15	7.97
2006	17.14	11.50	12.96	13.12	12.42	11.75	13.40	7.12	13.46	9.67	7.08	6.46	2.14
2007	22.14	18.70	23.51	18.93	17.83	18.19	15.08	18.13	16.07	18.74	19.21	20.11	18.46
2008	19.53	13.83	19.40	17.10	16.04	16.80	13.64	16.20	22.98	19.63	18.24	17.78	14.87
2009	11.90	9.55	9.87	9.09	11.55	12.35	11.69	8.27	6.16	10.28	15.46	16.56	23.56
2010	22.16	11.72	17.80	16.48	12.01	9.23	3.72	15.18	-1.56	2.56	4.65	7.05	13.18
2011	23.37	15.77	18.60	15.95	15.47	12.83	20.62	19.24	38.68	35.92	29.89	25.01	17.44
2012	13.30	13.45	15.97	12.11	10.83	12.51	12.02	14.24	-0.66	2.33	7.76	11.55	14.59
1013	10.16	10.15	2.22	10.42	11.20	8.91	7.69	12.77	0.16	11.07	10.12	10.48	13.76
2014	7.70	8.34	-3.32	4.88	8.49	13.34	11.57	18.40	-15.09	14.19	19.64	24.51	24.94
平均	16.49	11.93	13.40	13.07	12.52	12.15	11.78	13.99	9.49	13.49	14.34	15.04	15.18

资料来源：根据《四川统计年鉴》、《四川改革开放 30 年》绘制。

为了测算四川省城乡居民收入的阶层差异，这里计算了四川省城乡居民收入的基尼系数，并与全国进行了比较。本章是按如下公式计算基尼系数的。

设人口按照收入从低到高排列，其人口分组比重分别为 P_1，P_2，…，P_i，…，P_n，假设人口比重相同，即 $P_n = 1/n$，每组收入比重依次为 w_1，w_2，…，w_i，…，w_n；其向上累计的比重分别为 $W_1(=w_1)$，W_2，…，W_i，…，$W_n = 1$，基尼系数为：

$$Gini = 1 - \frac{1}{n}\left(2\sum_{i=1}^{n-1} W_i + 1\right)$$

计算结果如表 13-2 所示。表中同时列出了高收入户的收入与低收入户的收入的比值。可以看出，总体上四川省城乡居民收入的阶层差异低于全国水平。

表 13-2　四川省城乡居民收入的阶层差异

年份	基尼系数				最高/最低			
	四川		全国		四川		全国	
	城镇	农村	城镇	农村	城镇	农村	城镇	农村
2000	0.3155	—	0.2367	0.3312	—	—	3.61	6.47
2001	0.3240	—	0.2471	0.3381	—	—	3.81	6.77
2002	0.3406	—	0.2957	0.3429	7.24	—	5.10	6.89
2003	0.3185	0.2631	0.3032	0.3514	6.13	4.19	5.30	7.33
2004	0.3171	0.2640	0.3099	0.3411	6.07	4.22	5.52	6.88
2005	0.3059	0.2627	0.3151	0.347	5.6	4.18	5.70	7.26
2006	0.3066	0.2454	0.3116	0.3453	5.62	3.77	5.56	7.17
2007	0.2973	0.2474	0.3088	0.3454	5.24	3.84	5.50	7.27
2008	0.2901	0.2366	0.3148	0.3492	4.98	3.59	5.71	7.53
2009	0.2938	0.2626	0.3101	0.3563	5.07	4.18	5.57	7.95
2010	0.2702	0.2861	0.3046	0.35	4.46	4.8	5.41	7.51
2011	0.2754	0.2550	0.3041	0.3587	4.54	4.07	5.35	8.39
2012	0.2727	0.2802	0.2913	0.3576	4.38	4.69	4.97	8.21
2013	0.2740	0.2938	0.3117	0.3391	4.62	5.33	5.84	7.41
2014	0.2934	0.3308	0.3018	0.3497	5.33	7.84	5.49	8.65

资料来源：根据《四川统计年鉴》、《四川改革开放 30 年》绘制。

三、收入差距地理

（一）城镇居民收入的地区差异

限于数据的可得性和完整性，这里的分析是基于四川省 21 个市州（见表 13-3）。2014 年成都市城镇居民收入最高，为 32665.12 元，最低的是广元市，为 20547.09 元，相当于最高的 62.9%（见图 13-6）。图 13-7 显示的是四川省各市州城镇居民收入的地区差异系数，可以看出，2005 年以来四川省各市州城镇居民人均可支配收入差异在逐步缩小。

表 13-3　四川省城镇居民人均可支配收入

单位：元

	2005 年	2006 年	2007 年	2008 年	2009 年	2010 年	2011 年	2012 年	2013 年	2014 年
成都市	9860.00	11238.00	13617	15580	17589	19920	23048	26590	29968.00	32665.12
自贡市	7201.00	8292.00	9902	11414	12888	14538	16852	19447	21488.94	23551.87
攀枝花市	9074.00	10163.00	11660	13343	14961	16882	19735	22808	24906.34	27322.25
泸州市	7830.00	8450.00	10167	12065	13550	15505	17884	20746	22820.60	25239.58
德阳市	9150.00	10133.00	11585	12640	14307	16202	19371	22374	24700.90	26998.08
绵阳市	8201.00	9054.00	10473	12200	13701	15516	17998	20755	23100.32	25341.05
广元市	6045.00	6905.00	8253	9551	11041	12509	14635	17012	18713.20	20547.09
遂宁市	6667.00	7807.00	9200	10605	12108	13778	16093	18716	20737.33	22790.32
内江市	6355.00	7492.00	9361	11301	12702	14324	16602	19142	21113.63	23161.65
乐山市	7410.00	8572.00	10503	12020	13250	15237	17644	20397	22661.07	24791.21
南充市	6453.00	7212.00	8480	9776	11086	12638	14798	17225	19206.00	21222.63
眉山市	7707.00	8533.00	10046	11431	12981	14644	17038	19766	21900.73	24134.60
宜宾市	7626.00	8320.00	10069	11862	13452	15261	17753	20522	22717.85	24989.64
广安市	7400.00	8501.00	10355	12053	13020	14754	17203	19973	22209.98	24475.39
达州市	6541.00	7206.00	8544	9748	11103	12624	14662	16949	18915.08	20939.00
雅安市	7861.00	8647.00	10080	11604	13161	14906	17326	20049	22254.39	24435.32
巴中市	6400.00	7108.00	8220	9570	11007	12413	14609	16999	18936.89	20887.39
资阳市	7721.00	8794.00	10686	12619	13500	15298	17853	20751	22867.00	25153.70
阿坝州	7830.00	8680.00	10726	11829	13970	15939	18403	21168	23115.46	25149.62
甘孜州	7000.00	8034.00	10178	11471	13203	14880	17038	19560	21418.20	23303.00
凉山州	7496.00	8423.00	9947	11715	13121	14879	17218	19835	21699.49	23609.05

资料来源：根据《四川统计年鉴》、《四川改革开放 30 年》绘制。

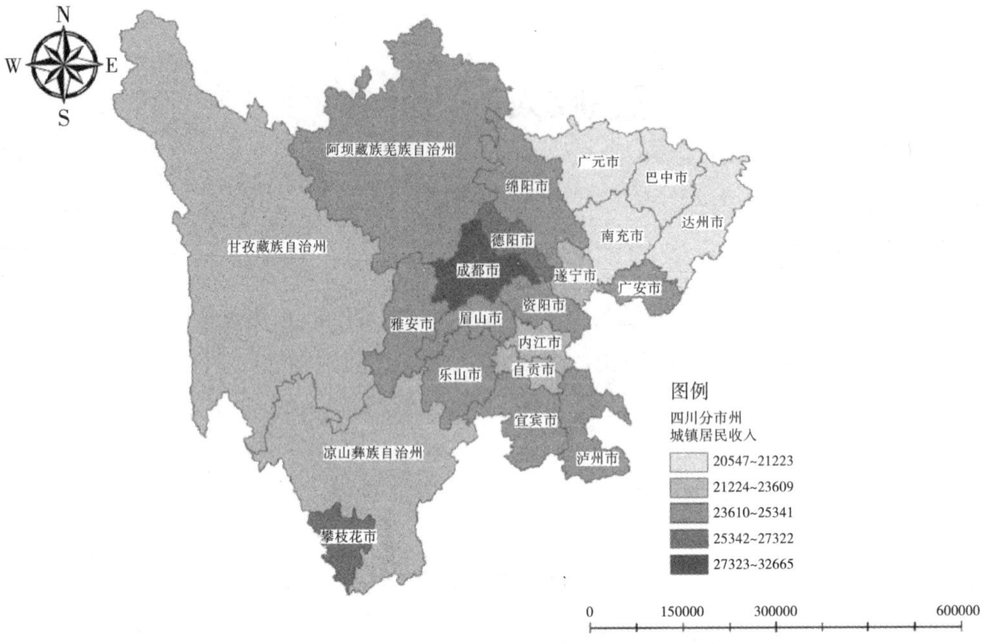

图 13-6 2014 年四川省城镇居民年可支配收入

资料来源：《四川统计年鉴》(2015)。

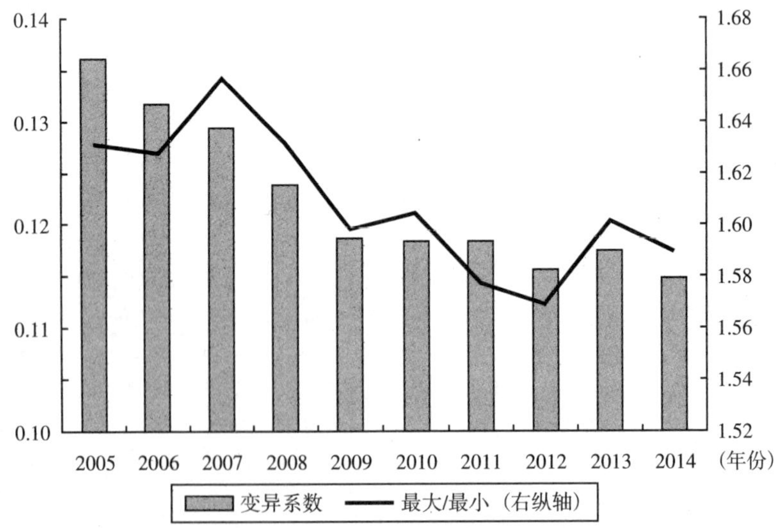

图 13-7 四川省城镇居民收入的地区差异

资料来源：根据《四川统计年鉴》、《四川改革开放 30 年》绘制。

（二）农村居民收入的地区差异

2014 年成都市农村居民人均可支配收入最高，为 14478 元，甘孜州最低，为 6307.24 元，相当于最高收入的 43.56%（见表 13-4、图 13-8）。四川省农村居民收入区域差异的变化趋势如图 13-9 所示，改革开放以来的总的变化趋势是先扩大再缩小。

表 13-4　部分年份四川省各市州农村居民人均纯收入

单位：元

	1978 年	1980 年	1985 年	1990 年	1995 年	2000 年	2005 年	2010 年	2014 年
成都市	140	223.00	458.00	831.00	1649.00	3016.00	4485.36	8205.0	14478.00
自贡市	198	219.00	327.00	530.00	1183.00	2104.00	3188.02	5762.2	9974.42
攀枝花市	113	165.00	333.00	619.00	1448.00	2439.00	3463.14	6292.5	10960.15
泸州市	112	156.00	312.00	491.00	1080.00	2173.00	3165.49	5388.5	9469.60
德阳市	154	230.00	452.00	738.00	1491.00	2413.00	3585.07	6485.8	11259.78
绵阳市	174	204.00	333.00	575.00	1227.00	2188.00	3179.13	5940.0	10325.67
广元市	76	94.00	299.00	500.00	888.00	1451.00	2000.13	4035.5	7202.23
遂宁市	—	—	288.00	520.00	1069.00	1895.00	2828.18	5389.9	9482.11
内江市	—	—	318.00	548.00	1060.00	1957.00	2986.8	5503.8	9564.70
乐山市	112	173.00	320.00	504.00	1115.00	2154.00	3241.52	5613.0	9724.02
南充市	108	158.00	286.00	535.00	893.00	1669.00	2646.11	4814.3	8555.36
眉山市	133	171.00	326.00	588.00	1160.00	2109.00	3284.1	5942.5	10433.42
宜宾市	125	174.00	304.00	493.00	825.00	2084.00	3068.42	5609.7	9831.46
广安市	82	138.00	275.00	524.00	1052.00	1908.00	2915.49	5377.2	9514.47
达州市	—	161.00	308.00	522.00	1016.00	2030.00	2943.47	5084.0	8945.33
雅安市	133	155.00	332.00	536.00	1033.00	1909.00	2829.25	5180.8	9056.44
巴中市	89	144.00	295.00	481.00	689.00	1331.00	2031.92	3847.2	6894.56
资阳市	—	—	301.00	537.00	1069.00	1860.00	2988.69	5552.1	9798.22
阿坝州	120	154.00	400.00	508.00	779.00	1191.00	1881.38	3741.2	7865.91
甘孜州	133	146.00	387.00	520.00	703.00	733.00	1309.75	2743.8	6307.24
凉山州	120	161.00	283.00	358.00	596.00	1361.00	2438.18	4565.4	8264.47

资料来源：根据《四川统计年鉴》、《四川改革开放 30 年》绘制。

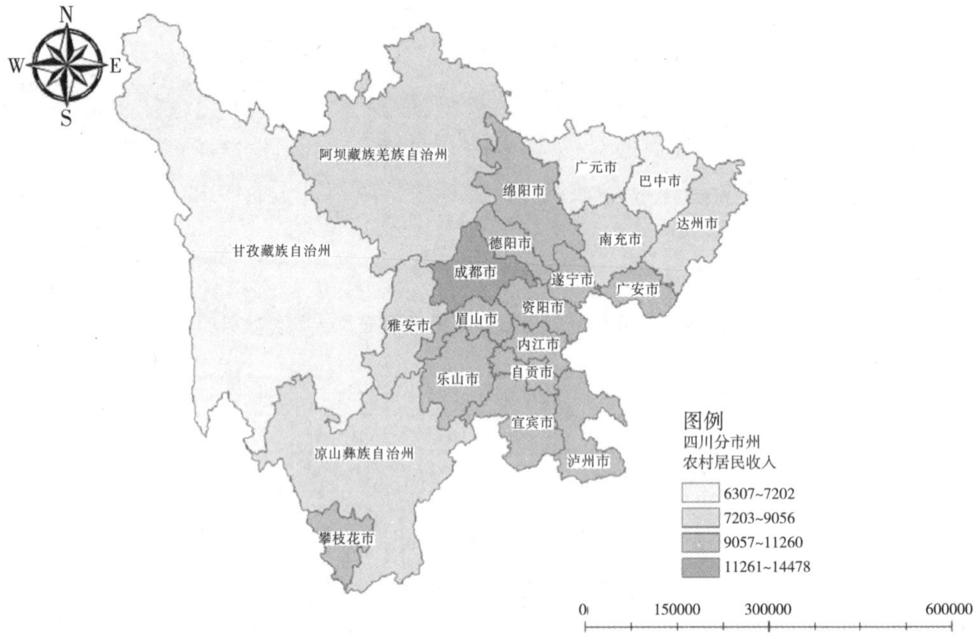

地图 13-8　2014 年四川省农村居民人均纯收入

资料来源：《四川统计年鉴》(2015)。

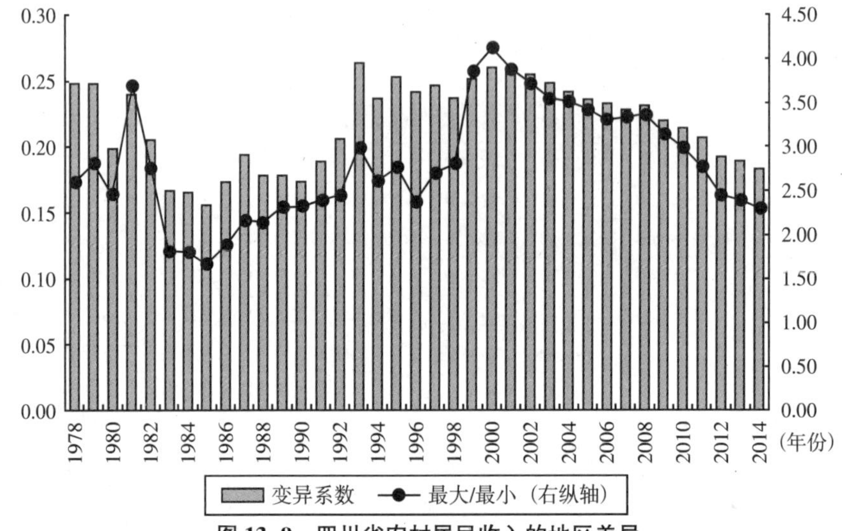

图 13-9　四川省农村居民收入的地区差异

资料来源：根据《四川统计年鉴》、《四川改革开放 30 年》绘制。

（三）城乡差距地理

2014 年 21 个市州中城乡差距最大的是甘孜州，城乡居民收入比为 3.69，

最小的是成都市，城乡居民收入比为 2.26（见图 13-10）。超过四川省平均水平 2.59 的市州还有阿坝州、巴中市、凉山州、广元市、雅安市和泸州市。其余 14 个市州城乡居民收入比低于 2.59。动态地看，2005 年以来，各市州城乡居民收入比都经历了先上升后下降的态势（见表 13-5、图 13-11）。

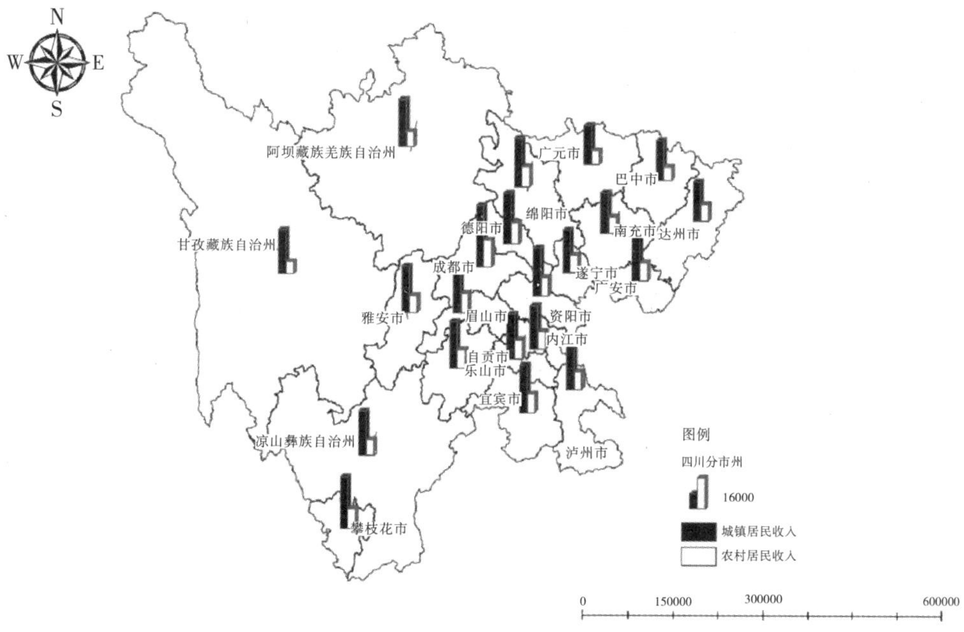

图 13-10　2014 年四川省城乡收入差距

资料来源：《四川统计年鉴》(2015)。

表 13-5　四川省各市州城乡居民收入比

	2005 年	2006 年	2007 年	2008 年	2009 年	2010 年	2011 年	2012 年	2013 年	2014 年
成都市	2.2	2.29	2.41	2.4	2.51	2.43	2.33	2.35	2.31	2.26
自贡市	2.26	2.37	2.44	2.47	2.58	2.52	2.42	2.44	2.4	2.36
攀枝花市	2.62	2.63	2.63	2.64	2.73	2.68	2.59	2.61	2.53	2.49
泸州市	2.47	2.47	2.65	2.78	2.9	2.88	2.75	2.78	2.7	2.67
德阳市	2.55	2.59	2.55	2.44	2.54	2.5	2.47	2.5	2.45	2.4
绵阳市	2.58	2.62	2.59	2.57	2.66	2.61	2.51	2.53	2.5	2.45
广元市	3.02	3.13	2.99	3.02	3.17	3.1	2.99	3.01	2.9	2.85
遂宁市	2.36	2.51	2.51	2.47	2.6	2.56	2.47	2.5	2.44	2.4
内江市	2.13	2.29	2.45	2.57	2.67	2.6	2.5	2.52	2.46	2.42
乐山市	2.29	2.45	2.59	2.62	2.71	2.71	2.61	2.63	2.59	2.55
南充市	2.44	2.49	2.52	2.53	2.65	2.63	2.54	2.56	2.51	2.48
眉山市	2.35	2.39	2.43	2.4	2.53	2.46	2.37	2.4	2.35	2.31
宜宾市	2.49	2.5	2.56	2.63	2.76	2.72	2.62	2.64	2.58	2.54
广安市	2.54	2.7	2.79	2.81	2.8	2.74	2.64	2.67	2.62	2.57

续表

	2005 年	2006 年	2007 年	2008 年	2009 年	2010 年	2011 年	2012 年	2013 年	2014 年
达州市	2.22	2.31	2.38	2.38	2.51	2.48	2.38	2.41	2.36	2.34
雅安市	2.78	2.79	2.77	2.79	2.93	2.88	2.76	2.79	2.75	2.7
巴中市	3.15	3.17	3.22	3.17	3.32	3.23	3.13	3.16	3.09	3.03
资阳市	2.58	2.69	2.78	2.84	2.81	2.76	2.66	2.69	2.61	2.57
阿坝州	4.16	4.16	4.46	4.63	4.56	4.26	3.95	3.67	3.4	3.2
甘孜州	5.34	5.42	6.02	5.96	5.92	5.42	4.77	4.24	3.94	3.69
凉山州	3.07	3.1	3.12	3.21	3.31	3.26	3.11	3.09	2.95	2.86

资料来源：根据《四川统计年鉴》、《四川改革开放 30 年》绘制。

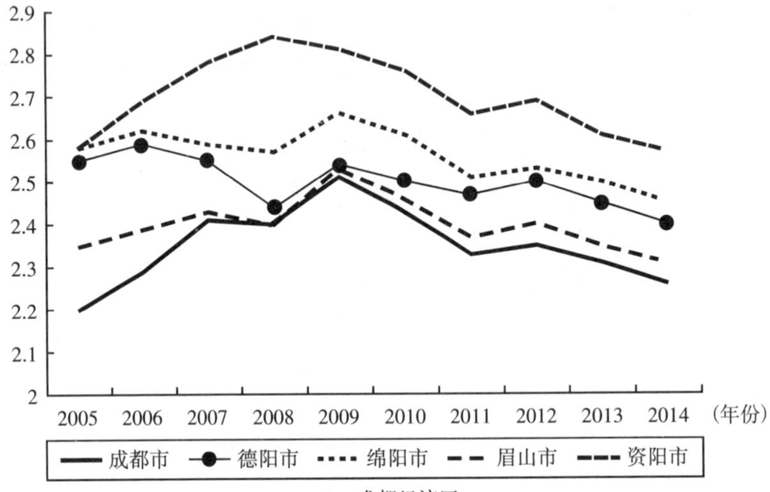

A　成都经济区

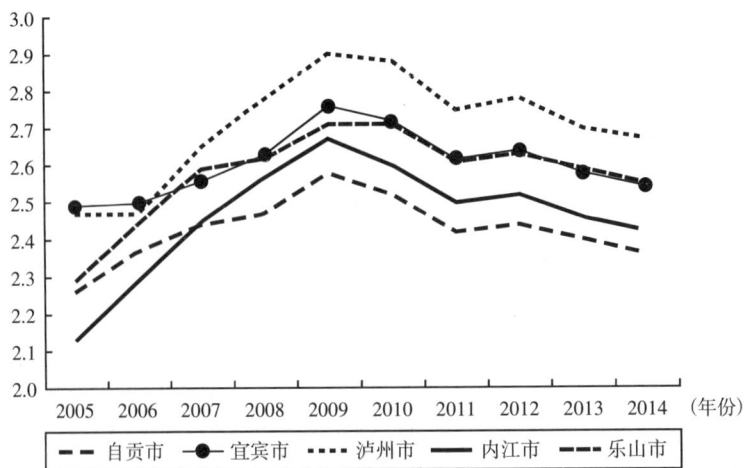

B　川南经济区

图 13-11　四川省各经济区城乡差距的变化

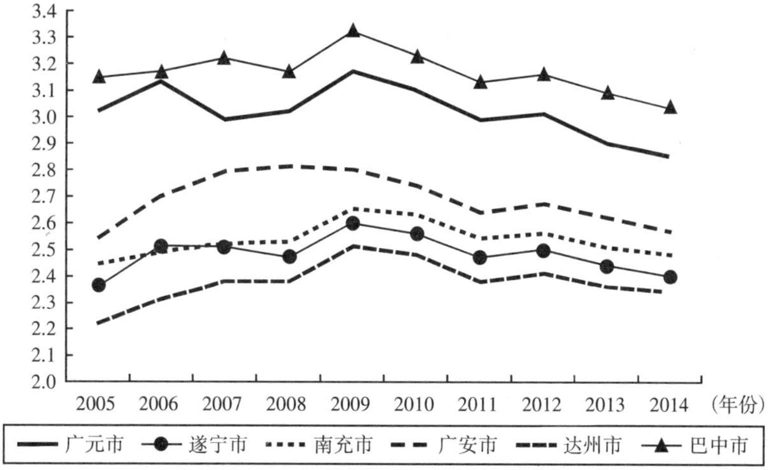

C 川东北经济区

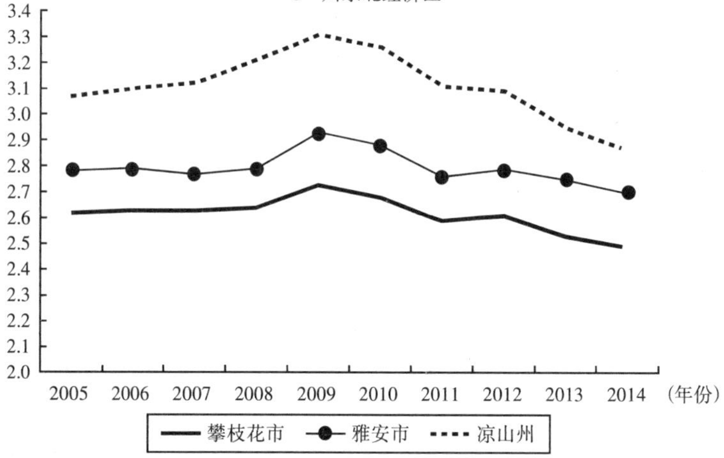

D 攀西经济区

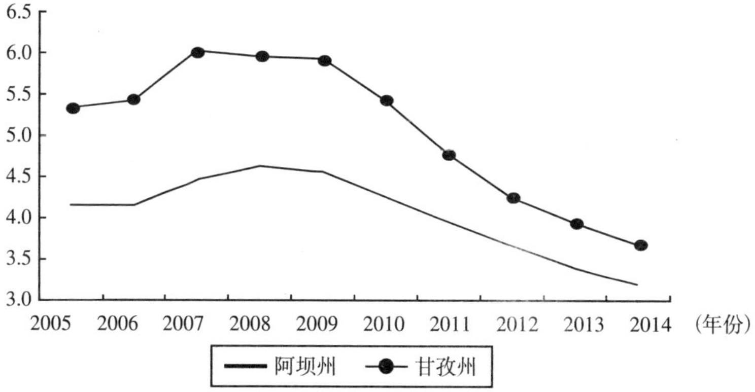

E 川西北经济区

图 13-11 四川省各经济区城乡差距的变化（续图）

资料来源：根据《四川统计年鉴》、《四川改革开放 30 年》绘制。

四、工资地理

（一）工资的增长

工资收入是城镇职工收入的基本组成。据统计，四川省 2014 年与 1978 年比较，全部单位从业人员名义工资总额增长了 213 倍，从 263196 万元增加到 56316799 万元，平均货币工资从 1978 年的 590 元增加到 2014 年的 45697 元，增加了 76 倍多（见图 13-12）。实际工资的增长率在进入 21 世纪以后一直较高而且也较稳定。

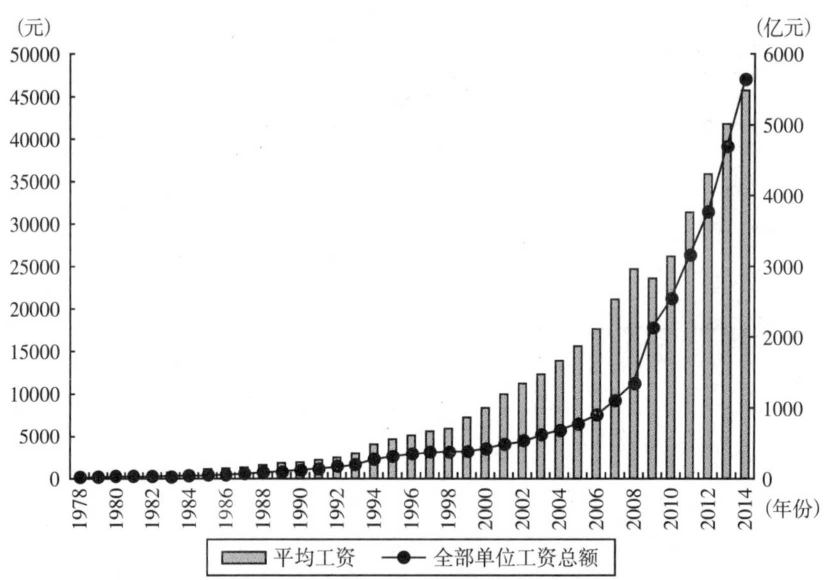

图 13-12　四川省全部单位从业人员工资总额及平均工资的变化

资料来源：根据《四川统计年鉴》、《四川改革开放 30 年》绘制。

工资增长存在不平衡性，城镇国有经济单位与城镇集体经济单位在 1978~2014 年增长了 90 多倍（见图 13-13）。分时段考察，工资增长率存在阶段性和波动性（见图 13-14），从趋势上看，1978 年以来工资的增长率总体上处于稳定加速状态（见图 13-15）。

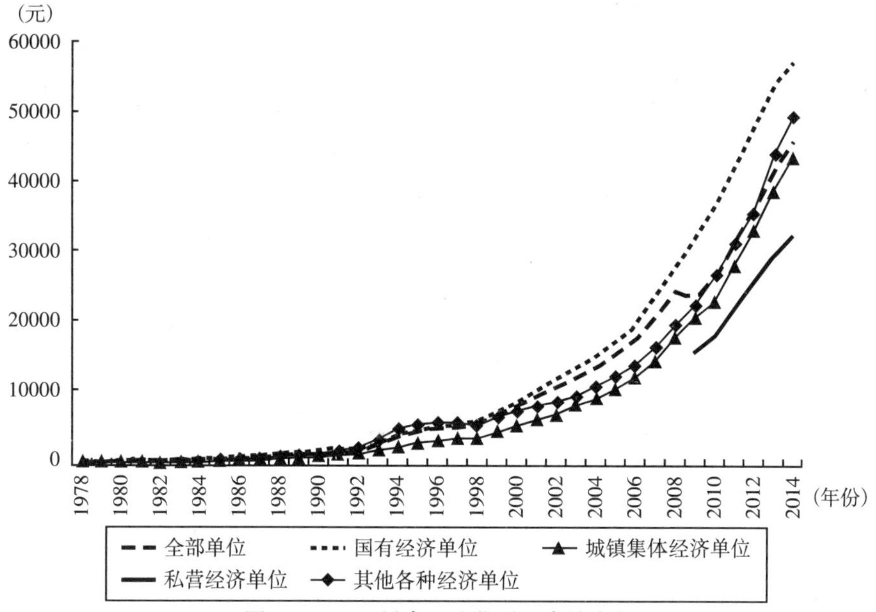

图 13-13 四川省平均货币工资的变化

资料来源：根据《四川统计年鉴》、《四川改革开放 30 年》绘制。

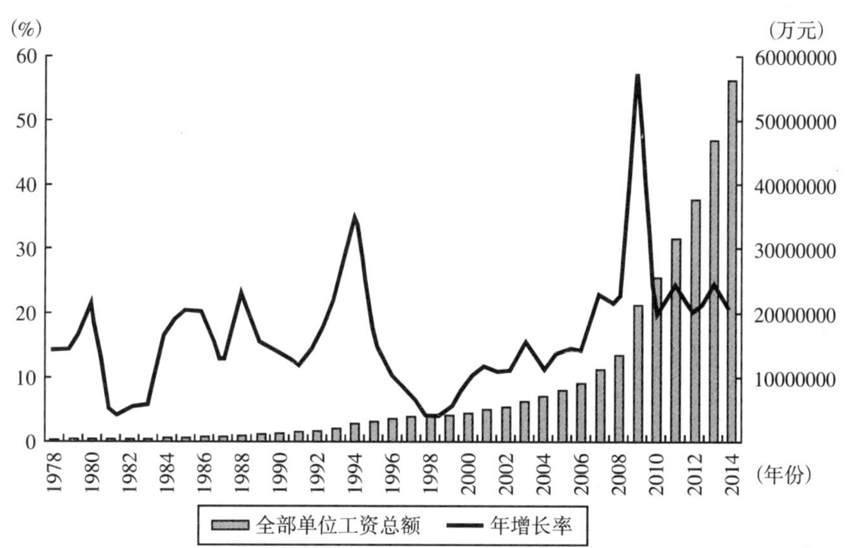

图 13-14 四川省全部单位从业人员工资总额及其增长

注：2009 年及以后全部单位就业人员平均工资包括私营单位。

资料来源：根据《四川统计年鉴》、《四川改革开放 30 年》绘制。

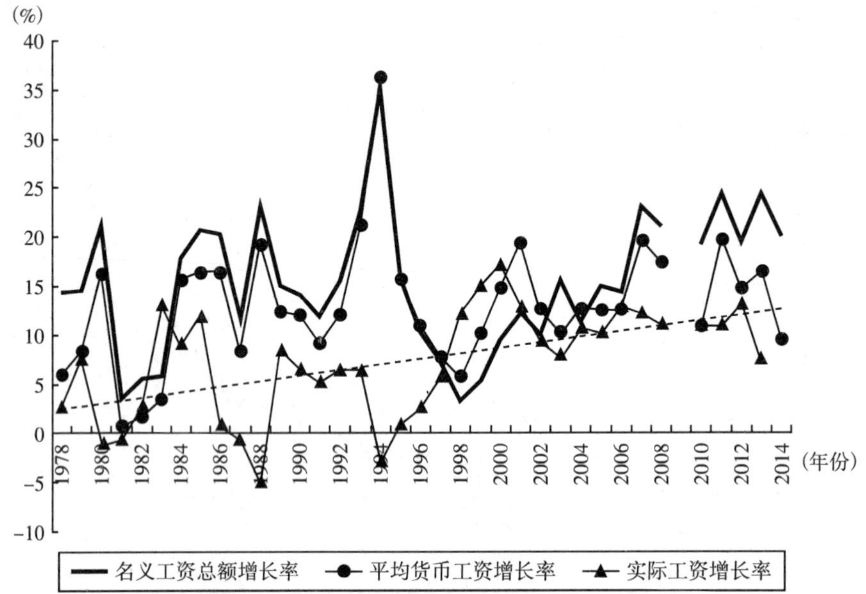

图 13-15　四川省全部单位就业人员工资增长率

资料来源：根据《四川统计年鉴》、《四川改革开放 30 年》绘制。

从工资总额的构成看，1978~1992 年，国有经济单位占比在 80%以上，城镇集体经济单位不到 20%；1992 年以来，随着经济体制改革的推进，私营经济单位和其他各种经济单位得到快速发展，在工资构成上，国有经济单位和城镇集体经济单位的比重下降，特别是城镇集体经济单位占比快速下降，而其他各种经济单位和私营经济单位（2009 年以后）占比迅速上升，2014 年全部单位就业人员工资总额中，国有经济单位占 35.80%，城镇集体经济单位占 2.20%，私营经济单位占 25%，其他各种经济单位占 37.34%（见图 13-16）。

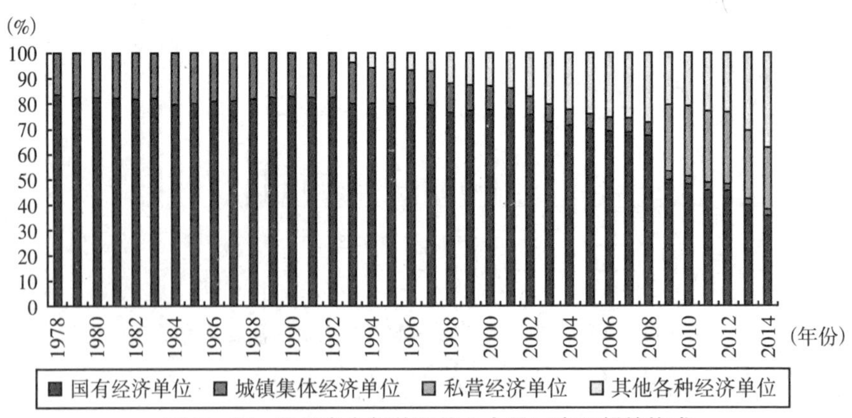

图 13-16　四川省全部单位就业人员工资总额的构成

资料来源：根据《四川统计年鉴》、《四川改革开放 30 年》绘制。

（二）行业间工资差异

不同行业间工资差异显著。图 13-17 绘出的是工资总额在三次产业间的分布，可以看出，第二产业和第三产业占绝对比重，目前各占 49%左右。

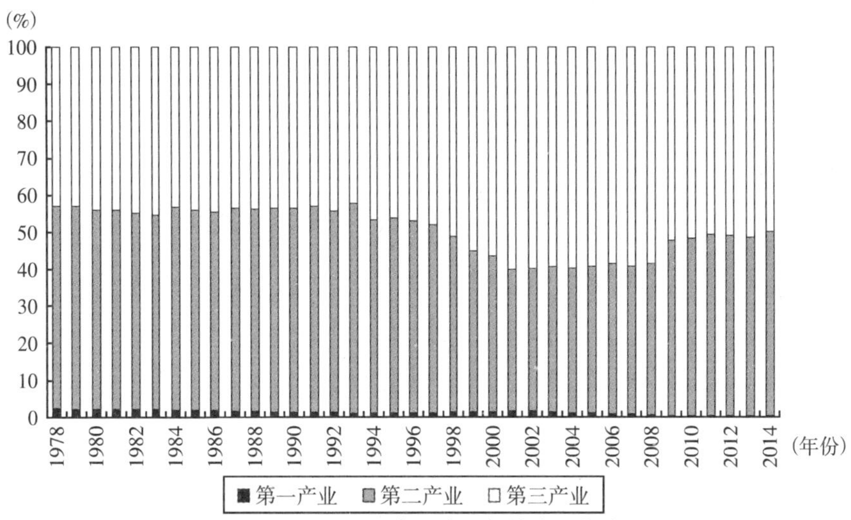

图 13-17　四川省工资总额的产业构成

料来源：根据《四川统计年鉴》、《四川改革开放 30 年》绘制。

图 13-18 给出了四川省平均工资的行业差异。无论从变异系数还是从极值比率（最大/最小）看，1978 年以来工资的行业差异在增加。比如 1978 年变异系数为 0.11，极值比率为 1.46，2014 年分别提高到 0.29 和 2.60。在所统计的

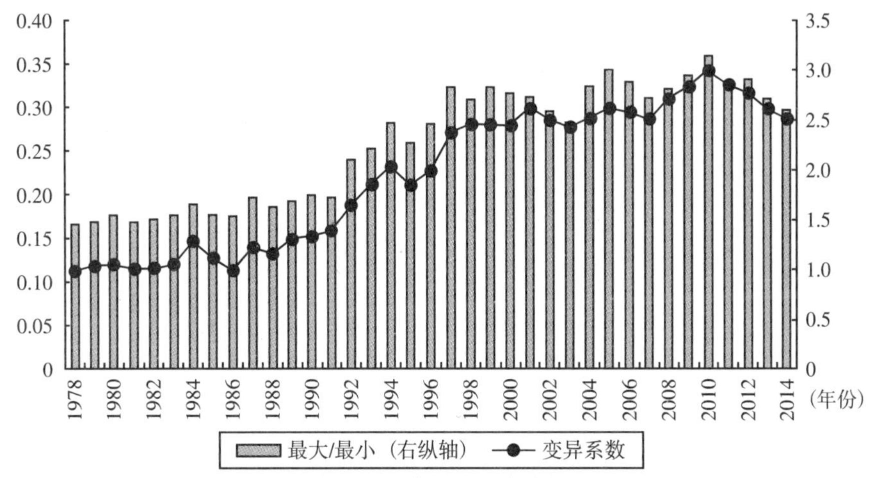

图 13-18　四川省平均工资的行业差异

资料来源：根据《四川统计年鉴》、《四川改革开放 30 年》绘制。

19 个行业中，工资高的行业和工资低的行业随着经济的发展，特别是市场化改革的推进，在不断变化，如表 13-6 所示。仔细分析可以发现，目前工资高的几个行业中，除了垄断性行业外，就是知识和信息密集型行业。

表 13-6　四川省平均工资的行业差异

	平均工资高的行业（前五位）	平均工资低的行业（后五位）
1978 年	采矿业，科学研究和技术服务业，建筑业，交通运输、仓储和邮政业，公共管理、社会保障和社会组织	教育，文化、体育和娱乐业，批发和零售业，住宿和餐饮业，房地产业
1980 年	采矿业，科学研究和技术服务业，建筑业，电力、热力、燃气及水生产和供应业，公共管理、社会保障和社会组织，交通运输、仓储和邮政业	文化、体育和娱乐业，农、林、牧、渔业，批发和零售业，住宿和餐饮业，居民服务、修理和其他服务业
1985 年	信息传输、软件和信息技术服务业，科学研究和技术服务业，采矿业，建筑业，电力、热力、燃气及水的生产和供应业	居民服务、修理和其他服务业，文化、体育和娱乐业，农、林、牧、渔业，批发和零售业，住宿和餐饮业
1990 年	信息传输、软件和信息技术服务业，采矿业，科学研究和技术服务业，建筑业，电力、热力、燃气及水的生产和供应业	居民服务、修理和其他服务业，水利、环境和公共设施管理业，批发和零售业，住宿和餐饮业，农、林、牧、渔业
1995 年	信息传输、软件和信息技术服务业，科学研究和技术服务业，金融业，电力、热力、燃气及水的生产和供应业，租赁和商务服务业	居民服务、修理和其他服务业，农、林、牧、渔业，水利、环境和公共设施管理业，批发和零售业，住宿和餐饮业
2000 年	信息传输、软件和信息技术服务业，金融业，科学研究和技术服务业，电力、热力、燃气及水的生产和供应业，交通运输、仓储和邮政业	建筑业，农、林、牧、渔业，水利、环境和公共设施管理业，批发和零售业，住宿和餐饮业
2005 年	信息传输、软件和信息技术服务业，科学研究和技术服务业，金融业，电力、热力、燃气及水的生产和供应业，租赁和商务服务业	批发和零售业，水利、环境和公共设施管理业，住宿和餐饮业，建筑业，农、林、牧、渔业
2010 年	金融业，科学研究和技术服务业，卫生和社会工作，电力、热力、燃气及水的生产和供应业，公共管理、社会保障和社会组织	水利、环境和公共设施管理业，批发和零售业，农、林、牧、渔业，住宿和餐饮业，居民服务、修理和其他服务业
2014 年	金融业，科学研究和技术服务业，电力、热力、燃气及水的生产和供应业，信息传输、软件和信息技术服务业，卫生和社会工作	建筑业，水利、环境和公共设施管理业，农、林、牧、渔业，居民服务、修理和其他服务业，住宿和餐饮业

资料来源：根据《四川统计年鉴》、《四川改革开放 30 年》整理。

（三）地区间工资差异

工资的地区差异如图 13-19 所示。1978 年以来，四川省 21 个市州平均工资的地区差异呈现出钟型曲线（“倒 U 型”关系），1978 年到 20 世纪 90 年代中期，平均工资的地区差异上升，之后逐渐缩小。几个典型年份工资的排序如表 13-7 所示，图 13-20 绘出了 2014 年四川省货币工资的分布图。

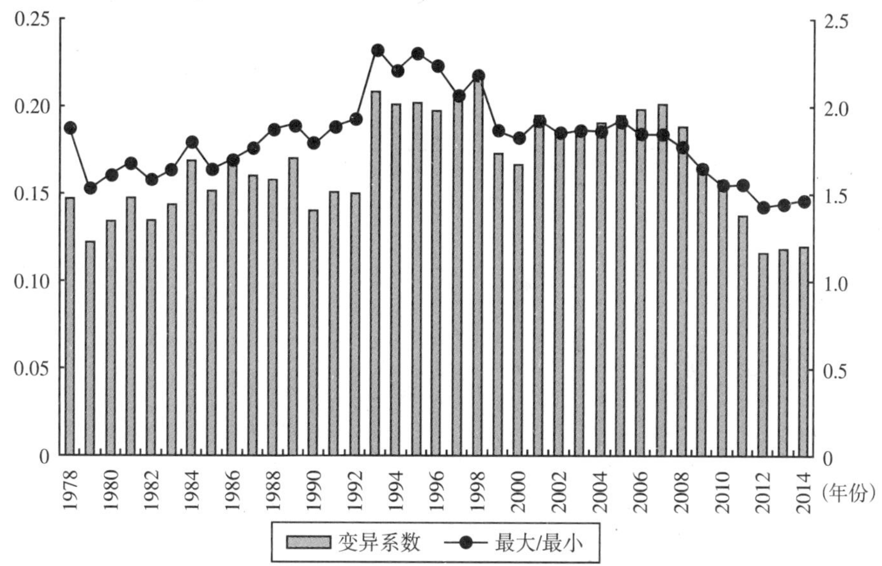

图 13-19　四川省工资的地区差异

资料来源：根据《四川统计年鉴》、《四川改革开放 30 年》绘制。

表 13-7　四川省工资的空间模式

排序	1978 年	1980 年	1985 年	1990 年	1995 年	2000 年	2005 年	2010 年	2014 年
1	甘孜州	甘孜州	攀枝花市	攀枝花市	攀枝花市	甘孜州	成都市	甘孜州	甘孜州
2	阿坝州	阿坝州	甘孜州	阿坝州	成都市	成都市	攀枝花市	阿坝州	成都市
3	攀枝花市	攀枝花市	阿坝州	成都市	德阳市	阿坝州	德阳市	凉山州	阿坝州
4	自贡市	成都市	成都市	德阳市	阿坝州	攀枝花市	凉山州	成都市	攀枝花市
5	凉山州	凉山州	凉山州	凉山州	凉山州	德阳市	阿坝州	攀枝花市	凉山州
6	成都市	雅安市	绵阳市	广安市	甘孜州	凉山州	甘孜州	德阳市	绵阳市
7	绵阳市	绵阳市	德阳市	绵阳市	绵阳市	绵阳市	绵阳市	绵阳市	德阳市
8	雅安市	广安市	广安市	自贡市	资阳市	资阳市	宜宾市	广元市	广元市
9	宜宾市	内江市	雅安市	广元市	自贡市	雅安市	资阳市	宜宾市	乐山市
10	德阳市	自贡市	广元市	雅安市	乐山市	宜宾市	泸州市	资阳市	眉山市
11	泸州市	宜宾市	乐山市	乐山市	眉山市	广安市	广安市	乐山市	泸州市
12	内江市	德阳市	自贡市	内江市	泸州市	乐山市	雅安市	自贡市	宜宾市
13	广安市	资阳市	资阳市	甘孜州	雅安市	眉山市	自贡市	雅安市	自贡市
14	达州市	乐山市	宜宾市	宜宾市	宜宾市	自贡市	眉山市	巴中市	雅安市
15	乐山市	广元市	达州市	资阳市	广元市	泸州市	达州市	广安市	广安市
16	广元市	南充市	内江市	南充市	内江市	内江市	内江市	眉山市	巴中市
17	眉山市	达州市	泸州市	达州市	广安市	达州市	乐山市	达州市	南充市
18	南充市	眉山市	眉山市	泸州市	遂宁市	南充市	广元市	遂宁市	达州市
19	资阳市	泸州市	南充市	眉山市	达州市	广元市	南充市	泸州市	遂宁市

续表

排序	1978 年	1980 年	1985 年	1990 年	1995 年	2000 年	2005 年	2010 年	2014 年
20	遂宁市	巴中市	遂宁市	遂宁市	南充市	巴中市	遂宁市	内江市	内江市
21	巴中市	遂宁市	巴中市	巴中市	巴中市	遂宁市	巴中市	南充市	资阳市

资料来源：根据《四川统计年鉴》、《四川改革开放 30 年》整理。

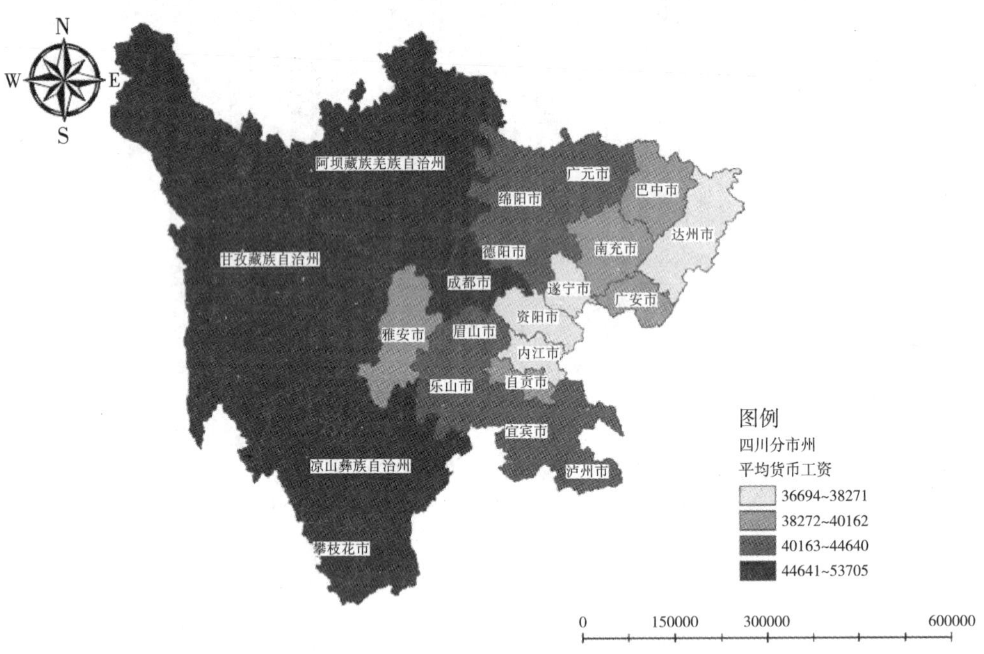

图 13-20　2014 年四川省平均货币工资分布图

资料来源：《四川统计年鉴》(2015)。

五、空间不平等与经济发展

（一）趋势与周期

如同经济增长率的时间序列变化可以区分为趋势分量和周期分量，收入不平等指标的时间序列变化亦可以区分出长期趋势和短期的波动。一方面，受各地区长期增长不平衡性和阶段性的影响，收入不平等呈现出趋势性的变化；另一方面，受各时期暂时性冲击的影响，经济增长表现出短期的波动性，进而影响收入不平等的变化，因此表现出短期的波动。所以，某时期的收入不平等指标可以这样来看：一方面体现为长期的变化趋势，即经济总是处于长期增长路径上的不平等指标的趋势值；另一方面体现为周期分量，即围绕着长期均值的波动程度。

区分趋势分量和周期分量的一种方法就是霍德里克—普雷斯科特滤波器（Hodrick-Prescott filter，H-P 滤波器）。这里利用 H-P 滤波方法对四川省收入不平等指数进行了分解，见图 13-21。

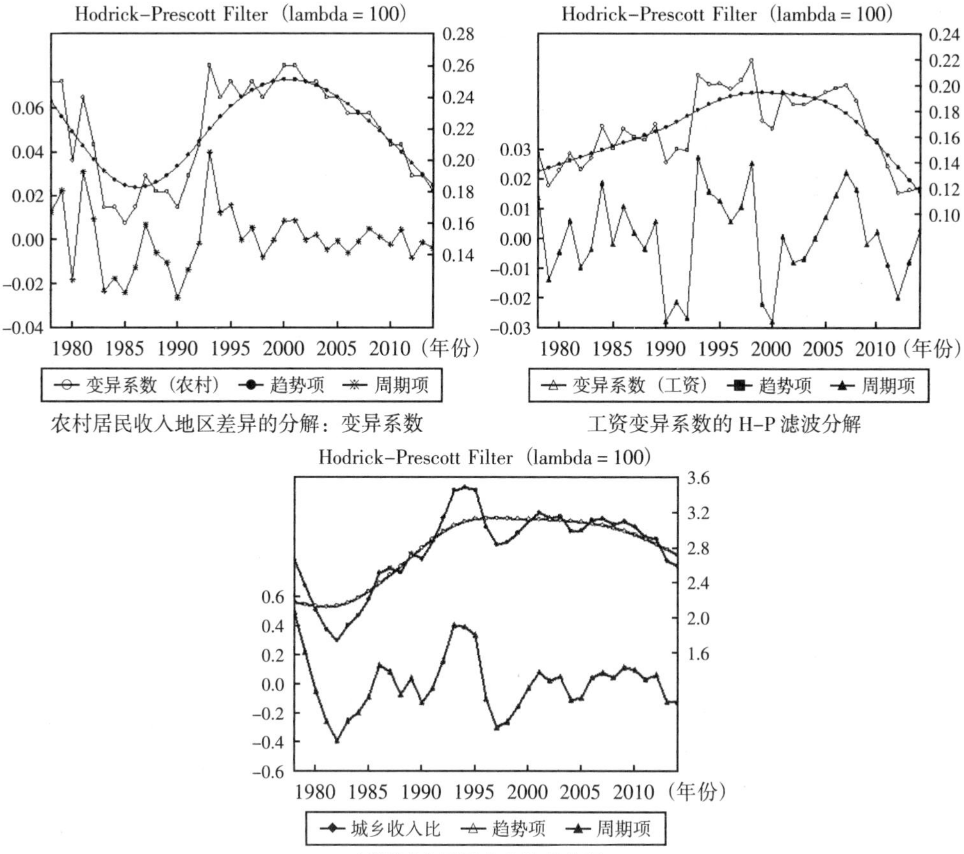

Hodrick-Prescott Filter（lambda = 100）

变异系数（农村）　趋势项　周期项

农村居民收入地区差异的分解：变异系数

Hodrick-Prescott Filter（lambda = 100）

变异系数（工资）　趋势项　周期项

工资变异系数的 H-P 滤波分解

Hodrick-Prescott Filter（lambda = 100）

城乡收入比　趋势项　周期项

四川城乡居民收入比的分解

图 13-21　四川省收入不平等指数的 H-P 滤波分解

资料来源：作者绘制。

（二）空间库兹涅茨曲线

在库兹涅茨（Kuznets，1955）的著名论文中，他推断，随着国家从以农业为基础的经济发展到工业经济，收入不平等先增加，然后到达顶点，然后下降。因而，这种关系的轨迹呈现出“倒 U 型”，我们今天称之为库兹涅茨曲线。

他给出的理由是，在发展的早期阶段，非常少的人能从物质资本投资增加中获利，收入不平等增加。在发展的后期阶段，越来越多的工人从农业部门向工业部门转移，收入再分配发生，因此不平等下降。威廉姆森（Williamson，1965）把这种思想扩展到空间不平等与经济发展的关系上来。他认为，一个国家的发展，其典型形式是，在早期阶段产生的是区域趋异，在后期阶段是区域趋同。即是说，在经济发展初期，区域间的收入差异将会扩大，随着经济发展进入成熟阶段，区域之间的收入差异会趋于收敛。这样空间不平等与经济发展间呈现出“倒 U 型”关系，称之为空间库兹涅茨曲线。

图 13-22 绘出了四川省人均地区生产总值与空间不平等指标趋势项间的关系，可以看出，经济发展与空间不平等间的“倒 U 型”关系明显，即随着经济发展，人均收入水平的提高，空间不平等系数先上升，大概在 8000~10000 元时空间不平等系数达到峰值，随后开始下降，至于以后的变化趋势，有待进一步观察。

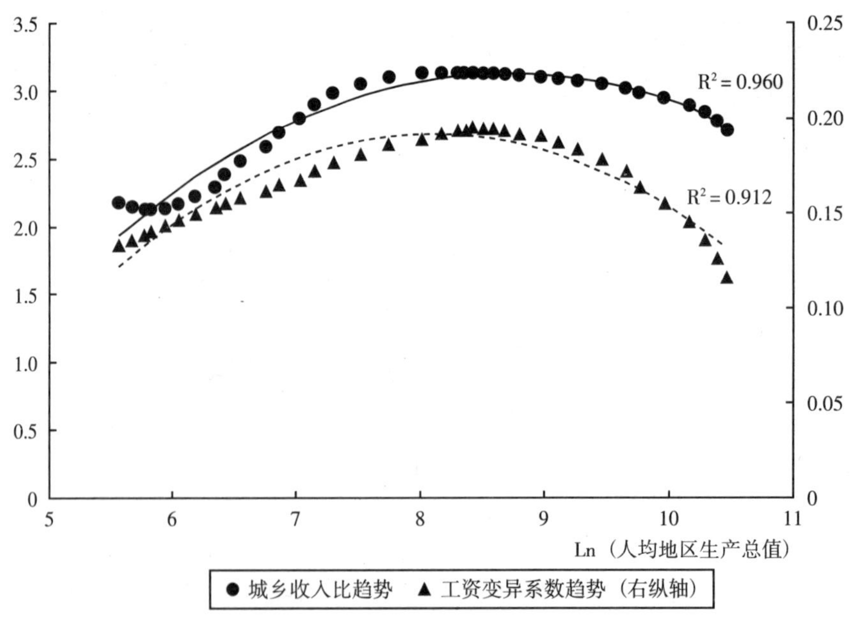

图 13-22 四川省空间库兹涅茨曲线

资料来源：作者绘制。

第十四章　减贫与发展

四川省是全国扶贫开发攻坚任务最繁重的省份之一。改革开放以来，特别是实施《中国农村扶贫开发纲要（2001—2010年）》、《四川省农村扶贫开发规划（2001—2010年）》、《四川省农村扶贫开发纲要（2011—2020年）》以来，四川省减贫成就显著。尤其是中共十八大以来，四川省把扶贫开发作为一项全局性任务来部署推进，启动实施“四大片区扶贫攻坚行动”，着力抓好“五大扶贫工程”，全省农村贫困人口从750万人减少到497.65万人，贫困发生率从11.5%下降到7.7%，扶贫开发取得重要阶段性成果。另外，四川省农村贫困“面宽、量大、程度深”特点仍然突出，住房难、行路难、饮水难、用电难、上学难、就医难、通信难、增收难等问题依然存在，因病、因残、因灾致贫返贫现象突出。扶贫开发工作已进入啃“硬骨头”、攻坚拔寨的冲刺期。集中力量推进扶贫开发攻坚，是促进协调发展、推动民生改善、共享发展成果的重要举措，在实施“三大发展战略”、推进“两个跨越”中处于特殊地位，在促进民族团结、社会和谐中具有基础作用，对于四川省与全国同步全面建成小康社会具有决定性意义。

一、贫困人口的地理分布

四川省的农村贫困在空间分布上是非均衡的，一方面，36个“国家扶贫开发工作重点县”集中于四大片连片特困地区，表现为“贫困的空间集聚”。另一方面，“插花”贫困现象依然存在。根据国务院扶贫开发领导小组办公室发布的《国家扶贫开发工作重点县名单》，全国共有592个贫困县，其中四川省有36个，占全国6.08%，占西部地区375个贫困县的9.6%，从分布来看，全部分布在秦巴山区、乌蒙山区、大小凉山和四川藏区这四片集中连片的特困地区（见表14-1）。这36个国家扶贫开发工作重点县，加上四大片区的其他县，合计88个县，再加上片区外有建档立卡贫困户的73个县，四川省共有建档立卡贫困户的贫困县 161 个，在各市州的分布见表 14-2。这 161 个有建档立卡贫困户的贫困县覆盖 4159 个乡镇、43919 个行政村，2013 年底有贫困户 211.01 万户、贫困人口 624.6 万人，贫困发生率为 9.61%。

表 14-1　四川省的国家扶贫开发工作重点县

	县数（个）	国家扶贫开发工作重点县	面积（平方千米）	贫困人口（2013 年，万人）	贫困发生率（2013 年，%）
秦巴山区	13	朝天区、旺苍县、苍溪县、嘉陵区、南部县、仪陇县、阆中市、广安区、宣汉县、万源市、通江县、南江县、平昌县	33588	260.3	12.94
乌蒙山区	3	叙永县、古蔺县、屏山县	7661	54.5	12.90
大小凉山彝区	11	马边县、盐源县、普格县、布拖县、金阳县、昭觉县、喜德县、越西县、甘洛县、美姑县、雷波县	30770	51.8	18.88
高原藏区	9	木里县、小金县、黑水县、壤塘县、甘孜县、德格县、石渠县、色达县、理塘县	96095	34.4	19.37
合计	36		168114	401	13.89

资料来源：国务院扶贫开发领导小组办公室，“国家扶贫开发工作重点县名单”，发布时间 2012-03-19，http：//www.cpad.gov.cn/publicfiles/business/htmlfiles/FPB/fpyw/201203/175445.html；《中国区域经济统计年鉴》（2011）。

表 14-2　四川省建档立卡贫困县的分布

地区	县数（个）	秦巴山区		乌蒙山区		大小凉山彝区		高原藏区		片区外	贫困发生率（%）
		合计	国贫县	合计	国贫县	合计	国贫县	合计	国贫县		
全省	161	34	13	9	3	13	11	32	9	73	9.61
自贡市	6									6	6.97
攀枝花市	3									3	6.98
泸州市	7			3	2					4	12.16
德阳市	6									6	6.82
绵阳市	8	2								6	6.72
广元市	7	7	3								14.86
遂宁市	5									5	7.78
内江市	5									5	6.59
乐山市	11			1		3	1			7	9.49
南充市	9	7	4							2	11.73
眉山市	6									6	6.57
宜宾市	10			5	1					5	8.4
广安市	6	6	1								9.06
达州市	7	7	2								13.48
雅安市	8									8	9.05
巴中市	5	5	3								16.32

续表

地区	县数（个）	秦巴山区		乌蒙山区		大小凉山彝区		高原藏区		片区外	贫困发生率（%）
		合计	国贫县	合计	国贫县	合计	国贫县	合计	国贫县		
资阳市	4									4	8.25
阿坝州	13							13	3		16.32
甘孜州	18							18	5		21.41
凉山州	17					10	10	1	1	6	13.53

资料来源：作者整理。

2013 年 88 个连片特困地区贫困县的贫困发生率平均为 13.89%，其中最高的是峨边县，为 24.76%，其次是德格县，为 24.05%，最低的是前锋区，为 7.39%。由图 14-1 可以看出，重度贫困县主要分布于高原藏区和大小凉山彝区①。

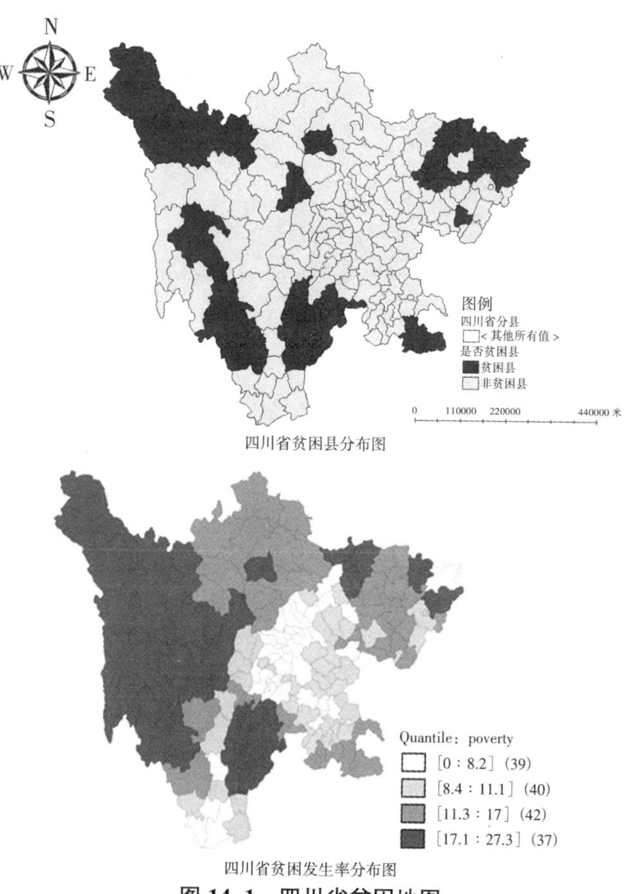

图 14-1 四川省贫困地图

资料来源：作者绘制。

① 资料来源：根据四川省扶贫与移民局调查数据整理。

二、四川省农村贫困的新特点

改革开放以来，基于经济增长的反贫困战略取得了阶段性的成绩，四川省贫困人口的规模、分布、结构与贫困的致因发生了显著变化，贫困出现了新的特征。

（一）面宽、人多、程度深

2013 年底四川省 183 个县市区、4355 个乡镇，其中 88%的县市区、95%以上的乡镇有建档立卡贫困户。2015 年底，四川省有贫困人口 497.65 万人，占全国 5575 万贫困人口的 8.65%，超过四川省人口占全国人口的比例。四川省 2015 年贫困发生率为 7.7%，高于同年全国 5.7%的贫困发生率 2 个百分点。

（二）贫困户的构成

从贫困人口的构成看，如表 14-3 所示，全省的贫困户中，扶贫户占 73.19%，扶贫低保户占 21.48%，低保户占 4.78%，五保户占 0.55%。在贫困人口中，扶贫户占 74.58%，扶贫低保户占 21.07%，低保户占 4.14%，五保户占 0.21%。各片区的构成与全省的构成基本一致。

表 14-3　2013 年四川省建档立卡贫困户属性及帮扶情况统计表（构成百分比）

单位：%

	贫困户				贫困人口			
	扶贫户	扶贫低保户	低保户	五保户	扶贫户	扶贫低保户	低保户	五保户
全省合计	73.19	21.48	4.78	0.55	74.58	21.07	4.14	0.21
四大片区	74.93	20.69	4.05	0.33	75.48	20.80	3.59	0.13
秦巴山片区	76.36	19.62	3.65	0.37	76.95	19.57	3.33	0.15
乌蒙山片区	71.85	19.01	8.83	0.31	74.41	18.33	7.14	0.12
大小凉山彝区	77.00	21.93	0.92	0.15	77.27	21.94	0.74	0.05
高原藏区	65.16	30.88	3.71	0.25	63.34	32.29	4.25	0.12
片区外	70.51	22.70	5.91	0.88	72.96	21.56	5.13	0.35

资料来源：全国扶贫建档立卡信息管理平台。

从各类贫困户在全省的分布看，以四大片区为主，在贫困户分布中，扶贫户占 62.25%，扶贫低保户占 58.59%，低保户占 51.55%，五保户占 37.09%。在贫困人口中，四大片区占全省的比例分别为：扶贫户 64.98%，扶贫低保户

63.38%，低保户 55.65%，五保户 40.06%。在四大片区中，尤以秦巴山片区占比最大，见表 14-4。表 14-4 还说明，片区外主要以“插花式”贫困为主。

表 14-4 2013 年四川省建档立卡贫困户属性及帮扶情况统计表（占全省百分比）

单位：%

	扶贫户		扶贫低保户		低保户		五保户	
	户数（户）	人数（人）	户数（户）	人数（人）	户数（户）	人数（人）	户数（户）	人数（人）
四大片区	62.25	64.98	58.59	63.38	51.55	55.65	37.09	40.06
秦巴山片区	43.18	43.00	37.81	38.70	31.61	33.47	28.44	30.17
乌蒙山片区	7.90	8.71	7.13	7.60	14.88	15.04	4.64	4.98
大小凉山彝区	6.81	8.59	6.61	8.63	1.25	1.49	1.76	1.78
高原藏区	4.36	4.68	7.05	8.45	3.81	5.65	2.25	3.14
片区外	37.75	35.02	41.41	36.62	48.45	44.35	62.91	59.94

资料来源：全国扶贫建档立卡信息管理平台。

从贫困户的收入构成看，全省的基本情况是：500~1000 元户数占比 0.2%，1000~1500 元户数占比 12.9%，1500~2000 元户数占比 24.5%，2000~2500 元户数占比 41.1%，2500~2736 元户数占比 21.3%。各片区贫困户收入构成情况见表 14-5。

表 14-5 2013 年四川省建档立卡贫困户人均收入分组情况统计表

单位：%

	500~1000 元户数占比	1000~1500 元户数占比	1500~2000 元户数占比	2000~2500 元户数占比	2500~2736 元户数占比
全省合计	0.2	12.9	24.5	41.1	21.3
四大片区	0.2	12.7	24.0	41.9	21.2
秦巴山片区	0.1	10.3	22.6	43.3	23.7
乌蒙山片区	0.2	13.3	24.4	43.0	19.1
大小凉山彝区	0.9	25.7	31.6	31.2	10.6
高原藏区	0.6	14.6	24.7	41.9	18.2
片区外	0.1	13.2	25.3	39.8	21.6

资料来源：全国扶贫建档立卡信息管理平台。

（三）贫困人口的人口学特征

从年龄结构看，60 岁以上的老年人口占比较高。如图 14-2 所示，2013 年四川省贫困人口中 60 岁以上的人口占 31.35%，其次是 40~50 岁，占比 18.35%，以下依次为：18~30 岁占 15.95%，50~60 岁占 13.21%，30~40 岁占

11.76%，18 岁以下占 9.29%。当然，各片区会有差异，大小凉山彝区和高原藏区中，18~30 岁的贫困人口占比较高。

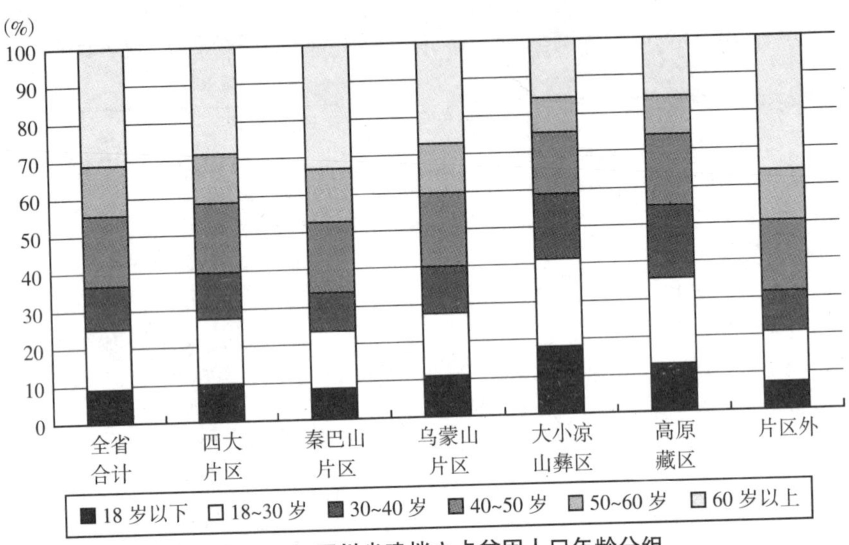

图 14-2　四川省建档立卡贫困人口年龄分组

资料来源：全国扶贫建档立卡信息管理平台。

从受教育程度看，受教育程度低的人口占比较高。全省贫困人口中，文盲或半文盲占 18.72%，小学占 47.20%，两者合计超过 65%。各片区的情况如图 14-3 所示，基本特征与全省情况类似。

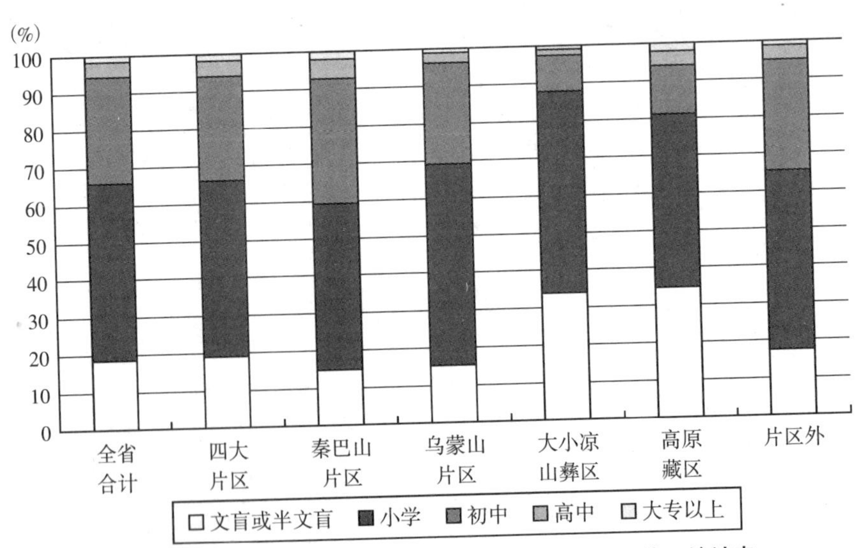

图 14-3　2013 年四川省建档立卡贫困人口文化程度情况统计表

资料来源：全国扶贫建档立卡信息管理平台。

从健康状况看，四川省贫困人口中，长期慢性病占比较高，达到26.05%。在劳动能力方面，贫困人口中丧失劳动力和无劳动力的比重超过45%，而技能劳动力比重不足1%。因此，贫困人口的人力资本水平低，既是贫困的原因，也是贫困的结果。如表14-6所示。

表14-6 2013年四川省建档立卡贫困人口健康状况和劳动能力类型统计表

单位：%

	健康状况				劳动力能力类型			
	健康	长期慢性病	患有大病	残疾	普通劳动力	技能劳动力	丧失劳动力	无劳动力
全省合计	66.01	26.05	5.75	2.19	52.22	0.50	9.88	37.40
四大片区	70.55	22.92	5.02	1.51	54.25	0.52	8.60	36.63
秦巴山片区	63.68	28.70	6.00	1.62	52.62	0.65	10.06	36.67
乌蒙山片区	71.10	20.54	5.77	2.59	53.11	0.37	10.07	36.45
大小凉山彝区	93.62	4.77	1.08	0.53	58.03	0.19	2.71	39.07
高原藏区	86.99	10.22	2.32	0.47	62.61	0.29	4.35	32.75
片区外	57.88	31.67	7.05	3.40	48.57	0.45	12.16	38.82

资料来源：全国扶贫建档立卡信息管理平台。

（四）贫困的代际传递和慢性贫困

贫困的代际传递是扶贫工作中的一个老大难问题，我们认为其也应该是当前扶贫工作的重点之一。四川省的农村贫困具有贫困的代际传递突出的特点。研究贫困问题的学者发现，贫困的持续性往往与家庭是否贫困有着密切的联系。以凉山彝族自治州为例，全州集中连片的贫困地区达4.16万平方千米，占总面积的68.9%，还有11个国家扶贫开发工作重点县，占全省的30.6%，3743个行政村中还有贫困村2561个，尚有9个乡、740个建制村不通公路，777个自然村不通广播电视，按照国家扶贫新标准2300元测算，全州贫困人口达107.67万人，贫困发生率达25%，比全国贫困发生率高11个百分点，比全省贫困发生率高5个百分点[①]。凉山州的贫困人口有大部分长期处于贫困状态，难以摆脱贫困或者摆脱贫困后不久又再次陷入贫困，带有慢性贫困的特征。

贫困的代际传递在宏观上可以从贫困县的演变中反映出来。我国的贫困县制度是从1986年开始的。1986年国务院贫困地区开发领导小组会议规定的贫困县标准是：1985年全县人均年纯收入150元以下的县；1985年全县人均年

① 资料来源：作者调查。

纯收入150~200元的革命老区县和民族自治县；井冈山、赣南、闽西南、武陵山、大巴山、大别山、太行山和沂蒙山等对革命贡献大、影响大的革命老根据地当中一部分1985年全县人均年纯收入200~300元的县，以及内蒙古、青海、新疆等少数民族困难县。按此标准，国家重点扶持的贫困县全国有331个，四川有10个。1988年又把1984~1986年3年的人均纯收入300元以下的纯牧区县（旗）和200元以下的半牧区县（旗）列入重点扶持对象。全国共有27个牧区和半牧区县，四川有5个①。这样，20世纪80年代四川就有15个国家重点扶持的贫困县（国家级贫困县），到2012年国家扶贫开发工作重点县调整时，这15个中有13个（86.67%）依然是国家扶贫开发工作重点县；1994年《国家八七扶贫攻坚计划》确定的由国家重点扶持的贫困县，四川有31个，这个数据和具体县到2006年《中国农村扶贫开发纲要》没有变化，到2012年这31个县中有25个（80.65%）依然属于国家扶贫开发工作重点县。同时，2012年四川省的国家扶贫开发工作重点县增加为36个。这些数据说明，一开始就是国家级贫困县，2012年依然是国家级贫困县的概率在80%以上（见表14-7A、表14-7B）。

表14-7A　1986~2012年四川省“国家级贫困县”的转移矩阵

1986~1988 ＼ 2012	国家级贫困县	非国家级贫困县
国家级贫困县	0.8667	0.1333
非国家级贫困县	0.1386	0.8614

表14-7B　1994~2012年四川省“国家级贫困县”的转移矩阵

1994 ＼ 2012	国家级贫困县	非国家级贫困县
国家级贫困县	0.8065	0.1935
非国家级贫困县	0.0733	0.9267

资料来源：作者计算。

（五）多维贫困

贫困是一个多维度的现象。四川省的农村贫困，特别是四大片区的贫困，不仅表现在收入贫困上，更表现在受教育程度、基本公共服务的获得等方面，呈现出多维贫困的特点。贫困户多种多样的致贫原因充分说明了贫困的多维性

① 资料来源：《四川省农村扶贫志》。

（见表 14-8）。就全省而言，因病致贫比例为 53.9%，缺资金致贫比例为 46.6%，缺技术致贫比例为 31.8%，缺劳动力致贫比例为 23.2%，此外还有因残、因学、因灾、缺水、交通条件落后、自身发展能力不足等致贫的。

表 14-8 2013 年四川省建档立卡贫困户致贫原因情况统计表

单位：%

地区	因病比例	因残比例	因学致贫比例	因灾比例	缺土地比例	缺水比例	缺技术比例	缺劳动力比例	缺资金比例	交通条件落后比例	自身发展力不足比例	其他比例
全省合计	53.9	5.2	5.9	4.5	2.0	2.0	31.8	23.2	46.6	9.5	6.6	12.7
四大片区	47.7	3.7	7.0	5.4	2.6	2.5	36.1	20.0	54.1	12.1	6.7	15.7
秦巴山片区	54.6	3.5	6.5	4.7	0.8	1.9	38.9	16.8	56.0	8.6	4.9	17.5
乌蒙山片区	50.7	6.7	5.9	7.6	1.7	2.3	24.8	26.0	36.4	11.4	11.2	11.5
大小凉山彝区	15.3	2.4	8.7	6.5	12.6	6.4	38.3	20.6	68.5	30.0	8.2	10.2

资料来源：全国扶贫建档立卡信息管理平台。

三、影响贫困的因素分析

贫困问题往往是多种因素相互作用的结果。从致贫原因的角度考察，可以区分出三种基本的类型：地理第一性引起的贫困、地理第二性引起的贫困及第一性和第二性综合作用引起的贫困。所谓地理第一性（First Nature），即由一个地区所处的自然区位所决定的自然条件相对恶劣、区位偏僻等产生的贫困，包括区位屏蔽型贫困、自然灾害和生态环境恶劣造成的贫困和地方病造成的贫困；所谓地理第二性（Second Nature），是有一个地区发展的历史基础，由已经形成的物质资本（特别是软硬基础设施）、人力资本等构成。如果基础设施供给不足、教育发展滞后，限制了居民对经济机会的利用和收入的增长，就会产生贫困，包括：经济活动模式转轨型贫困、社会发育滞后型贫困、特殊因素诱发型贫困。其实四川连片特困地区的贫困大多是由多元要素共生导致的（见表 14-9）。

表 14-9 四川连片特困地区致贫因素分析

	地理第一性			地理第二性			多元要素共生型贫困
	区位屏蔽型贫困	自然灾害和生态环境恶化型贫困	地方病型贫困	经济活动模式转轨型贫困	社会发育滞后型贫困	特殊因素诱发型贫困	
秦巴山区	√	√				√	√
乌蒙山区	√	√				√	√
大小凉山彝区	√	√	√	√	√	√	√
高原藏区	√	√	√	√	√	√	√

资料来源：作者绘制。

(一) 地理第一性

1. 区位与贫困

四川连片特困地区，距四川省经济政治核心区——成都，最近的有 170 千米（公路里程），最远的超过 1300 千米。远离经济核心区，受到核心区“发展红利”的溢出和“思想溢出”少，是贫困的重要因素。图 14-4 绘出了各县的农村贫困发生率与距成都距离间的拟合关系，可以看出，解释力是显著的。从各县看，行政村的贫困状况与县域内中心城市（县城）和村的距离呈现出显著的负向关系，离县城（或镇）近的村，联系方便，容易受到扶贫部门的重视，各项扶贫措施和扶贫政策叠加，农民收入增加快，有的村实际上早已脱贫，基本实现了小康；而远离县城（镇）的村，特别是高原藏区和大小凉山彝区的高

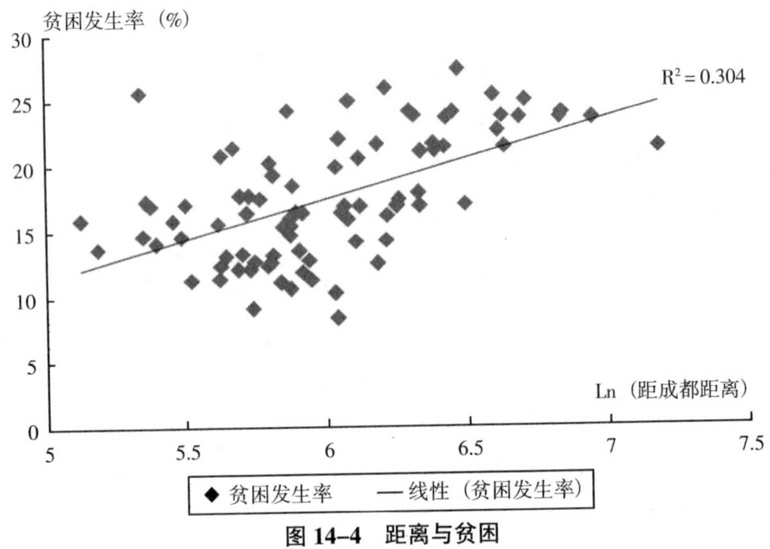

图 14-4 距离与贫困

资料来源：作者绘制。

山和半高山地区的村，由于居住区位偏远，基础设施落后，信息封闭，与外界交流困难，阻碍了这些地区的发展，贫困程度最深。

2. 自然灾害和环境恶化与贫困

四川贫困地区地跨青藏高原、横断山脉和盆周山区，地质条件复杂，是全国自然灾害高发区之一。据研究，地震、泥石流、滑坡、洪涝和干旱是这些地区基本的自然灾害类型。从自然灾害的危害性看，四大片区主要是高危险区和次高危险区①。严重的自然灾害和生态环境恶化是造成贫困和返贫的基本原因之一。

3. 地方病与贫困

四川贫困地区地方病病种全、范围广、病人多、病情重，曾是全国地方病流行较为严重的区域之一，各地区不同程度地存在地方病危害，主要有碘缺乏病、地方性氟中毒（包括燃煤污染型、饮水型和饮茶型）、地方性砷中毒、大骨节病、克山病和跎子病。从四川全省看，21 个市（州）都曾不同程度地流行碘缺乏病，受威胁人口 8900 余万人。地方性氟中毒病区分布于 14 个市（州）61 个县（市、区），受威胁人口约 1734 万人，其中：燃煤污染型地方性氟中毒病区分布于 10 个市（州）22 个县（市、区）1794 个村，病区户数 55.57 万户；饮水型地方性氟中毒病区分布于 6 个市（州）12 个县（市、区）99 个村；饮茶型地方性氟中毒病区分布于 3 个州 30 个 400 个乡。在 2 个州 8 个县 8 个乡 10 个村发现生活饮用水砷含量超标，受威胁人口约 0.64 万人。大骨节病病区分布于 8 个市（州）32 个县（市、区）144 个乡 579 个村，病区县人口约 700 万人。克山病病区分布于 13 个市（州）53 个县（市、区）776 个乡，病区乡人口 1153.8 万人。跎子病病区分布于 5 个市 9 个县（市、区）56 个村，病区村人口 19.69 万②人，其中，大小凉山彝区和高原藏区，地方病成为农民因病致贫的一大根源。

阿坝州的大骨节病和甘孜州的包虫病致贫作用显著。尤其是甘孜州的包虫病，被称为“第二癌症”，在甘孜州“十二五”发展规划区内确诊人数高达 7688 人，受感染人群在 6.23 万人以上。因病导致的劳动力减少和就医带来的家庭成本攀升直接降低了当地的生活水平，致贫返贫影响突出。

（二）地理第二性

1. 人口结构与贫困

人口的增长与结构是影响经济发展和贫困的重要因素。人口增长快，被抚

---

① 于欢，孔博，陶和平，李璇琼. 四川省自然灾害危险度综合评价与区划［J］. 地球与环境，2012（3）.
② 四川省地方病防治“十二五”规划。

养人口比重高，制约着发展并导致贫困。分析表明，人口增长因素依然是四川贫困地区贫困的重要致因，特别是 0~14 岁人口占比与贫困发生率间显著的正相关关系，说明儿童是贫困的重要人群，有大量留守儿童、失依儿童的存在。

从人口的城镇化与贫困关系看，如图 14-5 所示，两者存在显著的负相关关系。这一关系说明，城镇化水平高的县，贫困发生率相对较低。推进这些地区的城镇化，是实现减贫的重要方面。另外，少数民族人口贫困是四川省农村贫困的一个重要方面（见图 14-6）。

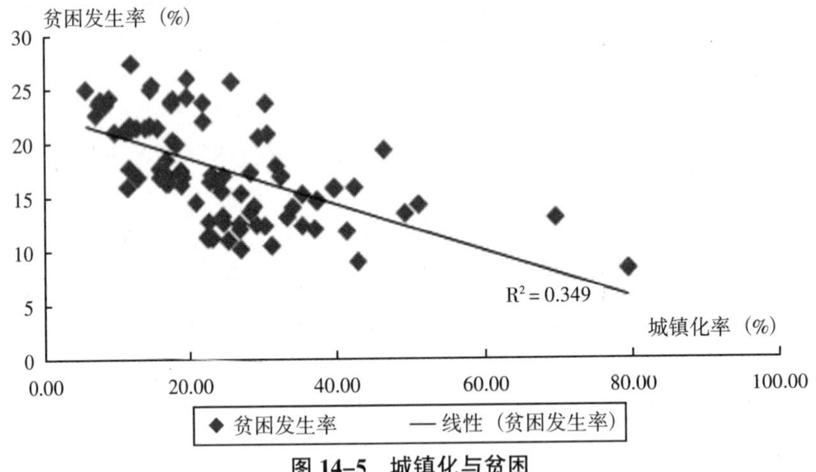

图 14-5　城镇化与贫困

资料来源：作者绘制。

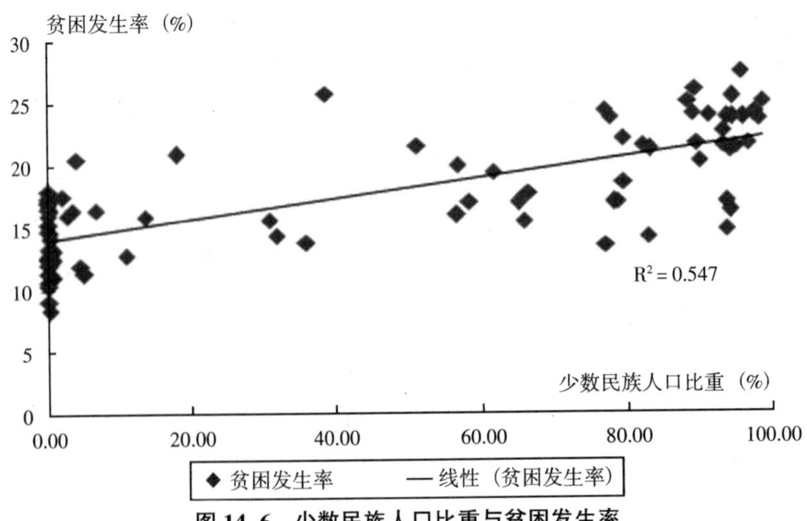

图 14-6　少数民族人口比重与贫困发生率

资料来源：作者绘制。

2. 经济增长、收入分配与贫困

区域经济增长是减贫的必要条件。改革开放以来，我国在减贫方面取得的成绩是与高速经济增长密切相关的。但是，经济增长的减贫效果要决定于经济增长实现的方式。如果增长主要是靠资本密集型的投资取得的，其益贫效果就比较弱；另外，经济增长的益贫性还和收入分配联系紧密。把 86 个县的人均地区生产总值与贫困发生率进行拟合分析（见图 14-7），两者间确实存在着明显的正相关关系，但拟合的结果表明，经济增长的减贫效果在边际上是递减的。

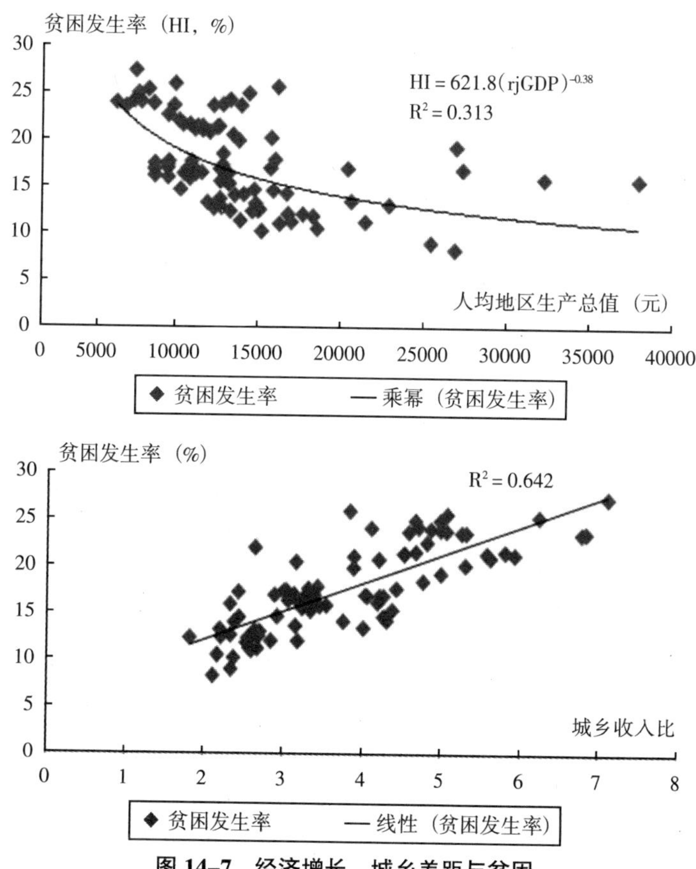

图 14-7　经济增长、城乡差距与贫困

资料来源：作者绘制。

图 14-7 还绘出了 86 个县城乡居民收入比（反映城乡差距的指标）与贫困发生率间的关系，显然这两者间呈现出正的相关关系，城乡差距越大的县，贫困发生率可能越高。

图 14-8 反映的是经济增长方式与贫困的关系，这里经济增长方式指标选择的是第二产业增加值占地区生产总值比例与第二产业就业占总就业的比例的比值（称之为技术选择系数，TCI），该比值越大，说明经济增长方式的资本密集程度越高，对就业的吸纳作用越小，因此减贫作用越弱。四川贫困地区的技术选择系数都大于 1，有的县甚至超过了 24，这种严重依赖资本密集型项目投资的增长方式弱化了经济增长的减贫效果。

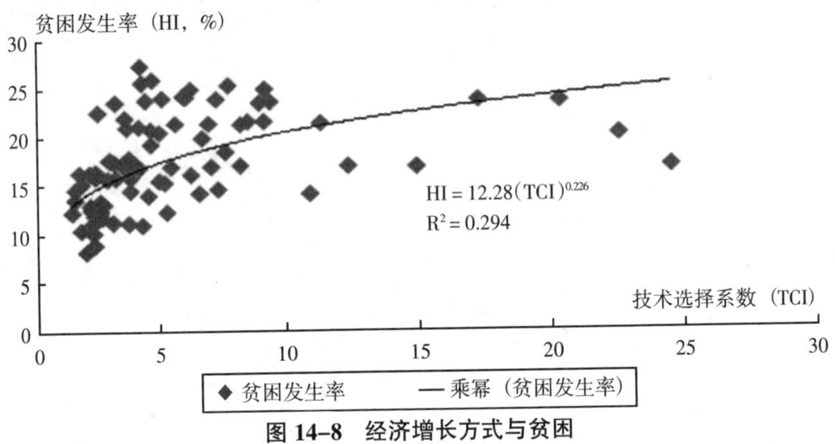

图 14-8　经济增长方式与贫困

资料来源：作者绘制。

3. 基础设施与贫困

贫困人口能否低成本、快速利用基础设施，是其能否识别、利用经济机会的重要决定因素。四川连片特困地区基础设施滞后，是贫困的重要致因。图 14-9 揭示的是县域内公路网密度与贫困发生率的关系，这两者存在显著的负相关关系，公路网密度越高的地区，贫困发生率越低。

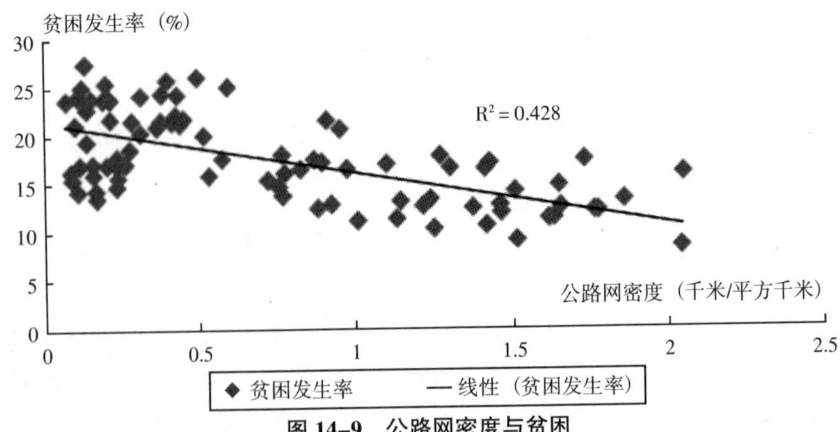

图 14-9　公路网密度与贫困

资料来源：作者绘制。

4. 教育、卫生与贫困

教育、卫生事业的发展不足，既是贫困的结果，又是贫困的致因。对四川贫困地区县人口受教育程度与贫困发生率进行拟合分析（见图 14-10），发现贫困发生率与 6 岁及以上人口平均受教育年限呈现出强的负相关关系，与 15 岁及以上人口的文盲率呈现出显著的正相关关系，这说明，教育不足是致贫的重要因素。

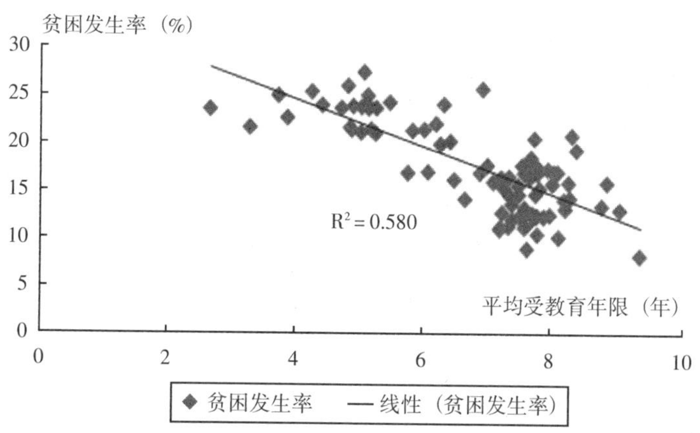

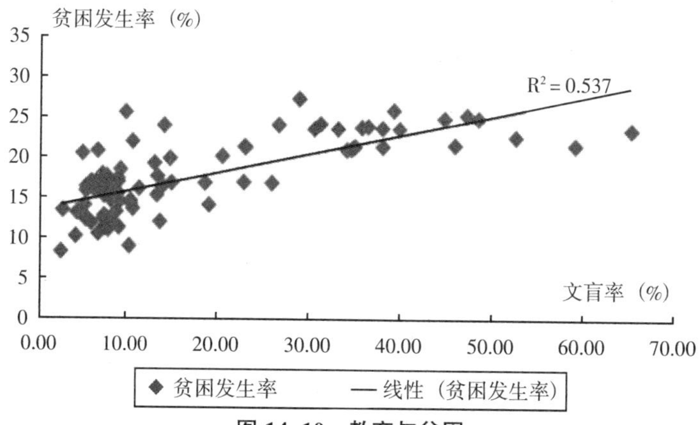

图 14-10　教育与贫困

资料来源：作者绘制。

5. 特殊因素诱发的贫困

这是一种因家庭破损、身体残疾、精神依赖等社会、生理或心理原因而产生的贫困问题。特殊因素诱发型贫困在四川连片特困地区中都有不同程度的存在，如有些家庭因离婚、丧偶而失去支撑家庭经济活动和操持家务的中心或纽带，同时给家庭成员带来精神创伤，导致家庭凝聚力弱化，家境衰落。加里·

贝克尔（Gary Stanley Becker）认为：在经济活动中，有男女双方的完整家庭比只有男女一方的破损家庭效率更高，因为完整家庭更容易利用性别分工协作的优势，并从比较优势的性别差异中获益①。而家庭一旦破损，这种性别分工与互补的优势就会丧失，最终导致家庭经济的衰落和每一位家庭成员尤其是子女生活质量的下降。利用人口普查数据，对四川贫困地区县 15 岁及以上人口的婚姻结构与贫困发生率进行统计分析，发现婚姻与贫困确实有相关性，如图 14-11 所示，有配偶的比例与贫困间有显著的负相关关系，而无配偶的比例与贫困间有显著的正相关关系。这在一定程度上证实了贝克尔的判断。

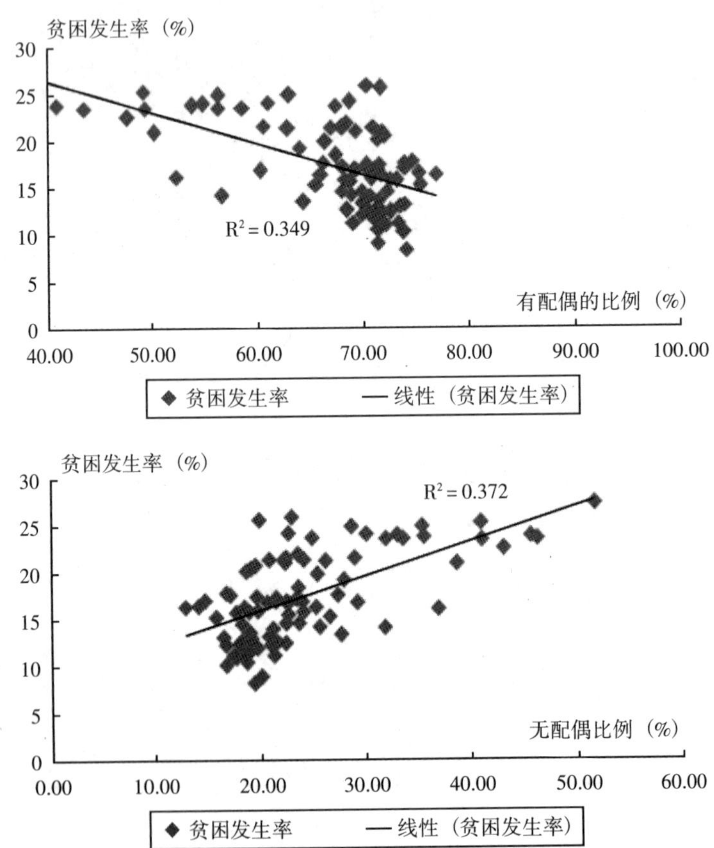

图 14-11 婚姻与贫困

资料来源：作者绘制。

① 斯坦利·贝克尔. 家庭论［M］. 北京：商务印书馆，1998：40-41.

此外，调查证实，农村社会确实存在着一定数量“等靠要”式的家庭或个体成员，他们通常把自己生活的希望寄托在政府救济、社会扶助等外部因素方面（称之为精神依赖型贫困）。这类家庭和个体在心理上意志消沉、缺乏自尊自立意识和进取精神；在生产方面懒于劳作，不愿接受新的经验和技术，经营管理粗放；在生活方式方面缺乏计划，政府救济多少吃多少，今朝有酒今朝醉。高原藏区，宗教信仰、思想观念影响经济观念、市场观念和生活方式是其贫困的重要原因。大小凉山彝区，从奴隶社会“一步跨千年”进入社会主义社会，社会发育不足、生活方式落后、自力更生意识和能力不强，是其贫困的重要原因。特殊因素诱发型贫困在贫困群体中所占比重不大，但具有绝对贫困的特性。

（三）多元要素共生型贫困

上面所论及的各类贫困是就产生贫困的主导因素而言的，只有打破这个“瓶颈”才会推动发展。事实上，更一般的情况是，在某些区域，包括县域、乡域或村落社区内同时存在多种不利条件，如资源贫乏、交通不便、生态环境恶劣、产业结构不合理、价值观念滞后、人力资源短缺以及不可预期的自然灾害等。这就是说，贫困问题往往不是某种单一因素所造成的，而是多种要素共同作用的结果。四川连片特困地区，同时是生态环境脆弱地区、自然灾害频发地区、地方病流行地区，其区位又偏僻，这些因素在空间上的叠加，加大了这些地区扶贫的难度。例如四川凉山彝族自治州的贫困地区，尤其是贫困乡、村大多地处偏僻，远离城市和交通沿线，生存和发展环境恶劣，基础条件差。截至 2012 年底，全州尚有 9 个乡、740 个建制村不通公路，777 个自然村不通广播电视，还有 26.13 万人居住在不宜人居的高寒山区、严重干旱缺水地区、滑坡泥石流等自然灾害严重地区，1096 个村不通电。[①]

四、大力实施扶贫脱贫攻坚

改善民生、实现共同富裕，是社会主义的本质要求。到 2020 年与全国同步全面建成小康社会，重点在农村，难点在贫困地区。为了全面贯彻中央精准

① 作者的调查。

扶贫精准脱贫战略，四川省出台了《关于集中力量打赢扶贫开发攻坚战，确保同步全面建成小康社会的决定》（下文简称《决定》），对集中力量打赢扶贫开发攻坚战进行了研究部署。《决定》提出，集中力量推进扶贫开发攻坚，是促进协调发展、推动民生改善、共享发展成果的重要举措。扶贫攻坚是一项系统工程，需要解决好全局性、方向性的重大问题。《决定》为四川省新阶段扶贫攻坚指明了“五个结合”的主攻方向。在目标任务上，注重脱贫致富与全面小康的有机结合，确保同向同步达标；在总体思路上，注重加快发展与扶贫开发的有机结合，相互促进联动攻坚；在实现路径上，注重精准扶贫与区域开发的有机结合，走出双轮驱动路子；在着力重点上，注重夯实基础与提升能力的有机结合，根本改变贫困面貌；在推进方式上，注重政府主导与社会动员的有机结合，切实增强整体合力。

（一）核心任务：全面消除绝对贫困

《决定》提出，按照“五年集中攻坚、一年巩固提升”要求，全省每年减少农村贫困人口 100 万人左右，到 2020 年全面消除绝对贫困，497.65 万贫困人口全部脱贫，11501 个贫困村和 88 个贫困县全部“摘帽”；贫困县农民人均纯收入比 2010 年翻一番以上，实现基本公共服务均等化、社会保障全覆盖。

（二）基本要求：精准扶贫、精准脱贫

《决定》提出，扶贫开发攻坚贵在精准、重在精准，成败之举在于精准，要做到识真贫、扶真贫、真扶贫。全面落实中央精准扶贫精准脱贫战略，明确提出了“六个精准”的基本要求。聚焦全省建档立卡贫困村、贫困户，做到对象精准；到村到户精确配置和投放扶贫资金，做到资金使用精准；把扶贫项目规划落实到村到户，做到项目精准；因村施策、因户施治，逐村逐户制定差异化的帮扶方案，做到措施精准；加强干部驻村帮扶，选派贫困村第一书记，做到驻村帮扶精准；完善扶贫工作考核评价体系，增强贫困群众获得感，做到脱贫成效精准。

（三）行动计划：五个一批

实施扶贫攻坚“五个一批”行动计划的消贫路径。精准扶贫、精准脱贫，关键在分类施策、因人施策，精准发力、重点突破。针对 497.65 万农村贫困人口的不同致贫原因，《决定》提出实施“五个一批”扶贫攻坚行动计划，即扶持生产和就业发展一批、移民搬迁安置一批、低保政策兜底一批、医疗救助扶持一批、灾后重建帮扶一批，确保贫困群众稳定脱贫。要集中力量解决贫困突

出问题，着力抓好10个方面重点工作，即幸福美丽新村建设、富民产业培育、乡村道路畅通、饮水安全工程、农村电网改造、信息网络覆盖、教育事业发展、基本医疗服务、生态环境保护、新风正气塑造，确保贫困地区面貌年年都有新变化，让贫困群众看得见、感受得到扶贫成效。

（四）保障体系："五大扶贫机制"和"五大政策体系"

为提升扶贫攻坚实效，《决定》提出了"五大扶贫机制"，即建立目标责任机制、健全投入增长机制、构建资产扶贫机制、创新社会扶贫机制、完善绩效评估机制。确立了"五大政策体系"，即加大政府投入力度，发挥财政扶贫资金的最大效益；提高金融服务水平，拓宽支持贫困地区发展的融资渠道；强化政策兜底功能，构建农村居民社会保障安全网；统筹整合各类要素，推进扶贫资源向贫困地区集中；发挥人才支撑作用，加强对扶贫开发攻坚的智力服务。强化了"六大保障举措"，即建强领导班子、夯实基层基础、落实驻村帮扶、突出群体主体、加强乡村治理和强化法治保障。

第七篇　区域发展战略

第十五章　开放与发展

四川省地处我国内陆，既没有沿海地区靠海的地利，也没有沿边地区所具有的沿边开放优势。在中国近代历史上，四川省扮演的主要是“大后方”的角色，主要任务是发展生产、供给产品，国际经济合作微乎其微，基本处于相对封闭状态。1978 年的改革开放，拉开了我国与世界经济大规模交往的大幕，形成了“经济特区—沿海开放城市—沿海经济开发区—沿边沿江和内陆省会开放城市—全方位开放”逐步推进的对外开放格局。在这一过程中，四川省不断突破内陆盆地的局限，逐步从后方基地走向开放前沿，对外经济从无到有、从小到大，对外开放程度不断提高。

一、改革开放以来对外开放的历程

回顾四川省改革开放以来的对外开放历程，大体上可以划分为如下几个阶段[①]：

（一）从后方基地走向开放前沿：1978~2000 年

1978 年改革开放伊始，国家改革开放和建设重点转移到沿海，投资、政策等向沿海倾斜，而地处内陆的四川，长期作为国家的战略后方，始终处于对外开放的第二梯队，其对外开放主要采取与沿海和沿边地区合作为主的间接对外开放发展模式，实行的是“借船出海、借鸡下蛋、借台唱戏、借边出国”战略。1992 年邓小平南方谈话后，成都市和重庆市分别成为我国内陆开放城市和沿江开放城市，四川省的对外开放形成了以重庆、成都两个中心城市为“开放极”，带动周边对外开放的成渝“开放带”；在泛珠三角和中国—东盟自由贸易区的“南向开放”政策设计中，此时的四川省仅仅作为“第二梯队”，扮演

① 本节主要参考《重塑四川经济地理》，第 44 章，第 1853~1859 页。

好腹地角色，并借助泛珠三角和中国—东盟自由贸易区建设，加快打通四川省的出海通道，拓展四川对外开放的空间；同时，在深圳、北海等沿海开放地区投资建设港口，实现“借船出海”。

（二）从借船出海转向筑巢引凤：2000~2010 年

2000 年西部大开发战略开始实施，2001 年我国加入 WTO，我国的对外开放从以政策性开放为主的阶段转向以全方位体制性开放为主的阶段，四川省的对外开放战略从“借船出海”为主转向“筑巢引凤”为主，即通过大规模基础设施建设，投资环境得到有效改善，从而增强外商投资技术的吸引力，促进四川省经济的快速发展，成为内陆开放的高地。2007 年四川省根据其发展特征，确立了建设西部经济发展高地的战略定位，着力打造“一枢纽（即建设西部综合交通枢纽）、三中心（西部物流中心、商贸中心和金融中心）、四基地（重要战略资源开发基地、现代加工制造业基地、科技创新产业化基地和农产品深加工基地）”。2001 年以来，四川省实施充分开放合作战略，在加快对内对外开放合作、主动承接产业转移方面成效显著。IBM、西门子、英特尔、爱立信、NEC 等跨国企业入川投资，2011 年实际利用外资 110 亿美元，进入全国十强省（市）。

至此，四川省实现了从后方基地和对外开放的第二梯队向对外开放前沿的转变。

（三）三向拓展，四层推进：2011~2015 年

2011 年以来，面对经济全球化和区域经济一体化发展的大趋势，四川省对外开放进入了一个新的阶段，“三向拓展，四层推进”的开放合作的新格局逐步形成。所谓三向拓展，即突出南向，以西南出海大通道、南方丝绸之路为纽带，扩大与东盟和南亚国家的经济联系；加强东向，依托通江达海快速通道，强化对欧美、东亚等地区市场的开拓；畅通西向，开发中亚、俄罗斯等新兴市场。所谓“四层推进”，即扩大区域合作，以市场辐射和经济带动为主题，努力加强西南协作和与周边省（区、市）的合作；要强化次区域合作，以互动共进为主题，共同建设成渝经济区；要促进泛区域合作，以承接产业转移为主题，主动融入泛珠三角合作，扩大与台港澳地区的交流合作，积极对接长三角合作，同时加强与中部省（市）的合作；要积极参与国际区域合作，以拓展市场、互补发展为主题，主动融入中国—东盟自由贸易区，加强与东盟的合作。

二、对外贸易地理

（一）对外贸易额稳步增加

改革开放以来，四川省把“大力发展对外贸易”作为经济发展的重要战略之一，经过近 40 年的发展，对外贸易获得较大发展（如图 15-1 所示）。从 1978 年开始至 2014 年，四川对外贸易发展与中国改革开放的进程一致，经历了一个从小到大的发展过程。1978 年全省进出口总额只有 4067 万美元，其中出口 1905 万美元，进口 2162 万美元，进出口总额（按当年美元对人民币 1∶1.7 汇率计算）占当年全省 GDP（184.61 亿元）的比重只有 0.37%。进入 1999 年以后，四川商品进出口总额开始迅速增长，1999 年四川省商品进出口总额为 24.7 亿美元，2003 年突破 50 亿美元，达到 56.3 亿美元，2006 年突破 100 亿美元，达到 110.2 亿美元，2012 年突破 500 亿美元，达到 591.2 亿美元，2014 年为 702.5 亿美元，是 1978 年的 1727 倍，是 1999 年的 28.4 倍。目前，四川省对外贸易额在西部省份中居于首位。

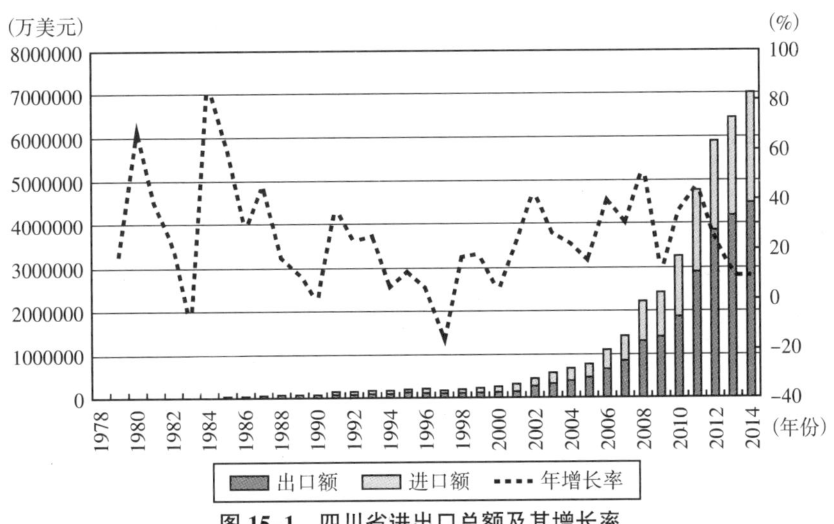

图 15-1　四川省进出口总额及其增长率

资料来源：《四川统计年鉴》。

从进出口贸易的构成看，1978~2014 年，除了少数年份外，四川省进出口贸易总额中，出口大于进口，一般均在 60%以上，有的年份如 1990 年出口占到 85%以上，处于对外贸易的盈余状态（见图 15-2）。

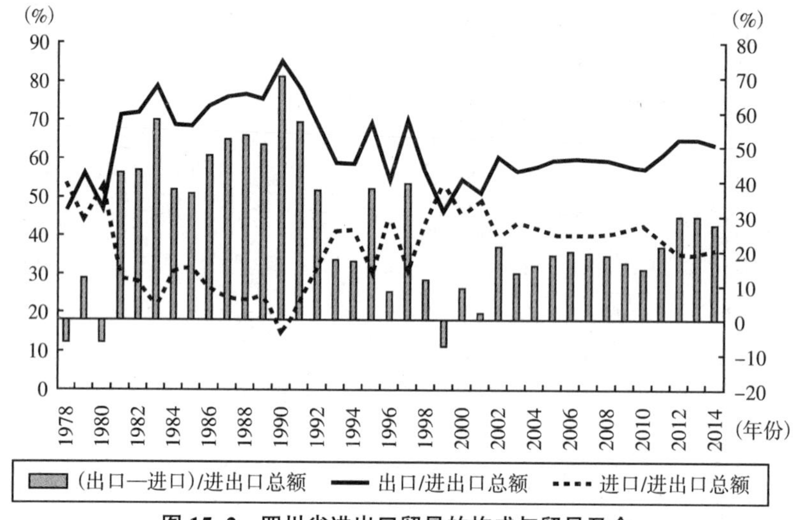

图 15-2　四川省进出口贸易的构成与贸易盈余

资料来源：《四川统计年鉴》。

（二）外贸结构不断优化

首先从进出口商品结构看，20 世纪 80 年代，四川省的外贸结构主要以传统的农副产品及初加工的工矿产品为主，商品科技含量不高，对外贸易处于低水平阶段。20 世纪 90 年代，四川省外贸出口初级化状况得到改变，随着外商直接投资的大量进入，工业制成品在出口商品中的比重大幅度提高。1993 年，四川省出口商品中工业制成品的比例相比 80 年代中期上升了 25.3 个百分点，从低于 50%提高到 75%。不过，出口商品仍然偏重于资源型产品，存在加工程度低、附加值低等问题。进入 21 世纪后，四川省外贸出口商品结构和出口商品技术水平有了进一步的调整和提高，出口商品中工业制成品比例在不断提高，科技含量在不断提升。2014 年四川省海关出口商品中，工业制品占 98%以上（见表 15-1）；四川省的外贸出口商品中，技术含量高的机电产品、高新技术产品等在外贸出口中的比重进一步增大（见图 15-3）。

从进口产品结构看，目前四川进口产品以工业制成品为主。2014 年四川进口总额中，初级产品占 7.22%，工业制品进口额占 92.78%（见表 15-1）。在四川省的外贸进口商品中，技术含量高的机电产品、高新技术产品等在外贸进口中的比重逐年增加（见图 15-3）。

表 15-1 四川省进出口商品构成变化

单位：%

		2011 年	2012 年	2013 年	2014 年
出口	工业制成品	96.85	97.76	98.14	98.12
	初级产品	3.15	2.24	1.86	1.88
进口	工业制成品	90.14	91.52	90.84	92.78
	初级产品	9.86	8.48	9.16	7.22

资料来源：四川省商务厅商务数据，http：//www.sccom.gov.cn/zfxxgkml_tjsj。

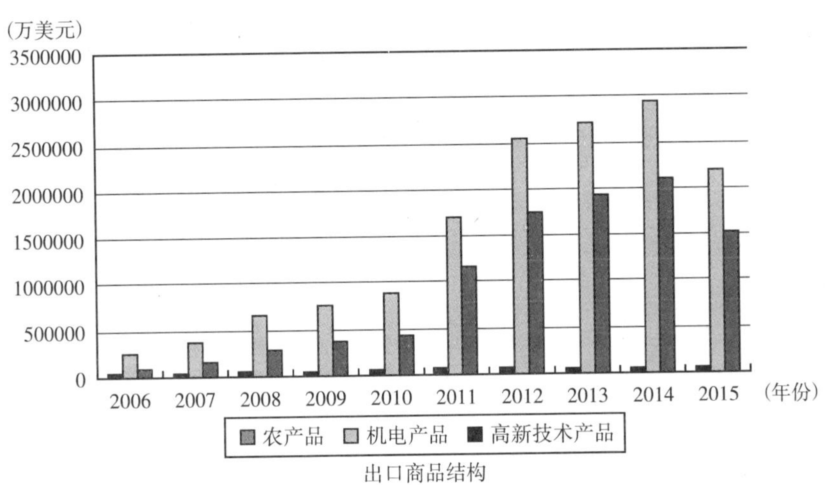

出口商品结构

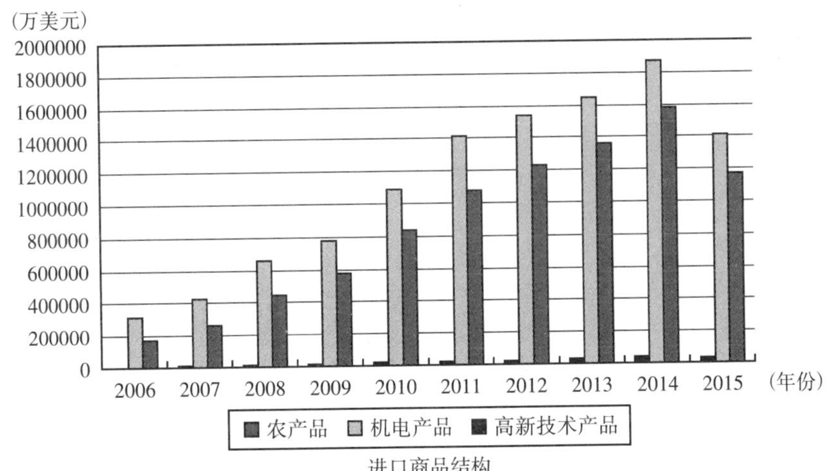

进口商品结构

图 15-3 四川省贸易商品结构变化

资料来源：四川省商务厅商务数据，http：//www.sccom.gov.cn/zfxxgkml_tjsj。

从外贸进出口企业的性质看，如图 15-4 所示，无论是出口还是进口，国有企业的比重在逐年下降，外商投资企业的比重上升很快。2006 年在出口方面，国有企业占出口总额的 39.38%，到 2015 年下降到 11.77%，而外商投资企业的出口占比从 17.67%增加到 45.81%，其他企业（包括集体企业和私营企业）的出口占比基本不变，维持在 42%左右。在进口方面，2006 年国有企业、外商投资企业和其他企业的占比分别为 49.21%、39.32%和 11.47%，2015 年变化为 14.00%、62.83%和 23.16%。

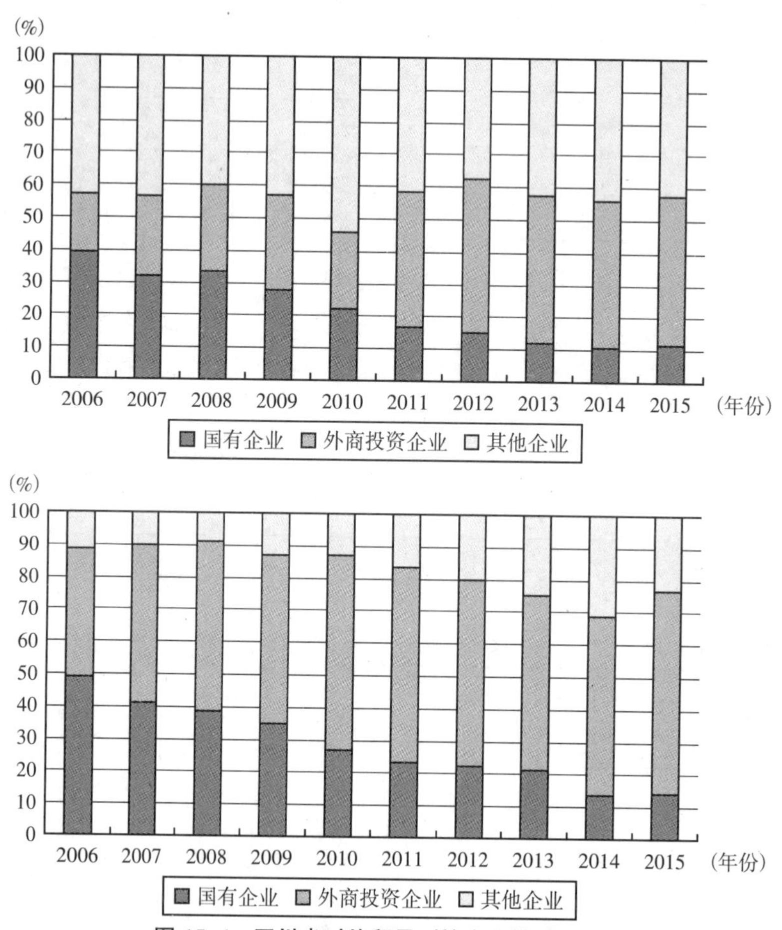

图 15-4 四川省对外贸易（按企业性质划分）

资料来源：四川省商务厅商务数据，http：//www.sccom.gov.cn/zfxxgkml_tjsj。

（三）贸易方式

四川省对外贸易主要包括一般贸易、加工贸易和其他贸易。一般贸易一直以来就是四川省第一大贸易方式，其中出口始终占据首位。由于一般贸易主要是以服装、鞋类、箱包、铁合金等产品为主，在历年的四川省对外贸易中都占有非常重要的地位，所以长期处于第一位。2002 年在出口总额 27.1 亿美元中，一般贸易出口 17.2 亿美元，占比 63.5%；加工贸易出口 9.7 亿美元，占比 35.8%；其他贸易出口 0.2 亿美元，占比 0.7%。近年来，四川省的贸易方式多元化发展较快，一般贸易的比重在逐步下降，而加工贸易发展很快。在出口贸易中，一般贸易已从 2006 年的 79.04%下降到 2015 年的 46.21%，而加工贸易则从 2006 年的 17.75%上升到 2015 年的 39.48%，其他贸易从 3.20%上升到 14.31%；在进口贸易中，一般贸易从 2006 年的 64.49%下降到 2015 年的 30.33%，而加工贸易则从 2006 年的 24.56%上升到第一位，占比达到 55.75%，其他贸易方式也从 2006 年的 10.95%增加到 2015 年的 13.92%（见图 15-5）。可以看出，目前四川省贸易方式愈益多元化。

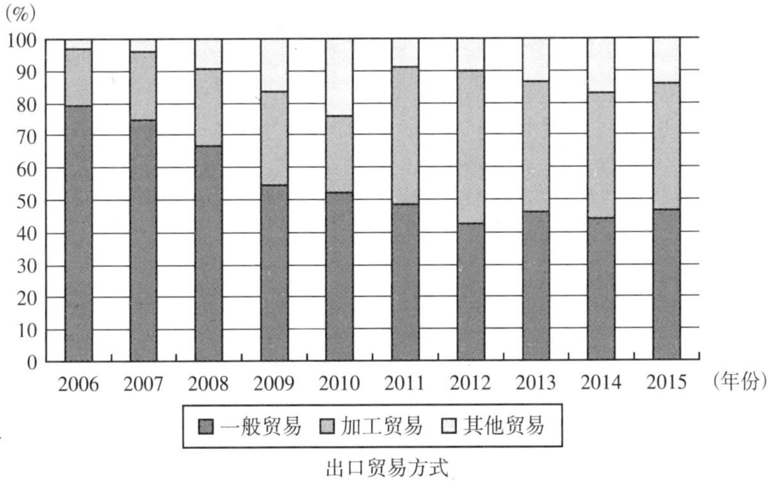

图 15-5　四川省对外贸易方式构成

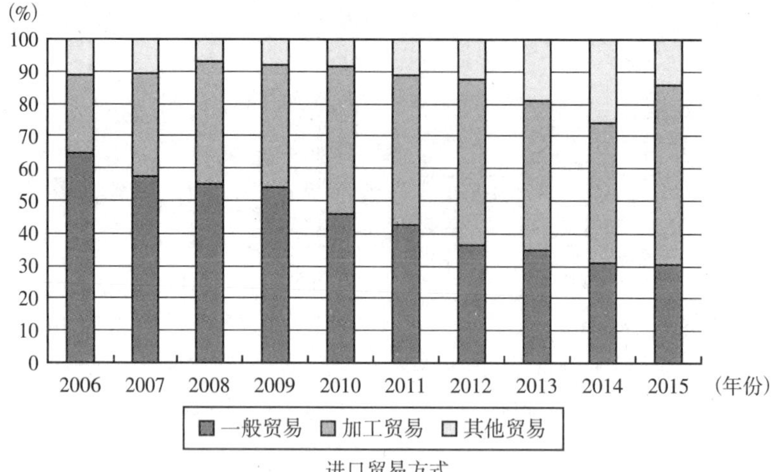

进口贸易方式

图 15-5 四川省对外贸易方式构成（续图）

资料来源：四川省商务厅商务数据，http：//www.sccom.gov.cn/zfxxgkml_tjsj。

（四）贸易国别（地区）分布

四川省进出口商品在各大洲的分布如表 15-2 和表 15-3 所示。可以看出，亚洲、北美和欧洲一直是四川省对外贸易的三大洲。从进出口总额的国别（地区）分布看，2015 年四川省出口居前五位的国家和地区是美国、中国香港、马来西亚、荷兰和日本，出口总额分别为 746546 万美元、376915 万美元、201713 万美元、165905 万美元和 134783 万美元，合计占四川省出口总额的

表 15-2 四川省出口主要地区分布

单位：%

年份	亚洲	非洲	欧洲	北美洲	大洋洲	拉丁美洲
2005	57.7	4.4	18.7	14.1	1.9	3.3
2006	51.7	5.3	20.1	17.9	1.3	3.6
2007	57.4	6.2	17.5	13.6	1.4	4
2008	61.5	6.5	16.3	10.7	1.3	3.7
2009	66.5	6.2	13.9	9.4	1.2	2.8
2010	53.8	7.6	19.4	11.2	1.2	6.8
2011	38.3	4.1	25.7	25.7	1.2	5.1
2012	42.4	3.6	20.4	26.7	1.6	5.3
2013	49.4	4.3	18.6	21.7	1.9	4
2014	49	5.1	19.5	21.3	1.5	3.6
2015	48.6	5.7	16.4	23.1	2.3	3.9

资料来源：四川省对外贸易统计资料，四川省商务厅。

48.8%；2015 年四川省进口居前五位的国家和地区是美国、日本、中国台湾、韩国和马来西亚，进口额分别为 515701 万美元、185845 万美元、136787 万美元、130764 万美元和 109649 万美元，合计占四川省进口总额的 59.2%。

表 15-3　四川省进口主要地区分布

单位：%

年份	亚洲	非洲	欧洲	北美洲	大洋洲	拉丁美洲
2005	44.2	1.9	31.3	15.3	4.6	2.8
2006	45.3	1.3	24.5	23.5	3.7	1.7
2007	42.6	1.6	25.7	24.1	4	2.1
2008	43	2.1	23.5	26.4	3.2	1.9
2009	40.5	1.5	31	21.8	2.9	2.4
2010	44.7	2	25.4	23.1	2.4	2.4
2011	55.42	1.5	21.12	16.11	2.59	3.27
2012	63.46	1.29	16.51	13.03	3.05	2.67
2013	62.36	1.32	15.07	14.75	3.3	3.2
2014	56.98	1.64	10.59	25.41	2.77	2.6
2015	50.19	1.46	13.09	29.94	2.29	3.02

资料来源：四川省对外贸易统计资料，四川省商务厅。

（五）进出口贸易的地理分布

四川省各市州的对外贸易发展是极不平衡的。如表 15-4、图 15-6、图 15-7 和图 15-8 所示，无论从进出口贸易比例、贸易依存度、贸易密度还是人均贸易水平来看，成都市都遥遥领先，是四川省对外贸易最大的基地。除了成都，对外贸易比较发达的就是德阳市和绵阳市，川西北的甘孜、阿坝和凉山三个民族自治州，对外贸易发展严重不足，广元市、巴中市、达州市等的对外贸易发展水平也不高。

表 15-4　2014 年四川省对外贸易地理分布

	占全省比例（%）			依存度（%）			密度（万美元/平方千米）	人均（美元/人）
	总额	出口	进口	合计	出口	进口		
全省	100	100	100	15.12	9.65	5.47	14.45	863.03
成都市	79.49	75.40	86.71	34.11	20.66	13.45	460.79	3870.71
自贡市	0.96	0.69	1.43	3.84	1.77	2.07	15.33	244.56
攀枝花市	0.43	0.38	0.52	2.13	1.20	0.92	4.07	244.55
泸州市	0.39	0.56	0.10	1.34	1.22	0.12	2.25	64.86
德阳市	5.53	6.92	3.08	15.74	12.57	3.17	65.72	1106.18

续表

	占全省比例（%）			依存度（%）			密度	人均
	总额	出口	进口	合计	出口	进口	（万美元/平方千米）	（美元/人）
绵阳市	4.15	4.62	3.33	11.34	8.06	3.29	14.41	615.65
广元市	0.60	0.93	0.02	4.57	4.52	0.06	2.58	163.67
遂宁市	0.90	0.94	0.83	4.78	3.19	1.59	11.83	191.86
内江市	0.45	0.62	0.15	1.67	1.48	0.20	5.85	84.38
乐山市	1.58	1.87	1.07	5.65	4.27	1.38	8.73	341.66
南充市	0.40	0.61	0.02	1.20	1.18	0.02	2.25	44.35
眉山市	0.47	0.47	0.49	2.16	1.36	0.80	4.65	111.09
宜宾市	1.27	1.35	1.11	3.79	2.58	1.20	6.71	199.08
广安市	1.58	2.40	0.13	7.40	7.19	0.21	17.48	342.97
达州市	0.46	0.61	0.20	1.48	1.25	0.23	1.96	58.81
雅安市	0.11	0.16	0.03	1.02	0.93	0.09	0.51	49.85
巴中市	0.24	0.37	0.00	2.24	2.24	0.00	1.36	50.21
资阳市	0.79	0.83	0.73	2.86	1.92	0.95	7.00	157.10
阿坝州	0.07	0.06	0.08	1.18	0.67	0.51	0.06	51.70
甘孜州	0.02	0.03	0.00	0.40	0.40	0.00	0.01	11.61
凉山州	0.12	0.18	0.00	0.39	0.38	0.00	0.14	17.89

资料来源：《四川统计年鉴》。

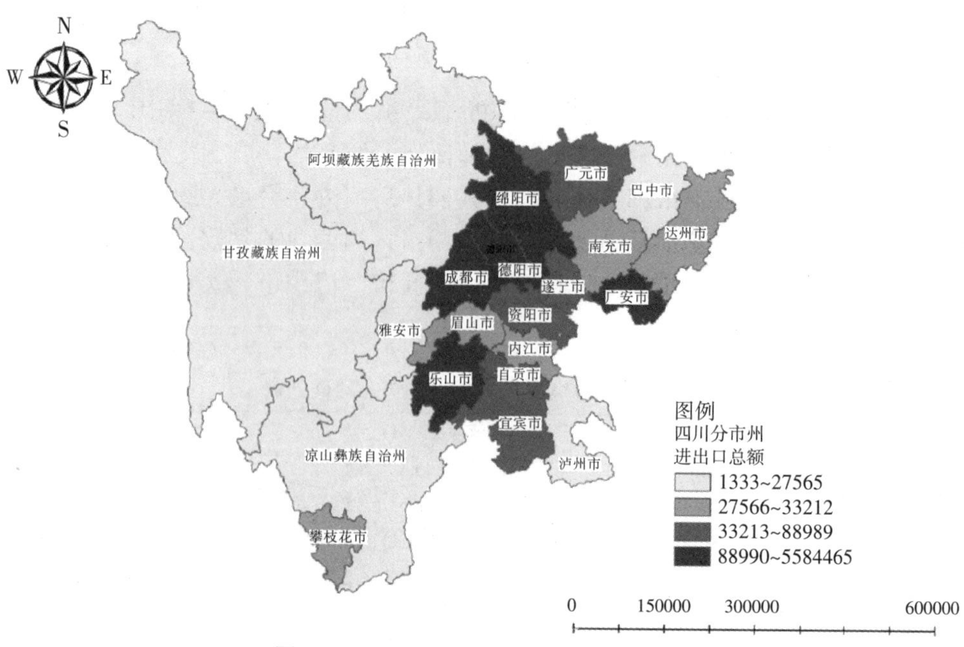

图 15-6　2014 年四川省进出口总额地图

资料来源：《四川统计年鉴》（2015）。

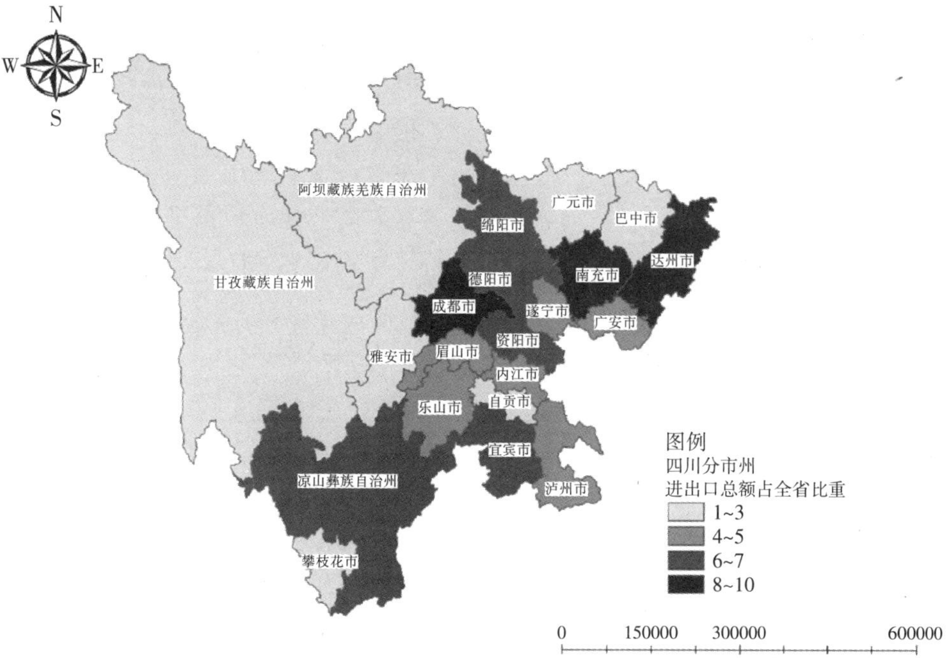

图 15-7 2014 年四川省各市州进出口总额占比分布

资料来源：《四川统计年鉴》(2015)。

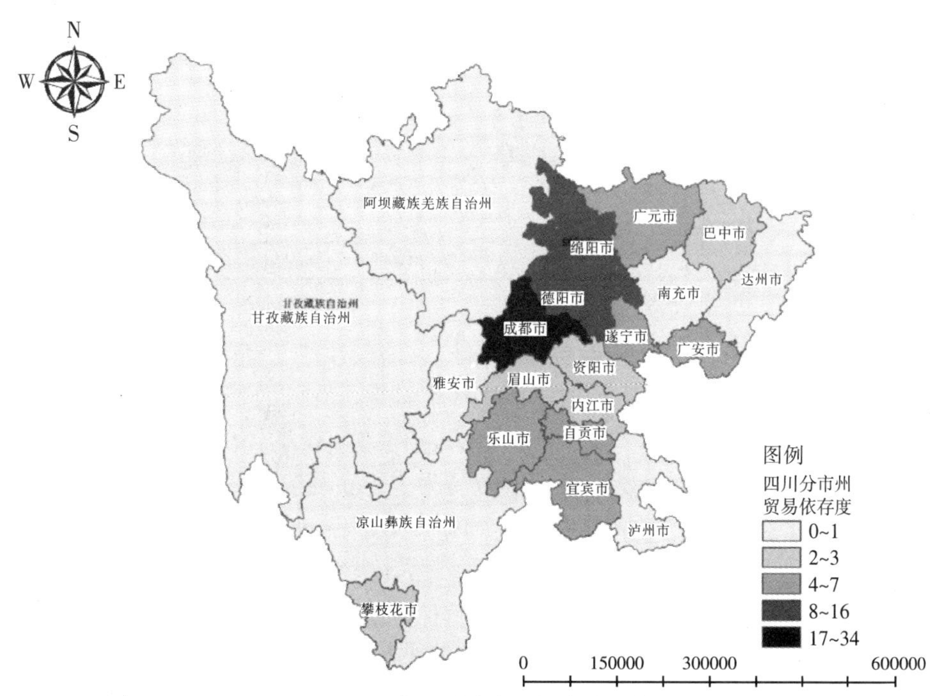

图 15-8 2014 年四川省贸易依存度分布

资料来源：《四川统计年鉴》(2015)。

从五大经济区看（见表 15-5），四川省最大的外贸地区是成都经济区。进出口总额长期占四川省总额的 85%以上，2014 年超过 90%。该地区以成都为中心，依托省会拥有的各项优惠政策条件和成都平原的地理优势，通过进出口企业特有的积聚效应，汇聚了一批国有大型出口企业和国际大型企业，国有企业诸如东方电气和长虹电子，国外企业有英特尔等，还有成都高新区和绵阳科技城等高新技术孵化园区做政策和资金支持，所以该地区的出口主要是以制成品为主，尤其是机械类和电子类的制成品。

表 15-5 四川省对外贸易的经济区分布

单位：%

		2008 年	2009 年	2010 年	2011 年	2012 年	2013 年	2014 年
进出口总额	成都经济区	84.81	86.61	87.75	90.01	90.21	89.24	90.44
	川南经济区	9.69	8.75	7.54	5.71	5.23	5.47	4.64
	川东北经济区	3.39	3.73	3.69	3.45	3.86	4.69	4.17
	攀西经济区	2.03	0.83	0.93	0.74	0.63	0.52	0.66
	川西北经济区	0.07	0.07	0.08	0.09	0.07	0.08	0.09
出口总额	成都经济区	82.13	84.20	84.22	88.17	88.37	87.00	88.24
	川南经济区	10.82	9.32	8.70	5.94	5.58	6.02	5.09
	川东北经济区	4.55	5.41	5.70	4.91	5.13	6.27	5.86
	攀西经济区	2.40	0.95	1.26	0.86	0.85	0.64	0.72
	川西北经济区	0.10	0.11	0.11	0.11	0.08	0.08	0.09
进口总额	成都经济区	88.73	89.99	92.53	92.86	93.64	93.39	94.33
	川南经济区	8.05	7.95	5.98	5.34	4.58	4.46	3.85
	川东北经济区	1.69	1.37	0.97	1.17	1.49	1.76	1.19
	攀西经济区	1.51	0.67	0.48	0.56	0.23	0.31	0.54
	川西北经济区	0.02	0.01	0.04	0.07	0.05	0.07	0.08

资料来源：《四川统计年鉴》。

川南经济区。该地区贸易额在四川省内仅次于成都经济区，位列第二位，2014 年全年进出口贸易额占四川省的 4.64%，出口的产品种类以服装、纺织品、绸类、机械、酒类为主，高科技产品出口额较小，出口产品相对应的附加值也较低，贸易方式主要是以一般贸易为主，贸易额也较大。

川东北经济区。2014 年该地区对外贸易额占四川省的 4.17%。该地区出口产品结构之前比较单一，以丝绸、农产品几大类等为主，现在发展为纺织品、农副产品、药材以及机械类等上百个品种，出口商品结构日趋多元化。

攀西经济区。2014 年该地区进出口额达全省的 0.66%。攀西经济区有我国重要的钢铁生产基地和钒钛生产基地——攀枝花钢铁集团。攀西地区由于拥有天然优良的矿产资源优势，所以在进出口贸易中以资源类产品为主，主要是出口

稀土、钒钛、钢铁以及化工产品等。出口的产品以初级产品为主。

川西北经济区。2014 年该地区进出口额为 6091 万美元，其中出口额为 4017 万美元，进口额为 2075 万美元，占全省比重不足 1%。出口的产品以资源类产品为主，例如工业硅、硅铁、铁合金等资源类产品。

（六）外贸与发展

如前所述，改革开放以来，四川省的对外贸易发展较快，进出口规模不断扩大，现在四川省对外贸易发展及增长速度在我国西部地区均处于领先的态势。从四川省的贸易依存度（进出口贸易总额/地区生产总值）看，1978 年只有 0.37%，1984 年突破 1%，2006 年突破 10%，2014 年达到 15.12%（见图 15-9）。

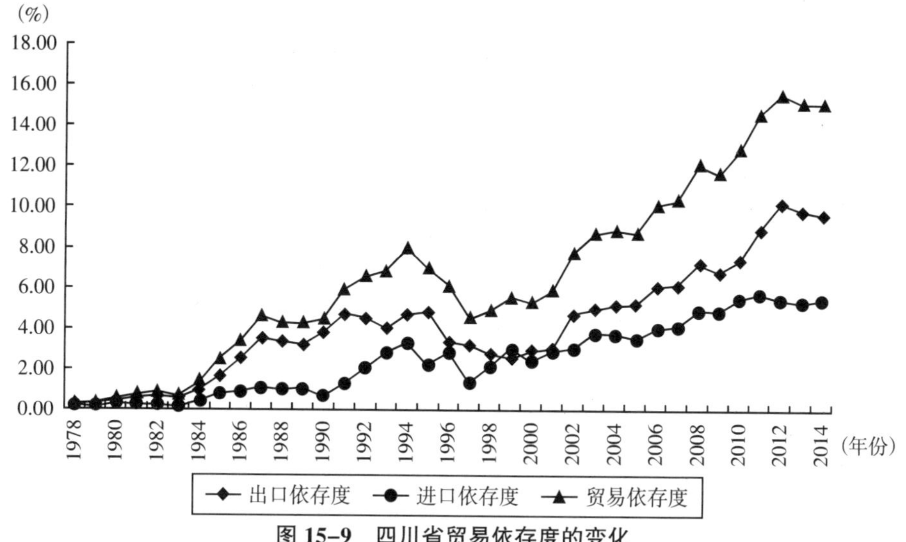

图 15-9　四川省贸易依存度的变化

资料来源：《四川统计年鉴》和《新中国六十年统计资料汇编》。

对外贸易的发展推动了四川省地区经济的增长，在经济发展中的作用日趋突出。从全省看，如图 15-10 所示，1978~2014 年，人均地区生产总值与贸易依存度间存在正向的显著的拟合关系。如图 15-11 所示，21 个市州 2008~2014 年贸易依存度与人均地区生产总值间面板数据拟合关系，也呈现出正向的关系。这些关系说明，贸易与经济发展间具有显著的相互促进关系。

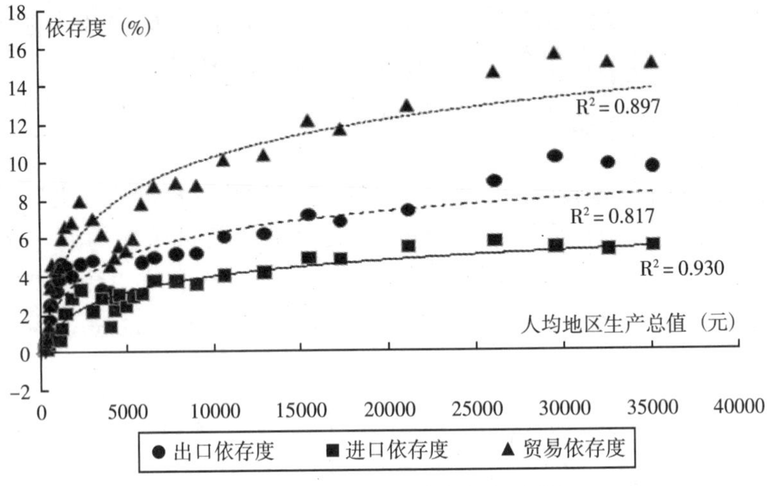

图 15-10　四川省对外贸易与经济发展

资料来源：《四川统计年鉴》。

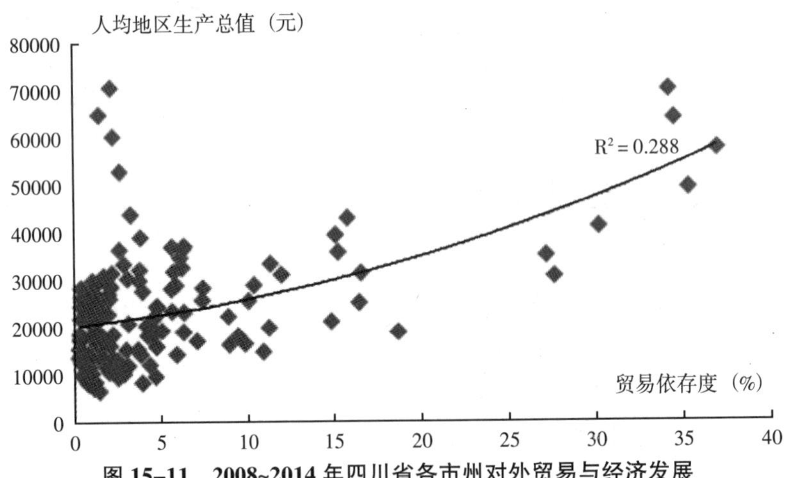

图 15-11　2008~2014 年四川省各市州对外贸易与经济发展

资料来源：《四川统计年鉴》。

三、利用外资地理

（一）四川省利用外资的总体概况

积极有效利用外资是四川省对外开放的核心内容之一。改革开放以来，四川省利用外资经历从无到有、从少到多的发展历程。改革开放之初，四川省利用外资数量很少，主要通过“三来一补”形式，以吸引间接投资为主，引进利用外资绝对数量很小，没有外商直接投资。随着开放步伐的加快，特别是西部大开发以来，四川省抓住我国加入世界贸易组织以及实施西部大开发战略的历史机遇，积极发展开放型经济，在引进外资方面取得了显著成绩，利用外资的规模、质量和效益都得到了很大提高，招商引资取得了重大成就。目前，四川省与 140 多个国家和地区建立了对外经贸关系，基本形成全方位、多层次、宽领域的对外开放格局。

据统计，1983~1995 年全省合同利用外资额 75.4 亿美元，实际到位外资额 32.1 亿美元。从外商直接投资情况看，尽管 1983 年四川就成立了第一家外商投资企业，但 FDI 的突破性进展主要出现在 1992 年之后，至 1998 年，全省已批准成立外商投资企业 4993 家。1996~2000 年四川全省合同利用外商直接投资累计 32.42 亿美元，实际利用外商直接投资累计 21.44 亿美元。

进入 21 世纪以来，四川省抓住西部大开发战略和中国加入 WTO 的重要战略机遇，大力引进 FDI。根据 2001~2014 年四川省 FDI 的合同与实际利用金额，四川省 FDI 发展的基本态势是：2001~2004 年的平稳但小量增长阶段；2005~2008 年的快速增长阶段；2009 年，受全球金融危机的影响，合同利用金额出现了大幅度的下降；2010 年之后，随着全球经济的复苏企稳以及中国经济的快速发展，四川省外商直接投资的合同与实际利用金额又重新回归常态，特别是实际利用金额出现较大幅度增长；2012 年后中国经济进入“新常态”，四川省合同利用外商直接投资连续三年呈现出负增长，实际利用外商直接投资的增长速度也大幅度放缓；2014 年四川省合同利用外商直接投资 29.47 亿元，实际利用金额 102.9 亿元（见图 15-12）。

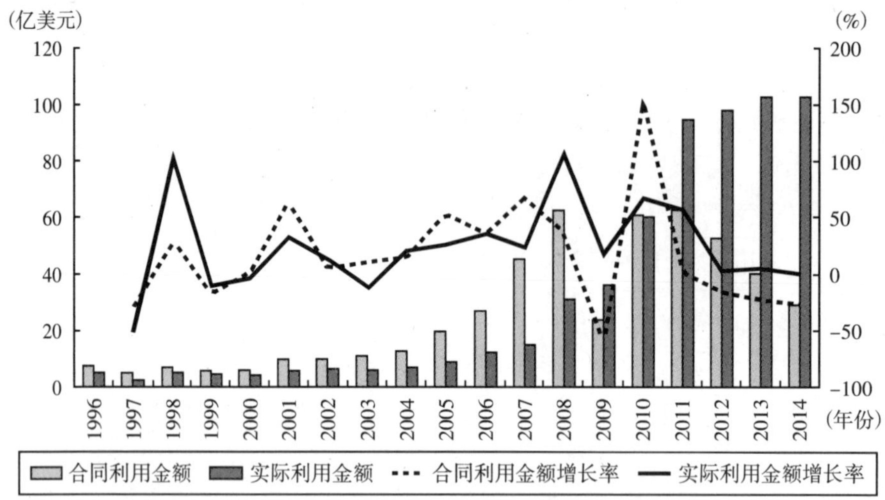

图 15-12 1996~2014 年四川省外商直接投资变化情况

资料来源：《四川统计年鉴》和《中国统计年鉴》。

（二）四川 FDI 的投资结构

从实际利用外资的流向来看，四川省实际吸引外商投资主要流向制造业和房地产业，而农业、基础设施和高新技术产业并没有成为外商直接投资的强力磁场，这在一定程度上也反映了资本逐利的本质。2004~2013 年，四川省实际利用外商直接投资的行业结构以第二、第三产业为主，其中第一产业占比 1%，第二产业占比 29%，第三产业占比达到 70%，其中房地产业占实际利用外资金额的 57%。近年来，外商直接投资主要投向第三产业，在 2008 年末，外商直接投资在三次产业的比重为 0.53：23.18：76.29，第三产业成为利用外资的主导产业，这说明外商直接投资符合三次产业演变规律。但是外商直接投资在三次产业内部的分布却不够合理。在四川省第二产业内部，外商直接投资主要集中分布在建设周期短、资金回收快、技术水平低的加工制造业，其次在依靠能源消耗的电力、燃气及水的生产和供应业方面有较多的投入，而对能解决大量就业问题的建筑业的投入非常少。那些外资大量投入的行业对四川的能源消耗巨大，会破坏生态环境，同时由于对建筑业的投资较少，不利于剩余劳动力的转移和城镇化的推进。在四川省第三产业内部，外商直接投资主要集中在传统服务业，如房地产业、批发和零售业、住宿和餐饮业，外商直接投资对现代服务业的投入偏少，对卫生、教育、水利和公共管理组织等与人们联系密切的公益性服务业投资比重都比较小。金融业的利润丰厚，但在 2008 年以前外资的投入几乎处于空白状态。外商直接投资在第三产业内部不合理的分布，会造成

产业结构偏差，对四川省经济的长远发展将产生消极影响。

从 2011 年开始，制造业开始成为外商直接投资的重点，四川制造业合同利用外商直接投资 27.34 亿美元，占外商直接投资总额的 43.7%。此外，信息、服务、金融、物流等现代服务业成为外商投资的热点，外商直接投资结构明显改善。四川省制造业中吸引外商直接投资比较集中的行业包括通信、计算机及其他电子设备业，非金属矿物制品业，化学原料及化学制品业，医药制造等行业。以 2005 年英特尔正式进入成都为标志，德州仪器、友尼森、摩托罗拉、爱立信、微软、安捷伦、诺基亚、阿尔卡特、飞思卡尔等电子信息、产业跨国公司纷纷落户四川或增加投资，加速形成了以成都为核心，辐射绵阳、乐山等地的电子信息产业集群。四川省电子信息产业近年保持着年均 20%以上的成长，产业规模位居我国电子信息产业十强之列，并连续多年位列中西部地区第一名。

近些年来，大型跨国企业在四川省的投资迅速增长。目前，世界 500 强的境外企业纷纷来四川投资，截至 2014 年底，落户四川的境外世界 500 强企业有 210 家，名列中国中西部地区第一。据四川省商务厅的资料，作为电子产品制造业巨头的富士康、戴尔、仁宝等公司，近年来纷纷选择四川，同时，安联、中英人寿、花旗、渣打、汇丰、摩根大通、东亚银行、华侨银行等国际金融企业纷纷落户四川。可以看出，四川省已经在调整招商引资策略，通过吸引外资推动四川省产业结构优化升级，通过配套措施使外商直接投资越做越大，然后进行合理划分。相关部门应通过积极引导 FDI 流向高端制造业、高新技术产业、金融服务业，发挥其在行业内的带动作用，使四川省产业结构更加优化。

（三）外商投资的来源分布与地域分布

四川省吸引外资的主要来源地仍以中国香港、英属维尔京群岛、新加坡等地为主，大部分是亚洲中小资本，尤其是对中国香港资金的依赖度最强。而在当今国际资本流动的格局中，以欧盟、美国、日本为主的发达国家在国际资本流动中居于绝对主导地位，并且欧、美、日等地区的资金技术含量最高，其次才能算得上港台资金。但是在流入四川省的外资中，欧盟等发达国家所占的份额相对来说还比较少，导致四川省外商直接投资的整体质量不高。

从外商投资的地理分布看，外商直接投资在四川省的投向较狭窄，地区分布相当集中，主要分布在成都市、宜宾市、绵阳市、攀枝花市、德阳市和乐山市等几个地区，而川东、川南丘陵地区以及三州盆地山区利用外资偏少，这进一步加大了四川省各市州的贫富差距，不利于地区间经济的协调发展。

（四）四川省 FDI 与经济发展

外商投资是四川省经济发展重要的资金来源，同时外商直接投资还伴随技术和管理的引进，对于经济发展具有重要的促进作用。图 15-13 显示了 1985~2014 年四川省利用外商直接投资占全省国内生产总值以及全社会固定资产投资比重的变动情况及变化趋势。从占地区生产总值的比重看，1985 年只有 0.02%，1993 年后才较稳定地突破 1%，2010 年突破 2%，2014 年为 2.21%。四川省外商直接投资实际利用金额在全社会固定资产投资所占份额，1985 年只有 0.07%，1992 年突破 1%，之后几经起伏，最高达到 7.76%（1994 年），2014 年为 2.68%。

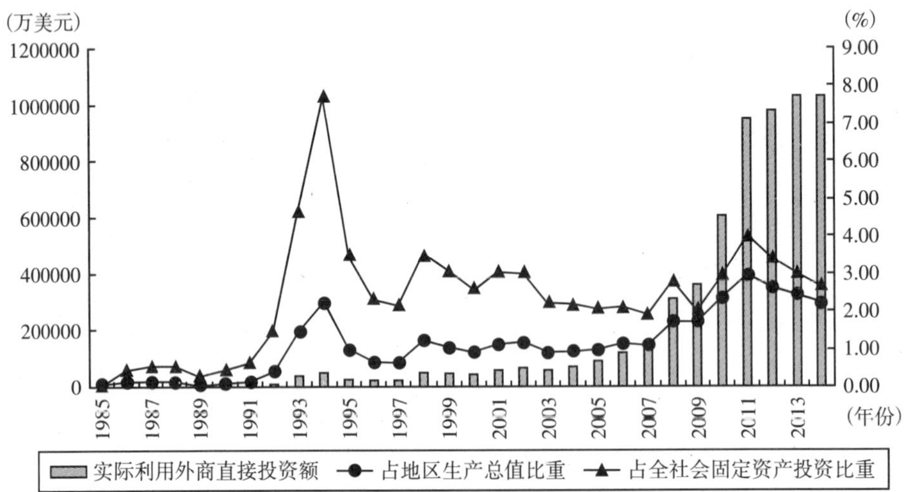

图 15-13 四川省实际利用外商直接投资

资料来源：《四川统计年鉴》和《中国统计年鉴》。

虽然外商直接投资占地区生产总值和全社会固定资产投资比例不高，但外商直接投资对经济发展的作用是显著的，如图 15-14 所示，外商直接投资/地区生产总值的比例与人均地区生产总值间呈现出显著的正相关关系。

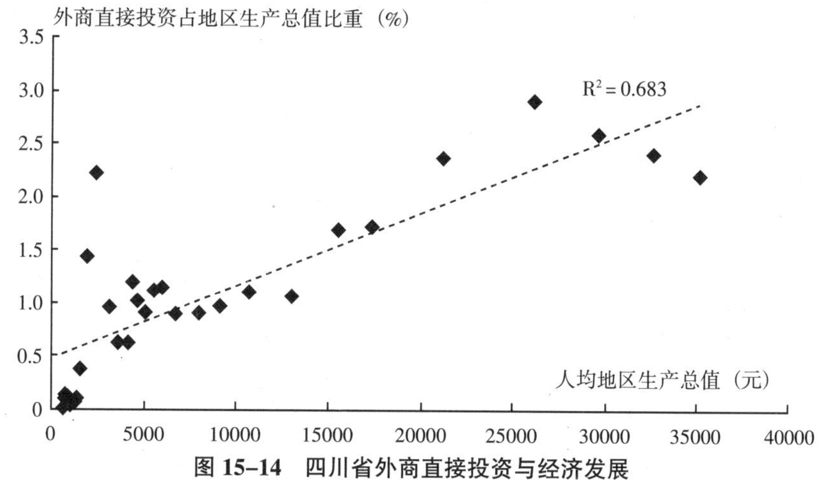

图 15-14 四川省外商直接投资与经济发展

资料来源：《四川统计年鉴》和《中国统计年鉴》。

从全国看，四川省一直是利用外商直接投资最多的西部省份，增长趋势呈现出先缓后急的特点。1996 年外商直接投资实际利用金额占全国外商直接投资的比重为 1.20%，2007 年上升至 2.00%。之后，四川省吸引外商直接投资占全国外商直接投资的比重迅速上升，2008 年突破 3%，2010 年突破 5%，2011 年突破 8%，2014 年为 8.6%，超过了四川省人口和经济总量占全国的比重，四川省吸引外商直接投资增长势头良好，已成为西部地区外商直接投资的首选地。

四、入境旅游地理

（一）四川省入境旅游的发展

入境旅游既是旅游业发展的重要组成部分，也是对外开放的重要表现。发展入境旅游，不仅可以获得外汇收入，而且对于增加就业、提升产业结构、增强地区经济实力，同时促进文化软实力提升，有重要意义。四川省是我国旅游资源最富集的省份之一，许多景点享誉国际，具有发展入境旅游的资源基础。图 15-15 和图 15-16 揭示了 1996~2014 年四川省入境旅游的发展态势。1996~2014 年，四川省入境旅游人数从 17.9 万人次增加到 240.17 万人次，年均增长 15.50%；同期旅游外汇收入从 7022 万美元增加到 85768.11 万美元，年均增长

14.91%。四川省入境旅游的发展并非线性增加过程，1996~2014 年入境旅游人数和旅游外汇收入都经历了 2003 年、2008 年和 2013 年的负增长。2003 年受“非典”影响，2008 年受全球金融危机以及 5·12 汶川大地震的影响，旅游外汇收入急剧下降；2013 年入境旅游受全国经济下行压力的影响，四川入境旅游人数和旅游外汇收入有所下降。

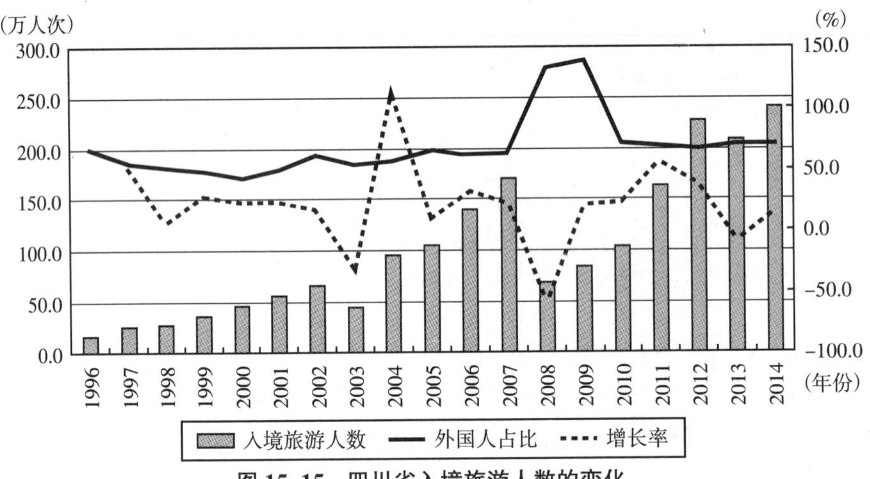

图 15-15 四川省入境旅游人数的变化

资料来源：《四川统计年鉴》。

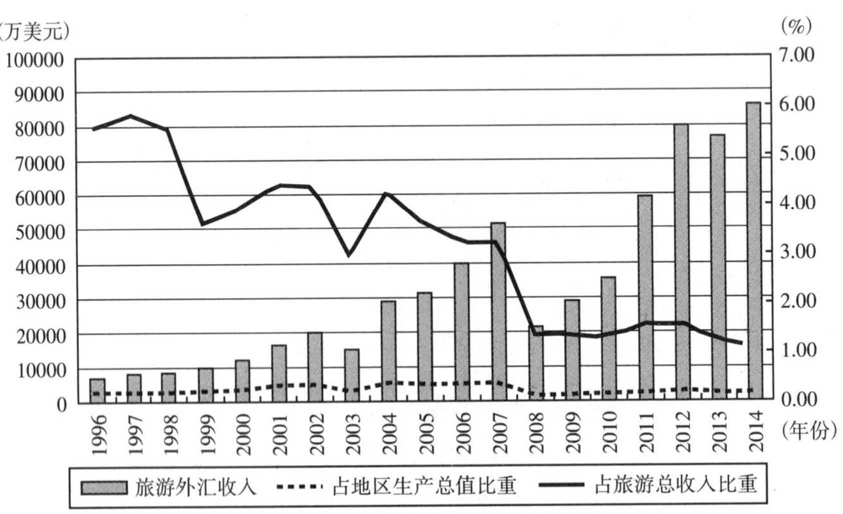

图 15-16 四川省入境旅游的发展

资料来源：《四川统计年鉴》。

与全国比较，四川省入境旅游发展水平较低，在全国旅游市场的占有率与旅游资源拥有量不相称。四川在入境游市场的占有率一直偏低，2014 年四川

共接待入境旅游者240.17万人次，仅占全国入境旅游者（12849.83万人次）的1.87%，低于旅游大省云南省（286.56万人次）和陕西省（266.3万人次），居全国第14位；四川2014年旅游外汇总收入857.68百万美元，仅为全国（569.13亿美元）的1.51%，名列全国第17位。旅游外汇收入占旅游总收入比重，2014年全国为10.34%，而四川只有1.08%。如表15-6所示。

由此可见，四川作为全国旅游资源最丰富的地区之一，旅游资源没有得到充分利用，拥有的旅游资源数量和品质与其应有的旅游市场容量远远不符，旅游资源优势未能转化为旅游竞争优势。

表15-6 四川省入境旅游：与全国的比较

年份	四川占全国比重（%）		旅游外汇收入占旅游收入比重（%）	
	入境人数	旅游外汇收入	全国	四川
2010	0.78	0.77	19.78	1.27
2011	1.21	1.23	13.95	1.57
2012	1.72	1.60	12.21	1.54
2013	1.62	1.48	10.86	1.22
2014	1.87	1.51	10.34	1.08

资料来源：《四川统计年鉴》和《中国统计年鉴》。

（二）四川省入境旅游客源市场

四川省入境旅游市场可以分为中国香港与台湾市场、周边国家旅游市场和远距离国际旅游市场三部分。其中，周边国家的东北亚市场主要有日本和韩国，东南亚市场则有新加坡、马来西亚、韩国、泰国等。远距离国际旅游市场主要是欧美客源市场，美国是四川最重要的远距离国际旅游市场。其他国际客源市场有英国、法国、德国、加拿大等。2014年全省累计接待入境过夜游客人数240.17万人次，其中外国人占70.64%，香港同胞占14.39%，澳门同胞占1.85%，台湾同胞占13.12%。因此四川省入境游市场中，外国人市场作为入境客源核心市场的地位突出。从各大洲的分布看，如图15-17所示，亚洲占60.09%，其次是欧洲，占19.22%，之后是美洲，占14.70%，大洋洲占4.45%，非洲占0.48%，其他占1.05%。在亚洲市场中，以中国港台地区为主，其次是日本、韩国等。从外国人的国籍分布看，2014年四川省入境游的外国人的国籍中，以美国为主，占15.15%，其次是日本，占10.01%，英国占8.94%，韩国占8.51%，新加坡占7.1%，马来西亚占5.29%，澳大利亚占5.04%（见图15-18）。近年来，四川省入境客源国累计游客数排名基本保持稳定。

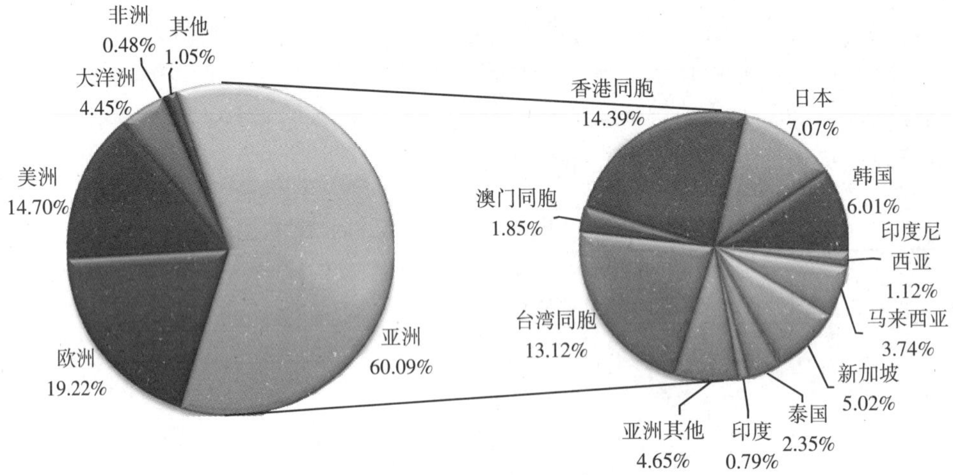

图 15-17　2014 年四川省入境旅游客源地比重

资料来源：《中国旅游统计年鉴》（2015），中国旅游出版社。

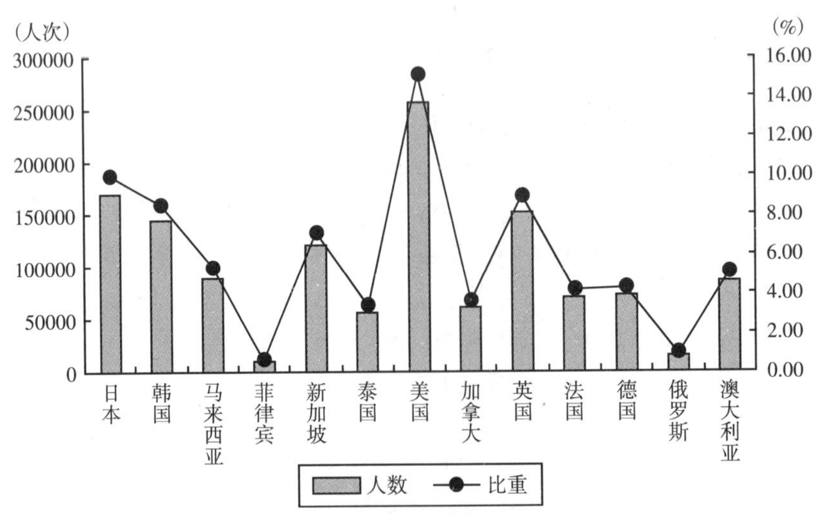

图 15-18　四川省入境旅游客源国分布

资料来源：《中国旅游统计年鉴》（2015），中国旅游出版社。

五、“一带一路”与四川对外开放新格局

（一）“一带一路”上的四川

“一带一路”倡议（“丝绸之路经济带”和“21 世纪海上丝绸之路”）是新时期党中央针对国际国内形势和全球发展格局的新变化提出的构筑陆海统筹、东西互济开放新格局的大举措，也是中央经略周边、经略西部、经略海洋、参与全球治理的重大举措。丝绸之路基金、亚洲基础设施投资银行以及相关详细规划的出台，既为世界各国勾画出了详细的“一带一路”建设蓝图，也为各地未来的经济发展指明了方向。

四川处于陆上丝绸之路和海上丝绸之路及长江经济带的交汇点（可谓“左手丝路，右手长江”），是连接西南、西北，沟通中亚、南亚、东南亚的重要交通走廊，是内陆开放的前沿阵地和西部大开发的战略依托。四川省提出，积极融入“一带一路”建设，加快构建全方位对外开放新格局，既是四川服务国家倡议的应尽之责，也是自身发展、转型升级的强力支撑和重大机遇。

四川省是西部经济规模最大的省份，对外贸易总量、社会消费品零售总额等多项经济指标在西部地区居于首位。四川省的科技和工业基础雄厚，在完备的工业体系之中电子通信产品、装备制造、医药化工以及服装鞋帽等行业有明显的竞争优势。四川还具有丰富的劳动力资源和能源矿产资源，能够保证经济长期高速增长。四川与“一带一路”沿线国家的贸易投资合作已经具备良好的基础，开放合作水平总体高于全国，经贸往来的关联性、渗透性、互补性甚于全国。从未来发展潜力看，“一带一路”沿线国家多为新兴经济体，四川经济与之高度互补，并展现出较强的竞争优势。因此，“一带一路”倡议不仅是重塑我国和全球经济地理的大平台，更是四川发展开放型经济的新支撑。四川在国家“一带一路”倡议下，可以充分利用已有的工业基础、资源条件等，化被动为主动，通过发展空运贸易、联运贸易，服务贸易，对外投资，对接国内、国际各大战略等，积极参与到东南亚、南亚、中亚及欧洲甚至非洲国家的建设中去。

四川作为中国西部的内陆省份，地处“一带一路”的交汇点。“一带一路”倡议将主要为四川带来三方面的契机（地缘红利）：其一，沿线许多项目将涉及更多的区域，海陆空水运交通将得到进一步完善，四川将得以加强区域间的沟通合作；其二，外资企业的目光将投向天府之国这片富庶之地，为四川经济

增添新活力；其三，“一带一路”必先开启文化产业的复兴之路，四川可以借此东风，大力推广蜀文化，从川菜、蜀锦、羌绣、丝绸等文化元素方面进行提升，实现四川文化产业的升级和国际化接轨，提升软实力。

（二）积极融入“一带一路”建设，构建全方位对外开放新格局

积极融入“一带一路”建设，既是四川服务国家战略的应尽之责，也是拓展发展空间、高水平开创对外开放新格局的根本之策。按照《推动共建丝绸之路经济带和21世纪海上丝绸之路的愿景与行动》，四川融入“一带一路”建设的主要内容包括政策沟通、设施联通、贸易畅通、资金融通、民心相通。

1. 着力深化与“一带一路”国家和地区的区域合作，实现政策沟通

“一带一路”建设对于中国和“一带一路”沿线国家的发展意义重大。近年来，中国与“一带一路”沿线国家高层互访和交流频繁，发展伙伴关系愈益紧密。就四川省而言，在国家层面和四川省层面，着力加强与“一带一路”沿线国家的政策沟通，构建多层次政府间宏观政策沟通交流机制，深化利益融合，促进政治互信，达成合作新共识。坚持互利共赢、共同发展，创新合作方式，扩展合作领域，完善合作机制，提升合作水平。

2. 着力加强综合交通为支撑的基础设施建设，实现设施联通

充分利用四川省在南亚、东南亚、西亚以及非洲等国航线上的比较优势，加强与这些国家的空中往来，建设空中新丝路，巩固中国空运的第四极，建设中国向西开放的重要支点。四川位于中国向西北和西南开放的最短连接通道上，连接四川出省通道同时意味着四川能够并联起这两大通道，兰成铁路、西成高铁的建设，“蓉欧”等长途国际专列的开行等，既去除了阻碍四川对外陆路运输的重要障碍，又会有更大的运能和更小的运费成本，使得四川成为面向西北、西南两大通道上的枢纽省份，在中国向西开放中占据重要的地位。

四川地处“一带一路”与长江经济带的交汇点，既能在“一带一路”倡议中大有可为，又可以利用位于长江经济带的优势，在新一轮发展中获得更大的机会。随着国家长江经济带战略的推进，四川的泸州港、宜宾港等港口将会迎来更大的发展。应继续加大推进水陆联运的贸易模式，便利通关报关程序，努力降低转运成本，争取在水运贸易上能有所突破。随着统筹城乡发展和各城市同城化的发展，城市之间相对距离的缩短，四川各城市还可以统筹规划产业布局，实现与长三角和长江中下游经济圈产业的衔接，从而实现长江流域的共同发展。

加快信息网络建设，大力推进电信网、互联网、广播电视网三网融合，建设网上新丝路。

3. 着力加强口岸和自由贸易区的建设，深化全方位对外开放，实现贸易畅通

四川省与“一带一路”沿线国家贸易往来历史悠久。近年来，四川省与“一带一路”沿线国家贸易往来频繁，规模逐步扩大，2014 年四川实现对外贸易进出口总值 4314.7 亿元人民币，其中与“一带一路”国家双边经济合作贸易额占外贸总值的 30.6%。四川与“一带一路”沿线国家开展贸易往来，不仅具有异质商品贸易的比较优势，而且具有产业内贸易的规模优势，这是由四川省的地理禀赋、发展水平与技术前沿决定的。四川省与“一带一路”沿线国家，不仅地理禀赋差异显著，具有四川特色的产品出口有很大的比较优势，而且相较于“一带一路”沿线国家，四川省的经济发展水平及由此决定的技术前沿，开展产业内贸易优势也比较突出。因此，未来四川需进一步加强口岸建设，特别是加大推进成都自由贸易区的建设力度，实现贸易畅通。推动贸易发展方式转变，推动货物贸易为主向货物、服务、技术、资本输出相结合转变，把技术、品牌、质量、境外营销网点作为转变贸易方式的核心支撑，增强发展内生动力。“引进来”方面，以世界 500 强为主攻方向，突出高端化产业项目引进；“走出去”方面，推进“制造、服务一体化”走出去，推进七大优势产业、七大战略性新兴产业、五大高端成长型产业的国际合作。

人口众多，劳动力资源充裕，一直是四川省的最大特点。四川省借此继续发展对外服务贸易，抓住在旅游、餐饮等服务业方面的传统优势，扩大对外开放，通过大力招收来华留学生，为相关国家和地区培养精英力量。四川还可以加强占据四川进出口一半金额的机电进出口的增值服务。随着“一带一路”建设的推进，四川省未来完全可以凭借相对较先进的技术和服务优势，向东南亚、南亚、中亚、西亚等国家提供更新的专项服务。劳务输出是对外服务贸易的重要组成部分。四川省 2014 年对外承包工程完成 70.6 亿美元，排在全国第 5 位；劳务合作完成 4234 万美元，外派劳务人数排在第 18 位。和沿海省份相比，四川省在劳务派遣方面还有比较大的空间。通过对“一带一路”国家的劳务输出，还能进一步增进四川与相关国家人民之间的了解，从而带来其他贸易与合作的机会。

4. 着力完善金融组织体系，实现资金融通

近年来，四川省利用外资快速增长，2011~2015 年四川累计利用外资超过 500 亿美元，并吸引了 300 多家世界 500 强企业落户，实际利用外资跃居全国十强，成为外资进入中国西部的首选地。大贸易，大投资，必然带来金融业的大发展。四川金融业的发展要与“一带一路”建设融合，进一步完善金融组织体系，把成都建设成为西部金融中心。

鼓励更多四川企业“走出去”。为克服运输成本，四川应尽力开展高附加值制成品的对外贸易。与西部沿边省份相比，四川省在高技术产品、装备产品的生产上具有一定的优势。四川可以凭借自身的产业结构特点，与沿边省份在

对外贸易上形成产业分工。如能够出口电子控制或石油开采设备，帮助周边国家扩大产能及提高产品质量，高技术的制成品还能为周边国家人民生活水平的提高做出贡献。随着“一带一路”基础设施的投资和国际产能合作的开展，四川的装备制造行业将会拥有空前广阔的市场机会。而机场等基础设施的建设，也将为高附加值产品更快、更大量地进入“一带一路”国家提供坚实的保障。另外，对外投资可以被看作是克服贸易成本的另一种方式。四川的企业在那些资金缺乏、国内基础设施较差的国家投资，可以为这些国家带去资金、技术、管理等经验，带动这些国家产业和经济的发展。

5. 着力加强国际国内交往交流，实现民心相通

积极推进四川与“一带一路”沿线国家的旅游文化合作，大力发展国际旅游、文化产业，打造一批国际精品旅游线路，利用特色资源打造文化产业亮点，把四川打造成重要的国际旅游集散地和旅游目的地，促进旅游文化产业融合发展。加强对“一带一路”沿线国家的开放帮扶、交流、交往、交融，以贸促援、以援促交。国际友城是四川省推动国际合作的有效切口。今后，四川将瞄准国际一流城市和知名城市，重点选取与四川省有较强互补性的外国地方政府建立友好关系，重点发展与美国华盛顿州、密歇根州、加利福尼亚州、德国北威州、澳大利亚维多利亚州以及俄罗斯、日本、韩国等有关地方的友城交往，拓展四川省开放合作新空间。

专栏：“251”：四川“一带一路”行动计划

“一带一路”倡议是四川加快发展开放型经济、确保走在内陆地区改革开放最前列的重要抓手。结合四川实际，从发展开放型经济的角度，四川省制定了融入“一带一路”倡议“251 三年行动计划”，即在“一带一路”沿线国家中，筛选 20 个四川省具有较大产业和贸易比较优势的国家，实施重点开拓、深度开拓；在“走出去”和“引进来”项目中，优选 50 个重大项目，实施重点跟踪、强力促进；在全省现有外经贸企业中，精选 100 家与沿线国家有较好贸易投资基础的优势企业，实施重点引导、形成示范。“251 三年行动计划”从全国、中西部和四川自身发展需要三个层次，分别提出了建设成为我国推进西向南向开放的核心腹地、打造内陆开放型经济升级版的引领示范、增强稳增长调结构动力与活力的重要支撑这三个定性目标。

“251”行动以点带面，20 个重点国家是“点”，国家层面高度重视的4大战略经济走廊（孟中印缅、中巴、中俄两河流域、中东欧）是“线”，四川省根据实际划分的 5 大区域板块（俄罗斯、东南亚、南亚、中东欧、西亚—北非）是“面”。

第十六章　区域经济发展战略与展望

一、改革开放以来的四川区域发展战略

新中国成立至改革开放前，四川经济社会发展主要服从国家总体战略的需要，尤其是“三线”建设的需要，基本上没有提出独立的全省区域发展战略。改革开放以后，四川立足于省情，在不同时期提出了不同的区域发展战略。

20 世纪 70 年代末开始的改革开放推动了我国传统计划经济体制向市场经济体制的转型，中央政府对地方经济发展的直接干预不断弱化，省域经济发展的相对独立性增强。在此背景下，四川立足于省情，因地制宜谋求发展，在不同时期提出了不同的区域发展战略①。

（一）重点发展成都、重庆的“两点式”发展战略

1997 年四川行政区划调整以前，成都、重庆是四川两大省域经济中心。改革开放之初，四川十分重视成都、重庆在全省经济社会发展中的中心地位，以期通过加快两个城市的经济体制改革，促进两市率先发展，增强四川的整体经济实力。1983~1984 年，重庆、成都先后获批全国经济体制综合改革试点城市；1983 年和 1989 年，重庆、成都分别批准为全国计划单列市，获得相当于省一级的经济管理权限；1991 年 3 月，国务院同时批准成都、重庆设立国家级高新技术开发区。“两点式”战略的实施使成渝两市的经济实力进一步增强，城市空间扩张迅速，城市功能日趋完善，在全省经济发展中的中心地位更加巩固和突出。改革开放之初的 1978 年，成都市的 GDP 仅为 36 亿元，占全省

① 戴宾. 改革开放以来四川区域发展战略的回顾与思考［J］. 经济体制改革，2009（1）.

GDP 的 19.47%①。至 1997 年重庆直辖当年，成都市的 GDP 已达到 1007 亿元，占全省 GDP 的 31%②。在 1998 年国家统计局公布的我国前 20 位中心城市排名中，成都、重庆分列第 12 名和第 13 名，位居西部地区第一、第二位。

重点发展成都、重庆的"两点式"发展战略，进一步强化了两个中心城市的集聚功能，促进了省域内人口、产业、资本、技术向成渝两市的集中，成渝两市自身的经济实力迅速提升，成为四川国民经济的支柱和增长极核，主导了全省经济社会的发展，也为以后四川以及成渝地区的发展奠定了"双核"型空间结构的基本构架。"两点式"发展战略的实施进一步强化了四川省域经济的极核型空间发展格局，因而在促进成渝两市自身发展的同时，对全省经济的带动作用并不明显。事实上，20 世纪 80 年代四川区域空间结构的演进尚处于空间极化阶段，省域空间结构由单个强大的中心城市与相对落后的中小城市和外围地区组成。重点发展成都、重庆两个中心城市的战略思路与全省区域空间结构的演进历程基本吻合。

与此同时，20 世纪 80 年代中期四川省委、省政府也曾提出过"依靠盆地，开发两翼"的战略思路。这里的"两翼"分别是指宝成铁路、成昆铁路（东经 104°）以西和襄渝铁路、川黔铁路（东经 107°）以东的两个区域，"两翼"之间的四川盆地则是全省经济相对发达的地区。"依靠盆地，开发两翼"的战略强调要以壮大盆地经济实力为重点，支援两翼的开发。这一战略思路第一次尝试从全省范围勾画四川的总体空间发展格局，从中依稀可以看到四川突出重点区域、实施非均衡发展思路的影子，但整个战略构想尚显粗略。

（二）"一线、两翼"战略

随着改革开放的逐步深入，市场机制对资源配置的基础作用开始显现。一方面，四川过去工业比较集中的几个地区，工业、商业、建筑业、交通运输业等发展很快，产业呈现多元化发展。另一方面，过去一些工业落后的地区通过大办地方工业、集体工业、乡镇企业和街道工业，县域经济迅速崛起。尤其是随着一批干线公路的建成通车，沿交通线出现了为数众多的中小型企业。20 世纪 80 年代中后期，全省经济发展呈现均衡化、分散化的趋势。在这一背景下，四川提出了"一线、两翼"的发展战略。

1. 一线：江油—成都—峨眉山

1992 年，在邓小平南方谈话和党的十四大精神指导下，四川从省情出发，

---

① 全省的 GDP 数据中不包括重庆部分。以下相同。

② 1978~1997 年，成都市 GDP 总量的迅速扩大也有行政区划面积大幅度拓展的因素。

以促进县域经济发展为中心，制定了“发展县级（域）经济，先抓一条线”的战略方针，即从江油经成都到峨眉山一条线，在经济发展和改革方面加快步伐，先行一步，以带动全省县域经济的发展。“一条线”战略的实施有力地促进了沿线县域经济的发展。战略实施的当年，“一条线”上的11个县（市、区），工业增长率达33%，乡镇企业产值增长1倍以上，财政收入增长38%。

“一条线”战略的提出，一方面是新中国成立以来四川工业“沿铁路干线重要节点实施点轴布局”这一产业布局特征的进一步延续；另一方面，区域发展战略的制定开始关注点、线空间要素与区域发展的关系，城镇节点和交通轴线对生产力布局和省域经济发展的影响开始受到应有的重视。然而，由于江油经成都至峨眉山铁路沿线的城镇多数规模较小、等级相近、经济实力较弱，且“一条线”的空间距离延伸较长，轴线等级不高，导致空间和时间成本不能有效缩短，城镇之间空间相互作用力较弱，经济活动难以沿线延伸进而形成地理空间上的集聚，也难以形成具有一定规模和强度的人员、物资、信息的线状流动。因此，“一条线”战略虽然使沿线城镇经济取得了一定发展，但并未沿交通轴线形成较大规模的产业集聚。2000年4月，四川省委、省政府废止了五项有关“一条线”战略的文件，标志着这一战略的终止①。

2. 两翼：攀西、川南地区

在发展“一条线”的同时，四川还提出了加快对攀西、川南两个地区的开发和建设②，以利用当地的资源优势，发展新兴工业城市，使攀西、川南成为四川的主要工业基地之一。

“两翼”战略的提出，反映了四川立足资源优势培育工业基地、促进区域发展的战略思路的形成。“两翼”战略充分认识到了四川区域发展需要立足其特有的资源，才能在全国地域分工中形成自己的优势和特色。开发攀西、川南也成为以后四川区域发展战略的一项重要内容。但“两翼”战略在如何开发和利用川南、攀西资源方面缺乏具体、清晰的战略思路和明确的空间指向。一般而言，资源的开发是在一个地理域面上展开，但资源的加工利用又要以城镇节点和交通轴线为依托。“两翼”战略在空间要素的相互关系上缺乏深入的思考，

---

① 2000年4月，四川省委、省政府废止了《中共四川省委办公厅四川省人民政府办公厅关于印发〈“发展县经济，先抓一条线”座谈会纪要〉的通知》（川委办［1992］17号）、《中共四川省委办公厅四川省人民政府办公厅转发〈关于搞好“一条线”金融工作的若干政策措施〉的通知》（川委办［1992］32号）、《中共四川省委办公厅四川省人民政府办公厅关于新增“一条线”范围的通知》（川委办［1993］12号）、《中共四川省委办公厅四川省人民政府办公厅关于转发省人民银行等部门继续扶持“一条线”发展的有关政策的通知》（川委办［1995］60号）、《中共四川省委办公厅四川省人民政府办公厅关于适当扩大“一条线”重点县范围的通知》（川委办［1996］23号）。

② 1992年10月，中共四川省委、四川省人民政府决定建立攀西资源综合开发区。

从而影响其开发战略的具体实施，资源开发在空间上处于宽泛和相对无序状况。

（三）“依托两市、发展两线、开发两翼、带动全省”发展战略

1995年，四川从实现全省经济协调发展的全局高度，提出了“依托两市、发展两线、开发两翼、带动全省”的发展战略。即依托成都、重庆两个中心城市，发展“江油—峨眉山”、“成都—重庆”沿线经济，开发攀西、川南两区，带动全省经济协调发展。

“依托两市、发展两线、开发两翼、带动全省”战略实质上是对改革开发以来四川区域发展战略的一次系统总结和全面梳理。战略的提出使具有全局性、总体性的全省区域发展战略得以形成，标志着四川区域发展的战略思路由单个考虑若干重点区域向整体谋划全局的转变，开始注重全省经济的协调发展。与此同时，以中心城市带动区域发展的思路更加明晰，宝成、成渝两条生产力布局最为集中的发展轴线的作用得到进一步的重视，发展成渝经济带的思路也略见雏形。但如前所述，由于在此时期成渝两市尚处于空间集聚阶段，集聚远大于辐射，对周边腹地的带动作用不大，“江油—峨眉山”、“成都—重庆”两线空间距离过长、节点规模不大、轴线等级不高，难以促进产业沿线形成大规模的集聚，川南、攀西资源开发空间指向宽泛，因此，“依托两市、发展两线、开发两翼、带动全省”战略的实施成效并不明显，也使区域发展战略在注重区域整体协调的同时，在一定程度上弱化了重点区域，强化了均衡发展。

（四）“一点、一圈、两片、三区”发展战略

1997年3月重庆直辖，四川行政区划发生重大调整。全省位置西移，人口、资源和土地面积也有所减少，成都成为四川唯一的超大中心城市。针对全省行政区划范围调整以及由此带来的省域经济活动空间的变化，1997年9月四川制定了《四川省国民经济跨世纪发展战略》，对原有的区域发展战略进行了调整，提出“依托一点、构建一圈、开发两片、扶持三区”的区域发展战略思路。即以成都为中心，推动德阳、绵阳、乐山等城市的快速发展，逐步建成一个高速发展的成都平原经济圈，使之成为全省经济增长的骨干力量；加快攀西、川南资源开发，使其成为四川重要的农产品生产基地和工业基地，增强全省发展后劲；扶持、加快丘陵地区、盆周山区和民族地区经济发展，促进区域经济协调发展。

“一点、一圈、两片、三区”战略是在重庆直辖的背景下，对“依托两市、发展两线、开发两翼、带动全省”战略的一次修正。成都引导和带动全省经济社会发展的核心地位得到进一步确立。成都平原经济圈的提出，一方面反映了

自然地理条件对区域发展的积极作用开始引起关注，成都平原作为四川经济社会发展最有利的空间地域受到重视；另一方面，区域发展战略的制定开始考虑中心城市对区域经济活动的组织功能以及城镇的集聚规模与发展水平，以城市群为空间载体培育区域增长极的思路初露端倪。

在实施西部大开发战略的背景下，四川对区域发展战略进行了局部调整，在强调省域内各地区应因地制宜、发挥优势、突出重点、发展特色经济的同时，提出通过加快成都平原和攀西两个重点地区的发展，带动丘陵地区、盆周山区和民族地区经济，实现全省区域经济协调发展。

（五）规划五大经济区、培育四大城市群

2006 年制定的《四川省国民经济与社会发展第十一个五年规划纲要》在开展充分前期研究、总结改革开放以来四川区域发展战略演变的历史经验基础上，提出了发展成都、川南、攀西、川东北、川西北五大经济区，重点发展成都平原、川南、攀西、川东北四个城市群的区域发展战略。根据资源条件、地理区位和发展潜力，明确了五大经济区各自的功能定位、产业和城市的引导方向。

五大经济区的划分通过分类指导，进一步明确了各自区域的发展定位，体现了经济布局、人口分布、资源环境三位一体的空间均衡原则和区域协调发展的思想。四大城市群的提出，重视了城镇集聚与区域发展的关系，突出了中大城市区域发展的核心作用，非均衡的空间集中发展战略思路更加明晰和理性。

（六）加快“一极一轴一区块”建设，推进成渝经济区发展

2009 年，在成渝经济区上升到国家发展战略的背景下，为加快实施建设西部经济发展高地战略，主动推进成渝经济区发展，四川省对成渝经济区四川部分建设提出了“一极一轴一区块”的总体区域发展格局：“一极”，即成都都市圈增长极；“一轴”，即成渝通道发展轴；“一区块”，即环渝腹地区块。

（1）成都都市圈增长极，包括成都、德阳、绵阳、眉山、雅安全市，以及资阳市雁江区、乐至县、简阳市，遂宁市船山区、大英县、射洪县，乐山市市中区、沙湾区、五通桥区、峨眉山市、夹江县。其目标任务是：以建设大枢纽、构建大都市圈、推进大开放、促进大发展、实现大带动为主要任务，加快建设“两区、两枢纽、三中心、五基地”，即统筹城乡发展先行区、内陆开放示范区，西部综合交通主枢纽、西部通信枢纽，西部物流商贸中心、金融中心、科教中心，全国重要的高新技术产业基地、先进制造业基地、军民融合国防科研产业基地、现代服务业基地和现代农业基地，建成西部经济中心，成为

引领西部发展的核心增长极。

（2）成渝通道发展轴，主要包括自贡、宜宾、南充全市，以及泸州市江阳区、纳溪区、龙马潭区、叙永县、古蔺县，内江市东兴区、资中县、威远县，乐山市犍为县、井研县、金口河区、马边县、峨边县、沐川县，遂宁市蓬溪县，广安市岳池县，涵盖长江上游沿江发展带、成内渝发展带、成遂南广渝发展带。其以畅通交通物流网络、壮大特色优势产业、完善城镇体系建设为主要任务，充分发挥资源富集、工业基础雄厚、多中心城市群的优势，主动融入成渝两个增长极，变交通走廊为经济走廊，变资源优势为经济优势，逐步改变成渝经济区“中部塌陷”窘境，重点建设成渝经济区长江上游沿江以及成内渝、成遂南广渝三大发展带，建成西部重要的商品集散地和经济走廊，成为我省经济发展次高地。

（3）环渝腹地经济区块，主要包括达州全市，以及广安市广安区、武胜县、邻水县、华蓥市，泸州市合江县、泸县，资阳市安岳县，内江市隆昌县，遂宁市安居区。其目标任务是：以服务都市、承接转移、形成基地、借力发展为主要任务，全方位加强毗邻地区的通道连接，积极对接产业，发挥配套作用，建设川渝合作示范区，形成承接重庆都市圈辐射的配套产业集群，打造川渝经济合作的桥头堡。

“一极一轴一区块”建设将环渝腹地经济区块作为推进成渝经济区发展的三大重点区域，明确提出了服务都市、承接转移、形成基地、借力发展的主要任务，有利于与重庆实现基础设施对接、产业对接和社会发展对接，形成合力，发挥区域比较优势，促进成渝经济区又好又快发展，同时也有利于促进攀西经济区、带动民族地区和巴中、广元等革命老区加快发展，推动四川区域协调发展。

（七）多点多极支撑发展战略

2012年底，中共十八大以后，新一届四川省委提出实施多点多极支撑发展战略。2012年底召开的四川省委经济工作会议指出，这些年四川经济社会发展取得长足进步，但欠发达、不平衡、发展不足、发展水平不高的基本省情没变，区域发展严重不平衡是这一基本省情的主要表现，省会城市成都的经济首位度很高，经济总量、财政收入、社会消费等指标都占全省总量的1/3以上，在第二梯队的10个左右市州中，最靠前的市，其多项经济发展指标也只能占到成都的1/6。基于区域发展严重不平衡的实际，提出今后一个时期，四川发展要着力构建多点多极支撑，在加快工业化城镇化进程中，做强市州经济梯队，做大区域经济板块，为推进科学发展、加快发展和全面建成小康社会增添

新的动能。在提升首位城市、继续支持成都领先发展的同时，着力次级突破，指导和推动有基础有条件的市州加快发展；夯实底部基础，发展壮大县域经济，推动民族地区、革命老区、贫困地区跨越发展，形成首位一马当先、梯次竞相跨越的生动局面。

这个战略的实施重点在于做强市州经济梯队，做大区域经济板块。“多点”，就是要做强市州经济梯队，就是要通过五年左右的努力，力争有一批市州经济总量超过 2000 亿元，有一批市州超过 1500 亿元。“多极”，就是要做大区域经济板块，就是要实施成渝经济区和天府新区区域规划，培育“四大城市群”、发展“五大经济区”，形成支撑四川发展新的增长极。同时，发展壮大县域经济，推动民族地区、革命老区、贫困地区跨越发展。

多点多极支撑战略实施以来，已取得初步成效。到 2014 年，21 个市州中，首位城市成都市地区生产总值突破 10000 亿元，绵阳市和德阳市地区生产总值突破 1500 亿元，地区生产总值突破 1000 亿元的还有宜宾市、南充市、达州市、凉山彝族自治州、泸州市、乐山市、资阳市、内江市、自贡市 9 个市州。

二、“十三五”时期区域经济发展战略

《四川省国民经济和社会发展第十三个五年规划纲要》提出，深入实施多点多极支撑发展战略。充分发挥各地比较优势，推动重点经济区加快建设，发展壮大县域经济，培育支撑全省经济发展新的增长极和增长点，进一步推进区域协调发展①。

（一）培育区域发展新引擎

首先，要加快天府新区建设。强化天府新区在自主创新、先进制造、高端服务、对外开放等领域的引领作用，加快建设全面创新改革试验区，打造宜业宜商宜居的国家级国际化现代新区。其次，建设攀西战略资源创新开发试验区。加快钒钛、稀土、石墨等特色资源的综合开发利用，打造世界级钒钛产业基地、全国重要的稀土研发制造中心。最后，打造国际空港经济区。依托成都天府国际机场，同步推进国际空港经济区规划建设，加快发展临空经济，积极

①《四川省国民经济和社会发展第十三个五年规划纲要，四川省人民政府网》，http：//www.sc.gov.cn/10462/10464/10797/2016/3/18/10373221.shtml。

培育临空制造业、航空服务业、科技研发和高端示范农业等，打造我省新兴增长极。

专栏：四川以“军民融合”为核心推进全面创新改革试验

2016年6月24日，国务院正式批复《四川省系统推进全面创新改革试验方案》（以下简称《试验方案》）。《试验方案》分为三个部分，主要内容可以概括为“一个核心主题”、“两个重要目标”、“三个重点区域”、“四个基本原则”、“八项主要任务”、“三十条先行先试政策”。

一个核心主题：《试验方案》把推动军民深度融合发展作为四川全面创新改革试验的核心主题。四川历来是国防战略大后方，集聚了大量军工科技资源，具有航空航天、电子信息、核工业、兵器等国家级研究机构和门类齐全的军工行业，推进军民深度融合发展是全省试验的特色和优势所在。

两个重要目标：一是发展目标。通过3年试验，初步建设一批支撑能力强、带动作用大的创新发展平台，初步建立一支规模宏大、富有创新精神、敢于承担风险的创新型人才队伍，初步培育一批具有国际影响力、拥有自主知识产权的创新型企业和若干高端产业集群，推动全省加快实现创新驱动转型发展。二是改革目标。到2018年基本形成有利于创新驱动发展的企业技术创新、开放合作创新、科技金融创新、治理能力创新的体制机制。今年争取在军民融合、科技成果转化等方面率先在全国形成经验。

三个重点区域：《试验方案》把成德绵作为全面创新改革试验核心区域。成德绵集中了四川近1/3的人口、近七成的科技力量、一半以上的工业经济实体，创造了全省45.1%的经济总量。按照国家部署，成都重点打造具有国际影响力的区域创新创业中心，德阳重点建设国家高端装备产业创新发展示范基地，绵阳重点建设国家军民融合创新示范基地，同时，充分发挥好天府新区、攀西试验区等区域平台作用，先行先试，带动全省其他地区创新驱动转型发展。

四个基本原则：一是坚持问题导向，紧扣转型发展；二是坚持系统设计，注重实际效果；三是坚持全面创新，着力重点突破；四是坚持人才为先，激发创新活力。

八项主要任务：建立健全统筹推进军民融合发展的体制机制，加快推进有利于科技成果转化的体制机制改革，建立健全内陆开放创新体制机制，建立健全金融创新体制机制，着力构建创新型产业体系，建立健全创新人才发展体制机制，重点打造多层次创新平台体系，加快推进创新治理体系

和治理能力建设。

三十条先行先试举措：国家授权四川在军民融合科技生产体系、科技成果转化机制等方面，开展30项先行先试改革举措，其中军民融合发展15项，创业创新财税支持、科技人员激励、知识产权保护等方面15项。

专栏：攀西战略资源创新开发试验区

四川攀西地区是我国重要的战略资源富集区，钒钛磁铁矿储量巨大，稀土、碲铋等资源具有独特优势。尤其是钒钛磁铁矿中伴生铬、钴、镍、镓等稀贵元素，是国防军工和现代化建设必不可少的重要资源，战略地位十分突出。2013年初，国家发展和改革委员会正式批准设立攀西战略资源创新开发试验区。这是目前国家批准设立的唯一一个资源开发综合利用试验区。攀西战略资源创新开发试验区范围包括：攀枝花市东区、西区、仁和区、米易县、盐边县，凉山州西昌市、冕宁县、德昌县、会理县、会东县、宁南县，雅安市汉源县、石棉县，总面积3.1万平方千米。试验区内钒钛磁铁矿、稀土、碲、铋等资源储量巨大，综合利用价值极高。经过多年的开发建设，攀西资源综合开发利用已形成了一定的技术优势和产业基础，是我国重要的钒钛、稀土产业基地和铁矿石资源保障基地。攀西战略资源创新开发试验区的总体目标是建成世界级钒钛产业基地、我国重要的稀土研发制造中心和有色金属深加工基地，打造国内资源富集地科学开发利用资源的示范区。

资料来源：《四川日报》，2013年3月14日。

（二）促进区域协调发展

第一，推动成都平原经济区领先发展。发挥成都平原经济区在全省经济发展中的重要引擎作用，着力扩大对外开放合作和实施创新驱动，推动成都建设成为现代化、国际化大都市，打造西部经济核心增长极。

第二，加快川南经济区一体化发展。依托长江黄金水道，完善沿江立体交通运输体系，大力发展临港经济和通道经济，加快川南城市群一体化建设，打造率先实现次级突破的新兴增长极。

第三，培育壮大川东北经济区。依托天然气、农产品等优势资源发展特色产业，建设川陕革命老区振兴发展示范区和川渝陕甘结合部区域经济中心。

第四，打造攀西特色经济区。加快建设攀西国家级战略资源创新开发试验区，积极发展以战略资源开发为特色的区域经济。

第五，建设川西北生态经济区。坚持走依托生态优势实现可持续发展的特色之路，积极发展生态经济，建设国家生态文明先行示范区。

第六，健全完善区域一体化发展的体制机制。完善区域协同和联动机制，加快推动区域一体化发展。统筹制定实施经济区、城市群等规划，明确区域功能定位和生产力布局。支持建立成本共担和利益共享机制，加快推进跨区域基础设施互联互通，加强公共服务体系联网工程建设，促进对接共享。促进产业协作配套，鼓励企业跨区域重组联合，支持产业合作园区建设。加强区域生态环境联防联控联治，共同改善区域环境质量。推动统一的市场体系建设，促进区域间经济技术文化交流。建立和完善省内对口支援合作的长效机制。

（三）夯实县域经济基础

按照县域主体功能定位，依托自身资源优势，因地制宜发展产业特色鲜明的经济强县，力争全省一半以上县经济总量超过 200 亿元，50 个左右县经济总量超过 300 亿元。深化县域改革，优化提升“两扩两强”改革，激发县域经济发展活力。

（四）推动城乡统筹发展

推进以人为核心的城镇化，建设幸福美丽新农村，深入实施统筹城乡综合配套改革，走符合四川实际的“形态适宜、产城融合、城乡一体、集约高效”的新型城镇化道路。

1. 推进新型城镇化健康发展

（1）优化城镇化布局和形态。积极构建以城市群为主体形态，大中小城市和小城镇协调发展的城镇化发展格局，优化“一轴三带、四群一区”的城镇空间布局（见图 16-1）。

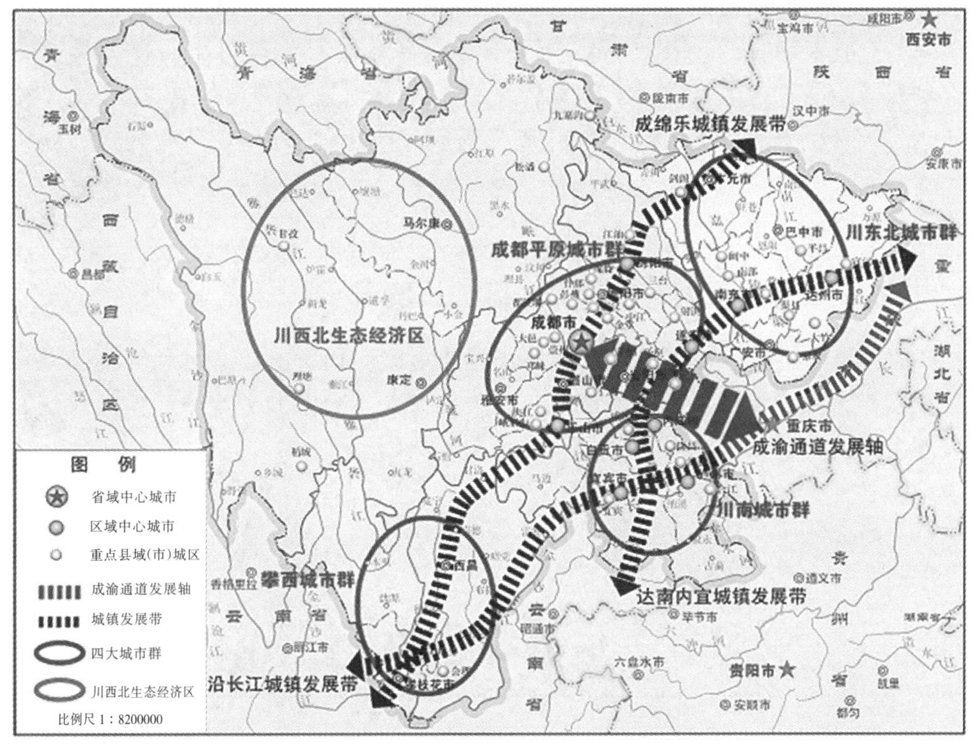

图 16–1　城镇化空间格局图

资料来源：《四川省国民经济和社会发展第十三个五年规划纲要》，http：//www.sc.gov.cn/10462/10464/10797/2016/2/15/10368205.shtml.

（2）加强城市产业支撑。结合资源禀赋和区位优势，强化大中小城市和小城镇产业协作协同，培育发展各具特色的城市产业体系，增强城市经济活力和城镇化可持续发展动力。

（3）推进现代化城市建设。转变城市发展方式，提高城市治理能力，着力解决城市病等突出问题，推进“创新、绿色、智慧、人文”城市建设，打造和谐宜居、富有活力、各具特色的现代化城市。

（4）有序推进农业转移人口市民化。充分尊重农民意愿、自主选择，合理引导农业人口有序向城镇转移，加快在促进农业转移人口融入城镇上取得新突破。

2. 加快推进新农村建设

建设幸福美丽新农村，坚持产村相融、成片推进，加快建设业兴、家富、人和、村美的新农村。改善农村发展环境，加强农村路、水、气、信、邮等基础设施建设，改善农村发展条件。

3. 推进统筹城乡改革发展

(1) 促进城乡一体化发展。深入实施城乡规划、基础设施建设、产业发展、公共服务、社会治理"五个统筹",构建城乡一体化发展新格局。

(2) 深化统筹城乡综合配套改革。总结推广统筹城乡综合配套改革经验,深化户籍、农村产权、社会保障、用地、农村金融"五项改革",构建城乡一体化发展的体制机制。

(五) 推进民族地区、革命老区加快发展

(1) 加快民族地区跨越发展。加快民族地区交通、能源、水利等基础设施建设步伐,积极发展特色优势产业,大力提升基本公共服务水平,增强自我发展能力,筑牢民族地区经济社会可持续发展基础。

(2) 推动革命老区振兴发展。抓住国家实施《川陕革命老区振兴发展规划》机遇,研究制定川陕革命老区综合改革试验区工作方案,用好用活国家给予老区的财政、金融、土地等特殊支持政策。

专栏:《川陕革命老区振兴发展规划》

2016 年 7 月,《川陕革命老区振兴发展规划》(以下简称《规划》)经国务院同意,由国家发展和改革委员会正式印发。川陕革命老区(以下简称"老区")是中国共产党领导的红四方面军在川陕边界建立的革命根据地,是土地革命战争时期第二大苏区,为中国革命胜利做出了重要贡献和巨大牺牲。为支持川陕老区加快发展建设与脱贫攻坚步伐,国家发展和改革委员会会同重庆市、四川省、陕西省和有关部门共同研究编制了《规划》。《规划》以原川陕苏区为核心,统筹考虑周边区域发展。范围包括 68 个县(市、区)[①],总面积 15.7 万平方公里,2015 年末户籍人口 3636 万人,地区生产总值 8344 亿元,地方财政一般预算收入 463.5 亿元。《规划》主要有以下几个亮点:

一是确立了老区七大战略定位。即努力把川陕革命老区打造成为区域开发与精准扶贫协同推进的示范区,丝绸之路经济带和长江经济带的重要通道,清洁能源、特色农产品生产加工基地和军民融合产业示范基地,红

---

① 其中涉及四川省的有:巴中市巴州区、恩阳区、通江县、南江县、平昌县,广元市利州区、昭化区、朝天区、旺苍县、青川县、剑阁县、苍溪县,达州市通川区、达川区、宣汉县、开江县、大竹县、渠县、万源市,南充市顺庆区、高坪区、嘉陵区、南部县、营山县、蓬安县、仪陇县、西充县、阆中市,绵阳市涪城区、游仙区、三台县、盐亭县、安县、梓潼县、北川县、平武县、江油市。

色文化传承区，生态旅游目的地，以及秦巴山生态文明先行先试区。

二是构建“三带三走廊”空间布局。即依托区域性中心城市和主要交通通道，着力构建西安—汉中—巴中—南充—重庆/成都、西安—汉中—广元—绵阳—成都、西安—安康—达州—重庆三个经济带，以及兰州—广元—巴中—达州—万州、成都—南充—达州—万州、汉中—安康—商洛三条经济走廊。如图 16–2 所示。

三是以综合改革试验区为重要平台。即在原川陕苏区核心区域设立川陕革命老区综合改革试验区，建立统一协调合作平台，在创新行政管理、基础设施投融资、资源开发、扶贫开发、生态保护补偿等方面赋予试验区改革创新和试点示范职能。着力打破行政界线分割，培育建设区域统一大市场，营造公平竞争环境，解决特殊困难和问题，增强内生发展动力。

《规划》从七大方面提出了区域振兴发展与脱贫攻坚重点任务：一是破解基础设施瓶颈制约。二是促进资源开发与特色产业发展。三是推进老区精准扶贫精准脱贫。四是全面提升基本公共服务水平。五是推动区域合作与改革开放。六是加强生态建设与环境保护。七是统筹城乡协调发展。《规划》主体围绕设立川陕革命老区综合改革试验区，从财政政策、金融政策、投资政策、土地政策、资源开发政策、生态补偿政策、帮扶政策和干部人才政策八个方面提出了一系列支持川陕革命老区振兴发展的政策措施。

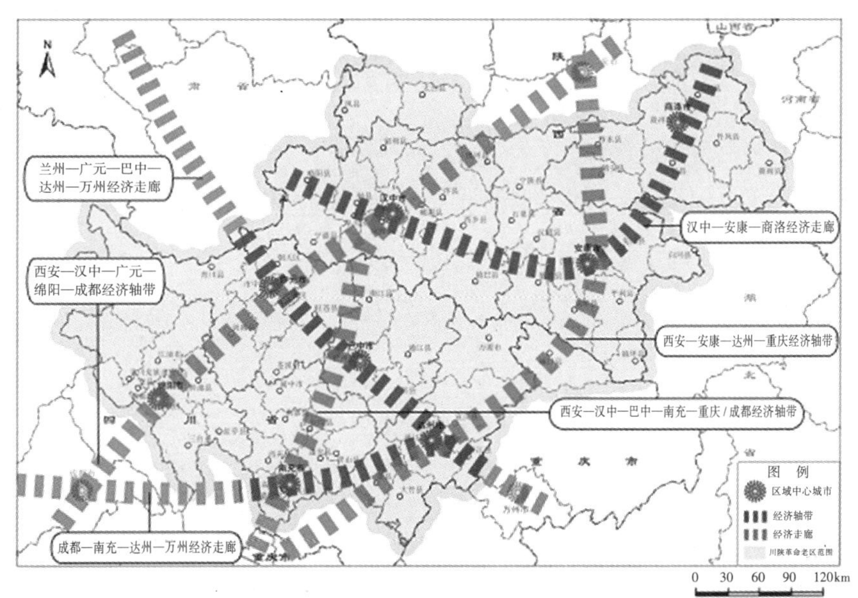

图 16–2　川陕革命老区空间布局示意图

资料来源：《川陕革命老区振兴规划》。

（六）构筑生态文明新家园

坚持生态优先、绿色发展，构建科技含量高、资源消耗低、环境污染少的产业结构和生产方式，倡导勤俭节约、绿色低碳、文明健康的生活方式和消费模式，建立健全生态文明制度体系，全面推进生态省建设。

（1）加快建设主体功能区。形成科学合理的主体功能区布局。坚定不移地实施主体功能区制度，推进国土空间综合整治，加快形成高效、协调、可持续的国土空间开发格局。重点开发区域要积极推进新型工业化、新型城镇化，进一步提高产业和人口集聚度，优化土地利用结构，增加生活空间，拓展生态空间。农产品主产区要继续限制大规模高强度工业化城镇化开发，提高农产品生产能力。重点生态功能区要以保护和修复生态环境、提供生态产品为首要任务，严控开发活动，增强生态产品供给能力。以主体功能区规划为基础统筹各类空间性规划，推进"多规合一"，探索建立统一衔接的空间规划体系。

（2）建立健全主体功能区配套政策体系。实行分类绩效考核评价体系，健全财政、投资、产业、土地、人口、环境等配套政策。

（3）强化生态保护和建设。加强生态系统建设，构建若尔盖草原湿地、川滇森林及生物多样性、秦巴生物多样性、大小凉山水土保持和生物多样性 4 大重点生态功能区，加强长江、金沙江、嘉陵江、岷江—大渡河、沱江、雅砻江、涪江、渠江 8 大流域生态保护，推进森林、草原、荒漠、湿地等生态系统建设，全面构建"四区八带多点"的生态安全战略格局（见图 16-3）。

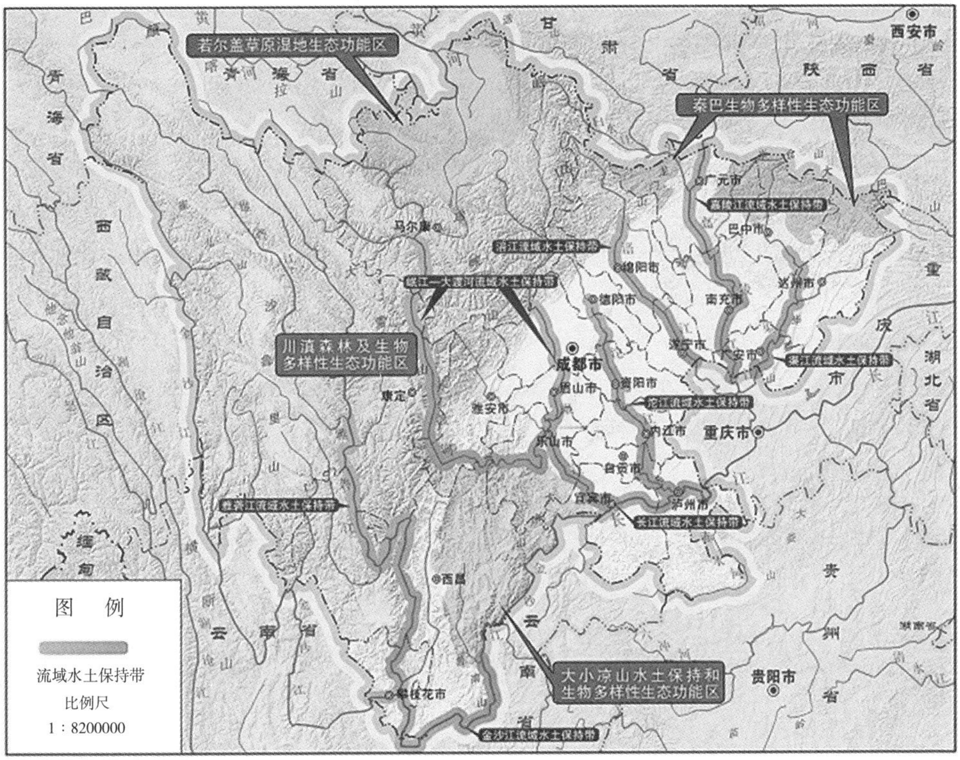

图 16–3　生态空间格局示意图

资料来源：《四川省国民经济和社会发展第十三个五年规划纲要》，http：//www.sc.gov.cn/10462/10464/10797/2016/3/18/10373221.shtml。

参考文献

一、论著

[1]［丹麦］彼得·伯奇·索伦，汉斯·乔根·惠特-雅各布森. 高级宏观经济学导论：增长与经济周期［M］. 北京：中国人民大学出版社，2012.

[2] 曹明. 中国能源经济效率动态分析及预测［J］. 中国人口·资源与环境，2011（4）.

[3] 戴宾. 改革开放以来四川区域发展战略的回顾与思考［J］. 经济体制改革，2009（1）.

[4] 戴宾. 加快建设西部综合交通枢纽需要研究的十大问题［J］. 四川省情，2009（9）.

[5] 戴宾. 内河水运在四川建设西部综合交通枢纽中的战略地位［J］. 四川省情，2009（4）.

[6] 戴宾. 西部综合交通枢纽建设对四川空间发展格局的影响［Z］. 成都：西南交通大学区域经济与城市管理研究中心，2010.

[7] 戴平生. 区位基尼系数的计算、性质及其启用［J］. 数量经济技术经济研究，2015（7）.

[8] 丁任重，孔祥杰等. 四川高新技术产业发展的政策选择［J］. 财经科学，2010（6）.

[9] 董大朋. 交通运输对区域经济发展作用与调控——以吉林省为例［D］. 东北师范大学博士学位论文，2010.

[10] 杜受祜. 全球变暖时代中国城市的绿色变革与转型［M］. 北京：社会科学文献出版社，2015.

[11] 傅泽平，廖振跃. 深化统筹城乡综合配套改革研究——四川统筹城乡经济发展的实证分析［M］. 成都：西南财经大学出版社，2014.

[12] 洪兴建. 一个新的基尼系数子群分解公式——兼论中国总体基尼系数的城乡分解［J］. 经济学（季刊），2008（1）.

[13] 侯水平，陈炜. 四川城镇化发展报告（2016）［M］. 北京：社会科学文

献出版社，2016.

［14］侯水平，范秋美. 四川城镇化发展报告（2015）［M］. 北京：社会科学文献出版社，2015.

［15］黄馨. “十二五”期间四川省基础设施建设现状［J］. 现代经济信息，2014（4）.

［16］林凌，刘宝珺. 南水北调西线工程备忘录（增订版）［M］. 北京：经济科学出版社，2015.

［17］林凌，刘世庆，付实. 重塑经济：世界经验和四川的选择［J］. 开放导报，2014（4）.

［18］林凌. 重塑四川经济地理［M］. 北京：社会科学文献出版社，2013.

［19］刘江. 中国地区发展回顾与展望（四川省卷）［M］. 北京：中国物价出版社，1999.

［20］刘茂才，谭继和. 巴蜀文化的历史特征与四川特色文化的构建［J］. 西南民族学院学报（哲学社会科学版），2003（1）.

［21］刘清泉，高宇天. 四川省经济地理［M］. 成都：四川科学技术出版社，1985.

［22］刘生龙，胡鞍钢. 交通基础设施与中国区域经济一体化［J］. 经济研究，2011（3）.

［23］刘世庆. 中国西部大开发与经济转型［M］. 北京：经济科学出版社，2003.

［24］毛勤友. 六大跨越：改革开放 30 年四川农村经济社会发展巡礼［J］. 四川省情，2008（11）.

［25］漆先望，陈梅芬，陈炜等. 四川区域经济协调发展战略研究［M］. 成都：西南财经大学出版社，2011.

［26］漆先望. 实施工业强省战略促进四川经济发展新跨越［J］. 四川省情，2006（1）.

［27］世界银行. 世界银行 2009 年发展报告：重塑世界经济地理［M］. 胡光宇等译，北京：清华大学出版社，2009.

［28］［美］斯坦利·贝克尔. 家庭论［M］. 北京：商务印书馆，1998.

［29］四川经济年鉴编纂委员会. 四川经济年鉴（2015）［M］. 成都：西南财经大学出版社，2016.

［30］四川省工业经济发展研究中心. 四川省产业园区集中集群集约发展评估及发展研究［M］. 成都：西南财经大学出版社，2015.

［31］四川省农村扶贫志编纂委员会. 四川省农村扶贫志［M］. 成都：四川出

版集团 四川人民出版社，2006.

［32］王光彩，曾俊林. 四川经济发展现状及前景展望［J]. 四川省情，2008（10）.

［33］吴三忙，李善同. 专业化、多样化与产业增长关系——基于中国省级制造业面板数据的实证研究［J]. 数量经济技术经济研究，2011（8）.

［34］肖金成，欧阳慧等. 优化国土空间开发格局研究［M］. 北京：中国计划出版社，2015.

［35］谢和平. 新一轮西部大开发经济社会发展若干重大问题研究［M］. 成都：四川大学出版社，2012.

［36］辛文. 共和国五十年四川经济发展的回顾［J]. 决策咨询通讯，1999（5）.

［37］杨钢. 2015年四川经济形势分析与预测［M］. 北京：社会科学文献出版社，2015.

［38］杨钢. 2016年四川经济形势分析与预测［M］. 北京：社会科学文献出版社，2015.

［39］杨小玲，刘用明. 外商直接投资与四川经济发展［J]. 重庆大学学报，2009（4）.

［40］赵文欣，吕火明. 天府之国的四川农业［M］. 西南财经大学出版社，2010.

［41］郑长德，钟海燕，廖桂蓉. 藏彝走廊包容性绿色发展研究［M］. 北京：经济科学出版社，2016.

［42］郑长德. 发展经济学与地区经济发展——以四川省为例［M］. 北京：中国财政经济出版社，2007.

［43］郑长德. 空间经济评论（2011）［M］. 北京：经济科学出版社，2011.

［44］郑长德. 空间经济学与中国区域发展：理论与实证研究［M］. 北京：经济科学出版社，2014.

［45］郑长德. 空间经济学与中国区域经济发展［M］. 北京：光明日报出版社，2009.

［46］钟海燕. 成渝城市群研究［M］. 北京：中国财政经济出版社，2007.

［47］Dan Ciuriak，Diversification vs. Specialization in Economic Development：A Comment，2015-10-06，http：//ssrn.com/abstract=2632806.

［48］Fujita M.，and J.-F. Thisse. 2012，Economics of Agglomeration：Cities，Industrial Location and Globalization. Cambridge University Press.

［49］Fujita M.，P. Krugman，and A. J. Venables. 1999. The Spatial Economy：

Cities, Regions and International Trade. Cambridge, MA: MIT Press.

[50] Glenn Firebaugh. The New Geography of Global Income Inequality, 2006, Harvard University Press.

[51] Harvey Armstrong, Jim Taylor. 2015, Regional Economics and Policy (Third Edition), Blackwell Publishing.

[52] Hodrick Robert J., Esward C., Prescott. Postwar U.S. Business Cycles: An Empirical Investigation[J]. Journal of Money, Cridit and Banking, 1997 (29): 1-16.

[53] Kuznets, S. S. 1955, Economic Growth and Income Inequality [J]. American Economic Review, pp. 1-28 (中译文见：郭熙保主编发展经济学经典论著选 [M]. 中国经济出版社，1998：33-56).

[54] Pierre-Philippe Combes, Thierry Mayer, Jacques-Francois Thisse. Economic Eography: The Integration of Regions and Nations, Princeton University Press, 2008.

[55] Williamson J. G. Regional Inequality and the Process of National Development: a Description of the Patterns, Economic and Cultural Change, 1965: 1-84.

二、规划

[1] 成都地图出版社. 四川省地图集 [M]. 成都：成都地图出版社，2013.

[2] 不详. 成都市统筹城乡综合配套改革试验总体方案 [J]. 四川改革，2009 (5).

[3] 成渝城市群发展规划 [EB/OL]. 四川省人民政府网站，http://www.sc.gov.cn/10462/10464/10797/2016/3/31/10374499.shtml.

[4] 成渝经济区成都城市群发展规划（2014~2020 年）[EB/OL]. 四川省人民政府网站，http：//www.sc.gov.cn/10462/10883/11066/2014/7/4/10306568.shtml.

[5] 成渝经济区川南城市群发展规划（2014~2020 年）[EB/OL]. 四川省人民政府网站，http：//www.sc.gov.cn/10462/10883/11066/2014/7/4/10306568.shtml.

[6] 川陕革命老区振兴发展规划 [Z]. 发改地区 [2016] 1644 号.

[7] 国家新型城镇化规划（2014~2020 年）[EB/OL]. 中央政府门户网站，www.gov.cn.

[8] 国家中长期铁路规划 [EB/OL]. 中华人民共和国国家发展和改革委员会网站，http://www.ndrc.gov.cn/fzgggz/fzgh/ghwb/gjjgh/200709/t20070913_709844.html.

[9] 全国主体功能区规划（2010 年）[EB/OL]. 中央政府门户网站，www.gov.cn.

［10］四川省“十二五”城镇化发展规划［EB/OL］. http：//www.scdrc.gov.cn/more1_fzgh.htm.

［11］四川省“十二五”防灾减灾规划［EB/OL］. http：//www.scdrc.gov.cn/more1_fzgh.htm.

［12］四川省“十二五”服务业发展规划［EB/OL］. http：//www.scdrc.gov.cn/more1_fzgh.htm.

［13］四川省“十二五”工业发展规划［EB/OL］. http：//www.scdrc.gov.cn/more1_fzgh.htm.

［14］四川省“十二五”工业设计发展规划［EB/OL］. http：//www.scdrc.gov.cn/more1_fzgh.htm.

［15］四川省“十二五”开发区发展规划［EB/OL］. http：//www.scdrc.gov.cn/more1_fzgh.htm.

［16］四川省“十二五”开放型经济发展规划［EB/OL］. http：//www.scdrc.gov.cn/more1_fzgh.htm.

［17］四川省“十二五”林业发展规划［EB/OL］. http：//www.scdrc.gov.cn/more1_fzgh.htm.

［18］四川省“十二五”旅游业发展规划［EB/OL］. http：//www.scdrc.gov.cn/more1_fzgh.htm.

［19］四川省“十二五”能源发展规划［EB/OL］. http：//www.scdrc.gov.cn/more1_fzgh.htm.

［20］四川省“十二五”农产品加工业发展规划，http：//www.scdrc.gov.cn/more1_fzgh.htm.

［21］四川省“十二五”农村和农业经济发展规划［EB/OL］. http：//www.scdrc.gov.cn/more1_fzgh.htm.

［22］四川省“十二五”生态建设和环境保护规划［EB/OL］. http：//www.scdrc.gov.cn/more1_fzgh.htm.

［23］四川省“十二五”物联网产业发展规划［EB/OL］. http：//www.scdrc.gov.cn/.

［24］四川省“十二五”畜牧业发展规划［EB/OL］. http：//www.scdrc.gov.cn/more1_fzgh.htm.

［25］四川省“十二五”战略性新兴产业发展规划［EB/OL］. 国研智库网，http：//www.guoyancm.com/zl/cy/2014-06-26/455.html.

［26］四川省“十二五”综合交通建设规划［EB/OL］. http：//www.scdrc.gov.cn/more1_fzgh.htm.

［27］四川省成都天府新区总体规划（2010~2030 年）［EB/OL］. 四川省人民政府网，http：//www.sc.gov.cn/10462/10464/10684/10694/2015/11/16/10358824.shtml.

［28］四川省工业 7+3 产业发展规划（2008~2020 年）［EB/OL］. 四川省人民政府网，http：//www.sc.gov.cn/10462/10464/10684/13652/2009/9/17/10369838.shtml.

［29］四川省发展和改革委员会. 四川省国民经济和社会发展“九五”计划和 2010 年远景目标纲要［J］. 四川政报，1996（25）.

［30］四川省国民经济和社会发展第十二个五年规划纲要［EB/OL］. 四川新闻网，http：//pzh.newssc.org/system/20110128/001164835_03.html.

［31］四川省国民经济和社会发展第十个五年计划纲要（2001 年 2 月 13 日四川省九届人民代表大会第四次会议通过），四川政报，2001（11）.

［32］四川省国民经济和社会发展第十三个五年规划纲要［EB/OL］. http：//www.sc.gov.cn/10462/10464/10797/2016/3/18/10373221.shtml.

［33］四川省国民经济和社会发展第十一个五年规划纲要［EB/OL］. 四川省人民政府门户网站，www.sc.gov.cn.

［34］四川省国内贸易发展规划（2013~2015 年）［EB/OL］. http：//www.sc.gov.cn/10462/10883/11066/2013/9/23/10278418.shtml.

［35］四川省主体功能区规划［EB/OL］. http：//www.sc.gov.cn/10462/10883/11066/2013/4/23/10258501.shtml.

［36］中国制造 2025 四川行动计划［EB/OL］. 川府发 53 号，www.sc.gov.cn.

三、统计资料

［1］国家旅游局政策法规司 国家旅游局数据中心. 旅游抽样调查资料（2015）［M］. 北京：中国旅游出版社，2015.

［2］国家统计局城市社会经济调查司. 中国城市统计年鉴 2010［M］. 北京：中国统计出版社，2010.

［3］国家统计局城市社会经济调查司. 中国城市统计年鉴 2011［M］. 北京：中国统计出版社，2011.

［4］国家统计局城市社会经济调查司. 中国城市统计年鉴 2012［M］. 北京：中国统计出版社，2012.

［5］国家统计局城市社会经济调查司. 中国城市统计年鉴 2013［M］. 北京：中国统计出版社，2013.

［6］国家统计局城市社会经济调查司. 中国城市统计年鉴 2014［M］. 北京：中国统计出版社，2014.

［7］国家统计局国民经济综合统计司 农村社会经济调查司. 中国区域经济统

计年鉴 2011 [M]. 北京：中国统计出版社，2011.

[8] 国家统计局国民经济综合统计司 农村社会经济调查司. 中国区域经济统计年鉴 2012 [M]. 北京：中国统计出版社，2012.

[9] 国家统计局国民经济综合统计司 农村社会经济调查司. 中国区域经济统计年鉴 2013 [M]. 北京：中国统计出版社，2013.

[10] 国家统计局国民经济综合统计司 农村社会经济调查司. 中国区域经济统计年鉴 2014 [M]. 北京：中国统计出版社，2014.

[11] 国务院第二次全国经济普查领导小组办公室. 中国经济普查年鉴 2008 [M]. 北京：中国统计出版社，2010.

[12] 国务院第三次全国经济普查领导小组办公室. 中国经济普查年鉴 2013 [M]. 北京：中国统计出版社，2015.

[13] 国务院第一次全国经济普查领导小组办公室. 中国经济普查年鉴 2004 [M]. 北京：中国统计出版社，2006.

[14] 四川省人口普查办公室 四川省统计局. 四川省 2010 年人口普查资料 [M]. 北京：中国统计出版社，2012.

[15] 四川省人民政府经济普查领导小组办公室 四川省统计局. 四川经济普查国内生产总值历史资料（1952~2005）[M]. 四川省统计局编，2006.

[16] 四川省统计局 国家统计局四川调查总队. 四川统计年鉴 2007 [M]. 北京：中国统计出版社，2007.

[17] 四川省统计局 国家统计局四川调查总队. 四川统计年鉴 2008 [M]. 北京：中国统计出版社，2008.

[18] 四川省统计局 国家统计局四川调查总队. 四川统计年鉴 2009 [M]. 北京：中国统计出版社，2009.

[19] 四川省统计局 国家统计局四川调查总队. 四川统计年鉴 2010 [M]. 北京：中国统计出版社，2010.

[20] 四川省统计局 国家统计局四川调查总队. 四川统计年鉴 2011 [M]. 北京：中国统计出版社，2011.

[21] 四川省统计局 国家统计局四川调查总队. 四川统计年鉴 2012 [M]. 北京：中国统计出版社，2012.

[22] 四川省统计局 国家统计局四川调查总队. 四川统计年鉴 2013 [M]. 北京：中国统计出版社，2013.

[23] 四川省统计局 国家统计局四川调查总队. 四川统计年鉴 2014 [M]. 北京：中国统计出版社，2014.

[24] 四川省统计局 国家统计局四川调查总队. 四川统计年鉴 2015 [M]. 北

京：中国统计出版社，2015.

［25］四川省统计局 四川调查总队. 四川统计年鉴 2006［M］. 北京：中国统计出版社，2006.

［26］四川省统计局 四川省发展和改革委员会 四川省经济委员会. 四川改革开放 30 年［M］. 四川改革开放 30 年编辑委员会，2008.

［27］四川省统计局. 四川统计年鉴 1999［M］. 北京：中国统计出版社，1999.

［28］四川省统计局. 四川统计年鉴 2000［M］. 北京：中国统计出版社，2000.

［29］四川省统计局. 四川统计年鉴 2001［M］. 北京；中国统计出版社，2001.

［30］四川省统计局. 四川统计年鉴 2002［M］. 北京：中国统计出版社，2002.

［31］四川省统计局. 四川统计年鉴 2003［M］. 北京：中国统计出版社，2003.

［32］四川省统计局. 四川统计年鉴 2004［M］. 北京：中国统计出版社，2004.

［33］四川省统计局. 四川统计年鉴 2005［M］. 北京：中国统计出版社，2005.

［34］中华人民共和国国家统计局. 中国统计年鉴 2013［M］. 北京：中国统计出版社，2013.

［35］中华人民共和国国家统计局. 中国统计年鉴 2014［M］. 北京：中国统计出版社，2014.

［36］中华人民共和国国家统计局. 中国统计年鉴 2015［M］. 北京：中国统计出版社，2015.

［37］中华人民共和国国土资源部. 中国国土资源统计年鉴 2015［M］. 北京：地质出版社，2015.

后　记

《四川经济地理》是在全国经济地理研究会的组织和指导下编写的，感谢全国经济地理研究会会长孙久文教授、副会长安虎森教授、覃成林教授、李国平教授、吴殿廷教授、侯景新教授、高志刚教授、付晓东教授、赵作权教授、赵儒煜教授、金凤君教授、沈正平教授等的关心和支持。本书在创作过程中，得到了“四个一批”人才计划基金和四川省教育厅创新团队基金提供的支持。

参加初稿写作的有：钟海燕、曹正忠、吴敏娜、田钊平、田钒平、张芮嘉、周博、高寒冰。初稿完成后，郑长德对初稿进行了改写。钟海燕、曹正忠负责一部分地图的绘制。

本书在写作中参考了大量的文献，特别是从林凌老师、刘世庆老师主编的《重塑四川经济地理》中吸收了部分内容并受到启示。在此表示最诚挚的感谢！感谢经济管理出版社申桂萍主任为本书的出版付出的巨大努力和心血！感谢我的父亲、妻子和女儿的理解与支持！受编著者学识和水平的限制，书中谬误之处，敬请读者批评指正。

郑长德

2016 年 8 月 6 日于蓉城